JN044695

若きマルクスに戻れ！

現代における
疎外の超克と
人間解放の道を
求めて

北島敏男
Kitazima Toshio

風詠社

【本書の構成】

#「序文」

本書をはじめ、今後何冊か出版しようと考えています。そこに掲載したものは、たとえその内容が拙いものでしかないとしても、人間疎外の極限状態に至った現代社会において、真の人間の解放を希求してやまない人びとの願いに応え、わずかでもその一助になればという私の想いのこもったものです。そして、この本の出版が、私の最期の闘いとしての意味・意義を持つものです。

「令和」なる元号が実施される時に出版を決断したのでした。マスコミによる天皇の退位、新天皇の即位が騒ぎたてられることに不快を感じ、促迫される心情に襲われ、それをきっかけに自己の最期を如何なるものにするのかと具体的に考えたことによるものでした。己の「最期」を考えることは、生の「結末」とその意味を考えることです。私にとって、貧困と戦争に象徴されるもろもろの社会的問題に人類が、そしてわれわれが、現に今直面しており、そして歴史的にも抱えてきた問題との関係でそれを問うとき、私の「生」とは、私がおこなってきた実践とはなんであったのかという自問に襲われます。そして、その問いは、同時に、私と共に闘い、志半ばで若くして死地におもむいた仲間への想いとともに、言い知れぬ悔恨をよびおこします。また、私にとって現代の前衛「組織」の在り方や果たした役割を問うことにもつながり、私のプロレタリアートの自己解放の理論・「マルクス主義」の、その理論と実践を問うことにもつながるのです。本書の出版は、いまだ答えの出ていない「その理論と実践を問う」ことにあります。さらにまた、その反省の「先」〔あるとすれば、ですが〕につながることでもあります。

「支配階級をして共産主義革命のまえに戦慄せしめよ！　プロレタリアはこの革命によって鉄鎖のほかに失うなにものもない。彼らの得るものは全世界である。万国のプロレタリア団結せよ！」

このような呼びかけのもと、カール・マルクスとフリードリヒ・エンゲルスによって起草された『共産党宣言』（以下、『宣言』と略す）が発表されてから一七四年の歳月が流れました。その歴史的過程の反省にたって、今も資本の鉄鎖のもとで呻吟するプロレタリアートや民衆の闘いの精神的支柱である『宣言』の意義を鮮明にし、新たな闘いに踏み出すことは、いまなお人間解放の先端に立とうとする者の意志だとおもいます。

われわれが生きる二一世紀・現代世界における人間存在の危機的様相は、『宣言』当時とは比較にできないほどその深刻度を高め、戦争の惨禍と巨大な富の蓄積、その他面での餓死にいたるほどの貧困の拡大に覆いつくされています。二〇二二年二月のロシアによるウクライナ侵攻とそれによる世界的激動によって生み出された惨状は、民族と宗教の対立の坩堝と化し、その矛盾をふかめてきた世界が、ソ連邦崩壊以降、より深刻な人間疎外の苛酷さを全世界の労働者・民衆にもたらすものでしかないことを示したのです。世界各地での資源をめぐる争奪戦をはじめとして、国家的、地域的な紛争はとどまることを知らず、各国の権力者は、相互に軍事同盟を結びつつ、核をはじめとして自国の軍事力のより一層の強化に狂奔し、それによって各国の労働者・民衆は、もろもろの犠牲をもろに受けているのです。紛争で安住の地を追われた難民は世界各地にあふれ、生存の危機に追いやられています。それに追い打ちをかけるかのように、地球温暖化による異常気象・自然災害の巨大化による惨状がうみだされています。あたかも「自然を拷問にかけてきた」人間がその自然から叛逆され「拷問」を受けるかのごとき事態（「気候難民」が三〇〇〇万人を超えているという(註)）が、被支配者階級に、しかもそのうちの社会的弱者に襲いかかっています。そればかりではない、新型コロナ感染のパンダミックスなどに見られる各種の感染症の蔓延など、目を覆いたくなるような現代世界の悲惨な現実は、枚挙を挙げるにきりがないほどで、多様なかたちをとって極めて深刻な危機を現出しています。

われわれが直面しているこのような現実を、いかにとらえ返すべきか、その考察はいろいろな視点から問題にしなければならない。事態を理論的に問題にするという場合でも、自然科学的にか、あるいは社会科学的にか、しかもその場合でもその対象領域の選別やそれを適用する諸理論など、いろいろ検討しなければならない。しかも、その現実を歴史的にとらえ返すか論理的にとらえ返すか、ということも問題になる。だが、そのような諸点を確定し、現実がわれわれに提起するものを明確にするためには、まずもって直面している現実にたいする怒りなどの何らかの感覚をばねとした変革的・実践的な立場にたたなければならない。それが大前提になる。

『資本論』の本文を開始するにあたって、マルクスは冒頭に「資本主義的生産様式が支配的におこなわれている社会の富は〝巨大なる商品集成〟として現れ、個々の商品がその富の原基形態として現れる。だから、商品の分析を以って始まる」という一文を掲げた。いわゆる「冒頭商品」といわれるものです。

「商品の分析を以って始まる」とされるこの「商品」を、まずもって「労働力商品」と理解し、その「商品」の使用価値の消費が同時に「価値の源泉」となる社会では、その価値は、膨大な「商品集成」と現れる、と理解する。それゆえにこの一文を、この現代社会の特質を端的に示すものとして私は受けとめる。そして私は、この資本主義の社会的現実を、「労働力すらもが商品化」される人間疎外を根本から解放する、という視点にたって、プロレタリアの自己解放をつうじての人間の永続的な解放の闘いを、あらゆる判断の根本的で本質的のものと確信する。それを、理論的であれ、実践的であれ、もろもろの判断の価値基準としなければならないと確信する。そして、それをいかにして貫徹するのかという問いのなかに、来るべき未来を切りひらく道があるのだと思う。

これから本書で取り上げるものは、未発表の新しく書き下ろしたものがその大半ですが、過去に発表されたものに手を加えたもの（そのほとんどは、大幅にかえられています）もあります。そしてその多くは、有形であれ、無形であれ、私なりに考えたことを整理したものであり、今回掲載するものはすべて私に責任あるものにほかなりません。

ほぼ一〇年まえに己の根本的な弱さのゆえに「組織（活動）」から離脱しなければならなかった。この私は、同志の気持ちを理解しえないある指導的メンバーからは「ダウン者」というレッテルを張られたが、私の自覚と乖離したこの「汚名」を晴らすというわずかな意図を込めて、離れる「前」と「後」の区別もなしに編集されています。〔しかも、このまえがきを書き終えた後に、ＫＫ（黒田寛一）の理論と実践を「ひきつぐ」といいながら、「組織」の責任者の位置からＫＫらにより外されたことの恨みをばねにして、目も当てられぬほど質の悪い「本」の出版と組織（指導部）への不満分子を集めることに残された時間を費やしている「理論」家、「政治主義と小心さ」を本質とし、およそ現代革命（思想）とは無縁な過去の「組織」指導者（一体、多くの闘う労働者・学生に対する自分の指導に如何なる責任を取るというのか）すらも生み出す状況を呈していることについては、別に論じることにします〕。本来、書き直されるべきものもありますし、書かれた時期も書く際の姿勢もそれこそまちまちですが、若干の手直しするしかありません。ただ、その内容なり掘り下げがたとえどのように拙いものであったとしても、本書で取り上げた論文を貫く問題意識なり立場なりははっきりしています。そのことは確認しておきたい。

くり返しになりますが、ここで一言いうならば、この絶望的でむごたらしい様相を呈する現代世界において、わずかでも戦争と貧困に苦しむ多くの人が、現状を打開し、自己の解放の道を希求するための一助となれば、というのが、私の強い思いです。孤立無援で能力的にも劣る老人と化した私には、その思いを実践的な社会的力にする可能性はありません。だとしても、この「思い」を本書にしたため、それに全てを託すことが現在の私の唯一の道なのです。

それをもって、私は、現在においてもなお、真のマルクス主義の思想と実践の再生の中に未来を見いだしているのです。私は、この拙い本のなかの一つでも読みかつ対決してくれる人がいて、それらの人々が、悲惨極まる現代世界の変革のために役立ててくれることを願ってやみません。

（註）「日経新聞」四月二四日号によると、「その規模は、武力紛争が原因で生じる難民の三倍に上り、二〇五〇年まで二億人を超すとの試算もある」という。「紛争や政治的抑圧から逃れる一般的な難民と異なり、気候難民は災害で住む土地を失い難民化する人びとをさす。国内避難監視センター（ＩＤＭＣ、ジュネーブ）によると、気候難民は二〇年に三〇七〇万人生まれ、紛争などの難民九八〇万人の三倍に上った。最大の要因は自然災害の増加だ。世界気象機関（ＷＭＯ）によると、洪水や干ばつなどの災害は一九七〇年代の一〇年間の七一一件から、二〇一〇年代は三〇〇〇件に増大したという。

（追記）二〇二三年一一月一〇日のニュースでは、国連（難民高等弁務官事務所）の発表によると、世界の難民・避難民は、一億一千万人に上るという。

［第1編］

「ヘーゲル国法論批判」（マルクス）に学ぶ

―国法論批判をいかに読むか―

◎目次（第1編）

＊引用文中の〔　〕は筆者が入れた挿入・補足を示す。
＊本書では、敬称を全て省略させていただきました。

はじめに

若きマルクスが行った国家論の研究、とりわけヘーゲル国家論との対決を追体験的に振り返ること、それはとりもなおさずマルクスが自らの生き方を確固たるものにする出発点での苦闘の追体験なのであるが、それが本稿の課題である。そのために、私は、マルクスの「ヘーゲル国法論批判」（国民文庫版『ヘーゲル法哲学批判序論』、『マルクス・エンゲルス全集』第一巻『ヘーゲル国法論〈第二六一節～三一三節〉の批判』）を対象とし、その中で私が重要だとおもう部分をマルクスの叙述に沿った形で検討することにした。その場合、私は「わたし自身の初期マルクス研究の序説」というように若き黒田が位置づけた「若きマルクス研究の方法について」（以下「研究」と略す）（註１）を検討する際の参考に、かつ私の問題意識をそこに加味するようにした。

まずはじめに、私がなぜこの課題をとりあげたのかを明らかにしたい。

一つは、「研究」の最初の部分で、黒田がその追求の実践的な意義を数点にわたって論じていることに関係する。この黒田の指摘によって、己の中のマルクス主義を再検討しなおさなければならない、と強く思わされたからである。そして、その核心は、己を空しゅうして若きマルクスに戻ることにあると私は確信している。

黒田はまず、「若きマルクスの思想成熟の歴史的過程は、行為的現在におけるプロレタリアの革命的自覚の論理的過程において再現されるのだ、という現実的意味」をもつことをあげている。それにつづき二点(註2)の意義を挙げた上で、「しかし結局のところ、マルクス主義をできあがったものとしてではなく、われわれにおいて生きて働くものとして主体的にうけとめることに帰着する。公式主義化し客観主義化した、ひからびた『マルクス主義』をつきやぶって、脈うつ・生々とした・ほんとうのマルクス主義をよみがえらせることにこそある」と論断している。

実際、「生きて働くものとして」ということの必要性を現在の私はいたく実感している。もちろん、生きて働くものとして主体的にうけとめる、ということは、マルクス主義者たらんとするもの、共産主義的人間をめざすものにとっての普遍的課題であるといいうるのではあるが(註3)、そのようなことを知りかつ自覚していることと、それを現実の実践に貫徹することは決定的に違うことである。

さらにもう一つ、副次的であるのだが、この追求はかつてヘーゲルの『法の哲学』とその批判であるマルクスの『国法論批判』を学習しながら執筆したエンゲルス「国家意志論」批判(註4)、そこにおける私の素朴な展開の現在的な反省とそののりこえを目指すものである。その点については、これから展開していく論考のなかで明らかにするつもりである。

初期マルクスの思想形成の追体験をはじめ、これまで己が考えてきたものは、誤謬をも含めた自己流の解釈から自由ではなかったと強く感じている。そのことを、これまでの実践における他者の「指摘」や「批判」、過去に私が書き残してきたものなどの検討をつうじて痛感させられ、マルクス主義者たらんとしてきた私の惨めな内実を自覚させられている。そして、その自覚は、同時に革命的左翼の運動と組織が抱えてきた限界あるいは欠陥の自覚にもつながるものであるが、にもかかわらず私はいまだにそれを打開する道をみいだせないでいる。だが、梅本克己が言うように、「真実の共産主義者は外なる敵に対して不屈であるとともに、自己の内なるものとのたたかいにもあくまでも誠実であった人々であったといえよう」(註5)というマルクス主義者の倫理をあらゆることの出発点に据える限り、まったく未来が閉ざされているわけではないと確信する。そのような確信・核心をもって、この現在的自己との内的格闘を貫徹しなければならないと強くおもう。現代革命は同時に人間変革として実現されなければならず、そのためには不断の自己変革がされないかぎり、革命に勝利する道をひらくことはできないのだからである(補註①)。

A、国法論批判の位置と意義

（1）マルクスの国法論批判の位置

マルクスにとって、ヘーゲル国法論批判がどのような意義と意味を持つものなのか。まず、マルクスその人が自らの思想形成を振り返っている一八五九年一月執筆の『経済学批判』序言（岩波文庫）を糸口にしてみていきたい。

〈わたくしの専攻学科は法律学であった、だがわたくしは、哲学と歴史とを研究するかたわら、副次的な学科としてそれをおさめたにすぎなかった。一八四二年から四三年のあいだに、「ライン新聞」の主筆として、わたくしは、いわゆる物質的な利害関係に口をださないわけにはいかなくなって、はじめて困惑を感じた〉と。その後で、マルクスは「ライン新聞」を舞台とした当時の論争を紹介している。検閲制度をはじめとして、森林盗伐と土地所有の分割についてのライン州議会の討議、モーゼル農民の状態をめぐる論争や自由貿易と保護関税とに関する論議などをあげて、「わたくしの経済問題にたずさわる最初の動機となった」と記している。また「フランスの社会主義や共産主義の淡い哲学色をおびた反響」（「ライン新聞」への投稿など）に「わたくし〔マルクス〕はこの未熟な思想にたいして反対を表明した」こと、「わたくしのこれまでの研究では、フランスのこれらの思潮の内容そのものについてなんらかの判断をくだす力のないことを率直にみとめ」て「公の舞台から書斎にしりぞいた」(「ライン新聞」の主筆を辞任した)ことを明らかにし、その後の研究について次のように述べている。

〈わたくしをなやませた疑問を解決するために企てた最初の仕事は、ヘーゲルの法哲学の批判的検討であった。この仕事の序説は、一八四四年にパリで発行された『独仏年誌』にあらわれた。わたくしの研究が到達した結論は、法的諸関係および国家諸形態は、それ自身で理解されるものでもなければ、またいわゆる人間精神の一般的発展から理解されるものでもなく、むしろ物質的な生活諸関係、その諸関係の総体をヘーゲルは一八世紀のイギリス人やフランス人の先例にならって「ブルジョア社会」という名のもとに総括しているが、そういう諸関係にねざしている、ということ、しかもブルジョア社会の解剖は、これを経済学にもとめなければならない、ということであった。この経済学の研究を私はパリではじめた……〉(註6)と。

以上の展開は、イエナ大学で学位を得た二三歳のマルクスが、B・バウアーが教職を追われるに至って教職への道を断念(四二年三月)し、文筆で生活する道を選択し『ライン新聞』への投稿を始め、四二年五月には『ライン新聞』の編集長に就任した。その後のもろもろの「ライン新聞」を舞台とした論争など。そして、『ライン新聞』に対するプロイセン政府からの弾圧の強化のなか、ライン新聞編集長を辞任し、「ヘーゲル国法論」との理論的な格闘を追求、などの過程が、マルクス自身によって振りかえられたものであり、マルクスの「ヘーゲル国法論批判」を主体的に理解するためにも、ここの展開自身の意味をはっきりさせなければならない。

ここで最後に語られている「経済学の研究」とは、一八四三年一〇月下旬にパリに住居を移して以後の経済学研究のことである。そして、その成果は、現在『経済学＝哲学草稿』としてわれわれに与えられている。その「疎外された労働」論は、その後のマルクスの生涯の学問的追究をつらぬく「イデー」（人間疎外とその現実的止揚に関する）となったものである。また、「ライン新聞」の「主筆として」とは、マルクスが四二年四月以降その発刊に協力し、その年一〇月にはケルンに移り主筆として活動した（同年一一月にエンゲルスと初めて会う）『ライン新聞』での約一年半にわたる活動のことである。そして、『ライン新聞』を去った(註7)後の、すなわち「公の舞台から書斎にしりぞいた」マルクスが、「わたくしをなやませた疑問を解決するために企てた最初の仕事」とは、「ヘーゲルの法哲学の批判的検討」であり、マルクス二五歳の時にまとめた『ヘーゲル国法論批判』としてのこされている。マルクスは、「ライン新聞」を舞台にして当時のプロイセン絶対王政下のライン地方での社会的・政治的の、また経済的な現実問題と、そしてまた「フランスの社会主義・共産主義」の「淡い反響」と対決し、これまでのヘーゲル的論理の枠内にあった己の思想では決定的に不十分であることを自覚した。この自覚のゆえに、マルクスにとってのヘーゲル哲学のひとつの核心である「法の哲学」との対決が不可避となったのである。そのことは同時に青年ヘーゲル派との決別、その批判的克服の闘いとして実現されたのである。

また、「この仕事の序説は、一八四四年にパリで発行された『独仏年誌』にあらわれた」とは、もちろん『ヘーゲル法哲学批判序説』のことを指している。その上で、この『経済学批判』の「序言」の当該箇所は、かの有名な「唯物史観の公式」の論述へと繋がっていくわけなのである。このような展開に示されているように、マルクス自身が、自らの思想形成においてヘーゲルの国法論との対決、学問的闘いをきわめて重要なものと考えているといえる。

だが、注意しなければならないことは、このようなマルクスの自己の思想形成のふりかえりを公式主義的に、すなわち左翼ヘーゲル主義→唯物史観の確立という図式に当てはめ、『ドイツ・イデオロギー』以前のマルクスをヘーゲルの枠内のものとして軽視するような理解、たとえば「疎外」とか「類的存在」とかの使われているカテゴリーをマルクスの形成過程にあてはめ解釈するような理解は、結局のところマルクスの思想形成の追体験をないがしろにするものにほかならないということである。もちろん、若きマルクスが使った諸カテゴリーを当時の論争との関係で検討することは必要不可欠なことだとしても、そのことをもってマルクスの思想形成の何らかの追体験になるわけではない。また、マルクスの思想的交流、たとえばバウアーやルーゲやヘスなどやさらにはエンゲルスとのそれをもろもろのモーメントを入れて重要なものとして押しだし、解釈することも、マルクスの思想形成に迫ることにはならない。こうしたことでなされるのは、さまざまな解釈によって、まったく似て非なるマルクス像を捏造することぐらいなのである（補註②）。

そのような愚を犯さないためにも、私はマルクスが書いたもの、その論述に寄り添い、それを書いたところのマルクスに思いを馳せ、そこからマルクスの思想形成に迫るように努めた。その私の方法は、ある種、マルクスがヘーゲルの論述を各節ごとに取り上げ、それに沿って検討したヘーゲル国法論批判での追求をまねするようなものだが、しかし、当たり前のことだが、私の場合、マルクスと違いステコンが決定的に欠如している。しかもマルクスの論述自体が複雑で、その展開自体を理解すること自体が困難極まりないものでした（訳語上の問題はのぞく）。それゆえに検討に時間もかかり、結論を急がないで思考する、そのような忍耐力も問われる追求でした。だからして、私はマルクスの展開のわからないところは飛ばして、わかるところだけを理解するというようにはしませんでした。わからないところにもこだわり、その時点での私の理解を確かめるというかたちでの追求をおこなった。そのために、たとえば、マルクスが対決した『法の哲学』そのものに戻ったり、他の学者の理解の検討なども追求したのです（しかし、私の知る限り、『法の哲学』に沿って各節ごとの検討した著書はほとんどないというのが実情でした）。

最後にはっきりさせておきたいことは、このような若きマルクスへの迫り方は、過去の私自身の追体験の方法への反省でもあるということです。それについては別に論じることにしたいと思います。

（２）ヘーゲル国法論＝『法の哲学』の構成とその特質

ところで、マルクスが批判の対象にしたヘーゲルの『法の哲学』、とりわけその第三部「倫理」第三章の国家の論とはいかなるものであるのか。

ヘーゲルは、『法の哲学』の緒論（§一、§二、§四）や第三部「倫理」の最初（§一四二、§一五六、§一五七）で自らの理論の対象領域とその「開始点」ならびに構成について次のように論じている。（中央公論社『世界の名著・ヘーゲル』所収『法の哲学』１７６頁。以下、本書からの引用は、**H・176というように略記する。また、節は本書に倣って、§と表記する**）

§一、「哲学的法学が対象とするのは、法の理念であり、したがって法の概念と、これの実現とである」（H・176）

§二、「哲学の一部分としての法学には一定の開始点がある。この開始点は、法学に先行する部分の成果かつ真理であるところのものである。そしてこの先行する部分がその開始点のいわゆる証明をなしている。したがって法の概念の生成の面では法の学の外にあることになり、法の概念の演繹は法の学では前提されているので、――与えられたものとして受け入れられねばならない」（H・177）

ここに端的なように、ヘーゲルにとって「法の体系」とは、自らの「哲学」の一部分としての「法学」であり、へーゲルの「理念」あるいは「絶対精神」を原理とする哲学体系の一部をなす。しかも、後に見るようにへーゲルにとっては、マルクスがいうように「法哲学ではなくて論理学が真の関心事なのであ」り、「論理が国家の証明に用いられるのではなくて、かえって国家が論理の証明に用いられている」（国民文庫版『へーゲル法哲学批判序論』所収「へーゲル国法論批判」28頁。以下、本書からの引用はM・28と略す）のであって、それが「法の哲学」の性格をなしている。このことは、同時に「あるところのものを概念的に把握するのが、哲学の課題である」とするへーゲルの現実肯定主義をも必然とする。

へーゲルにとって、「法の地盤は総じて精神的なものであって」、その「客観的精神」（『精神哲学』第二編）としての法の展開過程は、「自由な意志」の自己発展の過程であるとされている。だから「精神的なものであって」に続けて次のように言われる。

「それのもっと精確な場所と開始点は意志である。これは自由な意志である。したがって自由が法の実体と規定をなす。そして法の体系は、実現された自由の王国であり、精神自身から生み出された、第二の自然としての、精神の世界である」（§四、H・189）と。

この「第二の自然としての、精神の世界」が「自由な意志の自己展開としての法の体系」なのである。

へーゲルは「緒論」の最後（§三三、H・225）のところで、《区分》（H・225）という小見出しのもとに、「即自かつ対自的に自由な意志の、理念の発展の段階順序から」と称して

『法の哲学』の構成について、概略次のように論じている。

Ａとして、「意志」の「直接性」としての「抽象的な権利ないし法の圏」〔この「圏」は「領域」とも訳されている〕。

Ｂとして、「自己反省した意志」としての「善」ならびに「道徳の圏」。

Ｃとして、Ａ、Ｂの「契機の一体性と真理」であり「理念がその即自かつ対自的に普遍的な実存在においてあるあり方、すなわち倫理」（註８）。

このＣの「倫理」はａ、家族であり、ｂ、市民的社会であり、ｃ、国家である、とされる。さらにこの「国家」は〔α〕民族、〔β〕「もろもろの民族精神との関係」、〔γ〕「世界史」であり、この「世界史」において「自分を普遍的な世界精神として現実的に開示する」とされている。（「§三三二」）（註９）

このＡ、Ｂ、Ｃが『法の哲学』の第一部、第二部、第三部に該当し、ａ、ｂ、ｃがこの第三部（倫理）の第一章（家族）、第二章（市民社会）、第三章（国家）にあたる。そして、〔α〕から〔γ〕が、この三章の国家の編をなす。マルクスが「ヘーゲルの法哲学では、止揚された私権は道徳に等しく、止揚された道徳は家族に等しく、止揚された家族は市民社会に等しく、止揚された市民社会は国家に等しく、止揚された国家は世界史に等しいとされる」（註10）と捉え返しているように、この法の体系はそれ自身が理念の発展の諸契機としての概念の運動をなすものとされている。

このような構成をなすヘーゲルの展開は、何を意味するのか。それは、マルクスが核心的に批判しているところの法哲学を追求するヘーゲルの実践的＝哲学的立場、それを端的に物語るものだということである。だからして、マルクスはこのヘーゲルの『法の哲学』の構成上の問題を取り上げる際に、次のように言明したのである。

「それゆえに、一種独特の役割を演ずるのは、否認と保存すなわち肯定とがそこで結合されているところの止揚ということである」（註11）と。

この一文をいいかえるならば、ヘーゲルの「否定」が現実の「保存」すなわち「肯定」でしかないということ、それが「止揚」というヘーゲルの概念だ、というヘーゲルの現実肯定主義を示したものである。このマルクスによる特徴づけのなかにヘーゲル哲学、とりわけその国家論の性格が如実に語られているといえる。

（3）マルクスの「ヘーゲル国法論批判」の構成とその意義

「ヘーゲル国法論批判」は、ヘーゲルの『法の哲学』の国家についての論述の逐一的な批判として纏め上げる過程のもので、§三一三をもって中断（『法の哲学』第三章の国家の章全体は§二五七から§三六〇まで）し、論文の体裁をとるまでにいたらなかった。そればかりか、§二六一から始まっているように最初の一ボーゲン・一六ページ分が損失・欠落し、草稿としても不完全なものになっている。しかも、草稿として残されたこの論文が、はじめて原文のドイツ語で公にされたのは、マルクス没後四五年、エンゲルス没後三二年も経た一九二七年のことであった。

本草稿についてマルクス自身は『経済学＝哲学草稿』序文の冒頭で次のように論じている。「すでに私は『独仏年誌』のなかで、ヘーゲル法哲学批判というかたちで、法律学および国家学の批判をおこなうことを予告しておいた。印刷にまわすため、その仕上げをすすめているうちに、〔ヘーゲル法哲学という〕思弁にたいしてだけ向けられている批判と、その〔ヘーゲル法哲学がとりあつかっている〕種々の素材そのものの批判とを混ぜあわすことは、まったく不適当であり、〔議論の〕展開をさまたげ、理解を困難にするものだということが明らかとなった」（註12）と。

ここではマルクスがこの本の出版を中止したところの理由が明確に語られている。実際、「ヘーゲル国法論批判」が扱っている領域やそこに適用されている理論は多岐にわたっており、かつ方法論的問題と内容的展開が複雑に絡み合ったものとなっている。しかも、本論には『法の哲学』の見出し（１、それだけとしての内部体制、（a）君主権、（b）統治権、（c）立法権）があるだけで、ヘーゲルの「§」の展開に沿い、それを逐条的に検討するものとなっている。もちろん、論じられていることは、単にヘーゲルの主張に対応したものではなく、マルクスの問題意識に規定された積極的な展開もなされている。

以下では、マルクスの論述に寄り添い、その国法論批判を主体的に把握するという視点にたって、展開に即した形でその内容を捉え返してゆきたい。

①ヘーゲル国家理論の特徴について（§二六一から§二七四）の検討・批判

ここでは、ヘーゲルの国家理論全体の特徴、とりわけ政治的国家と市民社会の関係について検討され、そこに孕まれている論理上や叙述上の問題性、マルクスのいう「論理的汎神論的神秘主義」が突き出されている。この部分は、後に見るように、「ヘーゲル哲学の全秘密が蔵されている」といわれる重要な論述がなされ、問題の核心がのべられている。

『法の哲学』第三部「倫理」の三章においてヘーゲルは、「自由な意志」の「理念」がその発展をとげ「国家の法ないし権利は、他の諸段階よりもっと高い。それは、自由が最も具体的な形態においてあるすがた」（H・228）として現れるところの国家について論じているのであるが、マルクスはその一つ一つを批判していく。現存する草稿は、すでに述べたように最初の一六頁分が損失しているのであるが、たぶんその損失部分では、「国家は倫理的理念の現実性である」という一文から始まる§二五七以下、国家の本質論を展開した重要な部分の検討がなされたのであろうことは明らかである。

〈国家の圏と家族・市民社会の圏の関係―「外的必然性」と「内在的目的」〉

実際、マルクスは「前の節がわれわれに教えるところによれば」という前書きをつけて「具体的自由は、（家族と市民社会との）特殊的利益の体系と（国家の）普遍的利益の体系との同一性（当然に存在するべき、二種的な同一性）に存する」（Ｍ・３、『マルクス・エンゲルス全集』第一巻（一九七三年度版）「ヘーゲル国法論批判」２３３頁。**以下、本書からの引用は、ＭＥ全集・２３３と略記する**）という『法の哲学』§二六〇の展開の核心を示し、この検討を前提に論を進めている。すなわち、ヘーゲルが§二六〇で「国家は具体的自由の現実性」であり、「現代国家の原理のもつとてつもない強さと深さは、主体性の原理がおのれを完成して人格的特殊性という自立的な極点になることを許すと同時に、この主体性の原理を実体的一体性のうちに連れ戻し、こうして主体性の原理そのもののうちに実体的一体性を保つということにある」（Ｈ・４８８）とすること、言い換えれば「普遍的なものが、特殊性の十分な自由と諸個人の幸福とに結びつけられていなければならない」（Ｈ・４８９）〔特殊性と普遍性の統一〕としたこと、そのことに踏まえてのことなのである。

「さて、こんどはこれらの諸圏の関係をいっそう立ち入って規定しようというわけである」といってマルクスは「§二六一」の検討に入っている。すでに、欠損した部分においてヘーゲルの「家族・市民社会の圏」から倫理的理念の現実態としての「国家」の圏への移行の問題性を暴きだし、ヘーゲルのいう「国家の圏」と「家族・市民社会の諸圏」の関係をとりあげた

（であろう）上で、ここではその関係についてのヘーゲル的展開の、そこにおける「一体性」「同一性」が「むりやり作り上げられた」「見せかけ上」のものでしかないことを突き出していく。

ヘーゲルは言う。「私的権利と私的福祉、家族と市民社会の諸圏にたいしては、国家は**一面においては**一つの外的必然性であるとともに、それらにたいするいっそう高い権能であって、この権能の性質に、それらの諸圏の掟も利益も従属し、また依存しているのであるが、しかし**他面においては**国家はそれらの内在的目的であって、それの強みはそれの普遍的窮極目的と諸個人の特殊的利益との一体性のうちに存し、諸個人が国家にたいして諸権利を有する限り、また諸義務をも有する点に存する。（第一五五節）」（M・3、ME全集・223）と。

マルクスは、この「§二六一」全文引用してそれを批判的に検討する。まず、ヘーゲルが、一面において〈国家は家族と市民社会との圏にたいして一つの「外的必然性」、一つの権能であって、国家のそのような権能に「掟」と「利益」は「従属し、また依存し」ている〉としながら、他面では、〈この依存性を「外的必然性」の関係のうちへ包摂して〉〈家族と市民社会が国家をそれらの「内在的目的」としている関係〉（以上、M・3〜4）としていることに対して、このヘーゲルの展開は、「国家」と「家族・市民社会」の関係において「解決されていない一つの二律背反を設けている」と指摘する。一方では、「外的必然性」というような「従属・依存」の関係〔第一〕としながら、他面で「内在的目的」とする関係〔第二〕とする、この〈第一〉と〈第二〉の二つの側面をあげることをもって、ヘーゲルが「現代国家」の「強み」としての「普遍的な究極目的と諸個人の特殊的利益との同一性」として、「諸個人が同時に権利をもつかぎりにおいて国家に対する義務をもつ」ことを論証したかのように論じること、そのことを、この〈第二〉と〈第二〉の関係は「二律背反」でしかない、と論断しているのである。

マルクスはいう。外的必然性とは、〈国家にたいする「私的権利として私的福祉、家族と市民社会の諸圏」の関係のことである。これらの諸圏そのものの本質的関係が論じられている〉のであって、〈「従属」と「依存」は「自立的な在り方をせばめ、それに逆行する外的な間柄」であるからこそ「外的必然性」の関係なのであり、事柄の内的本質を侵してくるような必然性の関係なのである〉。それゆえ、そこでの〈「従属」と「依存」は一つの「外的な」、むりやりに作り上げられた、見かけ上の同一性をあらわすことば〉に他ならない。にもかかわらず、他面で国家が「家族と市民社会」における「内在的目的」であるものとして、そこに「一体性」と「強み」なるものを論じている（M・5〜6）のだから問題だとしている。

ここでの核心は、マルクスが、ヘーゲルのいう「国家の圏」と「家族・市民社会の諸圏」の関係、その論述の問題を突き出すことにより、そこにおける「一体性」「同一性」が「むりやり作り上げられた」「見せかけ上」のものでしかないことを突き出しているところにある。そのことをまずはっきりさせなければならない。

〈ヘーゲルの論理的汎神論的神秘主義〉

さらにマルクスは、「現実的理念」(国家)と「家族・市民社会」の関係を論じた§二六二をとりあげ検討する。

§二六二とは、「現実的理念、精神――このものはそれの概念の二つの理念的な圏、すなわち家族と市民社会に己れ自身を割って、己れ自身を**有限な在り方**にするのであるが、これは精神がこれら両圏の理念性から出て**対自的に無限な**、現実的精神であらんがためである――それは、そのため、これらの圏に、このそれの有限的現実性の材料、すなわち衆人としての諸個人を割り当て、しかもこの割り当ては個人にあっては境遇とか個人的自由とか自己の職分の自身での選択とかによって媒介されてあらわれるようにおこなわれる」(M・6~7、ME全集・235)というもので、これがその「§」の全部である。この展開をとらえ返してマルクスは、さきの「§二六一」の検討に踏まえ、「この文章をなんでもない言い方に直せば、こうなる」として次のようにまとめていく。

〈国家が家族および市民社会と媒介されるされ方は、「境遇とか個人的自由とか職分の自身での選択とか」である。したがって国家理性は国家材料の家族および市民社会への割り振りとはなんのかかわりもない。国家はある無意識的な、かつ自由勝手な仕方で、それらから出てくる。家族と市民社会は暗い、生《なま》の下地《したじ》としてあらわれ、ここから国家の火が点《とも》り出る。国家材料という場合には、国家の取り扱う仕事、つまり家族と市民社会が、――これらが国家の部分をなし、国家としての国家にかかわりをもつかぎり――理解されているのである〉（M・7、ME全集・235）と。このようなまとめかたそのものが「マルクス的」なのであるが、それは以下の検討に示されている。マルクスは、この日本語にしてわずか一〇行あまりの「§」二六二の論述を極めて詳細に検討していくのである。

まずマルクスは、ここのヘーゲルの展開は二重の点で「目に立つ」として次のように言う。〈家族と市民社会は国家の概念圏、それも国家の有限性の圏、国家の有限性と解される。国家とは、それ自身をこれらの圏に割るもの、これらの圏を前提するものであって、しかも国家がそうするのは、「それら両圏の理念性から出て対自的に無限な、現実的精神であらんがため」である〉。このようなヘーゲルの展開は、〈「現実的理念」（無限な、現実的な精神としての精神）なるものはあたかもある特定の原理にしたがい、そして特定の意図のために行動しでもするかのように描かれ〉、〈通常の経験はそれの固有の精神をではなくて、なにかそれとは無縁の精神を掟にもつ〉かのようにされる（以上、M・7〜8の骨子）とマルクスはとらえかえす。そこでは、〈理念は主体化され、そして家族と市民社会との国家にたいする現実的な関係は理念の内的な、想像上のはたらきと解される。家族と市民社会は国家の前提であり、それらは元々《もともと》アクティブなものなのであるが、思弁のなかであべこべにされる〉（M・8）〈出発点となる事実はかかる事実そのものとは解されず、かえって神秘的な成果と解される。現実的なものは現象となるが、しかし理念はこの現象以外のどんな内容をも持ちはしない。のみならず、また理念は「対自的に無限な、現実的精神であらん」とする論理的目的以外のいかなる目的をもちはしない〉（M・11）というように。

そしてマルクスはいう。〈この箇所で論理的汎神論的神秘主義が非常に歴然とあらわれる〉（M・8）と。そして、最後に〈この節のうちに法哲学、またはヘーゲル哲学一般の全秘密が蔵されている〉（M・11〜12、ME全集・238）と論断したのである。

〈主語と述語の転倒〉

マルクスはさらに〝ヘーゲルの論理的汎神論的神秘主義〟の内実を明らかにするために、§二六三以降二六九までの文を引用し、それを網羅するかたちで検討している。

〈この移行〔家族と市民社会が政治的国家へ移りこんでいく〕は家族等々の特殊的本質と国家の特殊的本質から導き出されるのではなくて、必然性と自由との普遍的関係から導き出される。これは論理学において本質の圏から概念の圏へはいっていく場合になされる移行とまったく同じである〉（M・13、ME全集・239）

〈重要なのは、ヘーゲルがどこででも理念を主体にし、そして「政治的意向」のような本来の現実的主体を述語にするということである。ところで展開はいつでも述語の側で（面で）おこなわれるのである〉（M・14、ME全集・240）

ヘーゲルにおける主語と述語の転倒をマルクスは、次の§二六九の検討を通してさらにはっきりさせていく。ヘーゲルが「〔国家の〕有機組織は理念の、それ自身のもろもろの区分への、そしてそれらの客観的現実性への、展開である」とするのに対して、マルクスはこの〈もともとの考えは、国家または政治的体制の、諸区分への、そしてそれらの現実性への、展開は一つの有機的な展開である〉と言表しなおす。その上で、本来の意味からすれば、主語は〈政治的体制の現実的諸区分またはさまざまな面である。述語はこれらのものが有機的であるという規定である〉のだが、ヘーゲルにおいては〈理念が主語にされ、諸区分とそれらの現実性が理念の展開、理念の成果と解される〉が〈じつは逆に現実的な諸区分から理念が展開されねばならないのである〉（M・16、ME全集・２４１）

マルクスはこのような主張をくりかえし展開しながら、ヘーゲルの〈唯一の関心事は、国家の場であろうと、自然の場であろうと、どのような場であれ、ずばりただ「理念」、「論理的理念」を見つけ出すことにあるのであって、ここでの「政治的体制」のような現実的な主語は理念のたんなる名まえにすぎなくなるのであるから、いかにも現実的な認識がおこなわれてでもいるかのごとき外見が存するだけである〉（M・17、ME全集・２４１～２）というように暴いていく。

そして次のように結論づける。

〈実のところはヘーゲルのしたことといえばただ、「政治的体制」を「有機組織」という普遍的、抽象的理念へ溶かしこんだというだけであるが、しかし見かけ上と彼自身のつもりからすれば、彼は「普遍的理念」から特定のものを展開したのである。彼は理念の主語であるところのものをそれの一つの産物、一つの述語にした。彼は彼の思惟を対象から展開するのではなくて、かえって、己れ自身を仕上げ終わっている思惟、しかも論理の抽象圏のなかで己れ自身を仕上げ終わっている思惟にしたがって対象を展開する。政治的体制という特定の理念を展開することが問題であるのではなくて、かえって政治的体制に抽象的理念への関係をもたせ、それをその（理念の）生活史の一環として位置づけることが問題なのであって、これはどうみても歴然たるまやかしである〉（M・21、ME全集・244）と。

ここでマルクスは、ヘーゲルにおける主語と述語の逆立ちを暴きつつ、それにもとづいたヘーゲルの国家についての展開を「歴然たるまやかし」として批判しているのである。

〈概念の体制〉

次にマルクスはヘーゲルのいう「国家の目的」（普遍的利益としての普遍的利益、この普遍的利益において特殊的諸利益を維持する）について、また、その説明としての「国家の抽象的な現実性ないし実体性」㈠、「国家活動の概念的区別項（概念諸区分）」、「堅固な諸規定」たる「諸権力」㈡、そして国家が「おのれを知り、おのれを欲するところの精神」として「意識された諸目的、知られた諸原則にのっとっている」㈢、などの論述（§二七〇、H・498）（註13）の検討を行っていく。（§二七〇、M・22〜23、ME全集・245〜9）

ヘーゲルの展開をマルクスは、「これらの論理的範疇の使用についてはとくに取り立てて論じられて然るべきである」とし、その重要性を確認しつつ、そこでヘーゲルが三点にわけて論じていることに対応した形で、そのまとめとその検討を行っている。

まず、マルクスは「ヘーゲルの叙述にかんして気づかされるところ」として（a）から（d）までの四点にまとめている。先の三点のまとめとこの四点の特徴づけは、きわめて詳細に行われている。ここでその内容を紹介することは、煩雑になるので、マルクスのまとめそのものを読んでもらうしかないが、ヘーゲルの使用している概念、その文体、その内容展開を、ヘーゲル的な論理をえぐりだしながら検討し、その特徴をまとめ上げているそのマルクスの追求は以下のように示されている。

〈一、普遍的利益とそのなかでの特殊的諸利益を維持、これが、すなわち国家目的。

二、さまざまな権力、これがすなわちこの国家目的の実現。

三、形成された、自覚的な、己れを知りかつ己れを欲するところの精神、これがすなわち目的とその目的実現との主体。

これらの具体的諸規定はうわべだけの意義しかもたせられておらず、余事（hors d'oeuvres）であり、これらの規定の哲学的意味は、国家がこれらの規定のうちに論理的意味をもっているというところにある。その論縦的意味というのは、

一、抽象的な現実性または実体性としての論理的意味、

二、実体性関係が必然性の関係、実体的現実性の関係へ移りこむという論理的意味、
三、実体的現実性はほんとうのところは概念、主観性であるという論理的意味、のことである〉（M・28、ME全集・248）
これ自体がマルクスによるヘーゲルの展開の下向的な分析を媒介にした批判的とらえ返しなのであり、具体的諸規定がどのような論理的意味をもたされているかを鮮明にしたものなのである。

マルクスはそこでのヘーゲル的な論理の問題性を以下のように突き出している。

〈［ヘーゲルにとって］法哲学ではなくて論理学が真の関心事なのである。（中略）論理が国家の証明に用いられるのではなくて、かえって国家が論理の証明に用いられる〉（M・27〜28、ME全集・248）と。

〈そのような具体的諸規定を脱《ぬ》かすならば、われわれの眼前にあるものは論理学の一章なのである〉（M・28）〈そんなわけで法哲学はピンからキリまで論理学へのお添物にすぎない。お添物というものは、わかりきったことだが、本来の展開にとっての余事（hors d'oeuvre）にすぎない〉（M・29、ME全集・249）と。

続けてマルクスは§二七〇（補遺）から二七四までをとりあげ、ヘーゲルの政治体制、「有機的編制」や「実体的諸区分」の論述を簡潔に検討している（註14）。

たとえば、ヘーゲルが、「国家がその働きを概念の本性にしたがって自身のうちで区別して

規定」し、諸権力（体制の諸契機〔立法権、統治権、君主権という〕）が「有効な働きを示すあり方で内蔵され」「ただ一個の個的全体を成り立たせるというふうになっているかぎり、体制は理性的である」（§二七二、M・30）［註15］とすることを問題にする。

ヘーゲルの「理性的」とは「体制は国家の諸契機が抽象論理的契機に解消されうるかぎりにおいて理性的」ということとしてマルクスは捉え返す。ここでいう「抽象論理的契機」とは、「普遍性」「特殊性」「個別性」ということをさす。このヘーゲル的な権力の区分・規定についてマルクスは「抽象的思惟の妖しげな動因たる」「概念の本性にしたがって」「区分し、規定する」［註16］ものとして核心的に問題にする。現実にある国家の「働き」や「特性」をもって「区分」し「規定」するのではなく、「概念の本性にしたがって」それを行うこと、このことをマルクスは「抽象論理的契機に解消されうる」と批判している。「体制の理性」は「抽象的論理」なのであり「国家概念」〈国家についての概念規定〉ではないこと、このヘーゲル的論理の逆立ちを、マルクスは「体制の概念」のかわりに「概念の体制」が与えられると端的に特徴づけているわけなのだ。

〈ヘーゲルはここではソフィスト〉

さらにマルクスは§二七三と§二七四［註17］をまとめるかたちで、「体制の現実性」を「国民の自己意識と形成」のあり方、それへの依存に求め、立憲君主制を正当化するヘーゲルを批判する。

〈ヘーゲルの論法からすれば、同じように国家の名がついていたとしても、その国家のなかで「自己意識の在り方と形成」と「体制」とが矛盾しあうような国家はどんな意味においても真の国家ではないことになってこざるをえない〉。だが、歴史を振り返るなら〈或る過去の意識の産物であった体制が或る進んだ意識にとってむごい桎梏となりうるとか、その他等々の事柄はなんといってもありふれた事実である〉と。そして、〈このことから出てくるべきものはむしろ、意識とともに前進していくという規定と原則をそれ自身のうちに具えた体制が要請されるということだけであろう。現実の人間とともに前進していくということ、このことは「人間」が体制の原理になってこそはじめて可能なのである〉と断じたうえで、〈ヘーゲルはここではソフィストである〉（以上、M・31〜32、ME全集・250〜1）とまとめている。

マルクスは「体制が或る進んだ意識にとってむごい桎梏となりうる」という歴史的な「ありふれた事実」をヘーゲルに突きつけることによって、現存するプロイセン国家を肯定するために「体制の現実性」を「国民の自己意識」に求めるヘーゲルの無批判的実証主義の限界をあばきだしている。その際に、マルクスはヘーゲルには、「**人間**」が体制の原理になっていないことを暴き、「ヘーゲルはここではソフィストである」と強烈に弾劾している。このような展開に、「人間とともに前進していく」ことを心髄とする若きマルクスの歴史観と**ヒューマニスト的心情の噴出**を見、かつ強く感じとることができる。

②君主権について（§二七五から§二八六）の検討・批判

君主権の検討で、ヘーゲルが「倫理的理念の現実態」としての国家のあるべき姿を「立憲君主制」に、その現実的なあり様としてプロイセン絶対王政に見ていることに、若きマルクスは極めて辛辣な批判をおこなっている。その批判は、（１）国家の主権として一個の固体として君主を導き出す（「でっち上げる」）ことの問題性、（２）この「君主」概念の問題性（世襲制のもとでの君主の定義）、そして（３）君主制と民主制との関係、などである。

〈国家の主権・君主権・最終決定〉

まず、マルクスは「君主権」の§二七五の検討からはじめている。「君主権」に含まれるものとして、ヘーゲルは「全体性の三つの契機」を、すなわち「体制と掟との普遍性」、「特殊を普遍へ関係づけるいとなみとしての審議（評議）」、および「自己規定としての最終決定」をあげ、この最後の「自己規定としての最終決定のうちへ爾余のすべては帰入」し、またその「絶対的な自己規定の働きが君主権を君主権として他の諸権力から区別する原理」であるとする。

これに対して、マルクスは内在的（下向的）な検討、批判を加えている。

まずマルクスは、立憲君主制を理念としているかぎり(註18)、ヘーゲルのいう「君主権」は

「体制と掟との普遍性の埒外にはない」、すなわち「体制と掟」に規定された存在であることを確認する。しかし後半では、ヘーゲルは「自己規定としての最終決定の契機」をもちだす。この君主論のごまかしをマルクスは以下のように突き出す。

〈だがしかしヘーゲルのもともと言わんとするところは、「体制と掟との普遍性」――が君主権、国家の主権であるということにほかならない。そうだとすれば、君主権を主体にし、そして――君主権といえば、君主の権力とも解されるところから、――あたかも君主がこの契機の主《あるじ》、この契機の主体でありでもするかの観を呈せしめるのは不当である〉という。

そして〈しかし〉といって続ける。〈ヘーゲルが「君主権を君主権として他の諸権力から区別する原理」と称するものにまず目を向けてみると、（中略）それはこの「絶対的な自己規定の働き」なのである〉と。そしてその内実を暴きだす。

〈ヘーゲルがここで言っていることは、現実的な、換言すれば個人的な意志が君主権であるということにほかならない〉〈この「最終決定」の契機もしくは「絶対的自己規定」の契機が内容の「普遍性」および審議（評議）の特殊性ときりはなされているかぎり、それは恣意としての現実的意志である。換言すれば「恣意は君主権である」、または、「君主権は恣意である」〉（以上、M・33、ME全集・251）と。

「普遍性」や「特殊性」ときりはなされたこの「恣意」としての君主権を暴きだすことで、マルクスはヘーゲルのいう立憲君主制のもとでの君主権の論理のごまかしを鮮明にしているのである。

〈国家の主体性・人格性・個体・君主〉

さらに、マルクスはヘーゲルが全体の理念との関係で論じている「国家の本質的な諸契機」としての「国家の諸々の特殊的な職務と活動」について、さらには「職務活動」と「それをおこなう諸個人」との結びつき（§二七六～二七八）について検討する。その上で、国家主権から君主を導き出す（§二七九）ヘーゲルの論理を検討する。

「§二七九」において、ヘーゲルは「理念性の普遍的思想」としての「主権」からはじめて、「主体性」「無根拠な自己規定」を導き出し、「国家の個的面」として「主体性」のあり方としては、「ただ主体としてのみあるのであり、人格性はただ人としてのみあるのであって、実在的理性性を具現するまでにいたった体制にあっては、概念の三契機はそれぞれそれだけで現実的な、別個の形態を有する。絶対的な決定をおこなうところの、全体的なものの、この契機はそれゆえに個体性一般ではなくて、一個の個体、すなわち君主である」（Mの当該部分の引用、38）（註19）とし、「現実的な『神人』」「理念の現実的化身」（M・41）としての「君主」を導出する。マルクスはこの「§二七九」におけるヘーゲルの論理のまやかしを、その主張の全文を二つのセンテンスに分け、そこでの主張を詳細に検討しつつ、その問題性を暴きだしている。（ME全集・254～262）

マルクスは以下のように問題にする。

〈第一のセンテンスにいわれているのは、この理念性の普遍的思想は、――このものの哀れな現存をわれわれは今しがた見てきたばかりであるが――諸主体の自覚的な仕事であるはずだし、そしてそのようなものとして諸主体にたいし、かつ諸主体のなかに、現存するはずだということにほかならない。

もしもヘーゲルが国家の土台として現実的な諸主体から発足していたとするならば、彼は摩訶不思議にも国家がみずからを主体化するようなことをさせる必要はなかったであろう〉（ME全集・255、M・39）と。

「国家がみずからを主体化させる」とはヘーゲルが「意志の自己規定」として「国家の個的面」をあげて「国家は」「この面においてのみ一つのもの」と論じていくことを指す。そのようにヘーゲルは「主体化させた」国家の「主体性」を論じ、その「真のありよう」としての「主体」を導き出す。だからヘーゲルが「主体性はその真のあり方においてはただ主体としてのみある」とか「人格性はただ人としてのみある」として、「現実的な『神人』」たる「君主」から始めるならば、「国家を主体化させることもなかった」と問題にするとともに、その「主体性」「人格性」から「主体」を導き出すことそれ自体についてマルクスは、〈これもまた一つのまやかしである。主体性は主体の一つの規定であり、人格性は人の一つの規定である。ところで、これらの規定をそれらの規定の主体の述語と解するかわりに、ヘーゲルは述語を自立させ、そしてこれらの述語が後《あと》で摩訶不思議にも化してそれらの主体となるようなことをさせるのである〉(M・40、ME全集・255)というように暴きだしているのである(註20)。

〈君主の人格とは〉

さらにマルクスは「第二のセンテンス」について、〈ヘーゲルにとって肝腎なことは、君主を現実的な「神人」、理念の現実的化身としてあらわしてみせることである〉(M・41、ME全集・256)こととし、その問題の核心に迫っていく。

ヘーゲルは「絶対的な決定をおこなうところのこの契機はそれゆえに個体性一般ではなくて、一個の個体、すなわち君主である」とする。なぜかといえば、「実在的理性を具現するまでにいたった体制」すなわち近代国家〔ヘーゲルにおいては立憲君主制のそれ〕にあっては、「概念の三契機はそれぞれそれだけで現実的な、別個の形態」を有するからである、という。これをマルクスは内在的に批判する。

〈概念の一つの契機は「単個性」であるが、しかしこのものはまだ一個の個体ではない。そして普遍性、特殊性、単個性がそれぞれ「それだけで現実的な、別個の形態」を有するなどとはいったいまたどんな体制なのだろうか?〉〈国家意志の個体性は「一個の個体」、すべての個体とは区別された一個の特殊な個体であるとは、何のことだろうか?〉(M・43、ME全集・257)。こう批判的なかたちでの「疑問」を発しながらマルクスはヘーゲルの君主を導出する論理の問題性を暴き出していく。

〈今日のヨーロッパにおける立憲君主のあらゆる属性をヘーゲルは意志の絶対的自己規定たらしめる。彼は、君主の意志が最後の決定であるとは言わずに、意志の最後の決定が君主であると言う。第一のセンテンスは経験的である。第二のセンテンスは経験的事実をねじ曲げて一つの形而上学的公理にする。ヘーゲルは「理念」を「一個の個体」にでっち上げるために、両主体、すなわち「己れみずからを確かなものと意識している主体性としての」主権と、いま一つは「意志の無根拠な自己規定、個体的意志としての」主権とをごちゃごちゃにからみあわせる〉（M・44、ME全集・258）と。

このようなかたちでヘーゲルが、国家の意志としての「主権」と君主という固体の意志としての「主権」とを「ごちゃごちゃにからみあわせる」問題性を執拗に暴き出していく。これらの暴露は、ヘーゲルが理念化する立憲君主制の内在的批判であることをそこに見て取れる。

さらに続けてマルクスはヘーゲルの論じる君主論の独自性、その問題性を突きだしていく。〈ヘーゲルは国家がその個的一体性の代表者として一個の個体を持たざるをえないことを展開しようとして、君主を持ち出したのではなかった。われわれがこの節のポジティヴな結論として固持するのは、ただ、――君主は国家においては、個体的意志の契機、無根拠な自己規定の契機、恣意の契機であるということのみである〉（M・44、ME全集・258）と。

ヘーゲル的な立憲君主制の内実が、この君主のヘーゲルによる「個体的意志の契機、無根拠な自己規定の契機、恣意の契機」という規定のなかに端的に示されている。そのことを深めるためにマルクスは§二七九に付された「注」を取り上げ、「注目に値するので、これを詳しく調べてみる必要がある」として問題にしている(註21)。この検討は、「法の哲学」全体の展開をおきながら、概念（この場合は意志）の自己発展として国家の人格を導き出し、この「概念に適った実在性において存在する」ものとして「君主の人格」を論じるヘーゲル的論理そのものについてなのである。

〈ヘーゲルはここで君主を「国家の人格性、国家の、それ自身の確実性」と定義する。君主は「人格化された主権」、「人間となった主権」、血肉《ちにく》を具えた国家意識であり、したがって、このことによって、他のすべての人々はこの主権、および人格性、および国家意識から閉《し》め出されているのである。同時にしかしヘーゲルは、この「人である主権」〔「主権としての個人」〕に「われ欲す」という意志における恣意の契機以外のどんな内容をもあたえることを知らない〉（M・46、ME全集・259）と。

ヘーゲルがいう「国家の人格」としての「君主」に与えた「人格」なるものの内実について、ここでのマルクスは実に鮮明にあばきだしているといわなければならない。

〈君主制の真理としての民主制とは〉

また、「§二七九」の注において国民主権を論じたヘーゲルの展開を批判してマルクスは

「民主制は君主制の真理であり、君主制は民主制の真理ではない」（M・51、ME全集・263）と論じている。これは、「国家は一つの抽象物である。国民のみがひとり具体物である」（M・49）という考えにもとづいて主張されたものである。〔ここに「ヘーゲル国法論批判」を執筆した**時点**でのマルクスの国家論の地平が、すなわち国家を倫理的理念のあらわれとするヘーゲルの国家論の枠内にあるそれが示されているのだが、それについては後に検討する〕

ヘーゲルが「君主のうちに現存する主権と対立したものと解される場合の国民の主権」は、「粗笨な国民観念にもとづく混乱した思想に属する」と主張するのに対して、マルクスは「『混乱した思想』と『粗笨な観念』はここではただヘーゲルの側にのみある」（M・50）と反論し、次のことを問題にする。①君主のうちに吸収された主権などというのは一つの迷想で、君主の主権かそれとも国民の主権か、これが問題だということ、②君主の主権に対立したあり方で国民の主権のことを云々することもできるが、この場合は「二つのまったく対立した主権概念が問題なのである」と。

その上で、ヘーゲルが「君主と必然的かつ直接的に連関する全体的編成を欠いて理解される場合は、無定形な衆」であるとして、共和制や民主制を「烏合の衆に属すべきもの」であり「論外である」と斥けるのに対して、マルクスは次のように批判する。

〈民主制は君主制（註22）の真理であり、君主制は民主制の真理ではない。…〔中略〕…民主制においては諸契機のどれ一つといえども、それに帰属する以外の意義をもつにいたることはない。一つ一つが現実的に全人民の契機であるにすぎない。君主制においては一つの部分が全体の性格を決める。全体制は固定した点に合わせてそのあり方を修正せざるをえない。民主制は体制の類《るい》である。君主制は一つの種《しゅ》、しかも不良種《しゅ》である。民主制（註23）は内容と形式である。君主制はただの形式にすぎないとされるが、しかしそれは内容を改竄《かいざん》する〉（M・51〜52、ME全集・２６３）

〈もともと国民が全体的なものなのであるが、君主制においてはこの全体的なものとしての国民はそれの定在諸様式の一つである政治的体制のもとへ包摂されており、民主制においては体制そのものはただ国民の一つの規定、しかも自己規定としてのみあらわれる。われわれは君主制において体制の国民をもち、民主制において国民の体制をもつ〉〈ヘーゲルは国家から出発して、人間を主体化された国家たらしめ、民主制は人間から出発して、国家を客体化された人間たらしめる。宗教が人間を創るのではなくて、人間が宗教を創るように、体制が国民を創るのではなくて、国民が体制を創る〉（M・52、ME全集・２６３）

これらの展開にヘーゲルの君主制に対置したマルクスの民主制の理解が、体制と国民、人間の関係の把握に踏まえたものとして、明らかにされているのであるが、そうした追求のうえでマルクスは結論的に〈それにしても、あらゆる国家形態はそれらの真理として民主制を有し、それゆえにこそ、それらが民主制であるのでないかぎり、非真理であることはおのずから明らかである〉（M・54〜55、ME全集・２６５）と論断しているのである。このような主張は、その直前の君主制との対比での民主制についての把握にもとづいている。〈君主制においてはこの特殊なものであるところの政治的体制はあらゆる特殊なものに君臨してそれらを規定するところの普遍的なものという意義を有する。民主制においては国家は特殊的なものとしてはただたんに特殊的なものであるにすぎず、普遍的なものとしては現実的な普遍的なものである。ということは、他の内容と区別されてあるようないかなる被規定性であるのでもないということである。近時（補註③）のフランス人たちはこのことを、真の民主制においては政治的国家はなくなるというふうに理解した。これは政治的国家は政治的国家としては、体制としては、もはや全体的なものとして通用しないという点で正しい〉（M・54、ME全集・264）

国家の真理・内容と形式の一致・体制と人間の関係・形相的原理が同時に質料的原理そして普遍と特殊の真の一体性などとして語られているマルクスの民主制論は、この時点のマルクスの国家についての理解を示したものである。しかも、「近代のフランス人」すなわち「共産主義者」の「政治的国家がなくなる」という〝考え〟を限定付きで「正しい」としているのである。

〈君主の世襲制〉

更に「君主」の規定を与えている「§二八〇」の検討に移っていく。

「国家意志のこの究極の自己はこのそれの抽象態においては単一であり、したがってまた直接的単個性である。それゆえに、それの概念そのもののうちに自然性の規定が存する。君主はしたがって本質的にこの個人として、あらゆる他の内容を除き去ったあり方で存在し、そしてこの個人は直接的、自然的な仕方で、自然的出生によって、君主の位にあるべくきめられている」（Ｍ・58、マルクスによる§二八〇の引用）

これをマルクスは以下のように捉え返す。

〈ヘーゲルの証明したことはなんのことはない、主体性はただ肉体的個人としてのみ現存するという自明のことにほかならぬのであって、そして当然、肉体的個人には自然的出生がつきものなのである〉〈そうだとすると、主権、君位は生み出されるわけであろう。君主の肉体が彼の位をきめるわけであろう。そうだとすると、国家の最高の頂点にあって決定を下すものは理性であるかわりにたんなるフュージス〔Physis- 自然、出生、生まれつき、からだ等を意味するギリシャ語〕ということになるはずである。家畜の質が出生できまるように、君主の質も出生できまるわけであろう〉（Ｍ・58～59、ＭＥ全集・２６７）。つづけてマルクスは言う。〈ヘーゲルは君主が生まれねばならないという、だれひとり疑うものもない事柄を証明したが、しかし、出生が君主たらしめることを証明しはしなかった〉（Ｍ・59、ＭＥ全集・２６７）と。これらのマルクスの展開は、きわめてアイロニカルなものである。

その上、ヘーゲルの論じる君主の出生について、また世襲君主制についての批判を展開していく。

〈人間が君主に生まれつくということが、なにか形而上学的な真理のようなものにされることの許されないのは、あたかも母マリアの無垢《むく》の受胎が形而上学的真理にされてはならぬのと同然である。ところで後のほうの観念、つまりマリアの無垢の受胎というこの意識の事実と同様、先の、人間が君主に生まれつくという経験の事実も人間的幻想と諸般の状況から結構、理解されうることである〉（M・59、ME全集・267）と。

また、ヘーゲルが「§二八〇」の注で述べている「純粋な自己規定の概念から存在の直接性、したがってまた自然性へのこの移りこみは純粋に思弁的な性《たち》のものであり、それゆえ、この転入の認識は論理的哲学に属する」（M・59、注の引用、ME全集・268）を取り上げてマルクスはいう。

〈君主制はそれが理性的意志の有機組織であるかのごとき外見をもはやとりつくろうことができない急所であること、――これはヘーゲルのはっきりした告白とみなすことができる〉（M・60）と。

もはや概念の展開において論じられないからこそ、概念から自然への「移りこみ」「転入」をいい、それを「純粋に思弁的な性質のもの」と称するヘーゲルをこのようにマルクスは批判する。「純粋な自己規定」「国家の主権（意志の一つの自己規定）」から「純粋な自然性（出生の偶然）へ一足飛びに移りこまれる」ことが〈「概念の移行」とよばれて完全な矛盾が一致と言われ、この上もない不整合が整合と称される〉（M・59〜60）ということ、そのことをマルクスはヘーゲル的論理の問題の「急所」であり破綻の「告白」であると断じているのである。

つづく「§二八一」以下「§二八六」まで、「大臣の権力」やその「選出」「責任」や「赦免権」、さらには「君主の世襲制」の検討を行っているのであるが、ここではその詳細は省き、以下マルクスが与えた総括的なコメントだけを見ておくことにする。

〈君主の世襲性(補註④)は君主の概念から出てくる。君主は特別に類全体から、すべての他の人から、区別された人だとされる。では、ひとりの人の他のすべての人からの窮極の固定した区別点は何なのか? 体である。体《からだ》の最高の機能は性行為である。それゆえ国王の最高の憲法的行為は彼の性行為である。けだしこれによって彼は一人の国王を作って、己が体《からだ》を伝えていくのだからである。彼の息子の体《からだ》は彼自身の体《からだ》の再生産、一個の玉体の創造である〉(M・72〜73)

この有名な一文において、マルクスは、「君主の世襲性」を、君主の「最高の憲法行為」としての「体の再生産」すなわち「性行為」との関係で、その本質をあばきだしているのである。

③統治権について(§二八七から§二九七)の検討・批判

〈プロイセン官僚制の経験的叙述〉

ヘーゲルは統治権を「君主による諸決定の執行と適用、総じて言うならば、すでに決定ずみのもの、現存の諸法律、共同目的のための諸制度、諸施設等々の継続的運用および維持」（§二八七）と規定する。また、統治権には「司法権および警察権[註24]」も含まれるとされるのであるが、もともと司法権、警察権は市民社会の圏に属するものとされていることからして、統治権の説明からはずされている。この「統治権」についてのヘーゲルの§二八七から§二九七をマルクスは引用し、若干のコメントを与えているのだが、それは省略し、マルクスが総括的に言うことを示す。

〈ヘーゲルが「統治権」について言うところは哲学的展開などとよべる柄のものではない。たいていの節はそのまま字句どおりプロイセン国法に載っておかしくなかろうが、それにしても本来の行政というのは展開のもっともむずかしい項目なのである〉（M・79～80、ME全集・280）と。

実際にヘーゲルの統治権論は、行政の具体的検討を抜きに官僚制にかかわる展開がなされているがゆえに、マルクスの検討・批判もこの官僚制にかかわることに向けられている。そのヘーゲルの官僚制の内実をとらえ返しつつ、マルクスは次のように結論づける。

〈ヘーゲルはわれわれに、一つには現にあるがごとき官僚制の経験的叙述を、また一つには官僚制自身がその在り方についてもっているところの見解の経験的叙述を与える。そしてこれで「統治権」にかんするむずかしい章は片づいたわけである〉（M・81、ME全集・281）と。

ヘーゲルの「統治権」論が現にある官僚制＝プロイセン国家の官僚制の「経験的叙述」とそ

のあり方についての、プロイセン国家の見解の「経験的叙述」でしかないことを暴きだすマルクスの展開はいろいろな意味で教訓的なのであるが、ここでは省略せざるを得ない。

§二八七から一〇節以上ある展開をマルクスは簡潔かつ核心的にまとめ、その問題性を突き出していく。

〈ヘーゲルは「国家」と「市民」社会の分離、「特殊的諸利益」と「絶対的に普遍的なもの」から出発するのであって、たしかに官僚制はこの分離にもとづいている。ヘーゲルは「団体」の前提から出発するのであって、たしかに官僚制は団体を、少なくとも「団体精神」を前提とする〉と。その上で、〈ヘーゲルは官僚制の内容は何一つ展開することをせず、ただ官僚制の「形式的」組織の若干の普遍的規定を述べるだけであって、たしかに官僚制は官僚制自身の外部にある或る内容の「形式主義」にすぎない〉（M・81、ME全集・281）と批判する。

この「官僚制自身の外部にある或る内容の『形式主義』」というマルクスが官僚制に与えた規定は、統治権についてのヘーゲルの規定、すなわち、統治権とは「諸決定の執行と適用」のはたらき〔「包摂の仕事」（ヘーゲル）である「行政」〕とし、それを「市民社会」における「団体」を媒介にした統治の形式的構造としていることを示すものなのである。

〈官僚制＝国家形式主義〉

ヘーゲルの統治権についての主張を捉えかえして、マルクスは〈団体〔職業団体や自治団体など〉は官僚制の物質主義であり、そして官僚制は団体の精神主義である。団体は市民社会の官僚制であり、官僚制は国家の団体である〉と論じている。また、官僚制を「国家の市民社会」と規定し「市民社会の国家」と規定した団体との間の「対立」や「一蓮托生」の関係を問題にしている。（M・81、ME全集・281）

ここでいわれている「物質主義」とは、官僚制の基礎、すなわち特殊的利害のぶつかりあう市民社会の矛盾を根拠にして成立する団体のありようを示しているのであり、他面の「精神主義」とは、市民社会の団体の上にたち普遍的利害を体現する官僚制、すなわち「実在的国家と並び存する想像上の国家」を指すものであろう。そしてこの官僚制は「二重の意義」すなわち「実在的意義と官僚的意義を有する」とされているのである。（以上、M・82～84参照）

このような市民社会と国家との関係での統治権、その官僚制をとらえかえし問題にするマルクスは、もっぱら統治の形式を問題にするヘーゲルの官僚制を「国家形式主義」と規定し、その官僚制の本質を、その疎外された姿を浮かび上がらせる形で明らかにしているのである。マルクスは言う。

〈官僚制は市民社会の「国家形式主義」である。それは「国家意識」、「国家意志」、「国家勢力」であり、一つの団体として〔…中略…〕国家のうちなる一つの特殊な、閉じた社会である〉（M・82～83、ME全集・282）

〈官僚制であるところの「国家形式主義」は「形式主義としての国家」なのであって、そのような形式主義として官僚制をヘーゲルは叙述した。この「国家形式主義」が現実的勢力として成立し、それ自身にとって一つの独自な実質的内容となるのであるから、「官僚制」が実践的諸幻想の織物、あるいは「国家の幻想」であることは自明のことである〉（M・83）〈官僚制はその本質が「形式主義としての国家」である以上、その目的からしてもまたそうである。現実的な国家目的はそれゆえに官僚制には反国家的な目的のようにみえる〉（M・83）〈官僚制はその「形式的」諸目的をその内容とするのであるから、いたるところで「実在的諸目的」との相剋におちいる。それゆえに官僚制は形式的なものを内容と称し、内容を形式的なものと称することを余儀なくされている。国家目的が役所目的に、あるいは役所目的が国家目的に化する。官僚組織はだれもそこから跳び出すことのできない環のようなものである。その位階制は知の位階制である。頂点は下部の諸環に、細事への洞察を期待し、逆に下部の諸環は頂点に、普遍事への洞察を期待し、かくてそれらは相互に欺《だま》しあう〉（M・83〜84、ME全集・282〜3）などなど。〔このようなマルクスの描く官僚制は、現代における国家官僚に日常的に見られるような腐敗・官僚的疎外の姿そのものではないか〕

このようにヘーゲルのえがく官僚制を検討した上で、マルクスは官僚制の本質とその廃止について言う。

〈官僚制の廃止は、普遍的利益が現実的に――そしてヘーゲルの場合のようにたんに思想のなか、捨象のなかだけでなく――特殊的利益になるということでしかありえない。そしてこのことは特殊的利益が現実的に普遍的利益になることによってのみ可能である。ヘーゲルは一つの非現実的な対立から出発するのであり、だから一つの空想上の、ほんとうはそれ自体またしても対立的であるような同一性にたどりつくだけである。このような同一性が官僚制なのである〉（M・86、ME全集・284）と。

ここでは、「普遍的利益」が「現実的に特殊的利益」になる制度、すなわちマルクスの「民主制」が想定されていることはいうまでもない。

〈論理に政治体をあたえる〉

〈ヘーゲルが統治権にかんしてあたえる唯一の哲学的規定は個と特殊の普遍のもとへの「包摂」の規定である。……ヘーゲルはそれで満足なのである〉〈彼はただこの一つの範疇を固持して、それにあてはまる存在を見いだすことで満足する。ヘーゲルは彼の論理に一つの政治的体《からだ》をあたえる。彼は政治体の論理をあたえはしない。（第二八七節）〉（M・86～87、ME全集・284）

更にマルクスはいう。〈ヘーゲルは市民社会の内部での「普遍的国家利益と法……」の「管理」のために「代理者」を通して「国家そのもの」、「統治権」をはいりこませるのであって〔中略〕「市民社会」に「対立」するところの真の「国家代表」なのである〉〈「警察」と「法廷」と「行政官庁」は市民社会自身の代表者ではない。市民社会がそれらのなかでまたそれらを通してそれ自身の普遍的利益を護る、あずかる機関ではなくて、市民社会を向こうにまわして国家を護《まも》るための国家の代理者なのである〉（M・88～89、ME全集・285～6）

またさらに、ヘーゲルがこの「統治権の代理者」「行政担当の官吏」に「どの市民もが」「なれる可能性を保障する」ことをもって、「市民社会と国家とのあいだの第二の肯定的関係」「第二の同一性」とすることに対して、マルクスは「この同一性はまことに皮相な、かつ二元的な性《たち》のものである」（M・90、ME全集・286～7）ことを暴いていく。

〈真の国家においては問題は、どの市民もがわが身を一つの特殊的身分としての普遍的身分に献じうる可能性にあるのではなくて、普遍的身分が現実的に普遍的たりうるところ、すなわち各市民の身分たりうるところにある。しかしヘーゲルは偽りの普遍性、幻想的な普遍性しかもたない身分、特殊的身分的普遍性の前提から出発するのである〉（M・90、ME全集・287）と。

ここでマルクスは「統治権の代理者」「行政担当の官吏」を「偽りの普遍性」「幻想的な普遍性」とし、それを「特殊的身分的普遍性」と規定し、それに対して「各市民の身分が」「現実的に普遍的たりうる」「真の国家」における市民的身分を対置している、このことを特記しておく必要がある。（ヘーゲルの「同一性」について、さらにマルクスは具体的な例を出しつつ批判している[註25]のであるが、ここでは省略する）

④立法権について（§二九八から§三一三）の検討・批判

立法権の検討が、この草稿全体の三分の一近くを占めていて、そこでマルクスは自らの積極的な展開を行っている。あらかじめ論じられている項目を示すならば、〈憲法（体制）と立法権との関係について〉、〈ヘーゲルの「議会的要素」ならびに「立憲国家」について〉、〈政府と市民社会との対立について〉、〈政治的国家と市民社会の分離、ならびに議会における身分制について〉などである。以下、その特徴を見ていこう。

〈「憲法」（体制）と立法権との矛盾のヘーゲル的「解決」〉

立法権（§二九八）の最初で、ヘーゲルは立法権を「体制（憲法）の一部分」と位置づけ、「憲法はこの権力（立法権）の前提」であるからして「その限りもともと立法権の直接的規定の埒外に存する」とし、続けて憲法は「しかしもろもろの法がさらに作られていくなかで、また普遍的統治事項の前進的性格のなかで、さらに展開されていくことになる」と論じている。これに対して、マルクスはまず、「このコメント（すなわち「体制」（憲法）との関係についてのそれ）」は君主権の場合にも統治権の場合にも同様に当てはまる」にもかかわらず、その時には「のべなかった」ことを指摘し、それを強調していることを、このヘーゲルによる立法権論の特徴という。そして、その上で、「この後（立法権の後）やっと体制（憲法）の全体を組み立てるのであって、その限り彼〔ヘーゲル〕はそれ〔体制・憲法〕を前提することはできない」のであるが、しかし、マルクスはその点に「いつの場合でも〔現代の諸国家のうちに在るごとき〕諸規定の対立をもって始め、そしてアクセントをそこに〔立法権と憲法の対立に〕置くというヘーゲルの場合の深遠さを見てとる」という。この立法権を規定した後に「体制の全体を組み立て」立法権と体制〔憲法〕との対立を論じているところに、立憲君主制を理念とするヘーゲルの「深遠さ」を見るとした上で、マルクスはその「深淵さ」の内実に迫っていくのである。

ヘーゲルが「もともと立法権の直接的規定の埒外に存する」憲法も「現存の国家を前提にする」かぎり、「憲法は変化」し、「普遍的統治事項の前進的性格のなかで、さらに展開されていく」としていることに対して、マルクスは〈ヘーゲルは法哲学者なのであって、類としての国家というものを展開するのである。彼は理念を現存のもので測ってはならず、現存のものを理念で測らねばならないはずである〉（Ｍ・97、ＭＥ全集・291）というように、ヘーゲル的論理を逆手にとって批判していく。

その上で、マルクスはヘーゲルの論じる「立法権」と「憲法」（体制）の関係（「衝突」）を次のように問題にする。

〈衝突は単純である。立法権は一般的なことを組織する権力である。それは仕組みの権力である。それは憲法を包覆（註26）する。

そうでありながらも他面、立法権は憲法にかなった一つの権力である。したがってそれは憲法に包摂されている。憲法は立法権のための法である。それは立法権に法をこしらえたのであるし、法をそれに不断にこしらえつつある〉（M・98、ME全集・291）と。

だが、ヘーゲルの「矛盾の解決」とは、〈直接には憲法は立法権の埒外に存するが、間接には立法権は憲法を変えるということである。立法権はまっすぐな道ではやることができず、またやってはならぬことを、道を変えてやるということである〉〈それは形式的、法的、合憲的にはしないことを実質的、事実的にする〉（M・98〜99、ME全集・292）というものである。

マルクスはいう。〈ヘーゲルはこれで矛盾を片づけたわけではなく、別の矛盾に変えたのである。彼は立法権のはたらき、それの合憲的なはたらきをそれの合憲的な規定との矛盾に置き入れたのである。憲法と立法権との対立はそのままに残る〉（M・99）と。そればかりか、ヘーゲルは逆に〈立法権の事実上のやり方と合法的なやり方〉〈あるべき姿と現実の姿〉〈みずからしているつもりのことと現実にしていることとが矛盾すること〉を〈はっきりさせた〉（同）と指摘する。その上、ヘーゲルの「変化の形式をもたない、**目立たぬ変化**」論を批判し、マルクスの「矛盾の解決」を示す。

〈それでは『憲法』そのものは『立法権』の埒内にはいるべきなのか？〉（M・102、ME全集・292〜3）と問題を設定し、フランス革命などを引き合いに出しながら(註27)、〈正しい問い方をするなら、これは、国民は自分たちのために新しい憲法を設ける権利があるかということとにほかならぬ。これは無条件的に肯定されねばならない。けだし憲法は民意の真のあらわれであることをやめるやいなや、一つの実践的幻想になっているのだからである。憲法と立法権との衝突は憲法のそれ自身との衝突、憲法の概念のうちなる矛盾にほかならない〉（M・102）と。「立法権」と「体制（憲法）」の対立を、「体制（憲法）」の矛盾として、それゆえ国民の「新しい憲法を設ける権利」としてマルクスは論じているのである。

〔ここで論じられていることは、現在の日本における憲法改悪の問題を考える際の重要な視点にもなる。憲法の規定、その憲法の理念、そしてこの憲法を無きものにするための現実の追求とその法制化、その憲法を「改正」のための種々の立法府における追求、などなど、憲法改定の手続きをも改悪されようとしている現状がそれである。しかし、それを論じることはここでの課題ではない〕

〈〝贅沢物〟とした「議会的要素」、その「法的な嘘」〉

それまでのヘーゲルの憲法（体制）と立法との関係についての論述の問題を検討してきたことに踏まえて、マルクスは次に〈第一の解決されていない衝突は憲法全体と立法権のあいだのそれであった。第二の衝突は立法権と統治権のあいだ、法と執行のあいだのそれである〉（M・105、ME全集・296）として論を進めている。ヘーゲルの「立法権」とりわけ「議会的要素」と統治権との、また立法権と立憲国家との関係についての検討なのである（ヘーゲルの§三

○○～§三○三)。

「政治的国家の実体的諸区分」で見たように「立法権」とは「普遍的なものを規定し確立する権力」(§二七三)とされ、そこでは二つの契機が、すなわち「最高決定を握るものとしての君主的契機」と「審議する契機としての統治権」が働き、「最後に議会という要素」が働くものとされている(§三○○)。そして、ヘーゲルは主要には「議会的要素(議会)」について論じている。

そこで、ヘーゲルが〈「多数者」として国家に対立するところの市民社会が、この国家に向けて出している代表〉としての「議会的要素の使命」を、「公共事」が「多数者の見解と思想との経験的普遍性」としての「世論」として、「そこにあらわれてくるようにすること」、多数者に「彼ら自身の事柄として取り扱わせる」ようにすること、と論じている(§三○一)ことをとりあげて、マルクスは怒りをこめて問題にする。

まず、マルクスは「国家精神、道義的精神、国家意識をあんなにも重んじる」ヘーゲルが世論を問題にしながらも「現実的経験的な姿」で問題になる場面では「本式にそれを軽視するのは特徴的である」と指弾する。そして続ける。〈これはまやかしの謎である。国家意識を知の位階制である官僚制という不適当な形式のうちにみとめ、この不適当な在り方を十分に適格な、本当の在り方としてそのまま無批判的に受けとる空想的捨象、この同じまやかしの捨象はまた平気で、現実的経験的な国家精神である世論などは「多数者の見解と思想」のたんなるごった煮にすぎぬとほざく〉（Ｍ・１０９、ＭＥ全集・２９８）と強く批判する。

そしてまた、マルクスはヘーゲルの議会についての説明を次のようにとらえかえす。

〈議会は「公共事」をなしとげるには余計なものである。官吏はそれを議会なしになしとげることができる。いや、それどころか議会に逆らって最善のことをなさずにはいない。したがって内容の点からすれば、議会は純然たる贅沢物である。それゆえに議会の存在はまったく文字どおりの意味でたんなる形式なのである〉（Ｍ・１１３、ＭＥ全集・３０１）〈ヘーゲルは議会的要素という贅沢物をただ論理のためにのみ望んでいる〉。この「論理のため」だけということをマルクスは〈現実が勝手な捨象によって論理に解消される〉（Ｍ・１１４、ＭＥ全集・３０１）ともいう。

その上で、マルクスはヘーゲルの「立憲〔君主制〕国家」における議会的要素の役割についての主張の問題を突き出していく。

〈立憲国家というのは、国民の現実的利益としての国家の利益がただ形式的にのみ、ただしある特定の形式として現実的国家と並んで存在するような国家のことである。（中略）それは一つの虚礼、国民生活の薬味香料、一つの儀式となった。議会的要素は、国家はすなわち国民の利益あるいは国民はすなわち国家の利益であるという、立憲諸国家の認められた法的な嘘である。内容においてこの嘘は正体をあらわすであろう〉〈形而上学的国家権力〔立法権または議会的要素〕は形而上学的な、普遍的な国家幻想の最適の座だったのである〉（Ｍ・１１６〜１

17、ME全集・302〜3）と。

このようにして、マルクスは「国家の利益」は「国民の利益」というように「立憲〔君主制〕国家」における議会あるいは議会的要素をただ形式としてのみ扱うヘーゲルのいんちき性を「認められた法的な嘘」としてあばきだしているのである。〔しかもこの批判は、ただヘーゲルのそれにとどまらない内実を、すなわち立憲国家における議会の本質をあばきだすものとしての意義をもっていることをそこに見てとることができる〕

〈政府と市民社会との対立を「悲しい誤謬」とするヘーゲル〉

更に、マルクスは「政府」と「議会」の関係についてのヘーゲルの論述を検討していく。

〈ヘーゲルは「議会の独自の概念規定」を、「市民社会の独自の知見と独自の意志が」議会において「国家への関係であらわれ出る」ところに見いだす場合に、その謎を解きあかす。それは国家への市民社会の反映である。官僚が市民社会へむけて出された国家の代表であるように、議会は国家へむけて出された市民社会の代表である。したがってあるものはつねに二つの対立的意志の取引である。

この節〔§三〇一のこと。H・559。そこでは、このマルクスの引用では「補遺」とされているものは、「追加」とされ、「議会に対する政府の立場」という見出しが与えられている。―以上は筆者の註〕の補遺にはこうある。

「政府の議会にたいする立場は本質的に敵対的なものであってはならないのであって、この敵対的関係の必然性を信じるのは悲しい誤謬である」「悲しい真理」である〉（Ｍ・１１８、ＭＥ全集・３０４）と。

ヘーゲルは国家・「政府」と「議会」の対立関係をおきながらも、その関係を「敵対的関係」なものとし、それを「必然的」なものとする見解に対して「悲しい誤謬」という。これに対してマルクスはそれを「悲しい真理」とアイロニカルに、しかし明確な指摘を与え、自らの立場を表明している。

つづけて§三〇二を検討し、国家における議会の意義を問題にする。

〈議会は国家と市民社会との、国家における、定立された矛盾である。と同時に議会はこの矛盾の解消の要求である〉（Ｍ・１２０、ＭＥ全集・３０５）〈「議会」のうちに現代の国家諸機構のあらゆる矛盾が凝縮している。それがあらゆる面で「仲介者」であるのは、それがあらゆる面で「鵺《ぬえ》」だからである〉（Ｍ・１２３、ＭＥ全集・３０７）と。

マルクスは「議会」を「矛盾の凝集」「完成された矛盾」「この矛盾の解消」「仲介者」「あらゆる面で『鵺』」であるものとして暴き出している。だが「鵺」である、すなわちその矛盾があいまいにされたままであって、それゆえ現実的に解決されなければならないということをマルクスはそこで示したのである。マルクスはいう。

〈なお注意すべきことは、ヘーゲルによればなによりもまず議会は「一方では総じて統治する側、他方では特殊な諸圏と諸個人に解消した国民、この両者のあいだに」位置しながら、その立場は、先に述べられていたように、「組織された統治権と協同して仲介のはたらきをするという意義をもっている」ことである〉〈議会はそれ自体、国民に対立する統治権の一部でありながら、同時にそれは政府に対立する国民であるという意義をもっているのである〉（M・123～124、ME全集・307）と。

問題はこの解決がどのようにしてなされなければならないのか、ということにある。

〈政治的国家と市民社会の分離、その「見せかけ上の解決」〉

マルクスは、立法権の内部構成・議会的要素の内的構造を論じたうえで、次に「市民社会における諸身分」（§三〇三）の検討を行っている。

〈第三〇三節「普遍的身分（註28）、詳しくは統治の勤めに献身する身分は、普遍的なものをその本質的な活動の目的にもつことを直接その使命にしている。これにたいし、立法権の議会的要素において私的身分は政治的な意義と働きをもつにいたる。ところでその場合、この私的身分は分割されざるたんなる塊《かたま》りとしても、またもろもろのアトムに分解した群れとしても、あらわれることはできず、かえってそれのもともとの在り方においてあらわれねばならない。すなわち実体的関係にもとづく身分と、特殊的諸必要とこれにこたえる労働とにもとづく身分、この両者に区分されたかたちであらわれねばならないのである。〔……〕。ただこのようにしてのみ、国家のなかの現実的な特殊的なものは普遍的なものにこの点でほんとうに結びつくのである」〉（M・126、ME全集・307、§三〇二の重引H・561〜562）と。

全文引用したマルクスは、「ここに謎の解決がある」と指摘する。ヘーゲルのいう「立法権の議会的要素において私的身分は政治的な意義をもつにいたる」という論述を「これは形容の矛盾である」と指摘する。そして「議会的要素は非政治的身分たる私的身分の政治的意義である」とか「私的身分は政治的意義をもつ」という主張を問題にする。

「市民社会の諸身分と政治的意義における諸身分」との分離のもとで、〈ヘーゲルは「国家のなかの現実的に特殊的なものは普遍的なものにこの点でほんとうに結びつく」ことを見いだす。「市民的生活と政治的生活」の分離はこのようにしてなくされて、両者の「同一性」ができているのだそうである〉（M・129、ME全集・310）。だが、この「同一性」こそが問題である。

〈ヘーゲル的同一性の頂点はヘーゲル自身がみとめているように中世であった。ここでは総じて市民社会の諸身分なるものと政治的意義における諸身分は同一であった。われわれは中世の精神を次のように言いあらわすことができる。市民社会の諸身分と政治的意義における諸身分が同一であったわけは、市民社会が政治的社会であったからであり、市民社会の組織的原理が国家の原理であったからである、と〉（M・129、ME全集・310〜311）

これ以降の展開で、マルクスは中世社会〔マルクスは「中世の市民社会」と表現する〕における諸身分と当時のプロイセン国家における市民社会の諸身分の違いを論じ、ヘーゲルの主張を問題にする。

§三〇三の検討をつうじて、マルクスは「この展開のうちにヘーゲルの叙述のあらゆる矛盾がいっしょになっているのが見られる」（M・131、ME全集・312）とし、三点にわたって指摘する。「市民社会と政治的国家の分離を前提して」、その「衝突を描き出」したり（1）、「市民社会を私的身分として政治的国家に対置」したり（2）、議会的要素を「市民社会の、国家への一つの反映関係」として描いたり（3）する。そして更にマルクスは、他面で「市民社会が立法的要素として己れを立てる場合に分割されざるたんなる塊りとしてあらわれることも、またもろもろのアトムに分解した群れとしてあらわれることも、させたがらない。彼は市民的生活と政治的生活のいかなる分離も望まない（1）。しかも、「彼〔ヘーゲル〕は、ことは反映関係であるのだということを忘れて、市民的諸身分を市民的諸身分のままで政治的諸身分たらしめるが、それにしてもまたしてもただ立法権の面だけそうするのであるから、その働きそのものが分離の証拠なのである（2）」（M・132）という二点をあげている。

更に、§三〇四から§三〇七を紹介した上で、マルクスは結論的につぎのようにまとめている。

〈ヘーゲルにおける比較的深いところは、彼が市民社会と政治的社会の分離を一つの矛盾と感じている点にある。しかし誤りは彼がこの解体の外見に甘んじて、これを実相そのものと称するところにある。これに反して彼が蔑《さげす》むところの「もろもろのいわゆる理論なるもの」は市民的諸身分と政治的諸身分の「分離」を要求するのであって、これは当然である。なぜならば、それらの理論は現代社会の一帰結を言いあらわしているのだからである〉（Ｍ・１３５～６、ＭＥ全集・３１４）と。

この項において、政治的国家と市民社会の対立を矛盾として捉えるヘーゲルのその限りでの「意義」と、にもかかわらずその分離を望まないヘーゲルの問題性をマルクスは鋭く突き出しているのである。

〈ヘーゲルの身分代議制―「最悪の寄木細工」〉

「さてこんどは身分制と代議制を考察することにしよう」といいつつ、マルクスは当時直面していた政治的・社会的現実をおきながらその検討をおこなっていく。

〈政治的諸身分を社会的諸身分に変え、そのためにキリスト教徒が天国にあっては平等で、地上にあっては不平等であるように、個々の国民が彼らの政治的世界の天国にあっては平等で、社会の地上的生活にあっては不平等となるようにしたのは、歴史の一進歩である。政治的諸身分の市民的諸身分への本来の転化は絶対王制においておこなわれた。官僚制は国家のうちなるさまざまな国家を向こうにまわして統一の理念にものをいわせた。それにもかかわらず絶対的統治権の官僚制とならびさえして、諸身分の社会的区別は一つの政治的区別であることをやめなかった。それは絶対的統治権の官僚制の内部での、そして官僚制とならぶ政治的区別だったのである。フランス革命がはじめて政治的諸身分の社会的諸身分への転化をやりとげた。換言すれば、市民社会のもろもろの身分別をたんに社会的というだけの区別、すなわち政治的生活のなかでは無意義な、私生活上の区別にしたのである。政治的生活と市民社会の分離はこれでもって完了していたのである〉（M・144、ME全集・319～320）〈市民社会の諸身分もまたそれによって変わった。市民社会は政治的社会との分離によって別なものになっていたのである〉（M・144、ME全集・320）と。

ここでの「市民社会」というカテゴリーの使いかたは、いわゆる「歴史のかまど」という意味での「市民社会」であり、諸身分が近代国家の成立において「中世のそれとは変ったものになった」ことを前提にしたものにほかならない。「社会的というだけの区別」「政治的生活のなかでは無意義な、私生活上の区別」としての「諸身分なのである」。しかも、マルクスは「区別」の内実をも暴きだしている。

〈ところで社会そのものの内部では区別は、個人的自由意志を原理とする動的な、固定的でない諸圏〔諸サークル―ME全集〕としてでき上がっていた。金と教養が主な標識である〉（M・145、ME全集・320）と。

ここでは、社会の区分を論じることを通して、同時に近代国家における社会の問題性を突き出している[註29]。たとえば、近代国家における「市民社会」の成員の自己分裂をもそこで論じられている。

〈政治的意義においては市民社会の成員は彼の身分、彼の現実的な私的立場を脱する。もっぱらここにおいてのみ彼は人間として意義を有するにいたるのであり、換言すれば、彼の国家成員としての規定、社会的存在者としての規定が彼の人間的規定としてあらわれるのである〉〈今日の市民社会は個人主義の原理の徹底である。個人的生活が窮極の目的であり、活動、労働、内容等々は手段にすぎない〉（M・146、ME全集・321）と。

ヘーゲルが「身分代議制」の展開のなかで、「政治的身分的〔議会的〕要素」を論じて「それ以前の諸領域のうちにすでに存するところの諸身分の別を同時にまたそれ独自の意義においてふくんでいる」（§三〇四）という形で〈身分別の在り方を肯定するのであり、そしてこの身分の別は、政治的領域のなかへ漬けられて、或る「独自の」意義、この要素に属して身分別そのものには属さないところの意義を受けとる〉（M・148、ME全集・322）ことを「この分離・諸身分の二重化」として暴き出す。すなわち、ヘーゲルが持ち出す「諸身分の別」が「政治的領域における諸身分」とは「一見、同一性がありそうである」が、しかしこれは「本質的に違った規定を有する」ところの「二重の主体なのであって」それは「幻想的同一性」（同一視）にすぎないとしている。ここでは「人間が主体なのではなくて、人間は一つの述語—身分—と同一視」させられる。こうしたヘーゲルの追求を、マルクスは〈一つの古い世界観を或る新しい世界観の意味に解釈する無批判的な、まやかしのやり方〉（M・149、ME全集・323）であると批判する。

マルクスはいう。〈この無批判、このまやかしは、現代の国家制度（なかんずく身分代議制度）の秘密であるとともに、またヘーゲル哲学、ことに法および宗教哲学の秘法でもある〉（M・150、ME全集・323）と、その問題性を明らかにする。

マルクスは、ヘーゲルにたいして「市民社会と政治的社会の分離を一つの矛盾と感じている点」において「比較的深い」（M・135）という評価を与える。だが「身分代議制」に「国家の一体性」を望むことにより、「市民社会の諸身分がまたそのようなままで、立法する議会的要素を成す」という形で「一体性」を「成就させよう」（M・133）とするヘーゲルのまやかしを同時に暴きだし、それを問題にしているのである（註30）。

この「身分代議制」の問題をマルクスは更に検討したうえで、その核心を突き出す。〈このような辻つまの合わなさは御都合主義というものである〉〈ヘーゲルは中世的な身分代表議会の制度を欲するが、しかし立法権の現代的精神においてであり、そして彼は現代的な立法権を欲するが、しかし中世的身分代表議会の制度の身体においてである！　これは最悪の寄せ木細工というものである〉（M・172、ME全集・337）と。

この「最悪の寄せ木細工」というヘーゲルの「身分代議制」への批判はまさにヘーゲル理論の特徴と特質をも突きだしたものといえる。

〈農民身分―貴族的土地所有―「長子相続＝私的所有（の最上級）」のバーバリズム〉

マルクスはヘーゲルが求める政治的身分的（議会的）要素としての実体的身分＝「農民身分」（「市民社会の諸身分の一つは、それだけでこの**政治的な関係**むきに設定**され**うる**原理**を蔵している。すなわち**自然的道義**の身分」とされている。ヘーゲルからの重引）（M・169、ME全集・335）を取り上げ、土地所有制度、とりわけ長子相続のヘーゲルの論述の問題性を明らかにしている。

「§三〇六」をマルクスは次のように捉える。

〈「政治的な立場と意義をもつものとして」「立てられること」にヘーゲルはとりかかる。それは詰まるところは「資産が」「譲渡しえざる、長子相続権のついた世襲財産となる」ところにある。そうだとすると「長子相続」は農民身分の政治的制度を意味することになるであろう〉〈換言すれば、「資産の独立不羈《ふき》」が農民身分の「政治的立場と意義」なのである〉（M・174～175、ME全集・338～9）と。

さらにマルクスは農民身分の「資産」と「普遍的身分」や「営業の身分」の「所有」などについてのヘーゲルの論述から「ヘーゲルが展開している対立はずばり言えば私有財産と資産の対立である」とし、「土地所有」を「私的所有、本来の私有財産」「至上の私的所有」（M・177）だとする。これに「本来の私有財産などではない」（同）ところの「普遍的身分」および「営業身分」の資産との対立を描く。マルクスはいう。

〈したがって政治制度は煎じつめたぎりぎりのところでは私的所有の制度である。最高の政治的意向は私的所有の意向である。長子相続というのは土地所有の内面的本性の外面的あらわれにすぎない。土地所有は譲渡しえないものであることによって、その社会的芯髄は切り取られて、それの市民社会からの隔絶は確かなものにされている〉（M・177〜178、ME全集・340）と。それにつづけて〈それどころか、〔「普遍的身分」および「営業身分」の資産のように〕「子らにたいする愛の等しさ」に応じて移っていくことがないおかげで、土地所有はもっとささやかな社会である家族という自然的社会、その意志やその掟からすら切れて、独立しており、かくて私的所有の冷酷さを護って、これが家族資産に移行していくことをすらさせないのである〉（M・178、ME全集・340）とまとめる。

こうしてマルクスは「自然的道義の身分〔立場〕はむしろ家族生活を破壊する私的所有のバーバリズム〔野蛮・蛮行・無作法ー筆者註〕である」（同）と批判する。

更にヘーゲルの「長子相続」論を「ある種の慎みというか知性のたしなみがある」と特徴づけ、その内実を検討する。

ヘーゲルは〈絶対的な意味において是認してこの制度〔長子相続制〕を設定したがっているわけではなく、彼はそれをただ或る他のものとの関係において是認してこの制度を設定したがっているだけである〉〈実のところは長子相続は精確なあり方の土地所有の一帰結であり、石化した私的所有であり、極度に自立的かつ尖鋭的に展開した段階における私的所有なのであって、ヘーゲルが長子相続の目的、長子相続を規定するもの、長子相続の第一原因として示してみせるところのものはむしろ長子相続の一結果、一帰結であり、抽象的私的所有の、政治的国家にたいする支配力なのであるが、ヘーゲルのほうは長子相続を政治的国家の、私的所有にたいする支配力として示してみせるのである〉（M・179、ME全集・341）

ここではヘーゲルが「長子相続権」を「政治的国家の私的所有に対する支配力」として示すのであるが、それは「原因を結果に、そして結果を原因にし、規定するものを規定されたものに、そして規定されたものを規定する」ことによって論証されたかのように押し出されたものであり、「私的所有の自身の力であり、それの本質のあらわれでたものである」（M・179～180、ME全集・341～2）ことを明らかにしているのである。

その上にたってマルクスは私的所有との関係で「土地所有」「長子相続（権あるいは財産）」を問題にし、「世襲財産」を問題にし、この「実体的身分」（土地所有の農民身分）の「立法権への参加」すなわち「出生」による「立法者への任命」「公的代表への任命」（「選挙の偶然」による任命に対置されたそれ）（註31）を問題にしている。マルクス自身は、この長子相続権を問題にし〈ここで、一、私的所有の相続との関係、二、私的所有、相続と、これによる、ある種の家系の、政治的主権への参与の特権との関係、三、現実的歴史的関係またはゲルマン的関係、この三つを分析しなければならない〉（M・191～192、ME全集・349）とし、それ以降の論述をおこなっている。また、イギリスやフランス憲法との関係で、ヘーゲルの議会的要素、とりわけ「貴族院と代議院」の分析（M・202以降）ならびにその代理選出にかかわる分析など、その検討は多岐にわたっている。だがそれらについての検討は、それらの論述に適用されているマルクスの思想、例えば「貴族の秘密は動物学である」といった批判に示されるそれを明らかにする意味でも重要なのであるが、ここでは省略せざるを得ない。

B、マルクスのヘーゲル国法論批判の核心

これまで見てきたことから、この『ヘーゲル国法論批判』は、『法の哲学』の核心部分をなすヘーゲルの国家論を検討の対象とし、つねに『法の哲学』全体をおきながら、若きマルクスがそれまでの（青年ヘーゲル派の「一員」であった）おのれを超え自らの思想をうちかためるために行った思想的な格闘を如実に示したものだといえる。この若きマルクスの思想的格闘の書との対決は、そこで若きマルクスが行ったようなヘーゲルの叙述そのものとの格闘をこの私の内において追求するものとして、マルクスの叙述そのものへの内在的な検討を実現しなければならない。本稿では、これまで発行・発表されたものをみる限り誰も行っていなかったそのような追求を、身の程知らずにもこの私はめざしてきたのであった。

そのような追求にふまえるならば、この『ヘーゲル国法論批判』という草稿をマルクスの思

想形成との関係で、次のように捉えかえしうるといえる。
「じっさい、その後のマルクス思想の発展にあらわれるものは、ヘーゲル国家哲学にたいする批判の直接的成果であるというよりは、むしろこの直接的批判の根底にあるマルクス自身の思想の発展」(註32)である、というように。

だがというか、そうであるからこそと言うべきか、そのマルクスの格闘自体を把握することの困難性を私は幾度となく自覚させられている。それは単にこの書が未定稿であるとかヘーゲル的論理を前提にしたもの、というだけのものではない。マルクスの追求が、『法の哲学』における国家論の展開の叙述そのものを対決の対象において執拗かつ内在的なかたちで、論理的な検討を軸にしていろいろな視点から行うものになっているからでもある。それゆえに、これまでの私の追求では、マルクスのヘーゲル法哲学（国家論）との格闘そのものにそってできるだけ詳しく振り返り、あくまでもマルクスによりそって理解するように努めたのであった。それは、ある意味では、マルクスのヘーゲル国法論批判の詳細な検討を見習ったものとも言いえる。だから、私はそのような追求を解釈主義の名のもとに軽視することはできないと感じている。そして、それは、ライン新聞主幹の辞任後の追求について後にマルクスが語っている「わたくしをなやませた疑問を解決するために企てた最初の仕事」とはいかなるものであったのか(註33)、その解決のための格闘である「ヘーゲル国法論」との対決に迫り、このことの意味を少しでもつかまえようと意志した私にとっては、それは必要なことであったと確信している。

そのような私の自己流の追求の確認のうえにたって、以下本書におけるマルクスの追求の核心的問題をとりあげ検討したい。

（1）主語と述語の転倒　ヘーゲル的論理のマルクス的転倒

〈国家が論理の証明にされている〉

これまで見てきたように、この論文には、いわばヘーゲル思想の枠内にあったマルクスが、そこからの根本的脱却をかけて、ヘーゲル国法論と格闘し、おのれの思想を発展させ、かつ打ち固めていく過程そのものが対象化されている（註34）。それゆえに、そこではヘーゲルの叙述の仕方やその展開における整合性の欠如、あるいは論理展開の矛盾などが執拗に取り上げられ、行間に感情の起伏すら感じさせる形で検討に付されている。そのマルクスがヘーゲル的論理との対決において武器としているのは、フォイエルバッハから学んだところの「主語と述語」の転倒という唯物論的原理にほかならない。そのことは、すでに見てきたように、§二六一、二六二を取り上げたマルクスが、ヘーゲルの「論理的汎神論的神秘主義」の歴然たるあらわれとして論断し、ヘーゲル的論理の転倒性を暴き、しかもそこにヘーゲルの法哲学、いなヘーゲル哲学一般の全秘密が蔵されていると批判したことの中に、端的に表明されていた。

ヘーゲルにおける主語と述語の転倒を問題にして、マルクスは〈重要なのは、ヘーゲルがどこででも理念を主体にし、そして「政治的意向」のような本来の現実的主体を述語にするということである。ところで展開はいつでも述語の側でおこなわれるのである〉(M・14)とまとめている。ヘーゲルの国家論(法哲学)に貫かれている論理の観念性を、「主語と述語の転倒」としてあばきだしていること、そのことが本論文におけるヘーゲル批判の一つの核心をなしている。

このことは同時にヘーゲルにとって〈法哲学ではなくて論理学が真の関心事なのであ〉り、〈論理が国家の証明に用いられるのではなくて、かえって国家が論理の証明に用いられる〉(M・27〜28)こととしても明らかにされている。そのような逆立ち的論理の中にマルクスはヘーゲル「法の哲学」の最大の問題をみてとっている。だからこそ、マルクスはこの転倒性を「論理的汎神論的神秘主義」と厳しく批判したのである。

もともとヘーゲル「法の哲学」では、「哲学的法学が対象とするのは、法の理念であり、したがって法の概念と、これの実現とである」(註35)とされている。また「法学は哲学の一部分である。それゆえに法学は理念を——これがおよそ対象といわれるものの理性なのだから、——概念から展開しなければならない」(註36)ともいわれている。ヘーゲルにとっての関心事はあくまでも理念の自己運動、「概念の内在的発展」の問題であって、「本来の現実的主体」「国家や法」は、あくまでも「述語」として扱われる。マルクスはそのような転倒性を「ヘーゲルのしたこと」として、〈ただ、「政治的体制」を「有機組織」という普遍的、抽象的理念へ溶かしこんだというだけであるが、しかし見かけ上と彼自身のつもりからすれば、彼は「普遍的理念」から特定のものを展開したのである〉というようにとらえかえしている。理念といえば「ある特定の現実的主体」の理念なのであって、「何々の」を抜きにした理念があらかじめ存在するわけではない。にもかかわらず、ヘーゲルは〈理念の主語であるところのものをそれの一つの産物、一つの述語にした〉のであり〈彼は彼の思惟を対象から展開するのではなくて、かえって、己れ自身を仕上げ終わっている思惟、しかも論理の抽象圏のなかで己れ自身を仕上げ終わっている思惟にしたがって対象を展開する〉、このような逆立ちをマルクスは明確に暴きだしている。そしてそれを厳しく批判する。

〈政治的体制という特定の理念を展開することが問題であるのではなくて、かえって政治的体制に抽象的理念への関係をもたせ、それをその（理念の）生活史の一環として位置づけることが問題なのであって、これはどうみても歴然たるまやかしである〉（M・21～22、ME全集・244）と。

〈論理学のお添物・政治的形態である〉

ヘーゲルにとって、法をみずからの「哲学」（体系）のなかに位置づけ、「第二の自然」である「精神の世界」における「自由の意志」（「§四」、H・189）の展開として描くことが課題となり、理念を主語にし、「法」の概念から展開することが問題であった。

もともと、この『法の哲学』は、「序文」の最初で言われているように、ベルリン大学での講義の手引書として出版されたものであり、『哲学的諸問題のエンチクロペディー』第三部『精神哲学』の第二編「客観的精神」を「もっとすすんで、とくにもっと体系的に論じた」（H・153）ものとされている。

そのようなものであるから、マルクスは§二七〇の国家の目的と国家の現実性、実体性を論じた部分を検討して、次のように批判している。

〈国家的諸規定の本質は、それらが国家的規定であるということではなくて、それらがそれらの最も抽象的なかたちにおいて、論理—形而上学的規定として考案されうるところにある。法哲学ではなくて論理学が真の関心事なのである〉と。そして、このような追求は、〈事柄の論理ではなく、かえって論理の事柄〉であり〈論理が国家の証明に用いられるのではなくて、かえって国家が論理の証明にもちいられる〉（M・27～28、ME全集・248）とされるという。

具体的には、ヘーゲルの論じる（一）国家目的（普遍的利益とそのなかでの特殊的利益の維持）、（二）国家目的の実現（さまざまな権力）、（三）目的とその目的実現との主体、などの具体的規定をあげ、それらは〈うわべだけの意義しかもたされておらず、余事（hors d'oeuvres）であり、これらの規定の哲学的意味は、国家がこれらの規定のうちに論理的意味を持っているというところにある〉とされる。そして〈その「論理的意味」とは、（一）抽象的な現実性または実体性としての論理的意味、（二）実体性関係が必然性の関係、実体的現実性の関係へ移りこむという論理的意味、㈢実体的現実性はほんとうのところは概念、主観性であるという論理的意味のこと〉だとされ、マルクスは〈具体的諸規定を脱かすならば、われわれの眼前にあるものは論理学の一章〉(M・27〜28、ME全集・248〜9)でしかないことを明らかにする。すなわち、「本質は論理学に属していて、法哲学以前に出来上がり済みである」〈法哲学はぴんからきりまで論理学へのお添物にすぎない〉(M・28〜29、ME全集・249)ことをマルクスはあばきだしている。

ここでいう、ヘーゲルの法哲学が「論理学へのお添物」だということは、ヘーゲルの法哲学の性格を決定づけるものなのである。すなわち、それにより現存するプロシャ国家をこの理念の現実性として描くことが可能になるのであり、また「プロシャ官僚国家の実践的要請に合致」するのだからである。だからしてこのヘーゲルの展開を次のようにとらえかえせる。「それは、ヘーゲル論理学の体系の絶対性・完結性の社会的現実形態であって、『法の哲学』における否定面である『**無批判的な実証主義**』は『ヘーゲル哲学の出生地』における欠陥と別のものではないのである。――『精神現象学』における『運動と創造の原理としての否定性の弁証法』は『法の哲学』では、プロシャ国家を合理化するための、ヘーゲルの『論理学』に政治的形態を与えるための、方法として、具体的な現実的諸問題に適用された」(註37)ものである。そこではマルクスによる『無批判的な実証主義』というヘーゲルの法哲学の核心的問題性を暴きだされているのである。

〈主語と述語の転倒の論理—フォイエルバッハ唯物論のマルクス的摂取〉

徹頭徹尾、論理学のお添物であり、それゆえ無批判的な実証主義・論理的汎神論的神秘主義に彩られていることをあばきだしたマルクスのヘーゲル国家論批判、この批判は、フォイエルバッハから学んだ唯物論を武器としたヘーゲル国法論との対決の成果であるといえる。当時の『キリスト教の本質』（一八四一年）を刊行したフォイエルバッハの理論的な影響、それのマルクスやエンゲルスに与えた影響については『経済学＝哲学草稿』（マルクス）(註38)や『フォイエルバッハ論』（エンゲルス）(註39)にその一端が語られている。しかも、この国法論批判より一年も前にマルクス自身が「恥じよ、一人の反キリスト者が諸君にキリスト教の本質をその真実の赤裸々な姿においてしめさなければならなかったことを！」と語り、「思弁的神学者および哲学者諸君」に対して、「諸君にとって**真理**と**自由**とへの道は、火の川を**通る**以外にはないのである。フォイエルバッハこそ現代の**浄罪界**（煉獄）なのである」(註40)と記し、フォイエルバッハ哲学をもって当時の哲学者に「忠告」を発しているほどなのである。

ボンからベルリンに移って、ヘーゲル左派（青年ヘーゲル派）に加わっていたマルクスは、すでにこの時期（一八四二年初め）にフォイエルバッハの唯物論、とりわけ「主語と述語の転倒」というヘーゲル批判の武器を自らのものにしていた。もちろん、これは後に検討するようにあくまでもマルクス的な摂取であって、この摂取は同時にフォイエルバッハをのりこえていく質をもつものとして実現されていたのである。

フォイエルバッハの唯物論の核心は、フォイエルバッハ自身により以下のように論じられている。

「ヘーゲル哲学は、とくにカントが言い表わしたような思考と存在との矛盾の廃棄である。しかし注意すべきことは、それは、矛盾の内部、一つの領域の内部、思考の内部での矛盾の廃棄にすぎないということである。ヘーゲルにおいては思想が存在であり、思想が主語、存在が述語である」「思考と存在との真の関係は、ただ次のようでしかない。存在は主語であり、思考は述語である。思考は存在から出てくるが、存在は思考から出てこない」「存在はある。なぜなら、非存在は、非存在すなわち無、無意味であるから」(『哲学改革のための暫定的命題』〔一八四二年〕、岩波文庫・115〜6)と。

また、若きマルクスを感激させたという『キリスト教の本質』の序文で次のようにいわれている。

「私は一般に**絶対的な・非物質的な・自分自身に満足している**思弁――すなわち自分の素材を**自分自身の中から**汲み出す**ような**思弁――を無条件に投げ棄てる。私は、ますますよく思惟することができるために自分の頭から**眼を**もぎ取る**ような**哲学者たちからは、天地の差ほどへだたっている。私は思惟するために感官――何よりもまず眼――を用い、私の思想をわれわれが常にただ感官の活動を介してのみ自分のものにすることができる**材料**に基づける。私は思想から対象を産出するのではなくて、逆に**対象から**思想を産出するのである。ところで**対象**とはもっぱら**頭脳の外部に実存する**ものである」（岩波文庫・『キリスト教の本質』「第二版への序文」・24）と。このように、私の感官をとおして思想を産出させる「対象」の存在を明確にすることによって、フォイエルバッハは自らの哲学（「新しい哲学」）の原理をはっきりさせる。

「この哲学は、スピノザの実体・カントやフィヒテの自我・シェリングの絶対的同一性・ヘーゲルの絶対的精神を、かんたんにいえば思惟されただけのまたはただ想像されただけの抽象的な存在者を自分の原理としてもっているのではなくて、**現実的な**存在者またはむしろ**何ものにもまして現実的な**存在者を、すなわち**人間**を、したがって最も積極的な実在原理を自分の原理としてもっているのである。またこの哲学は思想を、思想の**反対物**から――すなわち**物質**から・実在から・**感覚**から――産出するのであり、自分の対象を思惟によって規定する前に、対象に対して始めに感性的に――すなわち受動的受容的に――関係するのである」（同・26～27）

このように自らの目指す「新しい哲学」とは、スピノザ以来の哲学、とりわけ「現代の思弁哲学」の「完成者である」（『哲学改革のための暫定的命題』・97）ヘーゲルの論理の問題性をあばきだし、それにかわる「原理」を打ち立てるものなのである。この存在と思惟（思想）との関係にかんするフォイエルバッハ的な唯物論の立場にたった「主語と述語の転倒」というヘーゲル批判・思弁的哲学批判の武器（註41）をマルクスは己のものとした。この論理をヘーゲルの『法の哲学』の批判のいたるところで適用し、その汎神論的実証主義をあばきだし、また同時に「人間的なものだけが、真実で現実的なもの」「人間が理性の尺度」とするフォイエルバッハの

「現実的な存在者」人間を原理とする現実的人間主義(註42)をうけついでマルクスはヘーゲル国法論にたちむかったのである。

〈フォイエルバッハの国家観とフォイエルバッハ的論理ののりこえ〉

「存在は主語であり、思考は述語である」と論じるフォイエルバッハは、その直前で「ヘーゲル哲学を放棄しない人は、神学を放棄しない」「ヘーゲル哲学は、神学の最後のかくれ場所であり、最後の合理的な支えである」(註43)といっている。このことは、宗教と哲学の一致を問題にし、「ヘーゲル哲学は思弁的体系の哲学の頂点である」(註44)(補註⑤)とするかぎり、当然である。

だが、フォイエルバッハのヘーゲル批判は、もっぱら宗教と論理学に集中されている。若きマルクスが、ヘーゲル法哲学との対決の武器をフォイエルバッハ唯物論から摂取し、ヘーゲル国法論の批判に適用したのだとはいえ、批判の方法や内容においてフォイエルバッハ的な地平を越えている。そこには、その数年後の『ドイツ・イデオロギー』執筆時に対象化された『フォイエルバッハ・テーゼ』につながるマルクス的な論理のさきがけが示されている。

そもそも、フォイエルバッハ自身が先に引用した「私は思考から対象を産出するのではなくて、逆に**対象から**思想を産出する」といった後で「私はただ**実践**哲学の領域でのみ**観念論者**＝**理想主義者**である」(註45)と述べている。フォイエルバッハは「実践」を唯物論的に考察すること、そしてまた自らの思想を「産出する」ところの「対象」を実践そのものの成果として考察するということを投げ捨ててしまっている。だからこそ、フォイエルバッハもまた「哲学は、あるところのものの認識である。事物や本質をあるがままに思考し、認識すること——これが哲学の最高の法則であり、最高の課題である」とし、この認識は対象からの「感官」によってもたらされるとするところにとどまるのである。そこでは、人間が認識対象である「事物」をいかに認識するのかを実践論的認識論的に考察すること、そのことが、フォイエルバッハの追求の埒外になっていたのであった。

　このようなフォイエルバッハの主張が、『法の哲学』の欠陥を〈ヘーゲルの論理が国家の証明に用いられるのではなく、かえって国家が論理の証明にもちいられる〉とし〈ヘーゲルの咎められるべきなのは、彼が現代国家の在り方をあるがままに描くからではなくて、現にある姿を国家というものの本質的な在り方だと称するからである。理性的なものが現実的であることは、ありとあらゆるところで、その実態はその申し立てるところの逆であり、その申し立てるところはその実態の逆であるような非理性的現実性の矛盾のうちにこそ証《あか》しされている〉（M・１１４、ME全集・３０１）というようなマルクスのヘーゲル批判とその内実において鋭角的に対立することは明らかである。マルクスの場合には、批判の背後につねに現存国家との実践的対決が措定されているのだからである。

　実際、「新しい哲学」を唱えるフォイエルバッハは認識対象たる「あるところのもの」、この

「対象」を実践論的に考察することをしなかった。実践の領域においては、とりわけ倫理などの社会的実践については、感動、感情、心情、愛を語ることに解消した。このようなフォイエルバッハに対して、「みなフォイエルバッハ主義者であった」当時（註46）のマルクスはフォイエルバッハの弱点を次のように指摘していた。

「フォイエルバッハの警句集は、かれがあまりにも多く自然のことにふれ、政治についてはほとんどのべていない、という点だけについていえば、正しくないとわたしは思います。ところが、こんにちの哲学が真理になりうる唯一の道は、哲学と政治とがむすびついていくことなのです」（「マルクスからルーゲに宛てた手紙」一八四三年三月一三日）と。

このマルクスの主張が、「自然は現実存在（Existenz）と区別されない本質であり、人間は現実存在から自分を区別する本質である。区別しない本質は区別する本質の根拠である——だから、自然は人間の根拠である」（『哲学改革のための暫定的命題』・１１８）として、もっぱら「哲学は再び自然科学と、自然科学は哲学と結びつかなければならない」（同・１２１）と主張するフォイエルバッハ、この人間の政治的・歴史的把握を等閑に付すフォイエルバッハに対する批判であることは明らかである。しかも、この余りに「政治」を論じないフォイエルバッハは、たとえば、国家について論じるときには何故かまったく無批判的な主張を披瀝するわけなのだ。

「哲学と自然科学の結びつき」を論じた直後の次のような国家論がそれである。

「人間は、国家の根本本質である。国家は、人間の本質の実現され、完成され、顕現された全体性である。国家のなかで、人間の本質的な諸性質や諸活動は、特殊な諸身分において現実化されるが、しかし、国家元首という人格において再び同一性へ還元される。国家元首は、すべての身分を無差別に代表しなければならないし、かれに対してすべての身分は平等に必然的で、平等に権利を与えられている。国家元首は、普遍的人間の代表者である」（同・１２２）

キリスト教の本質を暴き出したフォイエルバッハが、いざ国家の問題にアプローチするや、プロイセン絶対王政を肯定するヘーゲルと何一つ区別しえないような国家論を、すなわち国家を「人間の本質の実現」とし国家元首を「普遍的人間の代表者」とする国家論をしか論じることができなかった。ここに、フォイエルバッハの理論上および実践上の限界が端的に示されている。と同時に、ライン新聞を舞台にしてプロイセン王政と闘い、その実践的追求の限界を超えるために己の思想を深めてきたマルクスと、自己の哲学追求のために、プロイセン王政の弾圧をうけながらもっぱらその回避の道を模索するかたちで哲学的探究を追求したフォイエルバッハとの決定的な違いが示されている。

（２）市民社会と政治的国家の矛盾の捉え方

身分的・政治的な社会からの国家の分離を基礎に確立した国家理論にとって、市民社会と政治的国家の関係を如何に捉えるかは、国家論における一つの重要な論点であることはいうまでもない。ホッブス・ロック・ルソー・カントなどの国家論の展開を前提にして、ヘーゲル国家論の「比較的深いところ」を「市民社会と政治的社会の分離を一つの矛盾と感じている」点にあるとしたマルクスは、しかしまたその「矛盾」の捉え方や「解決」のなかにヘーゲルの問題性を捉えているのであった。

マルクスは本論を検討する出発点に於いて、次のように言っていた。

〈政治的国家は家族という自然的土台と市民社会という人工的土台なしにはありえないということであり、それらは国家にとって一つの欠くべからざる条件なのであるが〉しかし、ヘーゲルにおいては〈現実的理念がその身を貶めて家族および市民社会の「有限性」へはいりこむのは、ただこの有限性の揚棄を通じて国家の無限性を享受し産出せんがためにほかならない〉のであり、〈出発点となる事実はかかる事実そのものとは解されず、かえって神秘的な結果と解される〉（M・10〜11、ME全集・237〜8）と。

この「政治的国家と家族・市民社会の関係」のヘーゲル的把握についてマルクスは、そこ〈直接には「§二六二」を指す〉に「ヘーゲル哲学一般の全秘密が蔵されている」と捉え検討している。そうであるからして、「市民社会と政治的国家との関係」にかんするつかみ方の「ヘーゲルとマルクスとの決定的なちがいとその根源を分析し出すこと」（註47）が「重要」な理論問題として浮かび上がるのは当然のことである。

〈革命的民主主義の立場からのアプローチ〉

ヘーゲルがこの市民社会と政治的国家の関係について主要に論じているのは「立法権」の展開においてであった。その場合、ヘーゲルがまず「立法権」と「憲法（体制）」の関係を問題にしていることから、マルクスもその検討から開始していることはすでに見てきた。あくまでも「立法権」は「憲法（体制）の一部分」であり、「憲法」は「立法権（力）の規定の埒外の存する」としながらも、「しかし」「普遍的統治事項の前進的性格のなかで」（Ｍ・１００）〔「憲法は存在するもの」「成っていくもの」「変化の形式をもたない、目立たぬ変化」などといった」「変える」とヘーゲルは論じる。これに対して、マルクスは「憲法と立法権との衝突は憲法のそれ自身との衝突、憲法の概念の内なる矛盾にほかならない」とし、ヘーゲルの矛盾の解決は、「立法権」の「合憲的な働き」をその「合憲的な規定」との「矛盾に置き入れた」にすぎず、「憲法」と「立法権の対立は残る」、それでは「矛盾」の解決にはならないと批判する。しかも、ヘーゲルが「普遍的統治事項の前進的性格」なるものを持ち出し、「知らぬまの変化」というように論じることに対して、「自由の定在である法が支配するのではなく」「彼〔ヘーゲル〕はあらゆる厄介な衝突を、自由とは対立するような自然必然性によって解決する」ものであることを暴き出す。

このようなヘーゲル批判をおこなうところのマルクスの立場は、フランス革命などを「立法権が国民の代表であり、類意識の代表であったからであり」「憲法そのものに対して革命をやった」ものととらえ、「国民は自分たちのために新しい憲法を設ける権利が」あり、「これは無条件に肯定されなければならない」（M・102）というものである。この時点のマルクスがこのような革命的民主主義の立場からアプローチしていることを示している。

だがこの「革命的民主主義」は、あくまでもマルクス的なそれである。立法権を問題する場合にもマルクスは極めて独自的なアプローチをしている。ヘーゲルの「議会的要素」の論述への批判にそれは端的に見ることができる。ヘーゲルは「議会的要素が持つところの使命」として「公共事がたんに即自的にのみならずまた対自的にもそこにあらわれてくるようにする」ためという。そして、この「即自的にも対自的にあらわれる」ということを「主体的形式的自由の契機がそこに存在してくるようにする」とか「多数者の見解と思想との経験的普遍性としての世論がそこにあらわれてくるようにする」（以上、§三〇一、H・557）と説明する。これらへのマルクスの次のような批判の中に、その独自性が端的に示されている。

〈「公共事」はすでに「即自的に」政府等々の仕事として存在する。それは現実的に公共事であることなしに、存在する。それは公共事などでは全然ない。なぜならそれは「市民社会」の事柄ではないからである〉（M・110、ME全集・299）〈議会的要素は国家的事柄が国民的事柄として幻想的に存在する仕方である。公共事が公共事、公事であるという幻想、または国民の事柄が公共事であるという幻想〉〈議会的要素は市民社会の政治的幻想である。主体的自由はヘーゲルにあっては形式的自由としてあらわれる。……〉（M・111、ME全集・299）と。

「公共事」は政府の仕事として「あらかじめ存在する」とか「議会的要素は国家的事柄が国民的事柄として幻想的に存在する仕方」とかというマルクスの主張には、当時の「現代国家」（プロイセン王政）において「公共事」がどのような目的のもとにいかなる実体構造でつくられるのかを背後に措いて論じられていることが示される。なぜならば、「公共事」がいかに策定されるかを抜きにして、「あらかじめ存在する」とか「幻想的に存在する」とかとはいえないからである。だが、当時のマルクスはそれ自体〔実体構造〕を論じることなしに、もっぱら「現代国家」のもとでの「公共事」のありようを問題にし、「議会的要素」においてそれが「形式にすぎない」「幻想的なもの」でしかないと暴き出しているのである。このような論述は、国家をヘーゲルの国家論の枠内で対象的に論じている限り、不可避なことである。

だからしてマルクスの批判は、この「形式的」とか「幻想的」とかを問題にした後の文章で次のようにまとめている。

〈ヘーゲルの咎められるべきなのは、彼が現代国家のあり方をあるがままに描くからではなくて、現にある姿を国家というものの本質的な在り方だと称するからである〉とし、〈理性的なものが現実的であることは、ありとあらゆるところで、その実態の逆であるような非理性的現実性の矛盾のうちにこそ証《あか》しされている〉（M・114、ME全集・301）とされている。ここでは、「理性的なもの」と「現実的なもの」の矛盾の確認にとどまっている。

これがこの時点におけるマルクスの批判の一つの核心である。そして、このことは「国家という本質的な在り方」と「現代国家」すなわち「プロイセン絶対主義国家」との違い、「理性的なもの」と「現実的なもの」との違い、などをヘーゲル的な論理に対置するものであり、その際にマルクスが基準としているものは、既に見てきて、更に後に検討するようにマルクス的に理解された「民主制」なのである。その「民主制」に「真の国家」像を求めていることに当時のマルクスの国家論は決定づけられたものだからである。

〈政治的国家と市民社会の矛盾のヘーゲル的把握とそれへの批判〉

国家を人倫的理念の現実性とし、その現実性を現存するプロイセン絶対王政に見出すヘーゲルにとって、宗教上のみならず(註48)、現実的な利害をめぐる諸矛盾が噴出する市民社会とそれを押さえ込もうとする政治的国家との間の矛盾(註49)、これをいかなるものとして捉え、その解決をいかにはかるかは彼の法哲学にとっての重要な問題であった。その意味で、政治的国家と市民社会の矛盾の論理は、ヘーゲル法哲学の核心をなす。

すでに見たように、ヘーゲル『法の哲学』の第三部「人倫」(註50)は「家族」―「市民社会」―「国家」の三章から成り、この「国家」は「人倫的理念の現実態」とされている。この構成から明らかなように、ヘーゲルにおいて「政治的国家」と「市民社会」は明確に区別されている。この人倫的理念の現実態たる国家のもとに「欲求の体系」として「万人に対する万人の個人的私益の闘争場」である「市民社会」が止揚されるというのがヘーゲルの論理である。それゆえ、当然マルクスのヘーゲルに対する批判の軸も、この「市民社会と政治的社会」の把握と「国家への止揚」の問題性を突き出すことにあてられていることは見てきた通りである。

まずは、ヘーゲルの「政治的国家と市民社会の分離」に対するマルクスの評価とその意味である。

「市民社会と政治的社会の分離を一つの矛盾と感じている点」をヘーゲルの「比較的深いところ」とマルクスが評価するのは、もちろん、前近代的な封建的・身分的関係を打破してうちたてられた近代社会の特質、そこで抱えた問題の核心をヘーゲルが明確にしていることに対してである。そのヘーゲルの把握が、プロイセン絶対主義国家の現実、その当時の市民社会の現実を、国民経済学などに依拠しながら「欲求の体系」として描き理論化したヘーゲルの現実感覚にもとづくものであること、などをマルクスはみていたといえる。だが、たんにマルクスは当時の資本主義的発展の現実の認識にもとづいて「市民社会と政治的国家の分離」を指摘したことを「比較的深いところ」と言っているのではない。核心はこの「分離」を「ひとつの矛盾と感じている点にある」ということ、すなわち「近代社会」がかかえた本質的問題を指摘し、それを「矛盾」としてとらえている点にこそある。ヘーゲルが市民社会と政治的国家の分離を「矛盾」と捉え、その解決を国家論の課題とした点にマルクスは一定の評価を下したのである。

だが、その把握ならびにその解決の仕方でマルクスはヘーゲルと決定的に対立する。

まず、マルクスの批判は〈彼がこの形態の外見に甘んじて、これを実相そのものと称する〉

ことに向けられる。この「市民社会と政治的国家の分離」・「矛盾」を現にある「プロイセン国家」と「市民社会」の「矛盾」に置き換え、「プロイセン国家」のもとに「市民社会」を止揚しようとする、このヘーゲルの考えを明確に「誤り」であると指摘しているのである。「ライン新聞」の編集・発行を通した「経験」を基礎にしてプロイセン国家における社会的・政治的矛盾と対決してきたマルクスにとって、市民社会の矛盾を立憲君主制をとる国家〈プロイセン絶対王政〉のもとへの止揚を求めるヘーゲルの論理はまったくもって否定されるべきものであり、許されるものではなかったのである。立憲君主制のプロイセン絶対王政を人倫的理念の現実態とするヘーゲルへのマルクスの強烈な否定が「実相とする」という指摘には示されている。

だから、それにつづく〈これに反して彼が蔑《さげす》むところの「もろもろのいわゆる理論なるもの」は市民的諸身分と政治的諸身分の「分離」を要求するのであって、これは当然である〉といい、〈なぜならば、それらの理論は現代世界の一帰結をいいあらわしているのだからである。けだし、現代社会においては政治的身分的要素はまさに国家と市民社会の現実的関係の事実的表明、両者の分離にほかならないからである〉（M・135〜136、ME全集・314）とされているのである。ここでの「蔑むところのもろもろのいわゆる理論」とは、ホッブスにはじまり、ロックやルソー、更にはカントにおいて理論化されたところの国家理論(註51)をさすことはいうまでもない。いわば「国家＝市民社会」論を前提にした上で「市民的諸身分」の自立化を、政治的諸身分からの「分離」＝解放を要求するところの理論にほかならない。これに対して、この「分離」を前提とし、その矛盾の解決を立憲君主制の政治的国家のもとめたヘーゲルにたいして、マルクスは、「外見に甘んじて、これを実相そのものとする」としたのである。この「外見」を「実相」とするというマルクスの批判に示されるように、（Ｃ）立法権を論じた部分の批判の主要な点が、「市民社会と政治的国家の矛盾」の捉え方のまやかしを明らかにすることにおかれている。

ヘーゲルはこの矛盾の把握において「官僚が市民社会にむけて出された国家の代表」であるように、「議会は国家へむけて出された市民社会の代表」であり、この「官僚」と「議会」の「二つの意志の取引」としてそれを問題にし「政府の議会に対する立場」は、「本質的に敵対的なものであってはならない」「敵対的関係の必然性を信じるのは悲しい誤謬である」とした。これに対して、既にみたように、マルクスはこの対立を「悲しい真理」（Ｍ・１１８、ＭＥ全集・３０４）と規定した。

ここに「市民社会と政治的国家」の関係の把握におけるヘーゲルとマルクスの違いが端的に語られている。政治的国家と市民社会の対立、政府と議会の対立、この敵対的関係を「悲しい誤謬」として否定し、この両者の同一性を求め、それを論証しようとするヘーゲルに対して、マルクスはその「敵対的関係」こそが「悲しい真理」であり、そのような「政治的国家と市民社会の関係」が現代社会（立憲君主制）の本質的な矛盾であることを明らかにした。これは、「仲介機関として両者のあいだに位置する」ものとしての「議会」にその対立の仲介という機能を果たさせ「国家的および政治的な感覚と意向」を「特殊的圏と個々人の感覚と意向」の両者を「一致、合一させようという」（M・120、ME全集・305）ヘーゲルへの批判でもある。

要するに、ヘーゲルとマルクスの間における政治的国家と市民社会の対立についての認識の違い、それにも規定されたその解決形態の違いを基礎にして、マルクスは議会を「仲介機関として両者のあいだに位置する」（M・120、ME全集・305）ものとするヘーゲルを批判したのである。

〈ヘーゲルの身分代議制への憧憬とマルクスの「市民社会と政治的国家」の矛盾の止揚〉

「仲介機関」としての「議会」というヘーゲルの議会についての位置づけを批判したマルクスは、〈「議会」のうちに現代の国家諸機構のあらゆる矛盾が凝集している〉とする。しかも、既に見たように「仲介者」であることを指して〈それがあらゆる面で「鵺《ぬえ》」だからである〉（M・123、ME全集・307）というように指摘している。この「鵺」との指摘は、マルクスのその直後の論述からすれば、ヘーゲルの議会の意義づけ[註52]に対する批判的なとらえ返しである。ヘーゲルの議会が「組織された統治権と協同して仲介のはたらきをする」（M・123、ME全集・307）と意義づけられているのだが、それは〈政府の側にむけては国民の立場をもつが、国民の側にむけては政府の立場をもつ〉ということである。〈国民が表象として、想像、幻想、代表として、成立する〉すなわち〈表象された国民つまり議会〉は〈一つの特別な権力としてすぐさま現実の国民とは切れたところの在り方をしている〉。ここでは、〈国民と政府のあいだの現実的対立を揚棄する。国民はここではもう、いままで考察されてきた有機組織のなかにうまく調和するように、然るべく骨抜き牙抜きにされている〉（以上、Ｍ・１２４、ＭＥ全集・３０７〜８）のであって、そのようなものとして「鵺」なのである。

以上の論述は、「仲介機関」としての「議会」に「政治的国家と市民社会」との対立の止揚を、その「同一性」を求めるヘーゲルに対する批判である。しかも、その「同一性」の内実を問題にしつつ、マルクスは中世社会における（これをマルクスは中世の市民社会におけると表現する）諸身分と当時のプロイセン国家における市民社会の諸身分との違いとして論じている。〈ヘーゲルは二つの固定した対立物、二つの現実的に別々の圏としての「市民社会」と「政治的国家」の分離から出発する。この分離は確かに現実的に現代国家のうちに存在する。市民的および政治的諸身分の同一性は市民的および政治的社会の同一性の表現であった。この同一性は消えた。ヘーゲルはそれを消えたものとして前提にする〉（Ｍ・１２９〜１３０、ＭＥ全集・３１１）

この「市民的および政治的諸身分の同一性」を「消えたものとして前提」にするにもかかわらず、ヘーゲルは〈市民社会が立法的要素として己を立てる場合に分割されざるたんなる塊としてあらわれることも、またもろもろのアトムに分解した群れとしてあらわれることも、させたがらない。彼は市民的生活と政治的生活のいかなる分離をも望まない〉（Ｍ・１３２、ＭＥ全集・312）〈ヘーゲルは市民社会と政治的国家の分離を知っているが、しかし彼は国家の内部において国家の一体性が表現されていることを望んでいるのであり、しかもこれを、市民社会の諸身分がまたそのような諸身分のままで、立法をする社会の議会的要素を成すというかたちで成就させようというのである〉（M・133、ME全集・313）

このようなヘーゲルに対して、「代議制か身分制かの論争問題」をとりあげ、マルクスは〈代議制は一つの大きな進歩である。なぜならそれは現代国家の状態のあけすけな、嘘いつわりのない、筋の通った表現だからである．それは包み隠しされていない矛盾である〉（M・136）とする。この展開に、マルクスの「政治的国家と市民社会の分離」に対する評価が端的に語られている。社会がその身分的・政治的紐帯から解放されること、その政治的国家における現われとしての「代議制」議会の確立、それを「一つの大きな進歩」と評価する。しかし、「進歩」という評価は「現代国家の状態」が「あけすけな矛盾」を抱えたものであることの表明だ、としてその否定面をあげる。このことからして、この「一つの大きな進歩」自体が、新たな矛盾（二つの包み隠しされていない矛盾の現出）であり、当然マルクスは解決されなければならないものとして論じている。

このマルクスのヘーゲルに対する評価と批判には、たしかに、ここでは、この解決をいかに実現するのかは論じられてはいない。だが、みてきたような展開が、このヘーゲル国法論批判から約一年後に書かれたところの論文、「政治的国家と市民社会の矛盾」の止揚を論じたマルクスの『ユダヤ人問題について』において展開された「政治的解放の限界」と「人間的解放の永続的完遂」という主張につながる必然性にあることは言を待たないであろう。

ユダヤ人問題では次のように言われている。

〈政治的解放の限界は、ただちに次のことに現われてくる。すなわち、人間がある障壁から**実際に**自由になっていなくても、国家はその障壁から自由になりうるということ、人間が**自由な人間**になっていなくとも、国家は**自由国家**（共和国）でありうるということである〉（岩波文庫版『ユダヤ人問題によせて』城塚登訳・20、ME全集・391）〈国家の観念主義の完成は、同時に市民社会の物質主義の完成であった〉（同・50）〈それゆえ、人間は宗教から解放されたのではなく、宗教の自由を得たのである。人間は所有から解放されたのではない。所有の自由を得たのである。人間は営業の利己主義から解放されたのではなく、営業の自由を得たのである〉（同・51、ME全集・406）

ここからひきだされることは、政治的国家の市民社会にたいする関係はあくまでも「精神主義」的なものであり、「人間の類的生活」を体現する政治的国家が「天上」であるとすれば市民社会は「地上」にもひとしいものである。そこでは人間は「天上と地上の二重の生活を営む」。こうして、資本主義社会においては精神的生活と物質的・現実的生活とが分裂している。このような社会全体の分裂、さらにはその個々の人間への現れとしての自己分裂、すなわち、「物質的生活という利己的生活（「欲求と労働と私的権利の世界」）」とシュトワイアン（「国家の構成員としての公民〉、「政治的なライオンの皮」〈立派な装い〉」（同・24～26）とに分裂しているということである。

「市民社会と政治的国家の分離」を知り、それを「矛盾と感じている」ヘーゲルは、「この矛盾を本質における、理念における一体性と解する」誤りのゆえに、「一致の可能性」および「敵対の不可能性」を追い求めることになる。このような「市民社会と政治的国家」の把握とその「一致の現実性」「対立の不可能性」をヘーゲルが「本質的に中間者の契機として存在」する「議会」の「使命」として描き出すことに対して、それをマルクスは「ビュリダンの驢馬だ」（M・166、ME全集・333）（註53）と批判し、この「矛盾」の本質的意味をはっきりさせているのである。

「議会」は「君主と政府」と「国民」のあいだの「仲介物」などではなく、「むしろ組織された、政治的な、市民社会の対立物」である。そして、〈立法権はなるほどそれこそがはじめて組織された全体的な政治的国家ではあるが、しかしまさにこの立法権においてこそ――政治的国家の最高の展開状態にあるがゆえに――この政治的国家の自己矛盾もまたむき出しにあらわれる。したがって君主的意志と議会的意志との現実的同一性の外見が設けられねばならない。議会的要素が君主的意志として設定されるか、君主的意志が議会的要素として設定されるかしなければならない〉とする。これをマルクスは「本質の内に存在しない一体性」と断じている。しかも、この議会によっては「ヘーゲルの願い」である「一致の現実性」「敵対の不可能性」が遂げられるわけではなく、相変わらずこの「可能性」のところにとどまっていることを暴き出す。マルクスはそれを「一体性の幻想である」「政治的国家のロマンチィシズム」であり「一致、の夢」「比喩的存在」であるというように規定しているのである。（以上、Ｍ・１６６～１６８、ＭＥ全集・３３４）

このようにヘーゲルの議会的要素を問題にするマルクスは、この国法論批判の段階では「政治的国家と市民社会」の矛盾をいかに捉え、どのようにその解決をはかろうとしたのか。しかし、その明確な論述は、国法論批判にはないのであるが、ただ、この後検討するように、「君主権」を問題にし、「真の国家」のあり方を「普遍と特殊の真の一体性」である「民主制」に見出したマルクスの理論の中にこの時点における解決の方向性が見て取れるのである。

もちろんこの矛盾の解決の追求が明確にされるのは、先に見た『ユダヤ人問題について』における「政治的解放の限界」を論じ「人間的解放の完遂」とこの解放の主体を明らかにすることによることはいうまでもない。

（３）ヘーゲル立憲君主制論への批判の意義

〈国家体制の理念化〉

すでに見たように、国家は「その働きを概念の本性にしたがって自身のうちで区分」する。

すなわち、〔a〕普遍的なものを規定し確定する権力――立法権、〔b〕特殊的な諸圏と個別的な出来事を普遍的なもののもとへと包摂する権力――統治権、〔c〕最終意思決定としての主体性の権力――君主権、というように「政治的国家」が、「実体的区別項へおのれを区分する」。これが、ヘーゲルの国家の実体的な区分わけなるものである。そして、この「区別された諸権力は君主権において個的一体性へ総括されて」いる。したがって君主権は「全体――すなわち立憲君主制――の頂点であり起点である」[註54]とされる。このような区分を持つ立憲君主制国家を、ヘーゲルは「国家の立憲君主制への成熟は、実体的理念が無限の形式を獲得した近代世界の業績である」（H・520）というように讃美する。

ヘーゲルの「区分」だての特徴は、この「区分」を国家有機体の諸契機としての「観念性」として問題にし、それを有機体の「生命」とのアナロジーで示すところにある[註55]。そして、この有機的な三つの契機をみずからの内に含むところのもの、それが「絶対的な自己規定の働き」（§二七五）としての「君主権」であり、そこに国家の主権性が存するとする。しかも、この「絶対的な自己規定としての働き」ということから、ヘーゲルは個的主体性としての君主を導き出す。ここでは、このようなヘーゲル的君主論に対するマルクスの批判とそれに対するマルクスの積極的展開をはっきりさせ、その意義を確認しなければならない。

すでに見たように、このヘーゲルの「区分」だてと「君主権」論は、ヘーゲル「論理学のお添物」であり、その「論理学の政治的形態」に他ならない。これらの「区分」である三権の政治的・現実的形態が分析され、それを概念的に規定するのではなく、先の〔a〕、〔b〕、〔c〕に示されているように、概念に政治的形態が与えられる。そのことをマルクスはまず君主権を検討する出発点で〈抽象的思惟の妖しげな動因であるところの概念の本性に従って〉（M・30）区分されると批判したのであった。この転倒した論理の成果こそが、国家理念から国家の主権性を、そして個的主体性を導き出し、君主の「最終決定の契機」「絶対的な自己規定」を説くところのヘーゲルの君主論に他ならないのだということである。

だが、ここでの核心的な問題は、ヘーゲルが「国家の一体性」を体現する国家主権は、「意志の抽象的な、そのかぎり無根拠な自己規定」として現存し「絶対的な決定をおこなう」ものである「一個の固体、すなわち君主」でなければならないとすることにより、「君主権において個的な一体性へ総括されている」と論じることにある。

では、そこで言われるところの、君主において体現されるという「国家の一体性」とは何か。それに関して、ヘーゲルは国民の意識と国家の関係を取り上げて、「国民の体制は総じて当該**国民の自己意識の在り方と形成**に依存」し、「この自己意識のうちにその国民の主体的自由と、したがってまた**体制の現実性**が存する」。それゆえに国民は「その国民にふさわしい体制を有する」（§二七四、M・31、ME全集・250）と主張する。ヘーゲルは「国家の現実性」「体制の現実性」を「国民の意識」と「国家」「体制」の一致のなかに描く。この「自己意識」と「体制」の間の一致点を論証するこのヘーゲルの論理をさしてマルクスは〈ここでは**ソフィスト**である〉と痛烈に批判していることはすでに見てきたところである。

　このヘーゲルを「ソフィストである」と批判した理由はきわめて明瞭である。「それぞれの国民はその国民に適合しその国民にふさわしい体制を有する」と論じるヘーゲルの論証は、あらかじめ一定の命題（「国民の精神としての国家」＝「自己意識の在り方と形成」と「体制」の一致への依存）をたてたうえで、なんらの現実分析もなしにこの両者の関係を「それゆえ」でつないでいるのだからである。

　そもそも「国民の精神としての国家」という規定は、すでに§二五八の**追加**〈国家の理念〉の中でヘーゲルが述べている次のような国家の論述を受けたものであり、そこにヘーゲルの国家把握（倫理的理念の現実態）の内実が示されているのである。

「国家は、人間世界のうちに立ってそのなかで意識をもっておのれを実現する精神である」

「精神は、意識のうちに存在しているもの、おのれ自身を現実に顕現している対象として知るもの、としてのみ、国家なのである」（H・484）

　「国民のあらゆる状態を貫通する掟」、「国民に属する諸個人の道義と意識」などなど、これらは「国民の精神としての国家」とほぼ等値され、その上で「一定の国民の体制は総じて**当該国民の自己意識の在り方と形成**に依存する」とされている。そして、何らの論証を抜きにして、「この自己意識のうちにその国民の主体的自由」と、「**体制の現実性**」が存するとされる。だが、「国民の精神としての国家」というような規定と現にある「国家」がヘーゲルのいう「国民の精神」の「現実性」を示したものであるかどうか、とは別のことである。また、「国民の体制」が「当該国民の自己意識のあり方と形成」に依存するからといって、現にある体制がそのようなものたり得ているかどうかは、まったく別の事柄である。ライン新聞の編集長としてプロイセン絶対王政の検閲制度を初めとした政治的反動と対決(註56)し、また「フランス革命」を初めとした歴史の研究から社会的矛盾とその解決の道を模索してきたマルクスにとって、「進んだ意識」にとって「過去の意識の産物であった体制」が「酷い桎梏となりうる」ことは明々白々な「事実」でもあった。だからこそ、そのことを知りながらも、これを押し隠し、持論を展開するヘーゲルに対して「ソフィスト」と痛烈に批判したのである。

またこの批判は、繰り返し問題にされているマルクスのヘーゲル国家論の核心的欠陥の認識にもとづく。

〈ヘーゲルの咎められるべきなのは、彼が現代国家のあり方をあるがままに描くからではなくて、現にある姿を国家というものの本質的な在り方だと称するからである。理性的なものが現実的であることとは、ありとあらゆるところで、その実態はその申し立てるところの逆であり、その申し立てるところはその実態の逆であるような非理性的現実性の矛盾のうちにこそ証しされている〉（Ｍ・１１４、ＭＥ全集・３０１。なお、ここで使われている「実態」は、ＭＥ全集では「実体」と訳されている）と。

ここでのマルクスは、『法の哲学』の序文にある「理性的であるものこそ現実的であり、現実的であるものこそ理性的である」（H・169）というヘーゲル的論理を逆適用して、「現実的」といわれるところのその「実態」は「非理性的現実性」であるような「矛盾」を示し、その問題は解決すべき課題として存在していることを示している。この「現実性」の内実とその検討をまったく無視したうえで、ヘーゲルは、「立憲君主制」を国家理念とし、それを「現にある姿」である「プロイセン絶対王政」に投射し、『倫理的理念の現実態』として、すなわち「理性的であるもの」として描きだし、しかもそれを「国家というものの本質的な在り方」と称しているわけである。マルクスはここにこそヘーゲル国家論の核心的誤りがあるとし、ヘーゲルの無批判的な実証主義（「理性的なものが現実的である」とする）に対して怒りを込めて批判している。

現にあるところの国家の実態（すなわちプロイセン絶対王政の現実）は、その「申し立て」（理性的なものは現実的だ、という）とは全く逆である。そのことは、プロイセン国家が「非理性的現実の矛盾」のうちあることによって証されている、と。

〈「君主の主権」のマヤカシ〉

「君主権」は「体制と掟の普遍性」であり、「君主権が（立憲的）君主の権力」とされるかぎり、「それは体制と掟との普遍性の埒外にはないもの」とヘーゲルは論じる。だが、ヘーゲルは、「体制と掟の普遍性」に規定されたものが「君主権」としているにもかかわらず、君主権を〈君主の権力とも解されうるところから、——あたかも君主がこの契機の主《あるじ》、この契機の主体でもありでもするかのような観を呈せしめる〉とし、そのことをマルクスはまずもって〈不当である〉（M・33）と指摘したうえで、ヘーゲルの君主論を検討している。

君主権の正当化のためのヘーゲル的論理とは以下のようなものである。政治的国家の「区分された諸権力」は「個体的一体性において総括」されており、この「君主権」は、「最終決定としての主体性の権力」であり、「君主の権力」である、と。そして、この「自己規定としての最終決定」をヘーゲルはあたかも「君主権を君主権として他の諸権力から区別する原理」（§二七五）であるかのように描く。このような「最終意思決定としての主体性の権力」（§二七三）としての「君主権」を、君主の権力として、「自己規定としての最終決定のうちに爾余のすべては帰入し、またそこにそれらのものは現実性の淵源を有する」ものとして押し出す。その上で、「主体性のその真のありかたにおいてはただ主体としてのみ」であり、この「絶対的な決定を行う」ところの「契機」は「個体性一般ではなくて、一個の個体、すなわち君主である」（§二七九）とする。しかも、ヘーゲルは、この最後的な意思決定をおこなう主体性の主体としては「その抽象性」のゆえに「直接的単個性」であり、この「概念そのもののうちに自然性・肉体性の規定が存する」とし「この個人は直接的、自然的な仕方で、自然的出生によって、君主の位にあるべくきめられている」（M・58の§二八〇からの引用）という。これが「一個人をして君主たらしめる」ヘーゲルの論理なのである。

このヘーゲルに対して、マルクスはこの普遍性や特殊性と切りはなされた「絶対的自己規定」なるものは「恣意としての現実的な意志であり」、換言すれば「恣意が君主権である」「君主権とは恣意である」ということをまずあきらかにする。その上で「絶対的な自己規定」としての「君主」の出生、すなわちヘーゲル的な君主論の核心的問題にせまっている。

〈ヘーゲルは国家主体性、主権、君主は「本質的に」「この個人として、あらゆる他の内容を除き去ったあり方で存在し、そしてこの個人は直接的、自然的な仕方で、自然的出生によって、君主の位にあるべくきめられている」ことを証明したつもりである。そうだとすると、主権、君位は生み出されるわけであろう。君主の肉体が彼の位を決めるわけであろう。そうだとすると、国家の最高の頂点にあって決定を下すものは理性であるかわりにたんなるフュージス(Physis)(註57)ということになるはずである。家畜の質が出生できまるように、君主の質も出生できまるわけであろう。

ヘーゲルは君主が生まれねばならぬという、だれひとり疑うものもない事柄を証明したが、しかし、出生が君主たらしめることを証明しはしなかった〉(M・58~9、ME全集・267)と。

このようなヘーゲルの「人間が君主に生まれつく」という論説をマルクスは〈あたかも母マリアの無垢の受胎が形而上学的真理にされてはならぬのと同然〉(同上)の許されないことと批判する。

さらに、ヘーゲルは〈非理性的なことを絶対に理性的なこととして証明したことで悦にいっている〉（同）と指摘し、そのまやかしを暴いていく。

その典型的には、マルクスは§二八〇の「注」のヘーゲルの論述のなかから「純粋に自己規定の概念から存在の直接性、したがってまた自然性へのこの移りこみは純粋に思弁的な性《たち》のものであり、それゆえ、この転入の認識は論理的哲学に属する」（同・59での引用）をとりあげる。マルクスは「たしかにそれは純粋に思弁的である」とアイロニカルに評し、その内実を〈一つの抽象的であるところの純粋な自己規定から今一方の極であるところの純粋な自然性（出生の偶然）へ一足飛びに移りこまれる（中略）のが「概念の移行」とよばれて完全な矛盾が一致といわれ、この上もない不整合が整合と称される〉（M・60）とし、次のように結論づける。

〈世襲君主とともに抽象的な自然被規定性がそういうもの、つまり自然被規定性としてではなく、かえって国家の最高の規定として、自己規定的理性にとってかわるということ、これが君主制はそれが理性的意志の有機組織であるかのごとき外見をもはやとりつくろうことができない急所であること、――これはヘーゲルのはっきりした告白とみなすことができる〉（M・60、ME全集・268）と。

マルクスはその検討の最後において、ヘーゲルの立憲君主制における君主主権の秘密を、その神秘性を暴きだし、もはや理性的意志を体現するものとしては「とりつくろうことのできない」内実の「告白」の自己証明としてあばきだしたのであった。

「自然的非規定性」、すなわち「人間が君主に生まれつく」という非合理な〈君主の世襲制〉

は〈君主の概念から出てくる〉のであって、この〈君主は特別に類全体から、すべての他の人から、区別された人だとされる〉が、この〈他のすべての人からの窮極の固定した区別点〉は〈体である〉。そして〈体の最高の機能は性行為である。それゆえ国王の最高の憲法的行為は彼の性行為である。けだしこれによった彼はひとりの国王を作って、己が体を伝えていくのだからである〉（M・72〜73、ME全集・276）と。これが「神秘的思弁の一つの帰結」（M・71、ME全集・275）なのである。

（4）ヘーゲル官僚制批判とマルクス民主制論

〈官僚制＝国家形式主義〉

「君主権」から「統治権」に移行するヘーゲルの展開にそってマルクスも次に統治権を検討する。その場合、マルクスは軸を官僚制の問題に定めている。

そのわけは、マルクスがまとめているように、ヘーゲルにとって国家の統治権には「警察権」や「司法権」も含まれるが、もっと直接的に「市民社会の圏に属するもの」とされていることからして、ヘーゲルの統治権とはもっぱら「行政」の謂にほかならないもので、しかも、その「行政」も内容抜きの統治の形式的な展開、すなわち官僚制の問題が扱われていることによる。このことは、ヘーゲルの「欲望の体系」としての「市民社会」が、個々の人の特殊的利害を実現するためには、他の諸個人の特殊的利害との関係を媒介する必要があり、普遍性によって制約された「全面的依存性の体系を設立」(註58)（§一八三、H・414）が必然となるとされていることに基づく。このことを理解するためには、ヘーゲル『法の哲学』の第三部・倫理の第二章・市民社会の構成を、すなわち、A「欲求の体系」、B「司法活動」、C「福祉行政と職業団体」の展開を前提的に理解しておく必要がある(註59)。

以上のことからして、ヘーゲルは統治権を、「君主による諸決定の執行と適用」という「包摂の仕事」（§二八七）を、すなわち「普遍的国家利益と法をこれらの特殊的諸権利のなかでしっかりと維持し、そして後者を前者へ還元するためには統治権の代理者による管理」（§二八九）として「行政」とそのための「官僚界」・「官僚制」が展開されているとマルクスはとらえ、その問題をえぐりだしているのである。

マルクスは本稿前章で見たように、ヘーゲルの官僚制を以下のように特徴づけ批判している。ヘーゲルの『統治権』とは、〈哲学的展開などとよべる柄のものではない。たいていの節は、そのまま字句どおりプロイセン国法に載ってもおかしくなかろう〉（M・79、ME全集・280）といえるものである。「統治の仕事」の「分業」、諸個人の能力の証明（試験）、諸個人の官職への選任（君主の権限）、官吏の義務や給与、官僚制の濫用に対する保証など、ヘーゲルは〈一つには現にあるがごとき官僚制の経験的叙述を、また一つには官僚制自身がその在り方についてもっているところの見解の経験的叙述を与える。そしてこれで「統治権」にかんするむずかしい章は片づいたわけである〉（M・81、ME全集・281）と。実際、ヘーゲルは「統治の仕事」として、市民社会の「特殊的利害」のなかで「普遍的国家利益と法」を維持し、君主の諸決定を執行し適用する「包摂の仕事」という規定を与えているが、その内容の具体的展開をまったくしていない。

ここでマルクスが主要に取り上げているのは、（イ）官僚制と市民社会の関係に関わるヘーゲル的論理の問題・団体と官僚制の問題である。そしてまた、（ロ）ヘーゲルが統治権に与えた「包摂」なる規定についての検討、である。もちろん、この両者は官僚制をどのような問題として扱うのかの違いにすぎない。

（イ）について、マルクスはヘーゲルが官僚制を問題にするにあたり〈「国家」と「市民」社会の分離、「特殊的諸利益」と「絶対的に普遍的なもの」から出発するのであって、たしかに官僚制はこの分離にもとづいている〉（M・81）という。しかも、官僚制は市民社会における団体を、少なくとも「団体精神」を前提にすることを確認する。その上で、ヘーゲルは官僚制の内容はなにひとつ展開せずに、〈ただ官僚制の「形式的」組織の若干の普遍的規定を述べるだけであって、たしかに官僚制は官僚制自身の外部にある或る内容の「形式主義」にすぎない〉（M・81、ME全集・281）ことを指摘する。

ここにいう、「若干の普遍的規定」とは、「§二八七」の〈統治権の代理者すなわち行政担当の官吏と審議担当―その限り協議体になっている―上級官衙なのであって、これらは君主に接触する最高首脳たちのところで合流する〉（M・78、ME全集・276〜7）の展開を指す。また「官僚制自身の外部にある或る内容」とは「§二八八」でいわれている「国家そのものの絶対的な普遍事の埒外に存するところの共通の特殊的諸利益は、共同体〔自治体〕やその他の職業や身分の諸団体〔による〕」（「団体」については、§二二九や§二五二などを参照。職業団体・組合・地方自治体などの総称として用いられる）と論じられているそれを指している。ようするに、これら市民社会の共通の特殊的利益を体現する「団体」（「共同体やその他の職業や身分の諸団体」）を前提にして統治権・官僚制がなりたっていることをマルクスは問題にしているのである。この「団体」により「万人にたいする万人の個人的私益の闘争場」である「市民社会」の矛盾とその解決のヘーゲル的追求が、もっぱら官僚制とこれら団体の関係そして、組織の形式的構造と管理にもとづいていることを明らかにしている。そのことをマルクスは、この官僚制を「形式主義」として問題にしているのである。

ヘーゲルが「政治的国家」と「市民社会」の対立を矛盾として捉え、その解決を追求するかぎり、マルクスも当然のこととしている。だが、マルクスの批判は、その解決を市民社会の団体との関係における官僚制度として問題にするヘーゲルのその仕方に対してである。

ヘーゲルの官僚制を問題にして、それは「国家形式主義」であり〈「官僚制であるところの国家形式主義」は、「形式主義としての国家」なのであって、そのような「形式主義としての官僚制」を叙述した〉（M・83）にすぎないことをマルクスは問題にする。〈団体は官僚制の物質主義であり、そして官僚制は団体の精神主義である。団体は市民社会の官僚制であり、官僚制は国家の団体である。現実においてはそれゆえ官僚制は「国家の市民社会」として、「市民社会の国家」であるところの団体に対立して出てくる〉（M・81、ME全集・281）と。

　ここでの「物質主義」という意味は、「欲求の体系」である「市民社会」における共通の特殊的諸利害を体現するものとして「団体」（その典型が職業団体）が存在することによって官僚制がささえられること、すなわち官僚制の貫徹が物資的に保障されているということで使われている。そしてまた「精神主義」とは、この市民社会の団体に対して、官僚制が絶対的に普遍的なものの貫徹を、普遍的利害を体現するものであるところの国家を、いわゆる「実在上の国家」（M・84）との関係では「想像上の国家」であり「社会の精神的在り方」として現れるものとしての「国家の精神主義」に他ならない、ということで使われている。

　（ロ）については、〈個と特殊の普遍のもとへの「包摂」〉（M・86）というヘーゲルが統治権にあたえた〈唯一の哲学的規定〉についての問題である。

　マルクスの批判は、「特殊等々の『包摂』という**範疇**」を「現実化」するために、ヘーゲルは「プロイセン国家または現代国家の経験的諸存在」のうちから、たとえ「この**範疇**でもってそれの特質が表現されているわけでなくとも」、「どれか一つの存在を取ってくる」ということ、すなわち「ただこの**一つの範疇**を固持して、それに当てはまる存在を見いだすことで満足する」ということに向けられる。これを、マルクスは、ヘーゲルは「彼の論理に一つの政治的体をあたえる」が「政治体の論理をあたえはしない」（M・86〜87、ME全集・284）というように批判する。

その後で、マルクスは「政治的体」をあたえるためにヘーゲルが持ち出すところのものの検討を行っていく。例えば「団体と政府」、「市民社会と統治権・国家」の「最初の同一性」（M・87、ME全集・285）の現存とされる「混合選出」（註60）をはじめ、「どの市民にも普遍的身分〈官吏〉になれる可能性の保障」とされる「試験」〈マルクスはそれを「知の官僚制的洗礼」「俗知の聖知への化体の公的承認」とか「官僚制的信仰告白」と規定している〉とか「ヘーゲルがでっち上げる最高の同一性」の表れとしての「官吏の給与」などを問題する。さらに「権力の濫用にたいする国家と被治者との安全保障」としての諸官衙諸官吏の「位階制」や「団体の諸権利」など、これらの一つ一つのまやかしを示している（註61）。そして、この官僚制における「国家形式主義」の問題をマルクスは、「官僚制は官僚制自身にとって国家の窮極目的とみなされる」ことにより、実在的国家と「想像上の国家」と規定しうる官僚制の二重性が生じることを指摘する。それは、官僚制の官僚主義的変質の批判として問題にされている。

〈官僚制の普遍的精神は官僚制そのものの内部では位階制により、外にたいしては閉鎖的団体として守られているところの秘密、秘事である。それゆえに、公然たる国家精神、いな国家的意向ですら、官僚制にとってはその秘密を漏らす裏切りに見える〉〈しかし官僚制自身の内部での精神主義はひどい物質主義、すなわち受動的服従、権威信仰、固定した形式的やり方、固定した原則、見方、仕来りのメカニズム、そういった物質主義となる。個々の官僚の場合には、国家目的は彼の私的目的となり、より高い地位の追求となり、立身出世となる〉（M・84、ME全集・238）と。

これらの展開は、もちろん二百年近くの歴史的へだたりがあり、直面している現実は違うのだとはいえ、時空間を超えて、現代国家の官僚組織に妥当するばかりか、官僚主義化した「組織」一般の実態を照射するものとしても、その考察する武器として現代的に受けとめられ検討される必要があるように思われる。

〈対置されたマルクスの民主制論〉

マルクスは官僚制批判の実践的目的を明確にする形で次のように論じている。

〈官僚制の廃止は、普遍的利益が現実的に——そしてヘーゲルの場合のようにたんに思想のなか、捨象のなかだけでなく——特殊的利益になるということでしかありえない。そしてこのことは特殊的利益が現実的に普遍的利益になることによってのみ可能である〉。だが〈ヘーゲルは一つの非現実的な対立から出発するのであり、だから一つの空想上の、ほんとうはそれ自体またしても対立的であるような同一性にたどりつくだけである。このような同一性が官僚制なのである〉（M・86、ME全集・284）と。

「政治的国家」と「市民社会」の対立、普遍的利害と特殊的利害の対立、このような「対立」

の解消を「包摂」として問題にし、その「同一性」を論じたのがヘーゲルの統治権であり官僚制についての論であった。これに対してマルクスはこの「同一性」が、対立を何等解決するものでないことを暴きだす。そして、このような「官僚制の廃止」はヘーゲルのように「たんに思想のなかだけでなく」、普遍的利益が「現実的に特殊的利害になること」そして特殊的利益が「現実的に普遍的利益になること」、すなわち「政治的国家」と「市民社会」の対立を「現実的」に解決する〈同一性をかちとる〉こと以外にありえないことを明確にしている。

では、このような普遍的利益が現実的に特殊的利害になる社会制度はいかなるものであるか。すでに見たように、マルクスは『経済学批判』の「序言」において「この未熟な思想（「フランスの社会主義や共産主義」を指す」に対して反対を表明した」と述べている。この段階でのマルクスは共産主義の立場にたってはいなかった。基本的にはヘーゲル国家論の枠組みのもとで、「あらゆる国家形態の真理としての民主制」をとる国家を理想とする理論を、立憲君主制を成熟した国家のあり様とするヘーゲルに対置していたのである。

では、この対置されたマルクスの「民主制」とはいかなるものなのか。

〈「民主制」は体制の類《るい》である。君主制は一つの種《しゅ》、しかも不良種である〉〈「民主制」はあらゆる体制の謎の解かれたものである〉〈ヘーゲルは国家から出発して、人間を主体化された国家たらしめ、民主制は人間から出発して、国家を客体化された人間たらしめる。宗教が人間を創るのではなくて、人間が宗教をつくるように体制が国民を創るのではなく、国民が体制を創る〉（M・52、ME全集・263）と。

まず、マルクスはフォイエルバッハの宗教批判の論理を受け継ぐ形で、民主制を「人間から出発して、国家を客体化された人間」とし、「社会化された人間」の〝共同体〟を体現する国家（体制）として民主制を確認している。もちろんそれは、国家体制であるかぎり「特殊的なもの」であるとしても、マルクスにとってはこの民主制こそは「謎の解かれた」あらゆる国家体制の「本質」であり、そのようなものとして位置づけられているわけなのだ。〈同様に民主制はあらゆる国家体制の本質、社会化された人間が一つの特殊な国家体制としてあるあり方〉である、と。

しかも、この「特殊な国家体制としての民主制」は、他の国家体制に比したものとして次のようにいわれる。

〈爾余のあらゆる国家形成体はある一定の特殊な国家形式である。民主制においては形相的原理が同時に質量的原理である。それゆえに民主制にしてはじめて普遍と特殊との真の一体性なのである〉（以上、M・52〜53、ME全集・264）と。

マルクスは「普遍と特殊との真の一体性」を民主制において見ている。それが、以下の展開である。

〈君主制においてはこの特殊なものであるところの政治的体制はあらゆる特殊なものに君臨してそれらを規定するところの普遍的なものという意義を有する。民主制においては国家は特殊的なものとしてはただたんに特殊的なものであるにすぎず、普遍的なものとしては現実的に普遍的なのである〉〈近時のフランス人たちはこのことを、真の民主制においては政治的国家はなくなるというふうに理解した。これは政治的国家は政治的国家としては、体制としては、もはや全体的なものとしては通用しないという点で正しい〉（M・54、ME全集・264）〈民主制において抽象的国家は支配的契機であることをやめた。君主制と共和制のあいだの争いは、それ自体まだ抽象的国家内部での一つの争いである〉（M・55、ME全集・265）と。

「特殊なもの」に「君臨してそれを規定する普遍的なもの」（君主制）に対置されたところの、「特殊なもの」としては「ただたんに特殊的なもの」で「普遍的なものとしては」ただ「現実的に普遍的なもの」（民主制）であるというような規定（註62）は、この民主制が特殊と普遍の真の統一としての共同体であることを示している。また、「政治的国家としては、体制としては」、もはや「通用しない」という意味では「政治的国家はなくなる」というような「近時のフランス人」〈社会主義や共産主義を説くところの〉主張は「正しい」ともいい、「抽象的国家は支配的契機であることをやめた」というようなマルクスの民主制論、これは、明らかにブルジョア民主主義（制度）論とは歴然と区別されるものであり、すでにこのマルクスは共産主義の入り口に立っているといえる。

しかしながら、「民主制」は「あらゆる国家体制の本質」「社会化された人間が一つの特殊な国家体制としてあるあり方」とされているところからしてもわかるように、マルクスはいまだ国家をその階級闘争、階級関係との関係で捉えるにはいたっていない。またこの国家の担い手は市民社会の成員たる「市民」あるいは「国民」というように一般的にしか規定されていない。国家の階級的基礎の分析やそれにもとづく国家の階級性についての認識・考察は、この当時のマルクスの国家理論の枠組みにのぼってはいないのである。特殊的利害のぶつかり合う市民社会と普遍的利害を体現する政治的国家との対立、この対立・矛盾を真に解決するところの「社会化された人間の一つの特殊的国家体制」を示すものが民主制国家であり、そこにマルクスは真の国家を見ている、といいうる。「あらゆる国家形態はそれらの真理としての民主制をいうし、それゆえにこそ、それらが民主制でないかぎり、非真理であることはおのずから明らかである」という時には、マルクスは「真に普遍的なものとして」の国家を民主制のもとでのそれを想定しているのである。その意味でも、マルクスの民主制論は、普遍性と特殊性の分裂を止揚し、普遍的利害と特殊的利害の一体性を確保した「自由の実現態」としての国家、すなわち国家を「倫理的理念の現実態」としたヘーゲル国家論の枠内において、ヘーゲル国家論を否定し、それをのりこえるものとしての国家（体制）の理論としてうち出されたものだ、といわなければならない。

だが、こうしたマルクス国家論の歴史的な過渡的制約については、いまの場合、外在的な問題である。問題はこのマルクスの民主制論が、「人間の自由な産物としての本来のあり方」を軸にして、ヘーゲル的な普遍性と特殊性の分裂の止揚、すなわち普遍的利害と特殊的利害の一体性、同一性のヘーゲル的論理のまやかしをいたるところで暴き、批判してうちだされていることにある。そこにマルクスのヘーゲル国法論批判のひとつの核心があるのだからである。だからしてマルクスの民主制論は、いわゆるブルジョア民主制国家のそれとは決定的に区別されたものであることをはっきりさせることが肝要なのである。その点をおさえた上にたって、マルクスが民主制をして「はじめて普遍と特殊との真の一体性である」としたこと、さらに「フランス人たち」というかたちで「共産主義」の主張を示し、「真の民主制においては政治的国家はなくなる」という意見を紹介し、「政治的体制として通用しない」という意味では正しいとしたこと、そのことの意味と意義をはっきりさせることが重要なのだからである。

C、ドイデの国家論（幻想的共同性論）への過渡

以上見てきたマルクスのヘーゲル国法論批判の核心的意義を、マルクス主義国家論の形成・確立との関係でとらえ返す場合には、当然この国法論批判に直続して書かれ『独仏年誌』に掲載された二つの論文（『ユダヤ人問題』および『ヘーゲル法哲学批判序説』）との関係が、そしてまたそれに続く『経済学＝哲学草稿』や『ドイツ・イデオロギー』との関係が問題にな

る（註63）。だが、本稿ではあくまでもマルクスにおける国家論の形成にとっての意義、それも『ドイツ・イデオロギー』にいたる国家論形成にとっての意義を捉え返すことに核心がある。

（1）『ドイツ・イデオロギー』の国家論への萌芽

『ドイツ・イデオロギー』の国家論との関係という問題設定は、次のような黒田の論述にしめされる視点に触発されたものである。

「マルクス国家論の出発点はヘーゲル国家哲学批判であり、その一応の到達点は史的唯物論における国家論である（いうまでもなく、マルクス国家論は『ゴータ綱領批判』において完成する）。いま問題となっていることは、この両者を円環的につかみとることである。この視点から『国家哲学批判』と『ドイツ・イデオロギー』を『ヘーゲル法哲学批判序説』および『ユダヤ人問題』を考慮しつつ、検討するばあい、まず明らかなことは、次の点である。――（プロイセン絶対主義国家の哲学的基礎づけという実践的任務に決定されて）ヘーゲルが「市民社会」を「国家」へ安直に止揚したことから生ずる事実的な諸矛盾およびその根底にあるヘーゲル的論理のさかだちを、マルクスはまず暴露する。これを拠点としつつマルクスは、ブルジョア社会と近代国家との関係の歴史的省察にたちむかい、ドイツ解放の現実的課題と対決する。これがイギリス古典経済学の批判的摂取と克服および経済史研究を媒介として、史的唯物論における国家論として結実する。このマルクス国家論においては、しかし、もはやヘーゲル的思弁の残りかすを少しもとどめていないとはいえ、ヘーゲルの「積極的なもの」はうけつがれ、マルクスの立場において質的転化をとげた形で史的唯物論のなかに血肉化されている。――このようなマルクスの思想的発展がみとられるはずである」(註64)。この一文の中の「安直に止揚したことから生じる……」というヘーゲルの論理のとらえ返しは、既にヘーゲルの君主権なり立法権なり、国家と市民社会の関係なりに対するマルクスの検討を見てきた現在、はたしてそうであろうかという気持ちに私はかられる。

『国家哲学批判』（国法論批判）と『ドイツ・イデオロギー』の「両者を円環的につかみとる」ということは、『ドイツ・イデオロギー』の国家論から『国家哲学批判』をみて、その不十分性を問題にする結果解釈主義的追求ではもちろんない。また、『国家哲学批判』から『ドイツ・イデオロギー』への形成過程を歴史主義的・実証主義的にたどり、それを必然的なものとして描くことでもない(註65)。

まずもって、マルクスの理論的追体験をしようとするこの私の自覚を革命的なものたらしめようとする立場において、ヘーゲル国法論批判でマルクスが追求したことのその核心を明確にする。そしてそれを、その後のマルクス国家論の発展として存在する『ドイツ・イデオロギー』の国家論、すなわち『史的唯物論における国家論』の確立から逆照射し、そこでいかにヘーゲル国法論批判が生かされ、かつそこに孕まれた〝限界〟が止揚されているかをつかみとること、またそれを可能にしたマルクスの国家論形成の主体的根拠をマルクスの学問的苦闘を振りかえりながら追求すること、そこにこそある。その全体を指して「円環的につかみとる」とされているのだと思う。

その後の「ヘーゲルが『市民社会』を『国家』へ安直に止揚したことから生じる事実的な諸矛盾およびその根底にあるヘーゲル的論理のさかだちを、マルクスはまず暴露する」というまとめは、円環の内容に踏み込み、マルクスの具体的な追求を捉え返したものであるはずのものに他ならない。その内実は、統治権・官僚制や立法権・議会的要素などについてのヘーゲル的な論理に対するマルクスの批判の検討において、前章での『国法論批判』の検討を通じて明らかにしてきたところのものである。

次に「ブルジョア社会と近代国家との関係の歴史的省察にたちむかい、ドイツ解放の現実的課題と対決する」とは、もちろん『ユダヤ人問題について』(一八四三年一〇月)と『ヘーゲル法哲学批判序説』(一八四三年一二月)の二つの文書に示される追求をさす。前者では、前近代的な封建社会からの政治的解放により、市民社会から政治的国家の分裂が実現され、前近代的な封建的・身分的紐帯から解放された人間は、私人と公人とに自己分裂することが明らかにされた。マルクスにより「政治的解放は人間を、一方では市民社会の成員、利己的な独立した個人へ、他方では公民、精神的人格へと還元することである」(註66)と言われていることである。たしかに、この政治的国家と市民社会の関係についての分析は、国法論批判においてもなされている。だが重要なことは、『ユダヤ人問題について』では、ヘーゲル国法論批判でその関係（矛盾）の止揚として強調された民主制論の論述はそこには一片も示されてはいない。そこでのマルクスは、ユダヤ人問題のブルーノ・バウアー式解決との対決、その政治的解放の持つ意味をはっきりさせ、「政治的解放」が人間の「利己的な人間への解消」であり「現実の人間は利己的な個人の姿においてはじめて認められ、真の人間は抽象的な公民の姿においてはじめて認められる」（同・53）にすぎないことを鮮明にしている。そして真の解放は、「人間の世界を、諸関係を、人間そのものへ復帰させることであり」「人間が彼の『固有の力』を社会的な力として認識し組織し、したがって社会的な力をもはや政治的な力というかたちで自分から分離しないとき、そのときはじめて、人間的解放は完遂されることになる」（同・53）ということをはっきりさせた。ここに深いヒューマニズムに裏打ちされたマルクスの永続革命の思想が明確にされたのである。

しかもそのわずか二ヶ月後には、「ドイツ解放の積極的な可能性はどこにあるか」（同・94）を問い、回答するという形で、問題を明確にする。すなわち、マルクスは永続革命の主体を、ほかならぬ「人間の完全な喪失であり、それゆえにただ人間の完全な再獲得によってのみ自分自身を獲得することができる」（同・94）〝存在〟としてプロレタリアートを見いだす。その意味では、『ヘーゲル法哲学批判』と『ユダヤ人問題によせて』と『ヘーゲル法哲学批判序説』は、その内に理論的発展を遂げつつあるマルクスの連続と非連続が、また飛躍と断絶が、一つながりの理論的苦闘の過程が、その裏側に表現されているといえる。

さらに次のパラグラフの「これがイギリス古典経済学の批判的摂取と克服および経済史研究」とは、『独仏年誌』に載ったエンゲルスの「国民経済学批判大綱」などの検討をきっかけにした経済学の研究である。その経済学的哲学的追求の成果は、『経済学＝哲学草稿』（一八四三年一月〜四四年二月）として、とりわけ輝かしい「疎外された労働」論として結実化した。それは、ヘーゲルの精神的労働の論理の唯物論的転倒を通じた人間労働の本質の解明を基礎にしてなされたものであった。そしてそこで打ち固められたマルクスの「イデー」は、その後のマルクスの生涯にわたる学問的追求を貫くものになったことについてはすでに見てきたことである（一章）。いうまでもなく、その後の学問的追求の成果の結実化、それがプロレタリアートの自己解放の武器としての『資本論』に他ならない。

このようなマルクスの国家論追求の円環的把捉の前提を確認したうえで、再度、その要点を整理するならば次の諸点にまとめられる。

①「ヘーゲル国家哲学批判」（国法論批判）をもって国家論追求に踏み出し、出発点を切り開くにいたった契機として確認すべきことは、マルクスが「ライン新聞」の編集に携わり、当時のドイツの社会的諸問題に「現実的ヒューマニズム」の観点から対決（矛盾の把握とその解決の追求）し、そこで思想的苦闘を追求したこと、それが決定的に大きな意味を持っていたことである。「プロイセンの検閲訓令にたいする見解」から始まり、「出版の自由」や「木材窃盗

取締法」について、さらには「離婚法」をめぐって、そしてまた「モーゼル地方のブドウ栽培者の窮状」とそれをめぐるライン州議会での論議やその報告の検閲などについて、若きマルクスはライン新聞を舞台にして論戦を繰り広げ、社会的矛盾〔この矛盾が具体的・現実的にどのようなものであったかを明確にしなければならないのであるが、本稿では省略した〕の根源の究明に努めたのであった。それらの一つ一つが、それまでの己の思想を問い、自己内格闘を強いるものであったであろうことは想像にかたくない。それは、マルクスの思想的確立・思想的自己形成のための決定的契機となったのである。

そのことについてマルクス自身は次のようにいっている。

「わたくしをなやませた疑問を解決するために企てた最初の仕事は、ヘーゲルの法哲学の批判的検討であった。この仕事の序説は、一八四四年にパリで発行された『独仏年誌』にあらわれた」（『経済学批判』・序言・岩波文庫・12）と。

このようにいわれていることからしても明らかなように、この「私を悩ました疑問」が、たんなる「法哲学」の理論的な批判によって「その解決」がはかられるというような問題ではない。

この国法論批判の半年も経たないうちにマルクスが明確に捉え返しているように、「ヘーゲルによってもっとも首尾一貫して、もっとも豊かな、もっとも徹底した形で示された」ところの「ドイツの国家哲学と法哲学」は「公的な近代的現在と同一水準にある唯一のドイツ史である」。だからして、「そのような国家状態の哲学的反映との批判的対決」をとおして、初めて「実践だけが、解決手段であるような課題へと突き進んでいく」のだということ、そのことをはっきりさせているのである(註67)。ドイツのみじめな現実の反映としてのドイツの思弁的法哲学、それに「背をむけ」た「そっぽをむく」部分や「哲学の批判的闘争だけ」を追求する部分と対決しながら、現にある矛盾をいかなるものと捉えるのか、それをいかに解決していくべきなのかを照らし出すところの実践的理論でなければならないことをマルクスは明確にしている。ライン新聞での論戦を経ることによって、プロイセン絶対主義国家をいかに捉え、変革していくのかという実践的な観点から、ヘーゲル国法論批判を追求したのであり、このことはすでにフォイエルバッハ的な地平を明確に越えるものである。

②さらに第二には、先の官僚制に対する批判においてマルクスは、宗教批判との類推で「『官僚制』が実践的諸幻想の織物、あるいは『国家の幻想』であることは自明のことである」(M・83)と論じていることを見てきたが、そのことのもつ意味についてである。ここでは、「市民社会の国家形式主義」としての「官僚制」を「実践的諸幻想」とか「国家の幻想」というかたちで批判している。このような批判の仕方そのものが、その二年後の『ドイツ・イデオロギー』における国家論、すなわち「国家」の本質を「幻想的共同性」としてとらえ、国家を共同性の幻想的形態として規定したマルクス国家論への道を暗示しているように思われる。

もちろん、それはこの段階のマルクスが「倫理的理念の現実態」としての国家というヘーゲルの国家論の枠内で思考していたのだとしても、なのである。そのことは、すでに見てきたようにヘーゲルが「市民社会を国家へ安直〔ではない？〕に止揚」することによって「立憲君主制」を倫理的理念のあるべき姿としたことに対しマルクスが民主制を対置した際に、民主制をして「はじめて普遍と特殊との真の一体性である」と論じていることからしてもうかがい知れる。

さらに、次の展開も同様である。〈真の国家においては問題は、どの市民もがわが身を一つの特殊的身分としての普遍的身分に献じうる可能性にあるのではなくて、普遍的身分が現実的に普遍的たりうるところ、すなわち各市民の身分たりうるところにある。しかしヘーゲルは偽りの普遍性、幻想的な普遍性しかもたない身分、特殊的身分的普遍性の前提から出発するのである〉（M・90）と。いやそればかりか、すでに見たようにマルクスは、「フランス人たち」というかたちで「共産主義」者たちの主張を「真の民主制においては政治的国家はなくなる」という意見として紹介し、この主張を「政治的国家は政治的体制として通用しない」という意味では正しいとしていることにそれは示されている。そうであるからこそ、国家の階級性をはっきりさせることにより、国家の本質を幻想的共同性とする『ドイツ・イデオロギー』の国家論への道が開かれたのだといいうる。

③だが、もちろんこの『ドイツ・イデオロギー』への道には、ひとつの飛躍が問題になるのである。この飛躍は、先にみたように、四三年秋から四四年一月にかけて書かれた『ユダヤ人

問題』、『ヘーゲル法哲学批判序説』を経て、また先の『経済学＝哲学草稿』の追求をも基礎にして、マルクスはエンゲルスと協同して革命的思想を打ち固めるために、左翼（青年）ヘーゲル派との思想闘争・論争を企て追求したことによる。その成果が、最初の協同著作として発表された『聖家族　別名　批判的批判の批判　ブルーノ・バウアーとその伴侶を駁す』（四四年九月から一一月に書かれ、四五年二月末に発行された）であったことはいうまでもない。これら一連の追求を通じて、国家そのものの階級的基礎を分析が、さらには国家の階級的な把握が明確にされたのである。

マルクスはいう。「わたしの研究が到達した結論は、法的諸関係および国家諸形態は、それ自身で理解されるものでもなければ、またいわゆる人間精神の一般的発展から理解されるものでもなく、むしろ物質的な生活諸関係、その諸関係の総体をヘーゲルは一八世紀のイギリス人やフランス人の先例にならって「ブルジョア社会」という名のもとに総括しているが、そういう諸関係にねざしている、ということ、しかもブルジョア社会の解剖は、これを経済学にもとめなければならない、ということであった」（『経済学批判』序文、岩波文庫・12〜13）と。

この引用につづけてマルクスは、かの有名な「唯物史観の公式」と称されるものを展開している。ここではそれ自身の検討は省略せざるをえないが、マルクスの国家論もそのような理論的基礎づけのもとに発展されていることは確認されなければならない。

『経済学＝哲学草稿』に示される経済学研究を媒介として、マルクスはそれまでの青年ヘーゲル派との対決の質を根本的に見直し、唯物論的な歴史の見方を鮮明にしていく。国家の階級的基礎を明確にし、その階級性をはっきりさせるためには、それまでの政治・哲学的な追求の地平を超えなければならなかったのであった。市民社会という名の近代社会がブルジョアジーとプロレタリアートの二大階級へと分裂した階級社会に他ならないことの把握、その経済構造の分析を基礎にして、マルクスは初めて国家を支配階級の支配との関係でとらえかえす。また同時に、唯物論的な歴史の把握を基礎にして、「人倫的理念の現実態」とするヘーゲル国家論から根本的に決別し、社会の歴史的発展、階級社会の発生と展開との関係で階級国家として明確にする。こうして、国家の本質を幻想的共同性とし、国家を支配階級が自らの特殊的利害をあたかも普遍的利害であるかのように押し出し妥当させる共同性の幻想的形態にほかならないことをはっきりさせた。この『ドイツ・イデオロギー』の国家論、すなわち「史的唯物論における国家」論との関係で、ヘーゲル国法論批判の意義を明確にすること、そのことが『円環的にとらえる』ということの謂にほかならない。

（２）プロレタリア階級独裁国家の解明—共産主義論と国家死滅論

先に紹介した「いうまでもなく、マルクス国家論は『ゴータ綱領批判』において完成する」ということの意味は、一八七五年に書かれた「ドイツ労働者党綱領評註」通称「ゴータ綱領批判」における国家とその死滅にかかわる解明、そして過渡期国家としてのプロレタリアート独裁国家についての解明を指している。国家論の課題が、人間の原始共同体たる社会が階級的に分裂したことの象徴として存在する国家を止揚するために、この止揚される（現存国家の打倒と国家の死滅）べき対象たる国家の分析を課題とした理論である限り、本来の意味で国家論の対象としてのそれとは言えないにしても、この止揚の過程でなお存在する過渡期国家（プロレタリア国家）をもマルクス主義国家＝革命理論の対象としなければならない。この解明は、一八七一年の「フランスの内乱」におけるパリ・コミューンの経験を基礎にしたコミューン国家の教訓（いわゆるコミューン型国家の「四原則」（註68））に基づいたものである。

『ゴータ綱領批判』において、「ゴータ合同大会」を前にしたマルクスは、ラサール派が主導して作り上げた「ゴータ綱領草案」における「『自由国家』のために努力する」という主張を批判して、資本主義社会の死滅の将来との関係でそれをいかに問題にするかを明らかにした。

「そこでつぎの問題がおきる。国家制度は共産主義社会ではどんな変革をこうむるだろうか？いいかえれば、そこでは現在の国家機能に似たどんな社会的機能が生き残るだろうか？　この問題に答えうるのはただ科学的研究あるのみであって、人民ということばと国家ということばを千度も組み合わせてみたところで、蚤の一跳ねほども問題に近づけるわけではない。

資本主義社会と共産主義社会のあいだには、前者から後者への革命的な転化の時期がある。この時期に照応してまた政治的な一過渡期がある。この過渡期の国家は、プロレタリアートの革命的独裁以外のなにものでもありえない」（註69）と。

このようなプロレタリア革命・プロレタリアート独裁国家の樹立から「国家の死滅」にいたる過程、『資本論』に象徴される経済法則の解明などを基礎とした科学的研究を適用し、過渡期や社会主義社会の解明を通じてマルクス主義における国家論は深められ豊かにされた。そして、国家的支配が残存する過渡的国家をも含めて社会が階級支配から最後的解放されること、すなわち共産主義社会の実現をもって国家が「死滅」することがはっきりさせられた。このことを明確にすることによって、マルクス主義における国家論は「完成する」という先に引用した展開がなされたのであろう。なぜならば、マルクス主義における国家論は、もちろん、現存する国家権力の対象的な認識にかかわる理論であるとはいえ、その実践的立場はこの国家権力をいかに打倒するのか、という国家打倒論との統一において論じられるべきものである。だから、現存国家の打倒によって打ち立てられる過渡的国家・現存の国家制度にとって代わるべき社会的機能・制度の解明を抜きにしては、革命論と不可分な関係にあるマルクス主義国家論としては不十分であるからだ。

だが、今、重要な問題はこのような後期マルクスの国家論の発展において、ヘーゲル法哲学批判の時点のマルクスの考え方はいかに生かされているのか、を見なければならない点である。先にも引用したのであるが、この時点でのマルクスの国家論は、次のような主張に端的に示されている。

マルクスの思い描くところの「真の国家」、この社会制度とは、市民が「一つの特殊的身分としての普遍的身分に献じうる可能性」〔ヘーゲルのいう「偽りの普遍性、幻想的な普遍性しかもたない身分、特殊的身分的普遍性」のような〕にあるのではなく、市民が「普遍的身分として現実的に普遍的たりうる」(M・90)ところのものである、という。このような制度は「政治的国家と市民社会の分裂」を止揚した「真の国家」において可能であり、マルクスはそれを一時「民主制」に求めたことはすでに見た。だが、この民主制としての「真の国家」を誰がどのようなかたちでつくるのかについて、「ヘーゲル法哲学批判」執筆時点のマルクスははっきりさせられなかった。しかし、民主制に市民が幻想的ではなく、「現実的に普遍的たりうる」ことをみたマルクスの「真の国家」とは、いわゆる「政治的国家」という意味での「国家」とはおよそ性格を異にしたものである。先にみたように、マルクスは「真の民主制においては政治的国家はなくなる」というフランス人の理解に対して「政治的国家としては、体制としては、通用しない」という意味では正しいという見解(M・54)をとったことの中に、革命的民主主義者から共産主義者への過渡にあったこの時点のマルクスの考えが急速な形成・発展を遂げつつあることが示されている。

実際、このドイツのクロイツナハで執筆された国法論批判に続いてパリに移ってから執筆され、『独仏年誌』に掲載された「ユダヤ人問題について」や「ヘーゲル法哲学批判序説」を通して、「政治的国家と市民社会の分裂」を「真に止揚」する道が、共産主義としてはっきりさせられていく。このことについては先に見たとおりである。しかも、このような「真の国家」と「共産主義」との関係が、あるいは国家の経済的・階級的基礎との関係が問われたときに、マルクスは、国民経済学との対決を媒介として疎外された労働の分析を、またそれを通じて疎外されざる人間労働の本質を明確にしたのである。それは、ヘーゲル弁証法の転倒を明確にし、ヘーゲルの精神的労働の論理の唯物的改作・感性的労働の論理の確立を基礎にしたものに他ならない（『経済学＝哲学草稿』における第一草稿の「疎外された労働」と第三草稿の「ヘーゲル弁証法と哲学一般の批判」の関係に示されるそれ）。このような追求を基礎にして初めてマルクスは国家形成の主体的解明に踏み込み、『ドイツ・イデオロギー』における国家論を明確にさせたことについてはすでに見た。

だが、さらに問わなければならない問題は、この『独仏年誌』の二つの論文を通じてはっきりさせられたマルクスのプロレタリアの永続革命の理論とヘーゲル国法論批判との関係についてである。すなわち、この永続革命の展開が、ライン地方における産業の発展やフランス・イギリスにおける労働運動を垣間見えはじめた段階で書かれたヘーゲル国法論批判においてその労働者とその運動を前提的に措定したような論理が展開されているということにある。たとえば、「市民社会の諸身分も変った」としてマルクスがあげている次のような主張は、その直後の「ヘーゲル法哲学批判序説」におけるプロレタリアートの発見につながるものとして注目に値する。

「ただ、特徴的なのは無産の状態と直接的労働、具体的労働の身分とは市民社会の一つの身分をなすよりはむしろ土台をなし、市民社会の諸圏はその上にのっかり、その上で動くという点のみである」（M・145）と。

「無産の状態と直接的労働、具体的労働の身分」が「市民社会の土台」をなし、「市民社会」は「その上で動く」と論じているときのマルクスは、もちろんこの「具体的労働の身分」を「プロレタリアート」としてとらえ、「人間の永続的解放」の主体として、明確に措定しているわけではない（そのためには、市民社会がどのような構造をなしているのかについての経済学的な分析に媒介される必要があり、だからこそこの直後に、マルクスは古典経済学との対決にむかったのである）が、ここですでに社会の基礎に「プロレタリア」の存在をとらえ、それがこの社会を突き動かしていることについてはっきりさせている、といいうる。だからして、ここで言われている「無産の状態と直接的労働、具体的労働の身分」を、「ユダヤ人問題によせて」での永続革命の解明にふまえ「ドイツの解放の可能性」としてマルクスがあげた「市民社会の一階級」すなわちプロレタリアートの存在を予見するものとして捉え返すことができるのである。

実際、「ヘーゲル法哲学批判序説」における「あらゆる身分の解消であるような一身分」という次のような有名な一文は、先の一文との関係で考えなければならない。

「市民社会のいかなる階級でもないような市民社会の一階級、あらゆる身分の解消であるような一身分、その普遍的な苦難のゆえに普遍的な性格をもち、なにか特別な不正ではなく不正そのものを蒙っているがゆえにいかなる特別な権利をも要求しない一階級、もはや歴史的な権原ではなく、ただなお人間的な権原だけを拠点にすることができる一階級、ドイツの国家制度の諸帰結に一面的に対立するのではなく、それの諸前提に全面的に対立する一領域、そして結局のところ、社会の他のすべての領域から自分を解放し、それを通じて社会の他のすべての領域を解放することなしには、自分を解放することができない一領域、一言でいえば、人間の完全な喪失であり、それゆえにただ人間の完全な再獲得によってのみ自分自身を獲得することができる一領域、このような一階級、一身分、一領域の形成のうちにあるのだ。社会のこうした解消が一つの特殊な身分として存在しているもの、それがプロレタリアートなのである」
（『ヘーゲル法哲学批判序説』岩波文庫・94、ＭＥ全集Ｉ・４２７）

この一文そのものを詳細に検討する必要はある。しかし、ここではそれは省略せざるをえない。ただ、「普遍的な性格をもち」とか「いかなる特別な権利をも要求しない」「ただなお人間的な権原だけを拠点にする」ということが論究されていること、その上で、「人間の完全な再獲得によってのみ自分自身を獲得することができる」とされたこと、そのような形でプロレタリアの発見がなされたことの意味を深く考えなければならないと思う。なぜならそこに、ヘーゲル国家論批判にしめされる若きマルクスの自己形成過程の苦闘とその後の闘いのエネルギーが凝縮されているように思われるからだ。そのように感じるのは私だけではないだろう。

《終わるにあたって》――「対象の独自な構造をつかむ」こと

以上を締めくくるにあたって、私が強烈に感じ、かつ学ぶべきことだと思ったことについて触れておきたい。それはこの拙い論文全体で若干の指摘してきたことでもあるが、マルクスの思想の中に、あるいはその背後に流れるヒューマニズムの精神についてであり、それを軽視することやものに対する強い怒りについてである。典型的には、ライン州議会での木材盗伐法をめぐる論議における人間の物化と物の人格化に怒りを示した若きマルクスのヒューマニズムは、フォイエルバッハの宗教批判・キリスト教批判から学んだ現実的ヒューマニズムとしてヘーゲル批判において発展させたものでもある。私のこれまでの展開においては、それについてあまり取り上げ、検討してこなかったし、かつ改めてここで論じることはできないのであるが、永続革命の主体としてプロレタリアを発見する以前に蓄積されてきたこの現実的ヒューマニズムを貫くマルクスの姿勢は、生涯にわたって彼の思想の根底において生き、かつ生かされ続けてきたものであるとしなければならない。それは、プロレタリア・ヒューマニズム以前の階級性の欠落した人間主義だとか、フォイエルバッハの影響によるものだ、などとして軽視されてはならない。そして、その若きマルクスに培われた精神は、常にマルクス主義者たらんとするものの理論に、あらゆる実践に、生かされ貫徹されなければならないものとして、改めて学びかつ受け継がれるべきものであると私は思う。

それと同時に、この「学習ノートの」的論文の〝はじめに〟で述べた学習の動機にも重なることであるが、ヘーゲル国法論を批判する際にマルクスが適用している理論的武器や方法のみならず、そこに貫かれている立場・姿勢について見なければならない。ブルーノ・バウアーを先頭とする青年ヘーゲル派との対決において貫かれているところの核心、すなわち対象的現実の唯物論的で主体的な分析・把握とはいかなるものなのかにかかわることである。そしてまた、対象の主体的把握を主観主義的に歪め、理論的のみならず組織的現実からも浮き上がった認識とそれをも基礎にした疎外感覚にとらわれてきたこれまでの私からの脱却の道は、マルクスの検討を媒介にして、このマルクスの主体的把握の論理をその姿勢とともども血肉化する中にあるのではないかという想いに私は駆られている。〔しかも、それは若き黒田の思想的自己形成の闘いの追体験としても意義を持つものではないかとも感じている。それが、後期黒田の実践においていかに生かされているかを検討しなければならないと思う〕

たとえば、本文中に全文括弧をつけた次のような論述がある。

〈ヘーゲルの主な誤りは、現象の矛盾を本質における、理念における、一体性と解するところにある。ところが、そのような矛盾は確かになにかもっと深いもの、つまりある本質的な矛盾をその本質にもっているのであり、たとえば、ここで立法権のそれ自身のうちでの矛盾は政治的国家の、したがってまた市民社会の、自己自身との矛盾であるようなものである。

卑俗な批判は逆の教条的な誤謬におちいる。そういうかたちでそれはたとえば憲法を批判する。諸権力の対立などを指摘する。いたるところ矛盾を見いだす〉（M・164〜165、ME全集・332）

この一文を読む時、直ちにマルクスがヘーゲルの「比較的深い」として「市民社会と政治的国家の分離」を「矛盾」と感じている点をあげ、「誤り」「咎められるべき」は「この解体の外見に甘んじて、これを実相とする」「現にある姿を国家の本質的な在り方とする」と指摘したことが想起される。ここにマルクスの批判対象〈ヘーゲルの国家哲学〉に立ち向かう際の姿勢と批判の方法が鮮明に示されている。「外見に甘んじて、これを実相とする」とは、また「現にある姿を国家の本質的な在り方とする」というヘーゲル批判。これは「外見」すなわちこの私に映じている「現実」を、いかに把握するのか、そしてまた「現にある姿」をいかなる「国家のあり方」としてとらえかえすのか、その土俵にたってマルクスはヘーゲルと格闘しているのである。その上で、「卑俗な批判は逆の教条的な誤謬におちいる」と断言する。この展開に私はおおいに注目する。

マルクスは教条的誤謬の例として、先の引用直後に「聖三位一体の教条を一と三の矛盾によって片付けた」青年ヘーゲル派の宗教批判を引き合いに出している。それが、ブルーノ・バウアーらの青年ヘーゲル派の連中とフォイエルバッハの宗教批判との違いを論じたものであることはすでに見たように明らかだ。「三位一体」の論理への内在的批判ではなく、その表面的な「矛盾」をあげつらうような指摘をさして「卑俗な批判」とし「真の批判は人間の頭脳のなかで聖三位一体の内的生成を明らかにする。それは聖三位一体の生まれざまを叙述する」としているること、そのことにしめされる。克服しようとする対象に深く内在することなくして、それを超越することはできない、ということを意味する。その姿勢は、借金生活の中でも大英図書館に通いながら『資本論』の執筆に全精力を注いだ晩年のマルクスの姿勢にも見て取れるものでもある。しかし、私が反スターリン主義組織のなかの理論的追求や内部思想闘争において常に目にしてきたのは、実際のところ、ある一定の〝命題〟をたて、対象を切り盛りする安易な主張のかずかずであり、そのような思考の持ち主（とくに指導部を自称するものたちの多くに見られた）であって、このことが彼らにはそして過去の私にはどうしてもわからないことであった。このことの意味を、マルクスのヘーゲル国法論批判を前にして、しかし今私はいたくかみしめている。

また、同様のことであるが、「今日の国家制度の真に哲学的な批判はもろもろの矛盾の存在をただ指摘するだけでなく、それらの矛盾を明らかにし、それらの生成、それらの必然性を把握する」としていること、それを「もろもろの矛盾をそれらの独自の意義においてつかむ」「独自な対象の独自な論理をつかむ」としていることを注視しなければならないと思う。

これまで見てきたマルクスの思想的格闘はヘーゲルの内側にはいった検討の見本であった。バウアーら青年ヘーゲル派の連中の一定の教条（ドクマ）を基準にした解釈（これが大言壮語となる)、それとは決定的に区別されたマルクスの思考活動をこそ学ぶ必要があると強く思う(註70)。

わたし自身がそれに陥ったり、たびたび直面したりするのだが、あるべきひな形を想定し、そうなっていない(しない)対象(相手)に対してなぜそうなっていないのだ、何故そのようにしないのだ、というような批判を投げかける。この何故は決して質問ではないし、返答を求めるものでもない。批判への屈伏の強制であって、なぜ屈服(批判を受けとめるという表現でのそれ)しないのだ、なのである。じつに、そのような他者(理論)批判への転落が問題なのである。実際、私の周りにはそのような批判がいかに多いことか、そのことを痛く感じていた。しかも、〝何故〟と問いながら、その実、一切分析することもなく、そのような疑問を呈する批判スタイルをとっていることからして、自らがあたかも対象へ内在的に批判しているかのごとき「装い」(当人は自覚しないまま)の下に、そのような主張が、大手を振ってまかり通ってすらいるのだから、被批判者はなにを言っても救われないという気持ちに襲われるのである。

なぜそのような批判が許されるのか。それは、一言でいえば、対象の認識が主観主義的なものに堕しているとともに、批判も対象に自己の主観的判断を投射し、もって批判にかえる、というものに転落しているからなのだといえる。そのことにより、論議の掘り下げとそれにもとづく実践的な議論の発展、それを基礎にした組織的闘いの前進を阻害しているわけなのだ。にもかかわらず、主観主義的投射を体質化していると、そのような論議が、その現象的華々しさのゆえに論議の前進と感覚されてすらしまう。しかも、そのような他者批判はその多くの場合に極めて政治的、いな政治主義的な意図・思惑にまとわりつかれている。にもかかわらず、主観主義的投射を体質化していると、そのような批判なり論議づくりが、その現象的「華々しさ」のゆえに論議の前進と感覚されてすらしまうのである。このような形であらわれる錯誤の深いところでの根っ子は、実にマルクスがその生涯にわたって貫いたところのもの、すなわちヒューマニズムの欠損にあると私は感じている。だからして、問題は深刻なのである。

この誤謬の繰り返しは、やがて組織的闘いを大きく疎外するばかりか、組織そのものの破壊をもたらす。このことを今改めて深刻に考えることが、私の過去を問う契機となるように思う。

マルクスがいう「内在的批判」・「独自な対象の独自な論理をつかむ」という主張は、他人事でも単なる理論問題でもない。そしてまた、単なる思考方法の問題でもない。それは思考方法をも含めての極めて実践的で現実的な問題であり、同時に思想問題でもある。そして、そのことは深く人間の問題に対する立ち向かい方の問題に、ヒューマニズムの問題に根ざしていること、そのことをマルクスのヘーゲル国法論批判は私にそして私たちに教えてくれているのだ、という思いを私は強く感じている。それは、認識論的な問題とともに、現実的な実践の根底において、深い奥底において、己の思想の方向づけを与えるものでもあるのだ。だからこそ一層強く、私は若きマルクスがヘーゲル国法論批判に際してとった精神を学ばなければならないと思っている。

【第1編・註記】

（註1）「〝若マの研方〟（若きマルクスの研究方法について）は、長洲一二氏から大学の機関紙の抜刷をもらったのをバネとしているわけです」（『黒田寛一・辻哲夫往復書簡』（こぶし書房）（下）一九五四年一月一七日・145）。また「一二月三日には、〝若きマルクスの研究方法について〟という五〇枚位の論文をしあげましたが、いずれその中送ります。哲学史のとりあつかい方にかんしてふれてあるので多少参考になるでしょうから」（同、一九五三年一二月六日・126）〔ここでいわれている長洲氏からもらった機関紙とは、「K・マルクス『ヘーゲル国法論批判』について——初期マルクス研究①」と題して、五三年に横浜国立大経済学部「大学紀要」に発表されたものといわれている〕

（註2）最近の「『史的唯物論』の根本問題の一つである機械論的な性格」は、「史的唯物論の公式主義化のもたらした成果」であるから、「それを打破し克服してゆくためには史的唯物論の形成と発展の全過程を追体験することが不可欠の条件である」という理論的意味と、「史的唯物論の公式主義化の反面として当然うまれてくる、いわゆる『原始マルクス主義』の一面的な解釈を粉砕しなければならない、という攻撃的意味の二点を指す。（『マルクス主義の形成の論理』（こぶし書房）「研究」116）

（註3）「共産主義的人間とは、理論的にいうならば、マルクス主義世界観をおのれの実存的支柱として生きかつ死ぬることのできる人間のことだ。マルクス主義者とは別のものでは決してない」「マルクス主

義者というばあいにはマルクス主義哲学で武装した人間を理論的にしめしたものとすれば、共産主義的人間とは、本質的に、マルクス主義者の具体的なあり方、その人間的・倫理的存在形態であるといえよう。マルクス主義をおのれの思想として血肉化した新しい人間の理想像ともいえよう。だから、共産主義的人間という表現には、多分に倫理的な要因がふくまれている」（『黒田寛一初期論稿集』第一巻、243〜244、「共産主義的人間の問題」一九五四年八月一日）

（註４）『新世紀』の一八七号、一九〇号に掲載された「エンゲルスの国家意志論—『フォイエルバッハ論』の検討を中心として」と題する奥野論文。

（註５）梅本克己『唯物論と主体性』（現代思潮社）「共産主義的人間の形成」（253）

（補註①）現在においても、この姿勢はかわりはない。だが、そのうえでも、私の思想は、過去を想起しつつマルクスをはじめとしてもろもろの思想家の理論との格闘を追求することにより、日々変わりつつあることも確かなことである。

（註６）以上、『経済学批判』・「序言」（岩波文庫、12）

（註７）年表的に整理すると、つぎのようになる。

〈四一年春〉イエナ大学で学位をえる。二二歳。B・バウアーに頼んで、教職を得る追求。しかし、前年に即位したフリードリッヒ・ヴェルフェルム四世は、先王時代の政策を棄て独自の反動政策をとりはじめた。

〈四二年三月〉マルクスの就職を斡旋していたバウアーが教職を追われる。教職の途をあきらめ、文筆で身を立てる決意。

〈四二年五月〉『ライン新聞』への投稿を始める。

〈四二年一〇月〉『ライン新聞』の編集長の任につく。その年一一月三〇日、マルクスのルーゲ宛の手紙、ベルリンのバウアー派が送ってくる「無神論の共産主義を混入した駄文」を「検閲官に劣らずどしどしと没にした」と。

〈四三年三月〉編集長を辞任。

〈四三年六月〉イエニーと結婚。その前後（三月から一〇月くらい）のクロイツナハに居住した半年間にマルクスは「五冊のノートとヘーゲル国法論批判」を残している。ノートとはフランス、ベネチア、イギリス、ドイツ、スエーデン、アメリカの歴史の研究とマキャベリ、ルソー、モンテスキューの著作の読書ノートといわれている。

（補註②） 廣松渉『マルクス主義の成立過程』（至誠堂、一九六八）。良知力『初期マルクス試論—現代マルクス主義の検討とあわせて—』（未来社、一九七一）などがそれである。

（註8）『法の哲学』の第三部・倫理の冒頭「§一四二」で次のように言う。「倫理とは生きている善としての自由の理念である。生きている善は、おのれの知と意志のはたらきを自己意識においてもち、自己意識の行動を通しておのれの現実性をもつが、他方、自己意識もまた、倫理的存在をおのれの、即自かつ対自的に存在している基礎とし、おのれを動かす目的としている。——倫理とは、現存世界となるとともに自己意識の本性となった、自由の概念である」（H・371）

（註9） ここでその要点をまとめたところの「§三三」の全文を読むと、ヘーゲルの『法の哲学』全体の構成がどのようなものとなっているのかをイメージできる。「自由な意志の、理念の発展の段階順序」におけるA（権利ないし法の圏）、B（道徳の圏）、C〔この説明は、ここでは略す〕の内のCが、いわゆる「倫理」である。

Ｃ、第三に意志は「理念がその即自かつ対自的に普遍的な実存在においてあるあり方」すなわち「倫理」としてあり、この「倫理的実体」もａ、第一に自然的な精神、――家族であり、ｂ、第二にそれ（倫理的実体）の分裂と現象においてあるあり方、――市民的社会であり、ｃ、第三に特殊的意志の自由な自立性においてありながら同様に普遍的かつ客観的な自由として、国家である、とされる。そして、〔α〕ある民族の、そのような現実的かつ有機的な精神は、〔β〕特殊的なもろもろの民族精神との関係を通じて、〔γ〕世界史のなかで、自分が普遍的な世界精神にじっさいに成りもし、かつ自分を普遍的な世界精神として現実的に開示しもするのであって、この普遍的な世界精神の権利が最高のものである、とされている。（Ｈ・２２５～２２６）

（註10） 岩波文庫『経済学・哲学草稿』「ヘーゲル弁証法と哲学一般の批判」（２１３）

（註11） 註10と同じ。しかし、この一文は、それまで長々と論じてきたヘーゲル哲学の核心である意識と存在の関係についての批判をまとめたものである。そこでマルクスは、フォイエルバッハの論理を駆使しながら展開しているのであるが、それについては、「ヘーゲル弁証法と哲学一般の批判」を検討されたい。

（註12） 岩波文庫版『経済学＝哲学草稿』「序文」（11）。この引用文の中の〔 〕マーク内の文章は、引用文そのものである。なお、この引用につづけて、マルクスは次のように言っている。

「そのうえまた、とりあつかわれるべき主題は盛り沢山であり、種類を異にするものであるから、それを一冊の本に無理にまとめるには、まったく断片的な警句のような様式をとるほかないであろうし、他方また、そうした警句的叙述というものは、勝手気ままに体系化したような外観を呈することになるだろう。それゆえ私は、べつべつの独立したパンフレットで、法律、道徳、政治などの批判をつぎつぎにおこない、そして最終的に、一つの特別な著作のなかで、ふたたび全体の連関や個々の諸部分の関係をつけ、そして最後にあの素材の〔ヘーゲルによる〕思弁的なとりあつかいにたいする批判を加えるよう試みるつもりである」と。だが、このような当時のプランが、後に変更されたことについては別に検討しなければならない。

（註13）「国法論批判」M・25~27、ME全集・245~9の三点ならびに四点を参照。その前提として、ここに、**§二七〇の全体**を引用しておく。

第二七〇節「国家の目的は普遍的利益としての普遍的利益であり、そして特殊的諸利益の実体としてのこの普遍的利益においてこれらの特殊的諸利益を維持する点にあるということは、一、国家の抽象的な現実性もしくは実体性である。しかしこのものは、二、それが国家活動の概念諸区分へ己れを分かつような国家の必然性なのであって、これらの概念諸区分もまたあの実体性によって同様の現実的な、堅固な諸規定、すなわち諸権力なのである。三、ところで、ほかならぬこの実体性こそは形成の形式を通過してきた実体性として、己れを知りかつ己れを欲するところの精神である。それゆえに国家は己れの欲するところを知り、しかもそれをそれの普遍性において、思惟されたものとして知っている。国家のはたらきと行いはそれゆえに、意識された諸目的、知られた諸原則にのっとっているのであり、また、ただたんに即自的に存在するような掟にしたがってではなく、意識されているような掟にしたがっているのであり、しかもまた、国家の行いは現前の諸情況にかかわるものであるかぎり、これらの情況にかんする特定の知識に依っている」（M22~23、ME全集・245）

（註14）ここでのマルクスは§二七〇から二七四をまとめる形で検討しているのであるが、ヘーゲルのこの部分の構成は、§二七一までが、A「国内公法」から始まる項目の節にあたり、そして§二七二からは、「I、それ自身としての国内体制」という見出しのもとでの展開になっている。ちなみに『法の哲

学』全体との関係でいえば、第三部「倫理」の第三章が「国家」であり、そのA国内公法、B国際公法、C世界史の三つのうちのAが、Iが「それ自身としての国内体制」、Ⅱが「対外主権」となっている。そのうち、マルクスがとりあげ、検討したもので、現在残っているのは、「A」の「I」の§二六一から三一三の途中までである。(中央公論社『ヘーゲル』の「法の哲学」の「目次」、152~3頁を参照せよ)

さらに若干の注意点。たとえば、(M・28、ME全集・248)というように引用の頁がかかれている場合でも、その訳者によって、あるいは出版の年数の違いによって、若干、文章表現などによって違いがある場合がある。その点については、内容上差しさわりがない場合は、本稿では無視している。

〈註15〉(§二七二)さらに、マルクスの引用にはないがヘーゲルは次のように言っている。「諸権力が自立するときは、すなわち従来の呼び方からいってたとえば執行権と立法権とが自立するときは、果たしてわれわれが大規模に見たように、たちどころに国家の崩壊が起きるか、あるいはそうではなくて国家がおのれの地位を本質的に保っているかぎりでは、闘争が起きるかするのかが定めである。……」(H・518~9)〔ここでの「大規模に見たように」について、「フランス革命の端緒」という註釈がついている。H519の(3)を見よ〕

この一文には、モンテスキュー以来の三権分立を強力に否定するヘーゲルの考え方が示されている。

〈註16〉マルクスの引用とコメントは以下のもの。

〈第二七三節。「政治的国家はそのようにして」(どのようにして?)「次のような実体的諸区分へ己れを分かつ。

(a)普遍的なものを規定し確定する権力、立法権。

（b）特殊的な諸圏と個々の場合を普遍的なもののもとに包摂する権力、――統治権。
（c）終局的意志決定としての主体性の権力、君主権。――区分された諸権力はこの君主権において個的な一体性へ総括されている。したがってこのものは全体――すなわち立憲君主制――の頂点にして原点である」

われわれはこの分類の各論的詳述を調べた後で、この分類そのものに立ち戻るであろう〉（M・31、ME全集・250）

（**註17**）§二七三の「したがって君主権は、全体――の頂点であり起点である」というところまでと、次の§二七四の展開を取り上げている。

「精神は己を知るものであるが、その知られた内容のものとしてのみ、**精神**は**現実的**なのであり、そして一つの国民の精神としての国家は同時に、その国民のあらゆる状態を貫通する掟であり、その国民に属する諸個人の道義と意識なのであるから、一定の国民の体制は総じて**当該国民の自己意識の在り方と形成**に依存する。この自己意識のうちにその国民の主体的自由と、したがってまた**体制の現実性**が存する。……それゆえに、それぞれの国民はその国民に適合しその国民にふさわしい体制を有する」〔マルクスによる§二七四の引用〕

（**註18**）ヘーゲルは、「§二七三」の解説で、「国家の立憲君主制への成熟は、実体的理念が無限の形式を獲得した近代世界の業績である。世界精神がこのようにおのれのうちへ深まってゆく歴史、あるいは同じことであるが、こうした自由な成熟過程、（中略）――倫理的生活のこの真の形態化の歴史、これこそ普遍的な世界史の仕事なのである」（H・520~521）と論じている。

（**註19**）追加〔君主の人格〕……憲法がしっかりしていれば、君主はしばしば署名するほかにはなすべき

ことはない。しかし、この名前が重要なのであって、それは越えることのできない頂点なのである。（H・535～536）

追加〔君主の個性〕しばしば君主に対する反論として、君主が無教養のこともありうるし、またひょっとして国家の頂点に位するのに値しないこともありうるから、…（中略）…完成した国家組織にあっては、形式的決定を行なう頂点だけが大事なのであり、激情に対する自然的抵抗性だけが大事なのである。だから君主に客観的性質を要求するのは間違っている。君主はただ「然り」といって、画竜点睛の最後のピリオドを打ちさえすればいいのである。というのは頂点というものは、性格の特殊性が重きをなすようであってはならないからである。（H・538）

（註20） この後にヘーゲルの主体の内実をつぎのように暴いている。

〈だから、現実的な主体になるのが神秘的な実体なのであって、実在的な主体はなにか別な主体として、神秘的な実体の一つの契機として、あらわれる。ヘーゲルは実在的なエンス（主体）から発足するかわりに、普遍的規定の諸述語から発足するのであるが、それでもどうしてもこの規定の担い手というものが存在しなければならないからこそ、神秘的な理念がこの担い手となる〉（M・40、ME全集・256）と。

（註21）「学というものの内在的展開、単一な概念からの学の全内容の導出……が示す特徴的なことは、同じ一つの概念、ここでは意志、――このものははじめは、はじめのものであるがゆえに抽象的である――が己れを保持しはするが、しかし己が諸規定を、しかもまたただ己れ自身によってのみ、圧縮し、そのようにして一つの具体的な内容を獲得するということである。そういうふうに、最初、直接的権利においては抽象的であった人格という根本契機は、そのさまざまな主体性形式を通じて練り上げられてきていて、そしてここ、絶対的権利、すなわち国家、換言すれば意志の完全に具体的な客観性、においてそれは国家

の人格、国家の自己確実性なのである。――この最後のものはあらゆる特殊性を単一な自己のうちで揚棄し、人をして絶えずその間を右往左往させるところのもろもろの理由と反対理由の考量を打ち切り、それらの理由と反対理由に、われ欲すによって決着を付けて、一切の行動と現実性の元《はじめ》となる」（M・44～45、ME全集・258～9のヘーゲルの「注」の引用）

（註22）この「君主制」が国民文庫版の訳では「君主存」となっているが、「君主制」の誤植であろうから、引用した際に訂正した。なお、ME全集では「民主制」となっている。

（註23）この「民主制」が、国民文庫版の訳では「君主制」となっているが、明らかに「民主制」の誤訳だろうから、引用した際に訂正した。なお、これも、ME全集では「民主制」とされている。

（補註③）このように国民文庫版では「近時」と訳されているのであるが、少し、図書館で調べたら、一九七三年度に出版された第三版のME全集・264では「近代」というように訳されている。しかし、五九年出版・初版のME全集では、「現代」と訳されていた。おなじ、ME全集でも版により訳が違うのだが、見た限りではその説明はなされていないようだ。マルクスが執筆一八四二年という時代を置くならば、近代と訳したほうがいいのではないか、と思うのだが、断定はできない。どのような論議があったのか、なかったのかも定かではないのではあるが。他でも、それによって受け取る内容も変わると思われるような訳の違いは多数あるのだが、それを問題にする能力も余裕もないので、すべて省略せざるをえない。

（補註④）世襲制の誤りではないかと思われたが、ME全集でも性とされているので、ここでは制度を問題にしているのではなく、たとえば、自然性というような概念に対応したものとして使われていると思われる。ただ、原文などにもどっての確かめはできていない。

（註24）中央公論社版『法の哲学』では、この「警察権」は「福祉行政権」と訳されている。

（註25）マルクスはこの同一性の内実をつぎのように暴き出している。

〈「官職」と「個人」との「結びつき」、市民社会の知と国家の知とを結ぶこの客観的な紐、つまり試験は知の官僚制的洗礼、俗知の聖知への化体の公的承認にほかならない〉（M・91、ME全集・287）

官吏登用試験を「知の官僚制的洗礼」「俗知の聖知への化体の公的承認」というように規定していることに注意を向ける必要がある。その上、ヘーゲルが官吏の給与をもって「最高の同一性」としたり、「諸官衙とその官吏たち」の「権力の濫用にたいする国家と被治者との安全保障」としたりして「位階制」や「団体の諸特権」や官吏自身の「直接的な道徳的および思想的陶冶」や「国家の偉大さ」を挙げることの問題性をマルクスは突き出している。

〈ヘーゲルは「統治権」を「国家に仕えること」として展開した。この「国家そのものの絶対的な普遍事」の圏内にあってわれわれの見いだすものは、解消していない諸衝突のみである。官吏たちの試験とパンが最後の総合である。官僚制の無力、それと団体との衝突をヘーゲルは官僚制の最後の清祓《きよめ》として挙げる〉（M・95、ME全集・290）と。

（註26）ME全集においても同様になっているのだが、「覆」では意味が通じない。そもそも、「包覆」という言葉があるのか。これは間違いで、「摂」ではないだろうか。

（註27）〈立法権はフランス革命をやった。総じて立法権はその特殊性において、支配的なものとして登場したところでは、もろもろの大きな組織的、普遍的な革命をやった。それは憲法そのものをやっつけたのではなくて、一つの特殊な、骨董化した憲法をやっつけたのである。それは立法権が国民の代表であり、類意志の代表であったからにほかならぬ。これに反して統治権はもろもろの小さな革命、後退的な革命、反動をやった。それはなにか新しい憲法のために、古い憲法にたいして革命をやったのではなくて、憲法

そのものにたいして革命をやったのである。それは統治権が特殊な意志の代表であり、主体的恣意の代表であり、意志の魔術的部分の代表であったからにほかならぬ〉（M・102、ME全集・294）

（註28）身分についてヘーゲルは§二〇二で次のように規定している。

「身分は概念にしたがって、実体的ないし直接的身分、反省的ないし形式的身分、そしてさらに普遍的身分として規定される」（H・431）

そのうえで、§二〇三、二〇四、二〇五でそれらのおのおのを概略次のように論じている。

（a）実体的身分は自分が耕す土地の自然的産物をおのれの資産とする。…

（b）商工業身分は自然的産物を形成することをおのれの仕事とし、生計の手段としてはおのれの労働、反省、悟性を頼りとし、また本質的にはおのれの欲求および労働を他人の欲求および労働と媒介することを頼りとしている。…

（c）普遍的身分は社会状態の普遍的利益をおのれの仕事とする。…（H・431～435）

（註29）さらには、時間的には、このヘーゲル国法論批判の直後に書かれた「ヘーゲル法哲学批判序説」、そこにおける「人間の永続的解放」の主体としての「プロレタリア」の発見を予見するかのような近代国家における「諸身分」についての論述（後に見る。M・145）をもマルクスは残している。

（註30）このようにヘーゲルの「身分代議制」を批判するために、マルクスはその「身分制」を問題にする前提として、「身分」そのものの検討を行い、その上で「身分」を「支配的な掟」とする試みへの批判を行っている。

〈身分〔代議〕制は、それが中世の伝統でないところでは、一つには、政治的領域そのものにおいて人間を彼の狭い私的領域のなかへ衝き戻し、彼の特殊性を彼の実体的意識たらしめ、そして政治的に身分の別が存在することによってこの身分別をまたぞろ一つの社会的身分別たらしめようとする試みである〉〈身分というものは社会の分離を支配的な掟としてそれにもとづいて存在するだけではなく、それは人間を彼の普遍的在り方から分離し、彼を一個の動物――直接その被規定性と一致するところの動物――たらしめる。中世は人類の動物誌であり、人類の動物学である〉（M・146、ME全集・321）

（註31）ここでも、君主制を問題にしたときに批判したのと同じ論理を用いて、その本質を暴露している。〈ヘーゲルは「出生」による立法者への任命、公民代表への任命を「選出の偶然」による任命に対置するが、これほど馬鹿げたことはない。これではまるで市民的信頼の意識的産物である「選出」は物理的偶然とはまったく別な必然的連関を政治的目的とのあいだに有するのではないかのようである。ヘーゲルは至るところでその政治的唯心論から途方もなくひどい唯物論へ堕ちこむ〉（M・189、ME全集・347）〈……出生が、爾余の諸規定とは別に、人間に直接、或る地位をあたえるのならば、彼はこの特定の社会的職能者たらしめるのは彼の体である。〔中略〕それゆえに貴族には当然、血、素姓、つまり彼らの体の履歴への誇りがあるのであり、当然この動物学的見方は紋章学をそれに見合った学問としてもっている。貴族の秘密は動物学である〉（M・190、ME全集・348）

（註32）ここに引用した文章のまえには次の様な文章がおかれている。

「このような観点からするならば、ヘーゲル国家論そのものの矛盾を暴露した『国家哲学批判』のはらむ問題点をつかみだすと同時に、なによりもその背後にあるものをえぐりだすことが大切であることは明らかであろう」（『マルクス主義の形成の論理』・135）この一文では、「問題点をつかみだす」ということと、「その背後にあるものをえぐりだすことが大切」ということが「同時に」で結ばれている点に注意しなければならない。私は、同時にではなく、後者を追求する中で「はらむ問題点をつかみだす」必要があるのではないかと感じている。

（註33）このような「ライン新聞編集長の辞任後の最初の仕事が、なぜヘーゲルの法哲学との対決なのか」という私の素朴な疑問が、私がマルクスの国法論批判を学びなおそうとする際の問題意識を形成する契機になった。そして、その「疑問」の一応の解決は、この「学習ノート」的な論文、そのC章においてなされているというように考えている。

（註34）『実践と場所』第三巻3・A「実践と認識」5・A、352。

〈たとえば、「コトバを覚える」のと同様に、マルクスをはじめとする偉大な思想家が用いている諸概念を覚えこむことによっては、マルクス的価値性を帯びた概念組織を自己自身の内に形づくることはできないのである。マルクスとともに考え彼の論理的思考法を追体験的に身につけるように努力しないかぎり、おのれ自身の価値意識を、したがって概念組織を、マルクス的に再組織化することはできないのである〉（352）

ここでいわれている「マルクスとともに考える」ということは、「彼の論理的思考を追体験的に身につける」ということの内容と、その両者が語られない限り、「マルクス的価値性」は明らかにならないと思われる。

（註35）『法の哲学』「緒論」§1の冒頭、H・176。

（註36）『法の哲学』「緒論」§2、H・177。

（註37）黒田寛一『ヘーゲルとマルクス』第二章・A「ヘーゲルの肯定的現実主義と法の哲学」154。

（註38）『経済学＝哲学草稿』（マルクス）の岩波文庫・序文では「実証的な人間主義的および自然主義的批判は、まさにフォイエルバッハからはじまる。ヘーゲルの『現象学』と『論理学』以来、真の理論的革

命を内にふくんでいる唯一の著作であるフォイエルバッハの諸著の影響は、もの静かであるがそれだけまた、より確実、より深刻であり、より広汎、より持続的でもある」（13）と論じられている。

（註39）『フォイエルバッハ論』（エンゲルス、岩波文庫版）では、フォイエルバッハの「キリスト教の本質」が出版された時のことを振り返り、次のように論じている。

「この本がどんなに解放的な作用をしたかは、みずから体験したものでなければ、想像することさえできない。世をあげて感激した。われわれはみなたちまちフォイエルバッハ主義者となった。マルクスがこの新しい見解をどんなに熱狂的に迎えたか、またかれが――あらゆる批判的留保にもかかわらず――どんなにそれに影響されていたかは、『聖家族』を読めばわかる」（一章・26）と。

この一文は、単なる歴史的事実的な論述として受けとめるのではなく、マルクスの価値意識を示したものとして受けとめ、考えなければならないと思う。

（註40）「シュトラウスとフォイエルバッハとの審判者としてのルッター」〔非ベルリン人〕一八四二年一月末執筆『マルクス・エンゲルス全集』一巻。以下、当該箇所を引用する。

「恥じよ、一人の反キリスト者が諸君にキリスト教の本質をその真実の赤裸々な姿においてしめさなければならなかったことを！　そして思弁的神学者および哲学者諸君に私は忠告する。もしあるがままの事物にすなわち**真理**に改めていたろうと欲するならば、従来の思弁哲学の概念と偏見とから諸君を解放せよ、と。そして諸君にとって**真理**と**自由**とへの道は、火の川を**通る**以外にはないのである。フォイエルバッハこそ現代の**浄罪界**（煉獄）なのである」（29～30）

（註41）フォイエルバッハの『哲学改革のための暫定的命題』。

「思弁哲学一般を改革的に批判する方法は、すでに宗教哲学に適用された方法と同じである。われわれはいつでもただ、述語を主語とし、かくして主語となった述語を客体、原理としさえすればいいのである。だから、思弁哲学をひっくり返しさえすれば、われわれは蔽われない。純粋で、あからさまな真理をもつのである」(98〜99)

(註42)『将来の哲学の根本命題』(一八四三年、岩波文庫)では、その全体をこの視点から概略的にまとめると、以下の様にいわれている。

〈1、近世の課題は、神の現実化と人間化――神学の人間学への転化と解消であった〉(8)とした上で、〈4、宗教にとって彼岸的であり対象的でない神を合理的あるいは理論的に加工し解明したものが、思弁哲学である〉(9)そしてこの〈5、思弁哲学の本質は、合理化され、実現され、現在化された神の本質以外の何ものでもない。思弁哲学は、真の、首尾一貫した、理性的な神学である〉(9)とする。そして、この思弁哲学の批判を展開した上で、次のような結論を宣言する。〈50、その現実性と全体性とにおける現実的なもの、すなわち新しい哲学の対象は、また、現実的で全体的な存在にとってのみ対象である。だから新しい哲学の認識原理として、すなわち主体は、自我でもなく、絶対的すなわち抽象的精神、要するに、まったく独立的な理性でもなく、人間の現実的で全体的な存在である〉(88)また、〈51、……ここから次のような定言的命令が生まれる。人間であることから離れて哲学者であろうと思うな。思考する人間以上のものであるな。……〉(88〜89)と。

(註43)『哲学改革のための暫定的命題』(116)

(註44) フォイエルバッハ『ヘーゲル哲学の批判』(143)

(補註⑤) 封建制社会の下での政治的・身分的紐帯、とりわけ生活のすみずみまで浸透したキリスト教的諸関係のもとで苦しめられてきた「人間」・「人々」が、自らを解放することにおいて、フォイエルバッハが果たした理論的な役割がどれほど大きなものであったのか、その意義を、その歴史的現実とともに明確にする事は、現在においても極めて重要であると思う。そのことは、「マルクスの思想的形成」「マルクス主義の確立」にとって果たした役割という次元を超えるものとして、はっきりさせなければならないと私は強く思っている。そしてこのことは、黒田のやり残した課題をうけつぐことにもなる。本書掲載の論文「「ヘーゲル法哲学にたいするマルクスの『批判』について」を読んで思うこと」を見よ。

(註45)『キリスト教の本質』「第二版への序文」(24)

(註46) エンゲルス『ルードヴィヒ・フォイエルバッハとドイツ古典哲学の終焉』(通称『フォイエルバッハ論』国民文庫版・22)参照。

(註47)『マルクス主義の形成の論理』(こぶし書房・135)

(註48) ヘーゲルは「§二七〇」の国家の目的を述べた注において、「ここで宗教に対する国家の関係に触れなければならない」として、その検討に多くのスペースを割いている。マルクスも「この節の注は国家と教会との関係を論じているが、これについては後ほど述べる」と論じている(M・23、ME全集・245)。しかし、それはこの『国法論批判』では展開されないまま終わっている。

(註49)「§二七二」の注で、「三権分立論」においてヘーゲルは「各権力がそれ自身として抽象的な切り離されていなければならないかのように想定する途方もない誤謬に陥ってはならない」とした上で、その誤謬に陥ったものとして「フランス革命」をとりあげ、しかも、「一体性」や「全体性」が破壊された中で、立法権と執行権の「両者に和合せよなどと道徳的要求をするのは、なんといっても愚の骨頂である」(H・519~520)と論じている。

(註50) 第三部の「見出し」である「Sittlichkeit」を「人倫」とする場合と「倫理」と訳す場合の両方が

ある。中央公論社版「ヘーゲル」では「倫理」とされている。

(註51) ホッブスやロック、スミス、カントなどの「市民社会」と「国家」についての考え方とヘーゲルの評価については、『法の哲学』の第一部第二章「契約」の§七五の注釈(H・277)や第三部第二章「市民社会」の§一八四の註、解説(5)(7)(H・415)などを参照されたい。

(註52) 〈ヘーゲルによればなによりもまず議会は「一方では総じて統治する側、他方では特殊な諸圏と諸個人に解消した国民、この両者のあいだに」位置しながら、その立場は、さきに述べられていたように、「組織された統治権と協同して仲介のはたらきをするという意義をもっている」ことである〉(M・123、ME全集・307)

(註53)「ビュリダンは十四世紀のスコラの学者。『ビュリダンの驢馬』といわれる論法がこの人のものだとされている。一匹の驢馬が渇きと飢えに同程度にせめられ、しかも水の樽とオート麦の枡にたいして等距離のところにあるとした場合、驢馬はいったいどうするだろうかという話である」(M・166、ME全集・333)

(註54) ここの「頂点であり起点である」という引用の訳は中央公論社の「H・520」からのものである。国民文庫のそれでは「頂点であり原点である」と訳されている。文章の趣旨からすると、「原点」よりは「起点」の方がふさわしいのではないか、と思われたので先のものを採用した。

(註55) ヘーゲルはいう。「諸契機のこの観念性は、さながら有機体における生命のようなものである。生命は有機体のどの点にもあるが、すべての点にただ一つの生命があるだけであり、この生命に対する抵抗はなく、これから離れたときはどの点も死んでいる」(H・528)と。だから、ここでの「観念性」とは、全体から切れた諸契機は在り得ない、存続し得ない、「現実性」を持たないという意味である。

（註56）マルクスの『プロイセンの最新の検閲訓令にたいする見解』や『木材窃盗取締法にかんする討論』『モーゼル通信員の弁護』（『マルクス・エンゲルス全集』第一巻）などを参照。

（註57）自然、出生、生まれつき、からだ等を意味するギリシャ語―国民文庫の解説（M・59、ME全集・267）

（註58）この体系をヘーゲルは「外的国家」とか「強制国家」、あるいは「悟性国家」と規定している。

（註59）ヘーゲルは「市民社会は三つの契機を含む」として、「A、個々人の労働によって、また他のすべての人々の労働と欲求の満足とによって、欲求を媒介し、個々人を満足させること――欲求の体系。B、この体系に含まれている自由という普遍的なものの現実性、すなわち所有を司法活動によって保護すること。C、右の両体系のなかに残存している偶然性に対してあらかじめ配慮すること、そして福祉行政と職業団体によって、特殊的利益を一つの共同的なものとして配慮し管理すること。」（§一八八、H・421）をあげている。このB、Cにあたるのが、先の「司法権」と「警察権」なのであり、Aの「欲求の体系」である「万人にたいする万人の個人的私益の闘争場」（M・74）たる市民社会の現実にふまえ、そこにおける矛盾の解決を国家によって成し遂げようとしたのがヘーゲルである。このように、市民社会の矛盾をB、Cを超えた圏である国家の統治のもとに止揚するものとしての位置を与えられているのである。「警察権」と「司法権」とはそのようなものであるがゆえに、それは「統治権」には含まれるが、もっと直接的には「市民社会の圏に属す」とされているのである。このような国家と市民社会の対立を前提にした論じ方自体がヘーゲル独自のものである。

（註60）〈団体や共同体の管理（それらの長の任命）は「概してそれらの利害関係者たちの一般選挙と、上からの認証および任命との混合」を要求するということ〉（M・87、ME全集・284～5）

（註61）このようなマルクスの官僚制への批判を、もちろん現在的な立場にたって、本質的な官僚制批判論としてとらえ返し、それを現実分析に適用して、現実論的な官僚制批判を展開する必要があるのだが、それはここで展開するのは困難であるがゆえに、省略せざるを得ない。

（註62）これらの特殊性と普遍性の関係での国家に対する規定は、史的唯物論における国家論の確立以後の階級国家のそれや国家死滅への過渡にあるプロレタリア国家の規定の両者を彷彿させるものである。

（註63）『マルクス主義の形成の論理』「史的唯物論の形成とその原理」２・Ｃ、29以降を参照。

（註64）『マルクス主義の形成の論理』「若きマルクス研究の方法」（１３６）

（註65）国家イデオロギー論者・津田道夫はヘーゲルの『法の哲学』を扱った『ヘーゲルとマルクス』（「季節社」一九七〇年）という本において、〝円環的に把握する〟ことができないことを自己暴露している。彼は、その後の理論的発展との関係で若きマルクスの理論を捉え返すことも「後の彼の発展との対比において、比較・計量するという方法」であるかのように思い込み、それを「後の達成を一つの実体化された尺度として」「一八四三年のマルクスを機械的におしはかる」「歴史解釈主義」などと批判しているのだからである。しかも津田自身が、その誘惑に駆られながらもそれを排したというのだから、歴史解釈主義の内実も推して知るべしというべきなのだ。

この歴史解釈主義に対置された津田の方法とは、「弁証法的な追思惟」といわれているものであり、「対象の矛盾を開示し、それじしんをして後の発展を予測せしめる」ものであるという。また次のようにも言われている。「後の『達成』から、『若きマルクス』を採点するところに主要な関心があるのではなく、いかにして、既に達成された思想の水準が、その水準そのものがかかえこむ内的矛盾の展開・止揚によってふみこえらざるをえなかったのかということを論理的にあきらかにする」（同本・20）ことだという。達成から「採点」することと、「達成された思想の水準」がかかえこむ「内的矛盾」の展開・止揚によって「ふみこえらざるをえなかったか」を見ることとは、一体どう違うのか。「内的矛盾」とその「止揚」と称しても、「達成」された「思想」のなかに、その契機を捜し求め、「ふみこえらざるをえなかった」ことを論じるでは、達成された結果からの解釈にしかならないのではないか。そこでは、その後の発展との関係で、若きマルクスが、いかなる学問的対象と何を武器にしていかに主体的に対決しつつ、自らの思想を形成したのか、をとらえかえすという主体的な把握がまったく抜け落ちているのである。

以上のものが、結果の思想の水準を基準に、若きマルクスの思想の内的矛盾とその「展開・止揚」を確認し、若きマルクスと達成されたマルクスとを直線的につなげるのが津田のマルクス研究の方法なのだ。これは、「内的矛盾」の展開・止揚を理由立てとしたマルクス主義の形成過程の恣意的解釈の正当化の論理に他ならない。


（註66）岩波文庫『ユダヤ人問題によせて・ヘーゲル法哲学批判序説』53参照。

（註67）岩波文庫『ユダヤ人問題によせて・ヘーゲル法哲学批判序説』82～84あたりを参照。

（註68）レーニンの『国家と革命』参照。なお、『資本論以後百年』の註41、「対馬忠行の『社会主義』論理の意義と盲点」におけるレーニンの『国家と革命』第五章の検討・批判を参照されたし。

（註69）『ゴータ綱領批判』「ドイツ党綱領評註」（岩波文庫・一九七五年版、望月清司訳・53）。

（註70）最近、ドイツの哲学者であるミヒャエル・クヴァンテという大学教授の『カール・マルクスの哲学』という本が「リベルスタ学術叢書」8として出版された。とある図書館で知って、それを手に取ってみて、日本で出版されるに至った経緯などを知った。この筆者は、一九六二年生まれで、「ヘーゲルを中心としたドイツ観念論の研究のほか、生命医療倫理学の面でもドイツの研究をリードしている」と紹介さ

れている。
この本の章構成は、以下のようなものである。（　）内の数字は頁数。

第一章は、政治的解放と人間解放の区別において、ブルーノ・バウアーとカール・グリューンの主張をカール・マルクスのそれと比べて、共通点と相違点を概観し、マルクス哲学の特質を論じたものである。ここでその全体を紹介するわけにはいかないが、そのような追求がなされていること自体は注目に値すると同時に、二章で次のような主張を行っていることは見ておく必要がある。

〈本章では、マルクスの理論をさまざまに実現する試みの失敗要因がマルクスの理論そのものにあるのかどうかを明らかにしたい。その際の私の中心テーゼは、マルクスがヘーゲル哲学と袂を分かつ特有の形態によって、こうした失敗要因のひとつがどこに求められるのかが説明される、というものである。すなわち、それはマルクスが政治的なものを埋葬したことのうちにある〉、〈ヘーゲルの法哲学ならびに社会哲学に関するマルクスの批判は「埋葬」としてのみ、すなわち本質的側面が失われるような変換としてのみ、特徴付けられる。そこで〈政治的なもの〉として私が理解しているのは、普遍的な意志形成の領域である。

そうした領域のなかでは、一見正当だと認められる個人的な目的観や価値観が、多様な制度や手続きの中で相互に媒介し合っており、それゆえに、合法性や規範的観点から見て受け入れ可能な普遍的意志が生じるのである〉

ちょっと分かりづらいが、「個人的な目的観や価値観が、多様な制度や手続きの中で相互に媒介し合って、可能となる「普遍的な意志形成」〔これが「政治的なもの」とされている〕がマルクスの理論では、「埋葬」されている。

そのうえで、〈それゆえ私の中心テーゼは純粋な学説という形式におけるマルクスの理論を彼の理論の実現の失敗した試みからきりはなすことは不可能であると主張する。なぜなら、中心的な個人的権利の撤廃の正当化が、マルクスの理論のなかに据えられているからである〉（以上、32～33）

このような、ソ連邦崩壊によって、〈マルクスに中立的な立場から接近するよう、いまや少なくとも可能な領域に属している〉（同上）という条件をあげた上で、ややデェホルメ的ということになるが、マルクスを本質主義者の独断論者的に描くような驚くべき解釈が披歴されている。これらの批判的検討は避けて通れないことを私は自覚させられている。

[第2編]

『聖家族　別名　批判的批判の批判　ブルーノ・バウアーとその伴侶を駁す』（マルクス・エンゲルス）をいかに学ぶか

◎目次（第2編）

はじめに

『ライン新聞』の編集長（四二年一〇月就任）として采配を振るったマルクスは、翌年三月にはプロイセン政府の検閲の強化を理由にして編集長を辞任し、『ライン新聞』をしりぞいた。その直後、書斎にもどったマルクスが追求しはじめたのがヘーゲル国法論との対決（四三年三月から八月ごろまでに執筆。その間、四三年六月一二日にはイエニーとの結婚がある）であった。これまで私は、このヘーゲル国法論批判を対象にして、その具体的な内容を検討しつつ若きマルクスの学問的追求の核心的意味・意義を見てきた。それに続くものとして、本稿では、一八四四年九月はじめから一一月までに書かれ、マルクスとエンゲルスの共同で出版された『聖家族　別名　批判的批判の批判　ブルーノ・バウアーとその伴侶を駁す』（四五年二月末にフランクフルト・アム・マイン市ではじめて発刊。以下、『聖家族』と略記する）を検討しようと思う。

この『聖家族』は、その直前に書かれた『経済学＝哲学草稿』（註1）から直続し、また『ドイツ・イデオロギー』（註2）へとつながる時期に書かれ出版に付された。それは、マルクス、エンゲルス共にはじめての出版物であり、二人の生涯にわたりつづいた親密な関係の出発点となったところの共同の仕事の成果であった。しかもこの著書には、彼ら二人の革命的思想の創造過程が「批判的批判の批判」を通して鮮明に対象化されている。だが、一般的には、本書はマルクス主義的文献として『経済学＝哲学草稿』や『ドイツ・イデオロギー』ほどにその重要性は確認されてはいないし、初期マルクス理論をめぐる「論争」においてとりあげられることも少なく、若きマルクスの思想形成においてどのような意味を持つものなのかの検討も私の知る限りでは十分には行なわれていないとおもわれる。だが、本書が後に検討するように、青年ヘーゲル派と決別し、マルクスとエンゲルスの共同の思想を打ち立てるための思想的格闘そのものが対象化されているものとして、マルクス主義の形成にとり極めて重要なものである。また、マルクスがマルクス主義者になる以前のものとして軽視することは、マルクス主義の形骸化を結果させるものでしかないように私には思われる。その意味でも本書の検討は、われわれの現在的・場所的立場にたったマルクス思想形成過程の追体験を通して、若きマルクス思想の主体化をめざし、自己の思想的拠点をうち固めんとするものにとって、きわめて重要で意義あるものである。

I　『聖家族』で追求され、目指されていることは何か

「パリ一八四四年九月」と記された本書の「序」では、「われわれ」を主語にして次のように

言われている。

〈ドイツでは現実的人間主義にとって、現実の個々の人間のかわりに「自己意識」または「霊」をおき、福音書の著者とともに「活かすものは霊なり、肉は益するところなし」と教えている唯心論または思弁的観念論くらいにおそるべき敵はない〉〈われわれがバウアー批判にあたり論争しているのは、まさに思弁として模写されている戯画なのである。それはわれわれには、「批判」そのものを超越的な力に変えようと最後の試みをしているキリスト教的＝ゲルマン的原理の、もっとも完成した表現とおもわれる〉〈われわれの叙述は、おもにブルーノ・バウアーの『アルゲマイネ・リテラトゥール－ツァイトゥング』誌――そのはじめの八号がわれわれの前にある――についておこなわれる。というは、ここでバウアーの批判と、それとともにドイツ的思弁一般のナンセンスとが、頂点に達しているからである〉〈だから、われわれはこの論争を、独立した著作のさきにだすことにする。その著作のなかでわれわれは、――もちろん、われわれそれぞれが、――われわれの積極的な見解を、それとともに最新の哲学的・社会的教養にたいするわれわれの積極的態度を述べるつもりである〉（『マルクス・エンゲルス全集』第二巻の5頁―以下、本書からの引用は（5）というように、ページ数のみを記す）と。

ここにマルクスとエンゲルスの『聖家族』にかけた課題とその要旨が簡潔に語られている。

本書で目指しているものは、「ベルリンの自由人」たち、すなわちブルーノ・バウアーを頭目にした青年ヘーゲル派に対しての批判である。当時、Ｂ・バウアーは、Ｄ・シュトラウスとの論争で勝利を収め、バウアーの自己意識の哲学が青年ヘーゲル派において主導的な役割を果していた(註3)。それゆえに、マルクス・エンゲルスが対決対象としたのは、バウアーらの機関誌『アルゲマイネ・リテラトゥール-ツァイトゥング』誌(『批判』誌と略される)(註4)である。しかも、それを「現実的人間主義」の「敵」としているのである。マルクスとエンゲルスの目のまえには批判対象である『批判』誌の「そのはじめの八号」分、すなわち第一号から八号までの八冊がある、という。マルクス・エンゲルスはこの月刊誌を「思弁として模写された戯画」と特徴づけ、それをブルーノ・バウアーらが「『批判』そのものを超越的な力に変えようと〔する〕最後の試み」であるととらえ、この「思弁哲学の妄想」を暴き出すこと(「批判的批判」を批判すること)を「われわれのしごとの目的」としている。

そもそも、ブルーノ・バウアーらの『批判』誌そのものが、マルクスに対抗するために発刊されたのである。バウアーの弟エドガー・バウアー(『マルクス・エンゲルス全集』二巻の「人名索引」43頁—以下、本書からの引用は(人43)と略して記す)やファウヒャー(人46)らベルリンの自由人らの観念的で急進的な主張をくりひろげた原稿に対して、「ライン新聞」の編集長をしていたマルクスは、新聞への掲載をつぎつぎ拒否(没にした)して以降、マルクスとバウアーとの間での対立が続いてきた。この「批判的批判の批判」は、そのような中での論戦・論争にもとづくものである。だが、『聖家族』は単に論争の書にとどまらない。その論争を通してマルクス・エンゲルスは、自らの思想の形成をもめざし、それを明らかにしている。マルクスとエンゲルスは言っている。〈われわれの積極的な見解を、それとともに最新の哲学的・社会的教養にたいするわれわれの積極的態度を述べるつもりである〉（５）と『序文』の最後で語っているのが、そのことを示している。

本書の題名に示されるように、エンゲルスとともにマルクスは、かつての「師」であったブルーノ・バウアーとその伴侶（ブルーノ・バウアーを中心とした彼ら青年ヘーゲル派）らを「聖家族」（マルクスが、組版中に表題をひろげて『聖家族』という語を付けくわえた、という）と名づけている。この呼び方自体が、『批判』誌に集まったバウアーらのグループを皮肉ったものであり、この『聖家族』らに「批判的批判」「批判」「絶対的批判」「純粋批判」「批判的〇〇」などの呼称を論文中で与え、その理論を検討している。そして、その「聖家族」の観念性を暴きだし、それに対立するものとして「大衆」「大衆的」「非批判的〇〇」とかの規定を与えながら「論争」を展開している。また、先に見たように『聖家族』の主張を「駁す」だけにとどまらず、以下で具体的に見ていくように、そこには真実の人間解放をめざすパトスにあふれるマルクスやエンゲルスの輝ける理論の展開がいたるところに見てとれるのである。

Ⅱ　書かれている内容

『聖家族』は、約二二〇頁〔『マルクス・エンゲルス全集』の頁数で〕にもおよぶ大作〔註釈：当時のドイツ出版法では二〇ボーゲン以上の書物は検閲を免れることができたという事情のゆえに、あえてマルクスはこのような大作にした、ともいわれている〕であり、全体九章構成で、その最初と最後に、短い「序」と「歴史的結語」がおかれている。その「序」については先に見た。ところで、本書の締めくくりをなす「歴史的結語」において、わずか三行の次のような一文が寄せられている。

「あとでわれわれが知ったところでは、ほろびたのは世界ではなく、批判的『リテラトゥールーツァイトゥング』であった」と。

この『歴史的結語』の中に、批判対象である『批判』誌の廃刊〔四四年一〇月〕を知った〔『聖家族』は四四年九月までに書かれた〕マルクスが、「第九章・批判的批判の最後の審判」で論じた内容との関係で、自信に満ち溢れた、しかもマルクス一流の皮肉〔「『批判』そのものを超越的な力に変えようと〔する〕最後の試み」の破綻ということ〕をこめたかたちで、『聖家族』の終焉を記したことをわれわれは知るわけなのである。

では、この九章構成の『聖家族』において書かれている内容はどのようなものなのか。検討に入るまえに、各章、各節の見出しとそれの中身についてあらかじめみておきたい。〔直接の執

筆者について、マルクスはＭ、エンゲルスはＥと記す。なお、小見出しは部分的に省略したところもある）

第一章「製本親方のすがたをした批判的批判」またはライハルト氏としての批判的批判（6）（Ｅ）。

第二章「製粉所所有者」としての「批判的批判」またはユリウス・ファウヒャー氏としての批判的批判（8）（Ｅ）。

第三章「批判的批判の徹底性」またはＪ（ユングニッツ？）氏としての批判的批判（13）（Ｅ）。

第四章 認識の静止としての「批判的批判」またはエドガー氏としての「批判的批判」（15）。1、フロラ・トリスタンの「労働組合」（Ｅ）2、ペローの娼婦観（Ｅ）3、愛（Ｍ）4、プルードン（Ｍ）。

第五章 秘密を売る小商人としての「批判的批判」あるいはセリガ氏としての「批判的批判」（53）（Ｍ）。1、「文明における荒廃の秘密」と「国家における無法の秘密」2、思弁的構成の秘密 3、「教養ある社会の秘密」4、「正直と敬虔の秘密」5、「嘲笑としての秘密」6、ワライバト（リゴレット）7、パリの秘密の世態。

第六章 絶対的な批判的批判、あるいはブルーノ氏としての批判（78）。1、絶対的批判の第一次征伐（Ｍ）。ａ、「精神」と「大衆」ｂ、ユダヤ人問題第一。ｃ、ヒンリンス 2、絶対的批判の第二次征伐　a、ヒンリンス「批判」と「フォイエルバッハ」。哲学の弾劾（E）b、ユダヤ人問題第二。社会主義。法学および政治（民族）についての批判的発見（M）。3、絶対的批判の第三次征伐（M）　a、絶対的批判の自己弁護。その「政治的」過去　b、ユダヤ人問題第三。c、フランス革命にたいする批判的戦闘　d、フランス唯物論にたいする批判的戦闘　e、社会主義の最後の敗北　f、絶対的批判の思弁的循環と自己意識の哲学。

第七章　批判的批判の通信（151）。1、批判的大衆（M）　2、「非批判的大衆」と「批判的批判」　a、「かたくなな大衆」と「不満な大衆」（M）　b、「心やさしく」「救済を求める」大衆（E）　c、大衆の回心（M）　3、批判的批判ではない大衆、あるいは批判と「ベルリン派」（M）。

第八章　「批判的批判」の世界遍歴と変容あるいはゲロルトシュタイン公爵ルドルフとしての「批判的批判」（M）。1、批判が馬殺しを犬にかえることとあるいは匕首　2、批判的宗教の秘密の暴露〔略〕　3、法の秘密の暴露〔略〕　4、暴露された「立場」の秘密　5、人間的衝動を利用する秘密の暴露あるいはクレマンス・ダルヴィル　6、婦人解放の秘密の暴露あるいはルイズ・モレル　7、国民経済学的秘密の暴露〔略〕　8、「あらゆる秘密の秘密の暴露」としてのルドルフ。

第九章　批判的批判の最後の審判（221）（M）。

歴史的結語（222）（M）。

目次と執筆名が示しているように、圧倒的にマルクスの筆によるものが多い。もちろん、これらの論文は、マルクス・エンゲルスの間での論議を基礎にしたものであることは確かである。第一、第二、第三章はエンゲルスの手によるものであり、第五、第七、第八、第九章はマルクスのものであり、また、第四と六章は、マルクスとエンゲルスの両者が各部分を分担して執筆したものとなっていて、その分担した箇所の展開に一定の違いはある。さらに、たとえエンゲルスの筆となっていたとしても、マルクスの書いた読みづらい原稿をエンゲルスが清書したことも多かったといわれている。しかし、それら執筆の役割分担などは今の問題ではないので立ち入らない。エンゲルスがパリ滞在中〔この時、マルクスの妻・イエニーは、出産の為にイエニーの実家のあるクロイツナハに帰っていたといわれている〕に書き上げた一ボーゲン半（印刷全紙一枚半）たらずの原稿を、それを引継いだマルクスが手をいれ、二十ボーゲン以上に膨らましたともいわれている。そのことからして、本書の体裁とそこでの両者の追究の概要なども推測しうるのだが、マルクスが主導してこの論文がかかれたことは確かであろう。

このヘーゲル左派を中心とした当時の多岐にわたる論争を取り扱ったところの全体九章の構成のうちでも、私が重要と思われる章は、第四章の労働組合やプルードンをとりあげ、プロレタリアートを論じているところ、第五章の「思弁的構成の秘密」を論じたところ、第六章の「精神と大衆」を論じたところや、ユダヤ人問題につての論争をあつかっているところ、さらには第八章の国民経済学を問題にしたあたりなどである。わけても、六章は、ブルーノ・バウアーその人を検討の対象に取り上げ、理論領域でも全体的に問題にしている点で重要な位置を持っているといえる。それらについては後にこまかく検討する。なお、この『聖家族』のコンパクトなまとめとしては、歴史的にヴェ・イ・レーニンの『哲学ノート』のなかにある「〝神聖家族〟抜粋」という論文が存在しているので、それを参照にして検討することもできる。

先にあげた表題を一瞥すれば明らかなように、そこではバウアーら青年ヘーゲル派に対する詳細かつ理論的・論理的な批判が展開されているのであるが、ふんだんに比喩と皮肉を効かせた風刺的表現が織り込まれている。また「最新の哲学的・社会的教養にたいするわれわれの積極的態度」をも提示すると記されているように、あちこちで当時の学問的追究に裏打ちされた奥行きの深い論述がなされている。ヘーゲル以降の当時のドイツやフランスでの思想状況についての、さらには一般的にも「哲学的・社会的教養」を持ち合わせない私には、多数の箇所で書かれていることの意味を理解すること自体の困難性を自覚させられた。だが、ここでは、理解しうる限りにおいて、Ｉでのべた視点にたって、次の二点、すなわち第一にそこで展開されている「批判的批判」への批判の要点を整理し、その核心を捉えること、そして第二にはその批判の只中でのマルクス（そしてエンゲルス）の「現実的人間主義」にもとづく「積極的な展開」について整理し、その意義を明確にしていくこと、それらをめざしたい。

Ⅲ　検討されるべき核心的問題

すでにふれたように、本書は『経済学＝哲学草稿』の執筆に直続して書かれたものである。そこには、マルクスの初期的な経済学的（＝哲学的）研究の成果にもとづいて、あるいはエンゲルスとの交流やパリでの労働運動・階級闘争との接触をも通じての思想の形成にもとづいて、いたるところで新たな理論的展開を見ることができる。そこにいたる理論形成過程についての具体的・追体験的検討を前提的に行わなければならないのだが、ここでは、本書『聖家族』の内容を捉え返すために必要な限りにおいて、その都度行なうことにしたい。

まず、エンゲルスが執筆した第一章では、ブルーノ・バウアーら「批判的批判」が「大衆」(註５)に対していかなる態度をとっているかを問題にしている。最初にこの問題を扱っていることは、それが当時の論争のひとつの核心であり、そこにバウアーら「批判的批判」派の欠陥が端的に示されているからに他ならない。

この一章では、『批判』誌の第一冊、二冊に掲載された青年ヘーゲル派の一人、カール・ライハルト（ベルリンの製本業者でブルーノ・バウアーの信奉者、「Ⅱ・人53」）の論稿『貧困の書』がとりあげられている。また、第二章では、『批判』誌の第七冊、八冊に掲載されたユリウス・ファウヒャー（ドイツの俗流経済学者で文筆家、自由貿易論者、「Ⅱ・人46」）の書いた『イギリスの時事問題』という論文がとりあげられ、歴史における大衆の論じ方を問題にしている。まず、そこで論じられているところの、「批判的批判」が大衆をいかに問題にしているかについて見ておこう。

①「批判的批判」による「大衆」批判の内実

まず第一章。出発点において、エンゲルスは「批判的批判」（この場合はカール・ライハルトを指す）の態度を問題にする。〈批判的批判は、自分がはるかに大衆よりもすぐれているつもりでいるものの、しかも大衆にたいして無限の憐憫を感じている。…〉（6）。そうであるがゆえに、カール・ライハルトは、自らが「大衆」となり、ヨハネ伝などを引き合いに出し、自らを「社会主義的になって」『極貧の書』を書き上げ発表した、という。エンゲルスは、その主張を引用し、その特徴を問題にする。その上で、「大衆」へと「脱化」（「神とひとしくなることを侵害とはおもわず」とエンゲルス）したところの「批判的批判」ライハルトが「貧困」を問題にするのは、大衆の貧困についての通俗的ないいまわしや表現の問題でしかない。エンゲルスはいう。〈批判が大衆となるのは、大衆としてとどまるためではなく、ヨハネ大衆をその大衆的大衆性から解放し、したがって大衆の通俗的言いまわしを、批判的批判の批判的言語に引き上げるためである〉（8）と。

ここでは、大衆の貧窮を問題にする「批判的批判」の目的が、大衆の貧困そのものを解決するためではなく、その「いいまわし」「表現」を「批判的言辞」にかえること、すなわち大衆をその「大衆性からの解放」するという観念的な超越〔現実の貧困はそのままにして〕を大衆に行わせるためであることをつき出している。

また、次の第二章では「批判的批判」ユリウス・ファウヒャーの論稿（『イギリスの時事問題』）の「大衆」に対する扱いを問題にする。

〈……批判は、いうまでもなく歴史をば現実に進行するままに認めるわけにはいかない。なぜなら、そうすることは悪しき大衆をそのまったく大衆的な大衆性のままに認めることとなるからである〉〈だから歴史は大衆性から解放され、その対象にたいして自由な態度をとる批判は、歴史にむかって、お前はしかじかの起こり方をすべきはずであった！　とよびかける。すべて批判の法則には遡及力がある。歴史はその命令をうける前には、その後に起こったのとはまったくちがった起こり方をした。だから大衆的な歴史、いわゆる現実の歴史は、『リテラトゥール‐ツァイトゥング』第七号第四ページ以降で生じた批判的歴史からいちじるしくそれているのである〉（8～9）と。

ここでのエンゲルスは、「批判的批判」が「大衆」を否定するために、いかにして現実の歴史（これを「大衆的歴史」と呼ぶ）のつくりかえ「批判的歴史」なるものをつくり上げるのかを、当時のイギリスでの「実際」の歴史的現実を描き出しながらあばきだしているのである。

ようするに、エンゲルスはカール・ライハルトやユリウス・ファウヒャーらの「大衆」に対する攻撃の手口をあばきだしているのである。前者は「大衆」を否定するために「大衆」への憐憫の情を持って書かれ発行された『貧困の書』をとりあげ、いいまわし、表現を「批判的言辞」に置き換えることによって、また後者は『イギリスの時事問題』に描かれた歴史（「批判的歴史」）取り上げ、いかにして「現実に進行する歴史」・現実の歴史（「大衆的歴史」、工業と工業都市に発展、蒸気機関をはじめ、紡績などの機械の発明と工業、工業都市の発展、さらには賃金やそのための労働者の結合について、政党やチャーティズムなど労働運動について、そして労働日の一〇時間法案についてなどなど）を偽造したり、歪曲したりするか（「遡及力」などと揶揄しながら）を突き出している。ここでは、それこそ、具体的現実に即して批判する形で、批判的批判が主張することの内実をあきらかにしているのである（註6）。さらに、第四章ではエドガー・バウアーの『労働組合』や『プルードン』を論じた論稿を検討しているのであるが、それは後に検討することにしたい。

〈「大衆」を「純粋批判」「精神」の敵にする〉

このようなエンゲルスの批判にふまえて、第六章においてマルクスは「批判的批判」の主役、プルーノ・バウアーの主張・論述を検討している。ここでは、「精神」「純粋批判」が「真理」であり「歴史の創造者」であり、その敵が「大衆」であると主張するにいたった批判的批判、このバウアーによる「大衆」への攻撃の根本的問題性を、その根拠をも突き出しつつあきらかにしている。

〈これまで批判は、多かれすくなかれ、ライハルト、エドガー、ファウヒャーなどのような、批判的の諸個人の一つの性質のようにみえた。いまやそれは主体であり、ブルーノ氏がその托身である〉〈これまでのあらゆる批判的関係は、絶対に批判的な知恵の、絶対に大衆的な愚昧にたいする関係へと、解消する。この基本関係は、これまでの批判的業績と闘争の、意味、傾向、合言葉としてあらわれる〉（79）

この「基本関係」としての「絶対に批判的な知恵」に対する「絶対に大衆的な愚昧」の関係とは、すなわち「批判的批判」イコール「精神」にたいする「大衆」の関係を示すものとされる。そのような関係のもとでマルクスは「絶対的批判」「精神」の「托身」として現れた「ブルーノ・バウアー」のその主張を取り上げ、検討の俎上にのせ、その内実を暴きだしていく。

その場合、まず、すべてをこの「精神」と「大衆」との関係に解消し、「純粋」批判を押し出すにいたったブルーノ・バウアーの、そこにいたる歴史的契機や背景にかかわる問題をとりあげる。

〈「まだほんの数ヶ月まえには」と絶対的批判はつげる。「大衆は巨人のように強く、また世界支配の使命をもっていると自信していた。それ〔世界支配〕が近いことは、指おりかぞえることができるとおもっていた」〉（79）（註７）

ここでのブルーノ・バウアーの一文を評して、マルクスはいう。

〈ブルーノ・バウアー氏は『自由の大義』（もちろん、彼「自身の」問題だ）（註8）や『ユダヤ人問題』などで、日付は正確にしめすことができないと告白はしているものの、近きにある世界支配を、指おりかぞえた当の人である。大衆《マッセ》の罪の記録に、彼はじぶんの大量《マッセ》の罪をくわえている〉（79）と。


明らかに、「指おりかぞえていた」のはブルーノ・バウアー自身で、「自分の大量の罪」を「大衆の罪の記録」にくわえていること、いいかえれば彼の理論的・実践的破綻（大量の罪）を「大衆」の責任（罪）へと転嫁していることをまずもってマルクスは暴き出している。

その上で、次にブルーノ・バウアーのいう「真理」なるものの内実を問題にしていく。

その展開を簡略にまとめると次のようなものである。


精神を大衆に対立させるブルーノ・バウアーは「大衆は、自分たちにおのずから理解される極めて多くの真理を所有していると信じこんでいる」が、「どのような真理も、その全証明を貫いてその真理に従っていってはじめて完全に所有されるのである」という。この主旨は、「真理」とは歴史においての「理念」としてあらわれるのであるが、大衆は理念を正しく把握（「完全に所有してない」）できず現実的利害によって行動するから（「優柔不断」「無気力」のゆえに）常に失敗する。そのような物質的利害にとらわれない「純粋な自己意識」に、つまり「純粋批判」のみが理念を正しく捉え歴史を動かす力である、ということにある。これが、バウアーの言う真理なるものである。

このブルーノ・バウアーの「真理」なるものに対して、マルクスはヘーゲルとの関係で鋭く批判する。

〈真理は、ブルーノ・バウアーにとり、ヘーゲルにとってとおなじく、自分で自分を証明するアウトマトン〔自動機械〕である。人はこれにしたがわなければならない。ヘーゲルの場合のように、現実の発展の成果は、証明されたところの、すなわち、意識にまでもたらされた真理にほかならない〉(79)と。

この「自分で自分を証明するアウトマトン」という規定をもってマルクスは、「絶対的批判」（バウアー）の主張の核心的問題を端的につきだしているといえる。

「人はこれにしたがわなければならない」ところの「アウトマトン」がブルーノ・バウアー言う「真理」なのであり、「証明された」「意識にまでもたらされた真理」である。このことを、マルクスは「人間が存するのは、歴史が存せんがため、歴史が存するのは、真理の証明が存せんがためである。人間が存し、歴史が存するのは、真理が自覚に到達せんがためであるという思弁的知恵」であるというように捉え返し、この「知恵」を「批判的に陳腐化されたかたちでくりかえされている」(80)と批判する。その上で、マルクスはブルーノ・バウアーの言う「歴史なるもの」「真理なるもの」それ自体が「一つの別個な人格」に、「形而上学的主体」になり「現実の人間的諸個体」は「そのたんなるにない手にすぎない」ものにおとしこめられていることを、すなわち、本来歴史の主体であり、現実の「主語」であるべき人間＝「現実の人間的諸固体」は、「歴史」＝「真理」が自らを自覚するためのたんなる「にない手」に、「述語」にされてしまっている、この「逆立ち」をバウアーの主張を引用しつつ〔ここでは省略〕あばきだしているのである。(80)

〈観念的な倒錯―純粋批判の立場〉

マルクスはこのような現実の歴史における行動・「歴史的行動」、すなわち大衆の闘いについてのバウアーの認識の逆立ち、倒錯を明らかにしていく。そうすることを通して、バウアーの大衆的な闘いへの立ち向かい方そのものの問題性を明らかにしていく。

〈批判的歴史によると、歴史的行動において肝要なことは、行動しつつある大衆でもなく、経験的行為でもなく、またこれらの行為の経験的利害でもなく、むしろ「それらにおいて」「肝要なことは理念」だけなのである〉〈批判はわれわれに教える。「精神の真の敵は、大衆のこれまでの自由主義的代弁人が考えたように、他のどこにでもなく、大衆のうちにこそ求めなければならない」〉(83)と。これがバウアーらの説く批判的歴史なるものの基本的考えである。

このように、自らを「精神」とするバウアーが「大衆」を「進歩の敵」とし「真の敵」とするにいたった考えを内在的に批判してマルクスは次のように言う。

〈大衆のそとにある進歩の敵とは、まさに大衆の自己卑下、自己没却、自己外在化が、独立させられ、独自の生命を賦与された産物である〉。それは、大衆が〈彼とは独立に存在する彼の自己卑下の産物に抗して起つことによって、彼自身の欠乏に抗して起っている〉のであり、〈ちょうど人間が、神の存在に背をむけることによって、彼自身の宗教心に背をむける〉ようなものだと。これらは青年ヘーゲル派の考えにもとづいて、彼らの大衆についての主張をマルクスがまとめたものでる。そのうえでマルクスはいう。

〈現実の世界では、大衆の、かの実践的自己外在化は、外的なしかたで存在しているのである〉から、〈外的なしかたでたたかわなければならない〉。〈けっして、たんに観念的にすぎない幻想として、自己意識のたんなる外在化と考えてはならないし、物質的疎外を、純内的な、唯心論的な行動によって絶滅しようとのぞんではならない〉〈だがたちあがるには、思想のなかでたちあがるだけでは、また観念をはたらかせることでおいはらうわけにはいかない、現実の感性的な桎梏を、現実の感性的な頭のうえに浮遊させておくだけでは、足りない〉(83)と。

ここでマルクスはみずからの感性的労働の論理を基礎にして、大衆の自己疎外＝自己外在化とのたたかいを問題にしているのである。〔これらは、宗教などの「観念的自己疎外」と「物質的自己疎外」の論理などや、経済学＝哲学草稿の「疎外された労働」の分析を基礎にして読む必要があることはいうまでもない。後に問題にする〕そうすることによって、歴史の進歩を純粋批判の立場にたってもっぱら「理念」「自己意識」についての解釈へとゆがめるブルーノ・バウアーへのこのような鋭い批判が投げ与えられている。

しかも、ここでマルクスはバウアーの「純内的・唯心論的行動」による批判の立場、絶対的批判が、ヘーゲルの『現象学』からバウアーが「おぼえた」ものであることをあばきだす。〈絶対的批判はヘーゲルの『現象学』から、すくなくとも、実在的な、客観的な、私のそとに存在する鎖を、たんに観念的な、たんに主観的な、たんに私のうちに存在する鎖に、したがって、すべての外的、感性的な闘争を、純粋な思想上の闘争に転換する技術なるものを、おぼえたのである〉(83)と。

この展開の中に、この時点のバウアーが過去のバウアーから変わって「大衆に責任を転嫁して「大衆を敵」にすることを可能にした思想的根拠が、すなわち、自己意識の哲学を押し出していた四二年ころまでの過去的な己から「大衆」を「絶対的批判」・精神の敵とするにいたる転換を可能にした根拠が暴き出されているのである。そして、この直後でマルクスは、「この批判的転換」を遂げることによって、「批判的批判と検閲官との予定調和」を遂げるに至ったバウアーの問題性を、具体的例を挙げつつ次のように突き出している。

〈批判的見地からすれば、著作家と検閲官との闘争は、「人にたいする人」の闘争ではない。むしろ検閲官は、私自身の、用意周到な警察によって私に人格化された分別であり、私自身の分別であり、それが私の無分別と無批判とたたかっているのである。著作家と検閲官との闘争は、見かけのうえにすぎず、これを著作家が内心で自分自身と闘争していること以外のものとみるのは、わるい感性だけである。検閲官が、現実に固体として私とは区別された警官であり、また事実に縁のない外的な尺度をあてて私の精神の所産を虐待する警官であるかぎり、彼はたんに大衆的な想像であり、非批判的な幻想である。フォイエルバッハの『哲学改革のためのテーゼ』が、検閲によって追放されたが、その責任は、検閲官の公的野蛮さではなく、フォイエルバッハのテーゼの非文化性にあるのだ。どんな大衆や物質によってもくもらされない批判、つまり「純粋な」批判は、検閲官のうちにも、純粋な「霊妙」な、いっさいの大衆的現実からときはなされたすがたをもっている〉(84)と。

当時大きな問題になっていた検閲制度をめぐる問題、この「著作家と検閲官との闘争」をも、「感性的な闘争を、純粋な思想上の闘争に転換する技術なるもの」を「おぼえる」にいたったバウアーは、検閲官と著作家の闘争は「見かけの上にすぎず」、批判的な「分別」と大衆の無分別との闘争であるとする。そのうえ上で、検閲を著作家の「内心での自分自身と闘争」におきかえ、検閲官を「分別の人格化」とした上で、現にある対立を「大衆的な想像」「非批判的な幻想」として否定するまでにいたった。このバウアーの観念的に倒錯した論理の内実をマルクスは的確にあばきだしているのである。

以上のような検討の上で、マルクスはバウアーの主張をその根拠をも明らかにする形において問題にする。

〈絶対的批判は「大衆」を、精神の真の敵であると宣言した。批判はこのことをつぎのように詳論する。

「精神はいまや彼の唯一の敵対者をどこに求めるべきかということを知っている。すなわち大衆の自己欺瞞に、無気力のうちに求めるべきことを、知っている」

絶対的批判は「精神」には絶対的権能があるという教条から出発する。さらに精神が世界のそとに、つまり人類の大衆のそとに現存するという教条から出発する。最後に一方では「精神なるもの」、「進歩なるもの」を、他方では「大衆なるもの」を、固定した本質に、概念にかえ、そうしたのち、これらを、このようなあたえられた不変の両極として、たがいに関係させている。絶対的精神にとっては、「精神」そのものを研究すること、精神自身の唯心論的本性のうちに、そのたよりのない自負のうちに、「空語」や「自己欺瞞」や「無気力」の根拠がありはしないかどうか、を研究することは、おもいもよらぬことである。精神はむしろ絶対的である。だが、同時に、かなしいかな、たえず没精神〔Geistlosigkeit 精神のないこと、才気のない愚鈍なことの両義がある〕に転化する。精神はいつでも見こみちがいをしている。だから精神はどうしても、彼にたいして陰謀を企てる敵対者をもたなければならない。大衆がその敵対者である〉(84)と。

ここで言われているように、マルクスはブルーノ・バウアー、すなわち「批判」がよってたつところの「精神」を絶対化しての「観念的な」「主観的な」(83)論理とその破綻、それからする「敵対者」としての「大衆」の設定、という内的構造を暴き出している。絶対的批判が「精神」に「絶対的権能がある」という「教条」から、しかも、この「精神」を「世界」すなわち「人類の大衆」の「そとに現存する」という「教条」から出発し、その上で、「一方」には「精神なるもの」、「進歩なるもの」を、「他方」には「大衆なるもの」を「固定した本質」「概念」にかえ、これらを「不変の両極として関係させる」。そして精神にとっての「真の敵」は大衆であり、「大衆」とは行動に「利害を感じ」「熱中する」ものであるとされる。このような見地からバウアー（一派）は、また「大衆の政治的運動」や「それに媚びる思想、共産主義的ないし社会主義的思想」を激しく攻撃したのである。このようなものとして大衆からの決別を遂げ、大衆を敵とし、自らを純化することを求めたブルーノ・バウアーたちの錯誤が鮮明にあばきだされているのである。

〈歴史の進歩なるもの・マルクスの革命観の形成〉

次にマルクスは、「大衆と精神の関係」で、大衆を精神の「真の敵」とするに至った絶対的批判・バウアーの言う「歴史の進歩」なるものについて問題にする。

〈「進歩」についてもおなじことである〉(84)と切り出していく。そこには、『ドイツ・イデオロギー』において確立した唯物史観、その先取り的な思想が示されているのであるが、それは別にとりあげる。ただ、バウアー批判を通じてここで展開されたものは、若きマルクスの革命観をしめしたものとして極めて重要であることを確認する必要がある。

まず、マルクスは「歴史的進歩にたいする大衆の態度」についてのバウアーの論述を引用し、その観念的転倒を明らかにする。バウアーの主張とは、次のようなものである。

「これまでの歴史のすべての偉大な行動は、大衆がこれに利害を感じ、熱中したがために、はじめから失敗であり、有効な成果をあげられなかった――あるいはまた、これらの行動において重きをなした理念が、皮相な解釈に甘んじ、したがってまた大衆の喝采をあてにしなければならないようなたぐいのものであったために、みじめな結末をつけざるをえなかった」（81～82）と。

これに対してマルクスは、簡単にまとめると、第一にそこでの「理念とその解釈の関係」を持ち出したバウアーの意図について、そして第二に、これが主要な問題であるが、大衆の「行動」と「理念」との、「理念」と「利害」や「歴史的行動」・「革命」との関係について、この二点をその問題性として突き出している。

第一について、バウアーが「理念」と「解釈」の関係を持ち出す意図を明らかにする。それは「みせかけ」に過ぎない。大衆的行動と理念の関係の問題の仕方が「外見」に過ぎないのと同様である、と。

〈なにかあるもののことを「皮相」だといって責めるとすれば、それは、その行動と理念が「大衆」の行動と理念であったような、これまでの歴史そのもの〉にたいしてであり、それは、大衆の行動を否定するためのものに他ならないことを明らかにしている。ようするに『絶対的批判』（バウアー）は〈「大衆的歴史」を責め、そのかわりに批判的歴史をおこうとする〉（以上、

82）ものであることを明らかにしている。

第二の点について。マルクスはまず、〈これまでの非批判的な歴史、つまり絶対的批判という意味で著されていない歴史〉すなわち絶対的批判によってこうあるべきものとして著された歴史〔加工された歴史〕ではない「現実の歴史」のもとでは、〈どこまで大衆が目的に「利害を感じた」かということと、大衆がどこまでこの目的に「熱中した」かは、さらに、はっきりと区別すべきである〉とされ、しかも、この大衆の〈「理念」は、「利害」と異なっていたかぎり、いつでもものわらいとなった〉（82）ことを明らかにする。

そのうえで、マルクスは一七八九年のフランス革命におけるブルジョアジーの、そしてまた「大衆」の利害を例にとって、次のように明らかにする。

〈すべての大衆的な、歴史的に貫徹される「利害」は、それがはじめて世界の舞台に登場するときは、「理念」または「表象」においては、その現実の制限をはるかに突破し、人間的利害そのものと混同される。この錯覚は、フーリエが各歴史時代の調子《トン》といっているものである〉〈ブルジョアジーに利害は「失敗」したどころか、すべてのものを「たたかいとり」、「もっとも有効な成果」をおさめた〉のであって、〈革命が「失敗」であったのは、自己の政治的「理念」のうちに、彼らの現実の「利害」の理念をもたなかった大衆にとってだけである。だから、この大衆の真の生活原理は、革命の生活原理と一致せず、その実際の解放条件は、そのもとでブルジョアジーが自己と社会を解放することのできたところの条件と、本質的にちがっているのである〉（82）と。

ここから、マルクスは次のように結論づける。

〈だから、あらゆる偉大な歴史的「行動」を代表することのできる革命が失敗であったとすれば、それは、大衆が――革命は本質的にはこの大衆の生活条件の範囲内にとどまっていたのだ――排他的な、全体を包括しない、制限された大衆だったからである。それは、大衆が革命に「熱中し」「利害を感じた」からではなく、大衆のうちで、ブルジョアジーと区別された最大多数の部分が、革命の原理のうちに、彼らの現実の利害をもたず、彼らに固有の革命的原理をもたないでただ「理念」だけを、したがってまた瞬間的な熱中と見かけだけの高揚の対象をもったにすぎないからである〉（以上、82～83）と。

この辺りは、若きマルクスのフランス革命の研究などを背景にした歴史についての鋭い分析力を示すものである。そして、ここでの、「最大多数の部分」とか、「革命の原理」のうちに彼らの「現実の利害」を、「彼らに固有な革命的原理」をもたないで「理念」だけをとか、「熱中」「見かけだけの高揚」とかと表現しているのは、、やっと階級的な闘いを開始しはじめた当時のフランスやドイツの、またイギリスのプロレタリアートの闘いをおいて展開されているからである。

〈歴史の進歩の補足――「大衆」について〉

この第二の点に関係して、絶対的批判の「進歩」なるものの内実をマルクスは問題にしている。その一つは歴史の発展とその把握におけるバウアーの完全な逆立ち、あるいは歪曲についてである。マルクスはまず、現実の歴史（「批判的歴史」にたいする「大衆的歴史」）はバウアーの主張とは反対に、現実的利害に支えられた運動のみが成功し、現実的利害から離れた政治的思念に基づいた運動は失敗してきたことを指し示す。

〈一七八九年の革命におけるブルジョアジーの利害は「失敗」したどころか、すべてのものを「たたかいとり」、「もっとも有効な成果」をおさめた。たとえ、あとになって。どんなに「情熱」が冷め、この利害が（生まれでたとき）（原文のママ）自分の揺籃（ヨウラン―ゆりかごと同じ―筆者註）をかざった花環での「熱中した」花が、どんなにかしおれたにしたとこで。この利害は、マラーのペンをも、テロリスト派のギロチンをも、ナポレオンの剣をも、さらには十字架像をもブルボン王朝の純血統をも、かちほこって征服したくらいに強かった。革命が「失敗」であったのは、自己の政治的「理念」のうちに、彼らの現実の「利害」の理念をもたなかった大衆にとってだけである。だから、この大衆の真の生活原理は、革命の生活原理と一致せず、その実際の解放条件は、そのもとでブルジョアジーが自己と社会を解放することのできたところの条件と本質的にちがっているのである〉（82）と。

このような展開は、若きマルクスのフランス革命に対する唯物論的な考察にもとづくものであることはいうまでもない。こうして、先に引用した「失敗の原因はむしろ現実的利害からの遊離、つまり純粋批判のような立場にこそあるのだ」という主張を展開し、大衆を敵とし、大衆の行動の否定の中に社会進歩を見出すブルーノ・バウアーとは一八〇度違った視点において大衆の革命的な行動を捉え返している。

ところでこのような論述を先のフランス革命を総括した主張との関係でとらえ返すならば、この時点におけるマルクスの「大衆」という概念の内容が明らかになる。〈排他的な、全体を包括しない、制限された大衆〉〈大衆が革命に「熱中し」「利害を感じた」からではなく、大衆のうちで、ブルジョアジーと区別された最大多数の部分〉〈革命が「失敗」であったのは、自己の政治的理念のうちに、彼らの現実の「利害」の理念をもたなかった大衆〉。このような主張からわかることは、ブルジョアジーもプロレタリアートをもふくめて全体的に「大衆」と規定する場合と、「大衆のうちで、ブルジョアジーと区別された最大多数の部分」すなわちプロレタリアートを指して「大衆」と規定して使う場合とがある。このことをハッキリさせる必要がある。ここからハッキリすることは、時の権力者の支配に反対するたたかいを進める勢力全体を指す概念としてこの「大衆」が使われており、ブルジョアジーが支配を握った後では、これに反抗する勢力としての「大衆」は、過去の「最大多数の部分」たる「プロレタリアート」をその中核とする集団を指すものとして使われているといえるのではないか。

このような若きマルクスの「大衆」概念の把握を現在的に教訓化することは、当時とは歴史的状況がまったく異なるとはいえ、今日的に大衆運動を組織するものにとって重要な意義を持っているといえる。だがこのことを問題にすることは今の課題ではないので、別途に論じたい。しかし、こうしたことを振りかえつつここでの展開をとらえ返すならば、革命の可能性を、すなわち歴史の進歩を見るマルクスの思想があきらかにされていることは確認されねばならない。そして、大衆の行動を捉える場合にマルクスは、その中心的な実体としてプロレタリアートをおき、その革命的な実践をもって歴史の進歩を捉えていたことをはっきりさせなければならない。

〈ヘーゲル的歴史観の批判的に戯画化された完成〉

さらに、この「絶対化した精神」に「対立する」ところの「敵対者」として「大衆」を措き、両者を関係させる、そのような関係づけのもう一つの「かくれた意味」を論じていく。

マルクスはバウアーの主張を〈絶対的批判は、「精神」には絶対的権能があるという教条から出発する。さらに、精神が世界のそとに、つまり人類の大衆のそとに現存するという教条から出発する。最後に、一方では「精神なるもの」「進歩なるもの」を、他方では「大衆なるもの」を、固定的本質に概念にかえ、そうしたのち、これらを、このようなあたえられた不変の両極として、たがいに関係させている〉(84)とまとめ、その問題性を明らかにする。

〈絶対的精神にとっては、「精神」そのものを研究すること。精神自身の唯心論的本性のうちに、そのたよりのない自負のうちに、「空語」や「自己欺瞞」や「無気力」の根拠がありはしないかどうか、を研究することは、おもいもよらぬことである〉（84）と。すでに見てきたように核心は、「精神自身の唯心論的本性」こそが問題であることを突き出しているのである。このバウアーの主張が、ヘーゲルの『現象学』から「すべての外的な、感性的な闘争を、純粋な思想上の闘争に転換する技術」を「おぼえた」（83）ものによる。また同時に、単にヘーゲルを都合よく自己の正当化のために利用しただけではなく、ヘーゲルの歴史観に孕まれている「限界」（マルクスのいうヘーゲルの「二重の中途半端さ」）をバウアーが「揚棄」していることを、その内実とともにマルクスはつきだしているのである。

マルクスはいう。〈ところで「精神と大衆」の関係には、もう一つのかくれた意味があり、それは論証をすすめていくうちに、すっかり姿をあらわすであろう。われわれはここでは暗示だけしておこう。ブルーノ氏によって発見されたあの関係は、とりもなおさず、ヘーゲル的歴史観の批判的に戯画化された完成にほかならず、後者はさらに、精神と物質、神と世界との対立に関するキリスト教的＝ゲルマン的教条の、思弁的表現にほかならない。この対立は、つまり歴史のうちでは人間世界そのもののうちでは、少数の選ばれた個人が、能動的精神として、没精神の大衆（集塊）としての、物質としての、のこりの人類に対立する、というぐあいに表現される〉（86）

バウアーの「精神と大衆」の関係を「ヘーゲル的歴史観の批判的に戯画化された完成にほかならない」ととらえる。その場合、ここで言われているヘーゲルの歴史観についてマルクスは次のように説明する。

〈ヘーゲルの歴史観は、抽象的または絶対的な精神を前提する。その精神はつぎのように展開する。すなわち、人類は、無意識的にか意識的にか、この精神をになう大衆であるにすぎなくなる。だからこの精神は、経験的・公教的な歴史の内部で、思弁的・秘教的な歴史を、生じさせているのである。人類の歴史は、抽象的な、したがって、現実の人間にとっては彼岸的な、人間精神の歴史にかわるのである〉(86)

〈すでにヘーゲルでは、歴史の絶対精神は、大衆をその素材としてもち、それに適応する表現をはじめて哲学のうちにもつのである。ところで哲学者なるものは、歴史をつくる絶対精神が、その運動の経過後にあとからみずからを意識するにいたるための器官としてあらわれるにすぎない。哲学者が歴史に関与するのも、つまるところ彼がこのようにあとから意識することである。というのは、絶対精神は現実の運動を無意識的に遂行するからである。だから哲学者はあとから（post festum）やってくるのである〉(87)

このようにヘーゲルの〝歴史〟観をとらえかえしたうえで、マルクスはその歴史観に孕まれている〝問題〟を指摘する。

〈ヘーゲルは二重の中途半端さをおかしている。はじめは、彼が哲学を絶対精神の定在であると宣言しながら、しかしそれと同時に、現実の哲学的個人を絶対精神と明言することを拒んだ点において。それからつぎには、絶対精神としての絶対精神に、見かけのうえだけで歴史をつくらせている点において。つまり絶対精神は、やっとあとから、哲学者において、創造的世界精神として、みずからを意識するにいたるのだから、彼の歴史制作も、ただ哲学者の意識のうちにその意見と表象のうちに、ただ思弁的構想のうちに、存在するにすぎない〉(87)と。

このようにヘーゲルの歴史をとらえてマルクスは、〈ブルーノ氏はヘーゲルの中途半端さを揚棄する〉とし、その「揚棄」なるものの内実を問題にする。

〈第一に、彼は批判なるものが絶対精神であり、彼自身が批判なるものであると宣言する。批判の要素が大衆から追放されるように、大衆の要素が批判から追放される。だから批判なるものは、大衆のうちにではなく、えらばれた人人のわずかの一群のうちに、すなわちバウアー氏と彼の弟子のうちにだけ、自分が托身していることを知っている。

ブルーノ氏は、さらに、つぎのようにすることによって、ヘーゲルのいま一つの中途半端さを揚棄する。すなわち彼はもはや、ヘーゲルの精神のように、あとから幻想のうちで歴史をつくったりしないで、彼以外の人類大衆に対立して、世界精神の役割を、意識的にはたし、大衆と現に劇的関係をもち、そして歴史をば、ある意図をもって、十分に熟慮したうえで、発見し、完成する。

一方では、大衆が、歴史の受動的な、没精神的な、無歴史的な物質的要素としてたち、他方では、精神なるもの、批判なるもの、ブルーノ氏一派が、一切の歴史的行為の出発点である能動的要素として、たっている。社会を改造する行為は、批判的批判の脳髄のはたらきに帰す

る〉（以上、86〜88）

ヘーゲルにおいては、絶対精神の運動によって創られる歴史にとって、大衆はその素材として扱われ、哲学者は創られた歴史のあとからそれを意識するものとして登場するのであるが、バウアーは「批判そのもの」（そして同時に大衆と対立する彼自身であるとされる）が、絶対精神・世界精神であり、歴史の創造、社会の改造の役割をはたすのだとされる。マルクスはこのことを指して〈社会を改造する行為は、批判的批判の脳髄のはたらきに帰する〉というようにまとめている。このようにヘーゲル歴史観を主観的観念論の一層の深化の方向に徹底化させたもの、これがバウアーら批判的批判グループの追求なのであって、これを指してマルクスは「ヘーゲル的歴史観の批判的に戯画化された完成」と皮肉たっぷりに特徴づけたわけなのである。〔なお、第六章でＢ・バウアーと対比して、ヘーゲル哲学との対決におけるフォイエルバッハ哲学の果した役割・意義について論じている（2、絶対的批判の第二次征　ａ、ヒンリンス「批判」と「フォイエルバッハ」のところ）のであるが、これについては次の②の『ユダヤ人問題』をめぐる論争と、④〈「思弁的・ヘーゲル的論理」の批判〉のところで検討したい〕

②マルクスの永続革命論の発展

〈「ユダヤ人問題」をめぐる論争の問題性〉

これまで①で見てきたように、第六章は、「絶対的な批判的批判、あるいはブルーノ氏としての批判」と銘うって、ヘーゲル左派内の論争を中心にブルーノ・バウアーの主張を俎上にのせ、その批判を展開したものである。

そこでマルクスは、それこそ批判的批判の「主体」であり「托身」であるバウアーの繰り広げた論争を、絶対的批判の第一次征伐、絶対的批判の第二次征伐、絶対的批判の第三次征伐というように特徴づけ、そこでの主要な論点を示し、そこに孕まれている問題を明らかにしているのである。その場合、批判の中心に「ユダヤ人問題」をめぐる論争が置かれている。

マルクスは、「1」の「絶対的批判の第一次征伐」の「a」「精神」と「大衆」の関係についてのバウアー一派の問題性を論じた最後のところで、次のように述べる。

〈一方では、大衆が、歴史の受動的な、没精神的な、無歴史的な物質的要素としてたち、他方では、精神なるもの、批判なるもの、ブルーノ氏一派が、一切の歴史的行為の出発点である能動的要素として、たっている。社会を改造する行為は、批判的批判の脳髄のはたらきに帰する〉(87)と。このようにバウアーの論理をまとめ、〈さてわれわれは絶対的批判の大衆征伐のおともをしよう〉(88)と論をすすめていく。

〈絶対精神の第一次大衆征伐の内実〉

「ユダヤ人問題」についてのバウアーの「大衆征伐」を検討する突端で、マルクスはバウアーの問題視角を確認している。

〈「精神」は大衆に対立して、さっそく批判的にふるまい、彼自身の局限された著作であるブルーノ・バウアー著『ユダヤ人問題』が絶対的であり、この著作の反対者だけが罪人であるとみなしている〉（88）というのがそれである。そのような視角から展開された、この「反対者」とみなされたものへのバウアーの批判を検討していく。

ここでバウアーが「反対者」「罪人」とみなし、征伐の対象としているのは、『ユダヤ人問題』にたいして論争をおこした「大衆の代弁人」たちであり、「若干の自由主義的・合理主義的ユダヤ人」・「フィリップゾンやヒルシュ等々」であり、ライン州議会で意見を述べた一議員であり、最後に取り上げられているのは、旧ヘーゲル派の「ヒンリンス教授」などである。もちろん、マルクスも含めてのそれである。その際、バウアーは自己の主張を繰り広げる「場」としているのが、マルクスが「答弁第一号」と書いている一八四三年一二月に発行された『アルゲマイネ・リテラトゥール-ツァイトゥング・〔批判〕』誌のことなのである。

まず最初にマルクスはバウアーが「答弁第一号」で己の著書『ユダヤ人問題』にたいする「大衆の代弁人」（マルクスやカール・グリューンなどを指す）らの批判にたいする反論を取り

上げ、問題にする。「私の著作がうけいれられたことは、これまでの自由に味方し、いまなお味方しているほかならぬその人々こそ、だれよりも多く精神に反抗しなければならないのだという証明のはじまりである」といい、「私がいま同書にささげようとする弁護は、自分が解放と『人権』の信条とを擁護していることを、何かたいへんなことのようにうぬぼれている大衆の代弁人が、いかに無愛想であるかという、それからさきの証明をあたえるであろう」(88)と。このバウアーの主張は、すぐには分かりづらいのであるが、マルクスの『ユダヤ人問題について』などをおいて読むと『ユダヤ人問題』をめぐる論争に思想的衝撃をうけたバウアーの姿とその意味は明らかになる。実際、その後の論述で、ここでの「解放と『人権』の信条を擁護している」という部分をおいて、マルクスは次のように反論している。

〈「人権」についていえば、その本質を見誤り、独断的にゆがめて扱ったのは、大衆の代弁人ではなく、むしろ「彼みずから」であることが、ブルーノ氏に対して証明された(『ユダヤ人問題によせて』、『独仏年誌』)。人権が「生得」でないという彼の一発見、それはイギリスでは四〇余年このかた、何回と数えられないくらいしばしば発見されてきたのだが、この発見にくらべると、漁労や狩猟などが生得の人権だというフーリエの主張は、天才的とよぶべきである〉(89)

ここでは、「人権」の「本質を見誤り、独断的にゆがめあつかった」のはブルーノ氏だ、と批判しているが、その内容は展開されていない。このマルクスの主張は、バウアーの『ユダヤ人問題』を批判したマルクスの『ユダヤ人問題によせて』での一つの重要な核心問題である「人権」についての論述を前提にしたものである。そこで詳細に批判したことを措いて、マルクスは「本質を見誤り、独断的にゆがめて扱った」と論じているのであり、先のバウアーの「何かたいへんなことのようにうぬぼれている」「大衆の代弁人」といった形容詞的説明もなされたのである。〈註釈：ME全集第一巻「ユダヤ人問題によせて」４００頁前後参照されたい〉

そのようなバウアーの『ユダヤ人問題』とそれに対するマルクスの『ユダヤ人問題によせて』での批判を前提にし、かつ確認して、それに続けて、「答弁第一号」〔「批判」誌〕で取り上げられているバウアーのいわゆる「大衆征伐」の具体的内実の検討を進めています、そこで取り上げられているのが、フィリップゾン〔教育学者で政論家〕やヒルシュ〔ラビで宗教著述家、ユダヤ教義を哲学的に基礎づけようと試みた著作を書く〕にたいする「ブルーノ氏の論争について、二三の例をあげる」として、マルクスは具体的にバウアーの著書への彼らの批判をとりあげ、「これらのあわれな反対者でさえも、絶対的批判にはまけないであろう」といい、それらの検討を進めている。この二人の批判の引用は省略するが、それぞれにたいしてマルクスは次のように論評している。

〈「バウアーは独特の国家を……国家の哲学的理想のことを考えているのだ」といって絶対的批判を批難しているが、彼〔フィリップゾンのこと。引用者註〕は、絶対的批判が主張しているように、決してつじつまのあわないことをいっているわけではない。

国家を人類ととりちがえ、人権を人間ととりちがえ、政治的解放を人間的解放ととりちがえたブルーノ氏は、必然的に独自の国家を、国家の哲学的理想のことを、考えたとまではいえなくても、すくなくとも想像したものにちがいない〉（89）
〈もし熱弁家ヒルシュが、ほんとうにブルーノ氏の証明を反駁し、『独仏年誌』でおこなわれたように、諸身分と排他的キリスト教との国家は、未完成の国家であるばかりでなく、未完成のキリスト教国家であることを、示したとするならば、ブルーノ氏は、あの反駁〔ユダヤ人問題によせて〕に答えたように、次のように答えたことであろう。
「この点についての非難は無意味である」と。
「ユダヤ人は、歴史の発条に圧力をくわえることによって、逆圧をよびおこした」
というバウアーの命題にたいし、ヒルシュ氏は、まったく正しくも、つぎのように指摘している。
「そうすれば、彼らも歴史を形成するうえで、何ものかであったにちがいない。そしてB〔バウアー〕（原文のママ）自身がこのことを主張するものとすれば、彼は他方では、ユダヤ人が近代を形成するうえで何ものをも寄与しなかったなどと主張するのは、まちがいだということになる」……〉（89〜90）
この後、バウアーがユダヤ人を「目のなかのとげ」にたとえ、「とげも何ものかである—だからといって、とげは私の視覚の発展に寄与したであろうか」とこのヒルシュに反論してみせるバウアーの対応を紹介したうえで、マルクスは「だから、批判的「とげ」では、熱弁をふるうヒルシュを刺せない」と結論づけ、その論争の紹介を終えている。

それにつづけて、ライン州議会の議員の意見を取り上げ、それにたいするバウアーの対応を問題にしている。そこで取り上げられている二人の議員の主張とそれへのバウアーの意見についてのマルクスの検討はここでは省略せざるをえない。そこでマルクスがバウアーを問題にしている視角は、つぎの一文に示されている。

〈明らかに、絶対的批判は、ユダヤ人問題論難にたいする答弁第一号で、あいかわらず宗教の揚棄を、無神論を、市民的平等の条件とみなし、したがって、その第一段階では、国家の本質についても、また彼の「著作」の「見おとし」についても、まだいくらもすすんだ洞察に達していない〉(90)

これまでのマルクスの検討の特徴を、展開されている内容を省略したうえで、あえて言えば、『ユダヤ人問題について』で明らかにした論理を前提にして、歴史的現実の認識をめぐる論争の紹介やそこでの理論的問題を、論争それ自体を具体的かつ丁寧に紹介し、その内実を切開しつつ、つきだしていることにある。それの切り込み方は、極めてシビアであり、かつ批判も辛らつなものであったり、皮肉を込めたものであったりするのであるが、しかしその短い論述は、分析対象や批判対象に内在的に迫るものであることを特徴としているのが、若きマルクスの論述である。

さらに、そのほとんどをここでは省略したのであるが、ライン州議会の議員の検討を行い、そこでの「絶対的批判」の論争について、〈われわれは「一般的諸見」をのべておかないことには『ユダヤ人問題』第一からはなれるわけにはいかない〉(91)といって、つぎのことを明らかにしている。

〈絶対的批判のおもなしごとは、あらゆる時事問題をまず、正しく位置づけることにある。つまり批判は現実の問題に答えるのではなく、まったく別の問題とすりかえるのである。…中略…こうして批判は『ユダヤ人問題』をもねじまげて、その問題の眼目である政治的解放を研究する必要がなく、むしろユダヤ宗教の批判と、キリスト教的＝ゲルマン的国家の記述に満足しておればよいとしている〉(91〜92)〈絶対的批判のあらゆる独創性とおなじように、この方法もまた、思弁的だじゃれのくりかえしである。思弁哲学、ことにヘーゲル哲学は、すべての問題を、健全な人間悟性のかたちから思弁的理性のかたちに翻訳し、現実の問題を自分の答えられるような思弁の問題にかえなければならなかった。思弁は、私の問いをゆがめ、私に教理問答とおなじように、思弁の問いをいわせるのだから、私がどんな問いをだしても、教理問答とおなじように、思弁がどんな答えをも用意しているのは、あたりまえのことである〉(92)

そのあと(c)節で、旧（老）ヘーゲル派でハレ大学哲学教授である「ヒンリヒス」の主張とそれへの対応を取り上げる。主要には、「ヒンリヒス教授の講義〔一八四三年に発行した『政治学講義』二巻のこと〕のうちにある」ところの「政治的」ということばに対する「絶対的批判的批判」・ブルーノ氏の対応を問題にする。バウアーの著書からの引用もふくめてその、バウアーの主張の内実を具体的にあばきだしている。その核心は、バウアーのこれまでの政治的結論を引き出してきた全著作を「社会的」「社会主義的」なものと解釈がえすることによって、ヒンリヒス教授に「純ヘーゲル派」と反論することである（92〜93、内容は省略）。その結果、「ヒンリンス教授が絶対的批判のこれまでの「政治的」激動の贖罪の犠牲であるように、今度は彼は、『リテラトゥール-ツァイトゥング』紙発行にいたるまでは故意に、また同紙上では故意にではなくつづけてきた「ヘーゲル的」激動やいいまわしの贖罪の犠牲となる」とされる。

その最後でつぎのようにマルクスは結んでいる。

〈こうして絶対的批判は、第一次征伐するにあたり、彼自身がながらく 崇拝してきた「政治」と「哲学」の諸神を、これこそヒンリヒス教授の偶像であると宣言することにより、ほろぼした。はなばなしき第一次征伐よ！〉（93）と。

これが絶対的批判の「第一次征伐」なるものへのマルクスの皮肉を込めた結論である。

〈絶対的批判の第二、第三次征伐の内実〉

「絶対的批判の第二次征伐」を検討するにあたって、マルクスは次の一文で開始している。

〈第一次征伐で成果をおさめたあとなので、絶対的批判は「哲学」が片づいたものと見、まさしく哲学を「大衆」の同盟者となづけることができる〉。それに続けて、「大衆」が哲学者に何を求めているのかについてのバウアーの主張を紹介したうえで、論じていく。

〈そして、「哲学」は「大衆」のこうした欲望をみたすのである！　勝利者の偉業にうちょうてんになった絶対的批判は、哲学にたいして、とりとめのないことをどなりだす。かくれた火の罐《かまや》の湯気が勝利に酔った絶対的批判の首領を熱狂させてどならせているのだ。その罐というのは、フォイエルバッハの『将来の哲学』である。三月に批判はフォイエルバッハの著書を読んだ。これを読んだ成果であり、同時にそれがどれぐらい真剣に読まれたかという試金石となるのが、ヒンリヒス教授にたいする論文第二である〉(94)

この一文に端的に語られているように、ここでのマルクスが「第二次征伐」を論じる際の主要な検討事項の一つは、フォイエルバッハの『将来の哲学』を読んだ「絶対的批判」(バウアー)によるヒンリヒス教授への先の第一につづく第二の批判・対応についてであり、哲学を「大衆」の同盟者と規定するにいたったその問題性を暴き出すことにある。そのマルクスによるフォイエルバッハについての認識・評価については別に論じるが、ここでの問題は、フォイエルバッハを読んだバウアーのヒンリヒス教授にたいする対応についてである。その紹介は省略するとして、マルクスはそのことについて次のようにまとめている。

〈絶対的批判は、ヒンリヒス教授にむかって、「諸専門科学の秘密」を解いたことを自慢している〉(95)〈もし「絶対的批判」が正直であったなら、「哲学の秘密」についての悟りと彼が称しているものが、どこに由来するかを、うちあけたことであろう。とはいえ、彼が、ほかの人の場合にやったように、フォイエルバッハから借りてきた文章を、誤解し曲解して、それをフォイエルバッハがいったことにするという、ナンセンスをやらなかったことはなんといっても感心である。さらに、いまではドイツの俗物がフォイエルバッハを理解し、彼の成果を吸収しはじめているのに、これに反して批判がフォイエルバッハのただの一句も正しく解釈し、たくみに利用する力がないことは、「絶対的批判」の神学的見地の特色である〉（95～96）

そして言う。〈最後に、批判がここで精神と物質との対立を、「批判」と大衆との対立と同一視していることは、第一次征伐のときにはまだかくれていた秘密の発展とみなすべきであろう。絶対的批判はその後さらにすすんで、自分自身を「批判なるもの」と同一視し、これにより自分は「精神」であり、絶対的なもの、無限なものであり、これに反し大衆は有限なもの、粗野な、野蛮な、死んだ、無機的なもの――というのは、「批判なるもの」は物質をこんなものと解しているのだ――だというようになるだろう〉（96）

さらに第二次征伐でバウアーが問題にしているのは、「政治」に関わることであり、ドイツの政論家である「リーサー氏」〔「ユダヤ人の市民的同権のために闘った」といわれている―筆者註〕によるバウアーへの批判への対応についてである。マルクスは、「リーサー氏」が「Ｂ・バウアーに反対して、彼の国家（すなわち批判的国家）は『ユダヤ教徒』も「キリスト教徒」も除外しなければならない」といっていることを取り上げ、「リーサー氏がいうことは正しい」（97）といい、それとの関係で、バウアーのユダヤ人問題の核心的誤り、すなわち「政治的解放と人間的解放との混同」を問題にし、〈彼〔バウアーのこと〕が政治的解放を人間的解放と混同した以上、彼は当然のなりゆきとして、政治的解放手段を、人間的解放手段とも混同させざるをえなかった〉(97)ことを突き出しているのである。この「リーサー氏」のバウアーへの批判を取り上げることを契機にして、マルクスは、バウアーの『ユダヤ人問題』への批判にたいする対応の問題性を、主要にはそれにたいする弁明を引用しつつ、そこでバウアーがもちだす諸カテゴリーをも含めて「具体的」に問題にしていく。その内容はここでは省略せざるを得ないが、ヒンリンスとリーサーにたいする「批判なるもの」・バウアーの対応、その観念的倒錯の進展や誤謬の内実を検討したマルクスは、次のようにまとめている。

〈一言でいえば、この社会は批判的天国にほかならず、現実の世界は非批判的地獄として、この天国から除外されている。絶対的批判は「大衆」と「精神」の対立の、この変容した世界形式を、その純粋思考のうちで準備するのである〉(100~101)

さらに、「絶対的批判の第三次征伐」でマルクスが論じていることは、過去の絶対的批判・バウアーが行ってきたことについてのバウアーによる振り返りを検討し、その問題性をあきらかにすることがその中心をなしている。そのことは、小見出し(a　絶対的批判の自己弁護。その「政治的」過去)として示されている。

(a)では、最初の一文、〈絶対的批判は、つぎの問いによって、「大衆」に対する第三征伐をはじめる。「いまや何が批判の対象であるか?」〉(102)をもって、論述を開始する。それ以下、「３・絶対的批判の第三次征伐」で論じられていることは、過去、批判〔バウアー〕が論じてきた大衆との関係であり、「彼自身の大衆性の揚棄にかかわる」（１０２）ことについてであり、そしてまた「政治へのかかわり」であり、「批判なるものが政治を論じなければならなかったのか」（１０７）などについてなのである。バウアーの「自己弁護」などについて、マルクスは、主要には『批判』誌からその主張を引用しつつ、検討し、そのもつ意味や批判を明らかにしているのである。その論述の量は、小見出しが、（ａ）から（ｆ）の６節もあり、『マル・エン全集』の頁数で言うと、一〇二頁から一五四頁にわたり、全体五〇頁以上ある膨大なものになっているのである。その小見出しを紹介すると、次のようなものである。

（ａ）絶対的批判の自己弁護。その「政治的」過去
（ｂ）ユダヤ人問題第三
（ｃ）フランス革命にたいする批判的戦闘
（ｄ）フランス唯物論にたいする批判的戦闘
（ｅ）社会主義の最後の敗北
（ｆ）絶対的批判の思弁的循環と自己意識の哲学

それぞれ、そこで論じられていることは極めて重要であるが、その要約をまとめること自体が膨大になるので、ここでは、そこで論じられている特徴について、私なりのまとめを示しておきたい。

（a）は、最初の方で、次のようにまとめられていることに示されている。〈さて、だれでも身ほどかわいいものはないのであるから、「批判」なるものはまず彼自身の大衆性の揚棄にとりかかる〉。〈だからバウアー氏は「批判」なるものの著作上の伝記を——それは彼自身の著作上の伝記と正確に一致する——その大衆的外見から解放し、あとからこれを改善し注釈し、この弁解的な注釈によって「その旧作の安全をはから」なければならないのである〉（102）。このようにマルクスが最初に指摘しているようなバウアーの論述を引用し、その検討を詳細に行っているのが、この（a）なのである。たとえば、バウアーの「いったいどうして、あのとき批判が『大衆的・政治的』な利害にひきいれられ、政治なんかにまで！——口をださねば！——ならぬように！　なったのだろう」（106）という主張を引用し、神学者バウアーが「政治」を論じるとはどうしたことか？　と問い、「それは、まったく特殊な、政治的個人的な事情が動機になっているにちがいない」とする。そのうえで、「批判は告発されたのだ——それでこそこの問いの答えがでている！」。すくなくともこれによって「バウアー的政治」の「秘密」は暴露された」ことをはっきりさせ、バウアーの大衆的・政治的なるもののかかわりの現実とそれからの「揚棄」なるもののマヤカシを、すなわち自己弁護の論の内実を極めて執拗に、かつリアルにマルクスは暴き出していく、というようにである。

（b）では、その小見出し「ユダヤ人問題第三」に示されているように、バウアーの著書『ユダヤ人問題』にたいする種々の批判へのバウアーの対応（反論）を問題にして論じたものである。もちろん、その主要な内容は、そのバウアーの著書へのマルクスの批判・『ユダヤ人問題について』を、バウアーがいかに取り込んだり、ゆがめて理解したり、誤って受けとめたり、おかしな反論をしたりしているのかを、バウアーの主張を引用し、それを検討するかたちで明らかにしているのである。

これらを全面的に見ていくことはできない。その突端のところで、マルクスの『ユダヤ人問題について』との関係で、「批判」・バウアーの対応についてマルクスが論じていることを見ておく。

〈『独仏年誌』はバウアー氏の『ユダヤ人問題』批判をのせた。彼の根本的な誤謬が、すなわち「政治的」解放と「人間的」解放の混同が暴かれた。古いユダヤ人問題は、なにもはじめて、「正しいたて方」をあたえられたのではなく、『ユダヤ人問題』は、古い時事問題により新しい発展をあたえ、またそれによって古い時事問題が、過去の「問題」から現代の「問題」にされるようなたて方で、取り扱われ、解決されたのである。

絶対的批判の第三次征伐では、みたところ『独仏年誌』に答弁するつもりであったらしい。まず絶対的批判はつぎのように告白している。

「ユダヤ人問題では、人間的本質と政治的本質を同一視するおなじ『まちがい』がおかされた」

批判はつぎのように述べる。

「批判が一年前にまだ部分的にとっていた態度のゆえに、批判を非難しようとするのは、手おくれであろう」「むしろ問題は、批判なるものが……政治にまで口をださねばならなかったことを説明することである！」――〔以下略〕――〉（110〜111）

その後の「政治にまで口を出さねばならなかった」ことをめぐる論議の整理や問題の指摘を通じて、マルクスは、『ユダヤ人問題について』の「ユダヤ人問題」をどのようなものとして考え、その「解放」についていかに問題にするか、のマルクスの考えを明確にする。その論述はここでは紹介できないが、「……だから、政治的解放と人間的解放のあいだに区別がなければならない。そこで、政治的解放の本質、すなわち完成された近代国家の本質をしらべてみなければならない……」などなどを語り、一定の説明の後で、「これが、ユダヤ人の「政治的解放」を処理する立場であり、『独仏年誌』で処理されたときの立場であった」と展開している。その一連の論述は、極めて明確であり、かつ読むものをして納得させるものである。その意味でも、この「（b）ユダヤ人問題第三」は、『独仏年誌』のマルクス、すなわち『ユダヤ人問題について』の理解を深め、かつマルクス「永続革命」論を理解するうえで是非とも読まれるべきものであると私は痛感する。

さらに、次の（c）の「フランス革命にたいする批判的戦闘」という見出しのもとで論じられていることは、端的にはバウアーの「フランス革命は、どこまでもなお一八世紀にぞくする一実践であった」といった評価に示されるようなとらえ方を問題にし、彼バウアーの主張を詳細に検討するかたちで、マルクスの評価を明らかにしているのである。

「古い理念を超えるものではない」とすることに対して「すべての古い理念をこえる理念」を生み出した、「市民社会」を「個々の利己的原子を一つにまとめる」とする把握への批判、ローマやギリシャの「真の奴隷制の基礎のうえに立った古代の、現実的＝民主主義的な共同体」と「解放された奴隷制、すなわち市民社会にもとづく近代の精神的＝民主主義的な代議制国家」（１２７）との混同、ロベスピエールやサン＝ジュスト、さらにはナポレオンなどの評価や人権をめぐる概念の確認、などなど極めて具体的かつ理論的に検討している。その展開で論じられていることは、それぞれが極めて重要なのであるが、その内容的確認は本稿の主旨からして省略せざるをえない。

その最後は、〈一七八九年にはじまるフランス革命の伝記は、一八三〇年をもっては、まだ終わったのではない。この年には革命の契機の一つが、いまやそれが社会的意味をもつという自覚をゆたかにして、勝利をえたのである〉（１２９〜１３０）で締めくくられている。

次の（d）、「フランス唯物論にたいする批判的戦闘」では、バウアーの「スピノザ主義は一八世紀を支配した」から始まり、「この啓蒙の単純な運命は、フランスの運動以来はじまった反動に啓蒙が屈服せざるをえなくなったあとでは、没落してロマン主義のうちにすがたを没することであった」で終わる一文、すなわち「フランス唯物論の批判的歴史」なるものを引用し、次のような一文をその批判的歴史に与えながら、マルクスはフランス唯物論を中心とした哲学史の積極的な展開を行っている。

〈われわれはフランス唯物論の批判的歴史に、それの世俗的・大衆的歴史を要約して対置してみよう。われわれは実際におこった歴史と、古いものと新しいものとの一様な創造者である「絶対的批判」なるものの命令にしたがっておこる歴史とのあいだの深淵を、つつしんで認めよう。最後にわれわれは批判なるものの指図にしたがって、批判的歴史の「なぜ」、「どこから」、「どこへ」を、「うむことのない研究の対象」としよう〉（130）

以下、マルクスは、一八世紀のフランス啓蒙思想をはじめ、フランス、イギリス、ドイツなどの思想、哲学の歴史を明らかにしているのであるが、これについても省略せざるをえない。それを論じた後で、この節の最後のところで、マルクスは、〈いったいバウアー氏、あるいは批判なるものは、フランス唯物論の批判的歴史のための文書を、どこで手にいれることができたのであろうか?〉（137）と問い、以下の三点を確認している。

一、ヘーゲルの『哲学史』は、フランス唯物論をスピノザの実体の実現として述べている。これはどのみち「フランスのスピノザ学派」よりは、くらべものにならぬくらいわかりがよい。

二、バウアー氏はヘーゲルの『哲学史』を読んで、フランス唯物論がスピノザ学派であることを知っていたのである。彼は、こんどはヘーゲルのべつの著書で、有神論と唯物論は同一の基本原理の二つの党派である、ということを見いだしたので、それではスピノザには、その体系の意味について論争する二つの学派があるものと考えた。バウアー氏は、上述の説明をヘーゲルの『現象学』で発見することができた。そこには文字どおりつぎのように書いてある。「啓蒙自身が右の絶対実在にかんして、自分自身と争論におちいり……二つの党派に分裂する……一方は……最高の絶対実在をもって……かの述語をもたない絶対者とよび……他方はそれを物質とよぶ……両者は同一概念のものであって、区別は事がらのうちにあるのでなく、ただまったく、二様の構想が出立点において相違することに存するにすぎない」（ヘーゲル『現象学』四二〇ページ、四二一ページ、四二二ページ）

三、最後にバウアー氏は、またまたヘーゲルのうちに、実体は、概念と自己意識にすすまないときは、「ロマン主義」にとけこむということを発見することができた。これと似たことは、かつて『ハレ年誌』で述べたことがある。だが「精神」なるものは、なにがなんでも、彼の「反対者」である唯物論に、「つまらぬ運命」をおわさなければならなかった。（以上、137〜8）

次の（e）の「社会主義の最後の敗北」と題する節は、約三頁の短いもので、そこではバウアー・批判なるものによる「社会主義」「共産主義」への評論を問題にしたものである。バウアーの主張、「フランス人はいかに大衆なるものを組織すべきかを示す数多くの体系をつくりあげた。だが彼らは、あるがままの大衆を、役にたつ材料とみなしたので空想にふけるほかなかったのである」をとりあげ、その問題性をつきだしている。

まずマルクスは、この現実のとらえ返しに対して、〈反対に、フランス人とイギリス人が立証したのは、しかも詳細にわたって立証したのは、今日の社会秩序が、「あるがままの大衆」を組織するものであり、したがって大衆の組織であるということである。批判なるものは『アルゲマイネ・ツァイツゥング』の先例にしたがい、社会主義と共産主義の全体系を、空想にふけるという根本的な一語でかたづけている。

外国の社会主義と共産主義は、これによって批判なるもののためにたたきつぶされた。そこで批判はその作業をドイツにうつすのである〉（140）という現実をつきつけ、その上で、バウアー「空想にふけるという根本的な一語でかたづけている」ところの問題性を突き出していくのである。その展開はここでは省略して、マルクスは、この節の最後を次の一文で終えている。

〈革命、唯物論、および共産主義は、このようにしてその歴史的目的を実現した。それらのものは没落することによって、批判的主のために道を準備したのである。ホザンナ！〔筆者註：hosanna、神を賛美する叫び〕〉（143）

そして、最後の（f）「絶対的批判の思弁的循環と自己意識の哲学」は、絶対批判の主・バウアーそのものが、「ある一つの領域で、完成し純粋に貫いたと自称している」ところのものを、バウアーの主張を検討するかたちで、マルクスによる「総括」とでもいえるものとして展開されている。バウアーの『共観福音史家の批判』や『発見されたキリスト教』などを引用し、その検討を行いながら、ヘーゲルとの関係で、バウアーの自己意識の哲学を全面的に論じるものになっている。内容は省略せざるを得ないのであるが、この節の最後で「バウアー氏はそもそものはじめから、神学者であったが、ありふれた神学者などではなくて、批判的神学者、あるいは神学的批判者であった……」から始め、自己意識の哲学の変遷を論じた後で、次のように論じて、第六章・３　絶対的批判の第三次征伐を締めくくっている。

〈その出発点にかえった絶対的批判は、思弁的循環をおわり、これをもって彼の生涯をおわった。これからさきの批判の運動は、純粋な循環――あらゆる大衆的利害から超然とした自己内の循環であり、したがって大衆にとってはもはやなんの利害もないものである〉（151）

以上見てきた『ユダヤ人問題』をめぐり中心としたバウアーらとの論争、そのマルクスの理論的実践的な検討、とりわけ『ユダヤ人問題』の政治的解放の限界を暴き出し、人間的解放への道を明らかにするマルクスの永続革命の追求は、（a）から（f）として見てきた追求、ヘーゲル国家論の顚倒、フォイエルバッハの宗教批判や唯物論の検討などの、さらには経済学＝哲学的追求などで獲得した諸理論を適用して実現されたものであることは明らかである。そして、それはその永続革命の主体を明確にする追求と同時的にすすめられたことも確認しなければならない。

〈プロレタリアートとその歴史的使命〉

以上見てきた第六章における「ユダヤ人問題」をめぐる論争でマルクスが明らかにした核心

点である「永続革命（政治的解放の限界を克服し、永続的な人間的解放を実現するという革命）という理論」は、その革命主体の解明、革命の担い手であるプロレタリアートについての追求と統一的に実現されたことについて検討されなければならない。

その点では、第四章の「4」プルードンと題する節で、マルクスはエドガー・バウアーの「プルードン」論を批判する中で「プロレタリアート」についての論述を行っている。そこでの追求では、エドガー・バウアーが行ったプルードン著『財産とは何か？』に対する批判をとりあげ、その批判の仕方を問題とし、プルードンの理論的追求の意義を明確にしつつプロレタリアートについて論及されている点を見ておく必要がある。とりわけマルクスが力をさいているのは、プロレタリアートの存在とその歴史的使命についての解明である。その論述・展開は、『聖家族』の約一年前にかかれた『ヘーゲル法哲学批判・序説』（四四年初めの『独仏年誌』に掲載。以下『序説』と略す）におけるプロレタリアート論を深め発展させたものである。パリにおける約一年間の理論的実践的な追求やプロレタリアートの闘いの現実の認識、さらには闘いの経験を背景にしてマルクスが新たな境地を開拓するにいたったことをそれは示すものである。その意味で、『ドイツ・イデオロギー』として確立するにいたるマルクスの世界観、唯物史観の確立への過渡を画するものとしてこの『聖家族』を捉えることができる。

〈『ヘーゲル法哲学批判・序説』を発展〉

『序説』でのマルクスは、『ユダヤ人問題』において解明した永続革命論に基づいて、「ドイツの解放の積極的な可能性はどこにあるか?」を問い、この解放の主体がプロレタリアートであることを鮮明にした。この『序説』執筆から約一年後の『聖家族』において、マルクスはプロレタリアートについてより一層深めた解明を行った。それは、マルクス思想の、彼の革命論の前進を示すものに他ならない。

『序説』ではプロレタリアートについてマルクスは次のように展開していた。〈ラディカルな鎖につながれた一つの階級〉、〈市民社会のどんな階級でもないような市民社会の一階級〉、〈あらゆる身分の解消であるような一身分、その普遍的苦悩のゆえに普遍的性格をもち、なにか特殊な不正ではなしに不正そのものをこうむっているためにどんな特殊な権利をも要求しない一領域〉、〈もはや歴史的な権原ではなくただ人間的な権原だけをよりどころにすることができる一領域〉、〈ドイツの国家制度の帰結に一面的に対立するのではなくその前提に全面的に対立する一領域〉、〈結局、社会のあらゆる領域から自分を解放し、それを通じて社会の他のあらゆる領域を解放することなしには、自分を解放することのできない一領域〉、〈ひとことでいえば、人間の完全な喪失であり、したがってただ人間の完全な回復によってだけ自分自身をかちとることのできる領域〉（以上、『マルクス・エンゲルス全集』1巻・427。以後、Ｉ・頁数のみを記す）

これらがマルクスの『序説』当時のプロレタリアート像である。そして、マルクスは「ドイツの解放」の可能性をこのプロレタリアートの形成のうちにあることを明確にした。次の有名な一文にそのことは凝縮的に語られている。

〈哲学がプロレタリアートのうちにその物質的武器を見いだすように、プロレタリアートは哲学のうちにその精神的武器を見いだす。そして思想の稲妻がこの素朴な国民の土壌のなかまで底ぶかくはしったとき、はじめてドイツ人の人間への解放が成就されるであろう〉〈根本的なドイツは、根本から革命することなしには、どんな革命をもおこなうことができない。ドイツ人の解放は人間の解放である。この解放の頭脳は哲学であり、それの心臓はプロレタリアートである〉(Ⅰ・428、四三年末〜四四年一月に執筆)と。

この永続革命の解放主体として明らかにされたプロレタリアートについての規定は、それまでのヘーゲル国家論との対決、とりわけヘーゲル市民社会論との対決をはじめとした政治・哲学的な追究の成果として、さらには「ライン新聞」でのモーゼス地方における社会的諸矛盾の分析などを通じて、解明されたものである。そしてまた、そのプロレタリアートについての認識は、その後パリに移り住み、エンゲルスとの交流を媒介にして、当時のプロレタリアートの階級的闘いに触れ、かつ見聞きすることを通じていっそう深化され発展されていくのである。

では、『聖家族』における、とりわけ「プルードン」を論じた部分におけるプロレタリアートの規定とは、いかなるものであるのか。それは明らかにプロレタリアートとその労働についての階級的・経済学的分析をふまえたところの、さらにはこのプロレタリアートの階級的闘いの具体的な分析を背景にしたところの、マルクスの革命的思想の確立を示す以下のようなものである。

〈プロレタリアートと富は対立物である。これらのものは、このようなものとして一つの全体をなしている。これは私有財産の世界の二つの姿態である。この二つのものが対立のうちで占める一定の地位が問題である〉〈有産階級とプロレタリアートの階級は、同一の人間的自己疎外をあらわしている。だが前者の階級は、この自己疎外のうちに、快適と安固を感じており、この疎外が彼みずからの力であることを知っており、また疎外のうちに人間的生存の外見をもっている。後者はこの疎外のうちに廃棄されたと感じ、そのうちに彼の無力と非人間的生存の現実性を認めている〉（32〜33）

〈たしかに、私有財産は、その経済的運動のなかで、それ自身の解消をめがけてつきすすむが、しかしもっぱらそれは私有財産とは独立な、無意識の、その意志に反しておこってくるところの、事の性質によって制約された発展をつうじてのことであり、それがプロレタリアートをプロレタリアートとして、彼の精神的および肉体的な窮乏を意識した窮乏、自己の非人間化を意識し、それゆえ自分自身を揚棄しつつある非人間化として生みだすことによってである。プロレタリアートは、私有財産がプロレタリアートを生みだすことによって自分自身にくだした判決を執行する。それは賃労働が他人の富と自分自身の窮乏を生みだすことによって自分自身にくだした判決をプロレタリアートが執行するのとおなじことである。プロレタリアートが勝利しても、それによってけっして社会の絶対的な側面になるのではない。なぜなら、プロレタリアートは、自分自身とその相手側とを揚棄することによってはじめて勝利するからである。プロレタリアートの勝利とともに、プロレタリアートも、またこれを制約する対立物としての私有財産も消滅する〉（33〜34）

〈社会主義的著述家たちがプロレタリアートにこの世界史的役割をあたえるとしても、それは批判的批判が信じているふりをしているように、彼らがプロレタリアを神とみなしているからではけっしてない。かえってその反対である。いっさいの人間性の捨象が人間性の外見の捨象さえもが、完成されたプロレタリアートのうちに実践的に完了しているために、プロレタリアートの生活条件のうちに今日の社会のいっさいの生活条件の、もっとも非人間的な頂点が集中されているために、人間がプロレタリアートたることによって自己を喪失しており、しかも同時にこの喪失の理論的意識をかちえているだけでなく、また、もはやしりぞけようのない、もはや言い飾りのようのない、絶対に有無をいわせぬ窮乏——必然性の実践的表現——によって、この非人間性にたいする反逆へと直接においこまれているために、そのためにプロレタリアートは自分自身を解放することができるし、また解放せざるをえない〉〈プロレタリアートは、はげしくはあるが彼をきたえる労働の学校をむだに卒業するわけではない。あれまたはこれのプロレタリアが、あるいは全プロレタリアートそのものが、さしあたり何を目的としておもいうかべているかが問題なのではない。問題は、プロレタリアートがなんであるか、また彼の存在におうじて歴史的に何をするように余儀なくされているか、ということである。その目的と歴史的行動は、彼自身の生活状態のうちにも、また今日のブルジョア社会の全組織のうちにも、明白に、取り消しようのないように示されている。イギリスとフランスのプロレタリアートの大部分が、彼らの歴史的任務をすでに意識しており、この意識をまったく明確なものにつくりあげようとたえずつとめていることは、ここでくわしく述べるにおよばない〉(34)

以上、ここらでの展開はどうしても長く引用せざるを得ない。本来的には全文引用して〔当時の現実を、更には今日の現実をも想起しながら〕吟味すべきなのであるが、それはできない。じっさい、最後の叙述部分を含めて、これらの凝縮された展開に、『序説』以降のマルクスの学問的追求とパリを中心としての階級的闘いへの参加を通じて獲得してきたプロレタリアートの世界史的使命についての深い認識が、そしてそれを裏打ちする革命的世界観の形成が語られている。しかも、ここには、マルクス・エンゲルスのその後の闘いの方向性を決定づける画期的な視点が示されている。

このプロレタリアートについての解明は、先の『序説』におけるプロレタリアートの規定と比較検討してみれば、その深化、発展は一目瞭然である。では、それはいかなるもので何故に可能になったのであろうか。

第一に見て取れることは、プロレタリアートの存在とその役割についての分析が、『経済学＝哲学草稿』に示されているように、古典派経済学との対決を主要にしたマルクスの経済学研究に支えられ、経済学的分析に裏打ちされたものにほかならないことである。たとえば、最初に引用した〈プロレタリアートと富は対立物である。（中略）これは私有財産の世界の二つの姿態である〉とか、〈有産階級とプロレタリアートの階級は、同一の人間的自己疎外をあらわしている。だが前者の階級は、この自己疎外のうちに、快適と安固を感じており、この疎外が彼みずからの力であることを知っており、また疎外のうちに人間的生存の外見をもっている。後者はこの疎外のうちに廃棄されたと感じ、そのうちに彼の無力と非人間的生存の現実性を認めている〉とかの展開がそのことを端的に示している。『序説』の段階では、「普遍的苦悩」とか「人間の完全なる喪失」とか「不正そのもの」とかと表現されていたことに較べ、この『聖家族』の規定は具体的であり、かつ理論的にもマルクスの経済学＝哲学的追求の深化・発展を示すものとなっている。

そして第二に見て取れることは、プロレタリアートの闘いについての認識の深まり、それにもとづくプロレタリア階級闘争・プロレタリア革命の理論の深まりということである。先の引用した最後のところで、「イギリスとフランスのプロレタリアート」について論じ、「彼らの歴史的任務をすでに意識しており、この意識をまったく明確なものにつくりあげようとたえずつとめている」という主張はそのことを雄弁に物語っている。

実際、歴史的にこの過程のマルクスの思想形成を現実の階級的闘いとの関係において簡単に振り返ってみる必要がある。『独仏年誌』や『序説』と『聖家族』の間には、約一年の時間の流れがあり、その過程の論文としては『経済学＝哲学草稿』がある。それは、第一の追求のことであった。そしてその時期は、マルクスがクロイツナハからパリに移住し、四五年一月にベルリン当局の要請を入れたフランス政府による国外追放によってベルギーのブリュッセルにうつり住むまでの期間にあたる。そこで学問的追究と階級的闘いへのかかわりが行われた。この間には先に触れたように、一八四四年八月末にエンゲルスがパリのマルクスを訪ね(註9)、そこでの論議を通して共同で思想的著作を創る話を確認するにいたったのであった。そうすることにより、一八四四年九月はじめから一一月(註10)にかけて『聖家族　別名　批判的批判の批判ブルーノ・バウアーとその伴侶を駁す』（四五年二月末にフランクフルト・アム・マイン市ではじめて発行された）が著されたわけなのである。そして、そこでのプロレタリアートについての考察は、マルクスとエンゲルスのその後の関係ばかりか、同時に彼らの革命運動へのかかわりの方向性を決定づけたといわなければならない。

一八四五年春には、エンゲルスもマルクスのいるブリュッセルに移ってきて、二人はイギリスへ六週間ほど旅行したという。この旅行中、エンゲルスの援助をえてマルクスは経済学の研究を着々と進め、またエンゲルスの紹介でチャーチィストや社会主義者と話し合い、かつ労働者の闘いを目の当たりにしたのであった。この旅行の後、二人はまた共同の仕事をやりはじめた。マルクスは、後にその当時を振り返って、〈フリードリヒ・エンゲルスとわたくしは、経済学的諸カテゴリーを批判したかれの天才的小論が（『『独仏年誌』に）あらわれて以来、たえず手紙で思想の交換をつづけてきたが、かれは別の途をとおって（かれの『イギリスにおける労働者階級の状態』を参照）わたくしと同じ結論に到達していた。そして一八四五年の春、かれもまたブリュッセルに落着いたとき、われわれは、ドイツ哲学の観念論的見解に対立するわれわれの反対意見を共同でしあげること、実際にはわれわれ以前の哲学的意識を精算することを決心したのであった〉（『経済学批判』（岩波文庫）「序言」・15）と語っている。ここでいわれている共同の仕事とは『ドイツ・イデオロギー』(註11)の共同執筆のことである。

ようするに、これまで見てきた『ヘーゲル法哲学批判・序説』のそれを発展させた『聖家族』のプロレタリアートについての考察、それは現実のプロレタリアートのたたかいの主体的把握と統一された理論的追求であり、この解放の主体としてのプロレタリアート論の発展の理論的な背景をなすのは、『経済学＝哲学草稿』の「疎外された労働」の分析や「ヘーゲル弁証法と哲学一般との批判」である。このことのもつ重要性をあらためて確認しなければならない(註12)。

〈プロレタリアートの現状についての認識の深まり〉

ここで強調しなければならないことは、当時展開されていた労働運動・階級闘争への関わりを通じて、革命の主体たるプロレタリアートについての認識が深められたこと、そのことの重要性についてであった。『ヘーゲル法哲学批判序説』と『聖家族』の間において、それがマルクスの思想形成とりわけプロレタリアート革命論の前進にとって極めて大きなことであったと私は確信している。

それを端的に物語る論文が、これまであまり注目されてないのであるが、『序説』を執筆した後の時期（四四年七月三一日）にパリで書かれた論文「『プロイセン国王と社会改革――一プロイセン人』（『フォルヴェルツ！』第六〇号）にたいする批判的論評」（『マルクス・エンゲルス全集』1巻所収。以下『批判的論評』と略して表記する）であった。これは、『独仏年誌』発刊直後からマルクスとの対立をあらわにしたアーノルド・ルーゲの『プロイセン国王と社会改革』という論文を批判したもので、それが、このマルクスの『批判的論評』（『フォルヴェルツ！』一八四四年八月七日付・第六三号に掲載）であった。

この『批判的論評』では、一八四四年の〈シュレージェンの織布工の蜂起〉にたいするルーゲの評価にたいする反論を出発点にして、「プロレタリアート」とその闘いについて論じられている。シュレージェンの闘いについては、『資本論』の扉に「わが忘れべからざる友 勇敢で忠実で高潔なプロレタリアートの前衛闘士たる」と記された「ヴィルヘルム・ヴォルフ」、そのヴォルフが書き残した『シュレージェンの貧困と暴動』（一八四四年のシュレージェンの織布工の蜂起を扱ったもの）と題する論文が当時（一八四四年一二月に発行されたが、その直後に警察に没収されたという）発表されていた（註13）。この〈シュレージェンの織布工の蜂起〉を否定的なものと見るルーゲに対してマルクスは、彼の主張の一つ一つを取り上げ、その闘いに対する認識・評価について具体的に反論している。その中で、マルクスは当時のプロレタリアートのたたかいとその存在についての考察を深めていることを明らかにしているのであった。

この『批判的論評』ではプロレタリアートとその闘いについて次のように書かれている。

まず、ルーゲがシュレージェンなどの労働者の蜂起をとりあげ、その評価として「ドイツのような非政治的な国に、工業地帯の部分的困窮を一般的な問題として認めさせることはできない。ましてそれを文明世界全体の害悪とみとめさせることなどなおさらである」と語る。これに対して、マルクスはルーゲが「政治的な国」とするイギリスについての把握を取り上げつつ批判する。

〈このように「プロイセン人」氏は、労働者の困窮についてのこのまちがった考えを、非政治的な国の特質から説明している。

イギリスが政治的な国であることは、だれでもみとめるだろう。さらにイギリスが極貧状態（Pauperismus）の国であり、この言葉自体がイギリスで生まれたものであることも、だれでもみとめるだろう。だから、政治的国家と極貧状態との関係を知るには、イギリスを観察するのがいちばん確かな**実験方法**である。イギリスでは、労働者の困窮は、部分的ではなくて普遍的である。つまり、工場地帯だけのことではなくて、農村地帯にまでひろがっている。いろいろの動きはここでは生まれかけているのではなくて、ほぼ一世紀いらい周期的にくりかえされているのである〉（Ⅰ・432）

〈極貧状態にかんするイギリスの見方――われわれのいっているのは、いつもイギリスのブルジョアジーと政府の見方のことであるが――をもっともずばりいいあらわしているのはイギリスの国民経済学、すなわちイギリスの国民経済状態の科学的反映である〉（Ｉ・４３３）

「イギリスを観察するのがいちばん確かな実験方法」という認識をもってシュレージェンのたたかいを振り返り、マルクスは極貧状態とプロレタリアートのたたかいについての把握を深めていくのである。国民経済学を「国民経済状態の科学的反映」ととらえたうえで、その典型として「リカードの弟子であるマカロック」やイギリスのブルジョアジー（たとえばケイ博士）の主張を、またイギリスの救貧立法とその現実、そしてイギリス議会と行政などの具体的検討（それ自体は本論では省略せざるを得ないのだが）を通して次のように結論づける。

〈以上のように、イギリスはまず極貧状態を慈善と行政措置によってなくそうとした。ついで、極貧状態がどんどん進行するのは近代産業の必然の帰結とはみとめないで、むしろイギリス救貧税の帰結だと考えた。普遍的な困窮を、イギリス立法の生んだ一特殊性としか考えなかった。まえには慈善の不足によるものとされていたことが、いまや慈善の過剰によるものとされた。最後に、貧困は貧困者の責任とみなされ、そのようなものとして貧困者は処罰された。
政治的なイギリスが極貧状態からまなんだ一般的意義は、次の点にかぎられている。すなわち、極貧状態は、行政措置にもかかわらず、ますます進展し、これにつれてついに一つの国民的体制となるまでにいたったということ、したがってまた不可避的に多面かつ膨大な行政の対象になったということ、しかしこの行政の任務は、もはや極貧状態の息の根をとめることではなくて、それに懲戒をくわえ、それを永久化するということ、である。この行政は、積極的な手段によって極貧状態の水源をふさぐことをあきらめ、それが公けの地表にふきだすごとに、警察の温情をもってこれに墓穴を掘ってやることで満足しているのである〉（I・435〜6）

このようなイギリスの貧困問題を取り上げたうえで、マルクスは、ドイツ社会、とりわけドイツ労働者の存在と闘いに対する「プロイセン人」（ルーゲ）の「見くびった判断」（I・443）に対し具体的に反論している。

〈シュレージェンの蜂起は、フランスとイギリスの労働者蜂起のおわったところから、つまりプロレタリアートの本質の自覚から、はじまっている。行動そのものがこのようなすぐれた性格をおびている〉（I・441）

〈ドイツ労働者一般の教養程度ないし教養能力にかんしては、私はヴァイトリングの天才的な諸著作をおもいだす。それは説明の仕方ではプルードンにおよびもつかないが、理論的にはしばしばプルードンをさえしのいでいる。ブルジョアジーは――その哲学者や経文読みまでふくめて――ブルジョアジーの解放――政治的解放――にかんして、ヴァイトリングの『調和と自由との保証』ほどの著作をどこでしめしたであろうか？……〉（I・441〜2）

〈ドイツでの哲学的発展と政治的発展との不均衡は、けっして異常ではない。それは必然的な不均衡である。哲学的な国民は、社会主義のなかにはじめて、自分にふさわしい実践を見いだし、したがって、プロレタリアートのなかにはじめて、自分を解放する活動分子を見いだすことができるのである〉（Ⅰ・４４２）

〈いやしくも革命というもの――現存権力の打倒と従来の諸関係の解体――は一つの政治行為である。だが革命なしには、社会主義は、実現できない。社会主義は、破壊と解体とを必要とするかぎりで、右のような政治行為を必要とする。しかし、社会主義の組織活動がはじまり、その自己目的、その精神があらわれるようになると、社会主義は政治的ヴェールをかなぐりすてる〉（Ⅰ・４４６）

このような画期的な主張が展開されたこの論文は、すでに述べたように『フォルヴェルツ！』(註14)に掲載されたアーノルド・ルーゲの「プロイセン国王と社会改革」という論文(註15)をマルクスが批判したものであり、そこには、「プロレタリアートの世界史的役割」「プロレタリアートの地位」「プロレタリアートは、自分自身とその相手側とを揚棄することによってはじめて勝利する」ことが鮮明に語られているのであった。

このようなプロレタリアートについての認識の深まりにもとづいて、『聖家族』における〈あれまたはこれのプロレタリアが、あるいは全プロレタリアートそのものが、さしあたり何を目的として思いうかべているかが問題なのではない。問題は、プロレタリアートがなんであるか、また彼の存在におうじて歴史的に何をするように余儀なくされているか、ということである〉(34)という主張も可能になったのである。このような革命の主体、プロレタリアートに対するマルクスのリアルな把握が、自らを「歴史の創造的要素」(34)などと称する『批判的批判』への批判を通して鮮明にされたのである。

③〈国民経済学批判〉―プルードンの『財産とはなにか?』についての検討

アーノルド・ルーゲと『独仏年誌』を発刊するという目的を持ってパリに赴いたマルクスは、この月刊雑誌の創刊のために活動した。しかし、この「ドイツの思想とフランスの革命運動との《知的同盟》を目的とした」(註16)『独仏年誌』は、ルーゲとの思想的対立のゆえに、四四年二月の創刊第一号をもってその後の出版を断念せざるを得なかった。思想的対立とはどのようなものか。この『独仏年誌』に掲載されたマルクスの二つの論文、とりわけ『ヘーゲル法哲学批判序説』が示しているように、この時点のマルクスはすでに革命の主体としてプロレタリアートを見出していたのであり、ブルジョア共和主義者・ルーゲとの間での思想的なちがいがいたるところで浮上していた。それについては、すでに『批判的論評』において、これまで細かく見てきた。これらのことを背景として、『独仏年誌』の編集をめぐる対立が発生し、この雑誌の発刊をつづけられなくなったわけである。

確かに、この『独仏年誌』にかけた目的は、創刊号でもって終わり、成功しなかった。とはいえ、その刊行にかけた目的は現実の階級闘争へのかかわりによってある程度実現された。と同時に、それ以上に、その刊行は思想的にも現実的にも重要な意味と意義を持つものであった。マルクスの重要な二つの論文の掲載がそれであり、かつまた同誌にはエンゲルスの論文、『経済学批判要綱』が掲載されていたのであった。そこに掲載されたこれらの論文の歴史的意義が確認されるとともに、それを通じてマルクスとエンゲルスの生涯にわたる関係の出発点が形成されたということ、そのことが重要なのである。ヘーゲル国法論批判の追求過程での自覚と同時に、この『独仏年誌』に載せられたエンゲルスの論文に触発されたこともあって、マルクスは経済学研究にとりかかったのであり、それがパリ時代（一八四三年一〇月末～一八四五年二月二日）のマルクスの経済学研究として実現された。そのことは、マルクス自身が『経済学批判』の「序言」の、かの有名な唯物史観の公式を明らかにした展開の直前においてのべている。〈しかもブルジョア社会の解剖は、これを経済学にもとめなければならない、ということであった。この経済学の研究を私はパリではじめたが、ギゾー氏の追放命令によってブリュッセルにうつった（註17）ので、そこでさらに研究をつづけた〉（岩波文庫版『経済学批判』・13）と（註18）。

ところで、そうした時期にマルクスは、フランスの労働者出であり、独学で経済学を勉強し、『財産とは何か？』（一八四〇年）という著書をしたため「社会評論家」として名をはせていたピエール・ジョセフ・プルードンと知り合いになった。『批判』誌がこのプルードンを取り上げ、問題にしたことを捉えて、マルクスはその『批判』誌を批判しつつ、すでに前節で検討したプロレタリアートについてと同時にそこで「国民経済学」の検討をも行っている。それは『経済学＝哲学草稿』におけるヘーゲル弁証法ならびに国民経済学の検討にふまえた経済学＝哲学的な探究を発展させるものであった。

このプルードンの『財産とはなにか?』を評して、後にマルクスは「厳密に科学的な経済学史に於いては、この書はほとんどその名をあげるにも値しない」としながらも、「現状の醜悪さに心からの、真の憤激の情、革命的な真剣さ――、これらすべてによって、『財産とはなにか?』は読者に電撃的な作用を及ぼし、はじめて刊行されたときには大きな衝動をあたえた」（註19）とも語っている。そして、このプルードンとの対決はマルクスの思想形成においても大きな位置を占めているのである。

『聖家族』では、プルードンの『財産とはなにか?』を『批判』誌でとりあげたエドガー（ブルーノ・バウアーの弟）の論評に対してマルクスは徹底的な批判を行っている。「プルードン」という見出しの四章四節はこのエドガーの批評の逐一的な検討なのである。

マルクスは、このプルードンの『財産とはなにか?』のエドガーの特徴づけそのものから問題にしている。

〈プルードンの著書は、こんなわけで、エドガー氏から二重に攻撃される。つまり一つには彼の特徴をあらわす翻訳によって無言の攻撃を、一つには彼の批判的傍注によってはっきりした攻撃をうけるのである。われわれはエドガー氏が傍注をくわえるときよりも、翻訳するときのほうがより破壊的なことがだんだんにわかるであろう〉（20）と。

翻訳による「批判的プルードン」像、つまり「批判的批判」の対象として都合よく「翻訳」によってプルードン像を仕立てつくりだすという「無言の攻撃」と、それの「傍注」による「批判」そのものの、つまり「はっきりとした攻撃」という「二重の攻撃」をうけたというように、マルクスは、プルードンの『財産とはなにか？』に対するエドガーの「批判」を特徴づけている。このことのなかに、マルクスの姿勢が示されている。「批判的プルードン」と「ほんとうのプルードン」の理論を対比し、エドガーの批判の問題性を突き出しつつ、マルクスはプルードンが追求した経済学研究の意義をこれまでの経済学の追求との関係で確認することからはじめている。〔以下、批判的翻訳、批判的傍注への反論を全体三〇頁以上割いてマルクスは論じている。それを逐一取り上げることができないので、ここでは要点が解る限りに限定してまとめることにする〕

マルクスはいう。

〈経済学のすべての論議は、私有財産を前提としている。この基本前提は、経済学にとっては、それ以上の検討をくわえられることのない、論駁をゆるさない事実なのである。セーが素朴にも告白したように、この事実については「たまたま」論及されるだけである。ところがプルードンは経済学の基礎たる私有財産に、批判的検討を、しかも最初の決定的な、遠慮のない、それと同時に科学的な検討をくわえる。この点は彼がしとげた大きな科学的進歩であり、経済学を革命し、真の経済科学をはじめて可能にした進歩である。プルードンの著書『財産とはなにか？』は、近代経済学にとり、シェイエスの著作『第三身分とはなにか？』（註20）が近代政治学にたいしてもったのと、おなじ意義をになっている〉（29）

〈プルードンはこれ〔富から出発し、私有財産を弁護する考察―筆者註〕とは反対の、経済学では詭弁的にかくされた側面、私有財産の運動によってつくりだされた貧困から出発して、私有財産を否定する彼の考察に達している。私有財産の最初の批判は、いうまでもなく、つぎの事実から出発している。すなわち、私有財産の矛盾にみちた本質が、もっとも目だった、もっともはなはだしい、人間の感情をじかにもっとも激昂させるようなかたちであらわれている事実から、――窮乏と貧困の事実から出発している〉（31～32）と。そして、いう。〈彼は自足的な批判の利益や、抽象的な手製の利益から書くのでなく、大衆的・現実的・歴史的な利益から、批判をこえてそのさきにすすむような、すなわち危機にみちびくような利益から書いているのだ。プルードンはプロレタリアの利益のために書いているだけでなく、彼自身プロレタリアであり、労働者《ウーヴリエ》〔ギリシャ語―筆者註〕である。彼の著作はフランス・プロレタリアートの科学的宣言であり、したがって、批判的批判家やなにかの文学的駄作とはまったくべつの歴史的意味をもっている〉（39）

このような展開は、たとえ『聖家族』・批判的批判によるプルードンへの批判への反論を目的にしたものだとは言え、その二～三年後にプルードンの『貧困の哲学』の発表に対して『哲学の貧困』という書をもって批判した〔このマルクスの批判は、出版を前にしてプルードンがマルクスにその検討を依頼したことへの回答であった。そのあたりの事情についてはこの後にみる『ＭＥ全集』第一六巻の『プルードンについて』に詳しい」マルクスを想起するとき、読むものをして奇異に感じさせるかもしれない。しかし、それはマルクスの主張を結果的表面的に受け止めたものでしかない。もちろんこの時点のマルクスは、プルードンが「経済学的前提をとりあげて経済学者とあらそっている」(29)とか、「彼は経済学の立場からする経済学批判がはたしうるかぎりのいっさいのことをはたしている」(註21)というような批判的指摘も書いているのである。しかし、その限界についての指摘の検討は省略するとして、現実のプロレタリアートの存在と闘いを見聞きし、プロレタリアート・ヒューマニズムの立場に立つマルクスにとって、そこで展開されたプルードンへの評価は、ある種必然的なものといわなければならない。「人間の感情をじかにもっとも激昂させるようなかたちであらわれている事実」「窮乏と貧困の事実」から出発する点でのプルードンに対するマルクスの評価は、プロレタリアートに対する評価としていかされているのだといわなければならない。それはマルクスの一貫した立場である。プロレタリアートの存在についての認識の深まりとプルードンに対する評価、そしてプロレタリア革命の思想の発展・進化、その出発点がここにおいて実現されたことを見て取れるのであった。

それらのことについては、一八六五年にプルードンの死に際して編集者の依頼にもとづいて書いたマルクスの論説『Ｐ・Ｊ・プルードンについて』〔Ｊ・Ｂ・フォン・シュツヴァイツアーへの手紙〉（『ＭＥ全集』第一六巻所収・23～31。以下、本書からの引用は、ⅠⅥ・23～31と略記する）の中で、当時を振り返って次のように語っていることをみれば、はっきりする。

〈彼の最初の著作『財産とはなにか？』は、無条件に彼の最良の著作です〉（ⅠⅥ・23）から始まり、〈経済学上の「至聖所」を攻撃する挑戦的な勇気、ブルジョア的常識を嘲笑する機知にみちた逆説、えぐるような批判、辛辣な皮肉、ここかしこでうかがわれる、現状の醜悪さにたいする心からの、真の憤激の情、革命的な真剣さ〉（ⅠⅥ・24）といった評価をする。その上で、この『財産とはなにか？』における内容上の欠陥を、「本の表題そのものに示されていま す」と指摘し、歴史的過去の古代的、封建的「所有関係」を論じ、その封建的所有関係を解体してそれに置き換えられたブルジョア的な所有関係を論じている〈経済学の批判的分析として〉にもかかわらず、〈プルードンは、これらの経済的諸関係の全体をいっしょくたにして、「財産」（〝la propriete〟）という一般的な法律的観念にまとめてしまったため、じっさい、すでに一七八九年〔革命の〕以前にプリソが類似の一著書のなかで同じことばであたえた解答以上にすすむことができなかったのです。いわく「財産とは盗奪である」〉（ⅠⅥ・25）、〈ここからでてくる結論は、せいぜいのところ、「盗奪」というブルジョア的法律観念はブルジョア自身の「正直な」収益にもあてはまる、ということにすぎません。他方では、所有の暴力的な侵害としての「盗奪」は、それ自体、所有を前提するのですから、プルードンは、真のブルジョア的所有についての、ありとあらゆる種類の、自分でもはっきりしない空想にまよいこんでしまったのです〉（ⅠⅥ・25）と明らかにしている。

このようにプルードンの出発点的な問題性を明らかにしたうえで、マルクスはプルードンとの直接的な交流を、次のように振り返っている。

〈一八四四年にパリに滞在していた当時、私はプルードンと個人的な交際をむすびました。私がいまこのことを述べるのは、彼の〝Sophistication〟――これは、商品にまぜ物をすることをさすイギリス人の用語です――については、ある程度まで私に責任があるからです。長々しい、しばしば終夜にわたった討論のあいだに、私は彼にヘーゲル主義を感染させましたが、これは彼にとって大害となりました。というのは、彼はドイツ語を知らなかったので、ヘーゲルの学説を本式に研究することができなかったからです。私が始めた仕事は、私がパリから追放されたのち、カール・グリューン氏がつづけました。おまけにこの男は、ドイツ哲学の教師としては、彼自身この哲学を全然理解していなかったという点で、私にいちだんとまさっていました〉（ⅠⅥ・25）と。このような振り返りができることにマルクスの理論についての誠実性と道徳性を私は強く感じる。

そのあと、『貧困の哲学、または経済学的諸矛盾の体系』を著した以降のプルードンの追求の問題性を明らかにし、マルクスはその最後でプルードンの立場を問題にして次のように書いている。

〈プルードンは天性からして弁証法にむいていました。しかし、真に科学的な弁証法をついに把握しなかったため、たんなる詭弁家に終わってしまったのです。じっさい、このことは彼の小ブルジョア的な立場と関係がありました。……（中略）……科学におけるほらふきと政治における日和見とは、こういう立場とは切っても切れないものです。残されている動機はただ一つ、当の人物の虚栄心だけです。そして、すべての虚栄家の場合にそうであるように、目先の成功、つかのまの評判だけが肝心なのです。こうして、単純な道徳的節度は当然に消えうせてしまいます。そして、たとえばルソーのような人が、つねに現存の権力との外見上の妥協をさえいっさい避けたのは、この道徳的節度のおかげだったのです〉（ⅠⅥ・30）と。

この「小ブル的立場」についての論述とそれとの関係でルソーを引き合いにだして主張されている「道徳的節度」を論じていることに私はマルクスの深い倫理的姿勢を見る。だから、それを読む者がいかに受けとめるのか、そこに「人」を見、いかなる評価を下すのか、そのことに**一切の人間的問題の一つの核心**が示されるように私には思われる。

〈国民経済学的秘密の理論的暴露〉

第八章は、「批判的批判」の世界遍歴と変容あるいはゲロルトシュタイン公爵ルドルフとしての「批判的批判」という表題のもとに、小説『パリの秘密』の作中人物である「ルドフル」による「批判的批判のまちがい」をつぐなうものとしての「すべての秘密」の暴露、ということにあてられている。最初に紹介したように全体八節で、そこで論じられていることならびにそれをとらえ返すことは省略せざるを得ない。ただここでは、その7節において、まず、(a)「国民経済学的秘密の理論的暴露」と称するつぎの六点をあげ、その二つの実例として、(b)「貧民銀行」、(c)「ブークヴァルの模範農場」をとりあげている、そのことだけを見ておく。この(a)の六点とは以下のものである。

第一の暴露。富はしばしば浪費に、浪費は破産にみちびく。

第二の暴露。富の上述の結果は、富んだ青年にたいする指導の不十分から生じる。

第三の暴露。相続と私有財産は不可侵であり神聖であり、またあらねばならぬ。

第四の暴露。富んだものは、彼の財産を使用するについて、労働者にたいして道徳的に責任がある。大財産は世襲の寄託物――封建の采邑〔（さいゆう）＝領地―筆者〕――が、賢明な、しっかりした、堪能な、心のひろい人に託されたようなもので、その人は、同時に、これをゆたかにし、幸運にも大財産のかがやかしい有益な放射のおよぶ範囲内にいるすべての人が、ゆたかにされ、活気をあたえられ、改善されるようにこれを消費することを委託されているのである。

第五の暴露。国家は未経験の富んだ青年に、個人経済の初歩を教えるべきである。国家は財産を道徳化しなければならぬ。

第六の暴露。最後に、国家は労働の組織という大問題にたちいらねばならぬ。国家は資本と労働の連合について有益な実例をあたえねばならぬ。しかしその連合は、正直な、筋のとおった、公正なものであり、富者の財産をきずつけることなしに労働者の幸福を保証し、この二、階級間に、愛着と感謝ときずなをうちたて、これによって永久に国家の安寧をかためるものでなければならぬ。(I・208)

この六点を「国民経済学的秘密の理論的暴露」としているのであるが、「今のところ国家はまだこのような理論にたちいたっていない」とされ、それ自身の理論的検討なり問題の指摘なりはおこなわれていない。

しかし、そもそもなぜこの六点をもって「国民経済学的秘密の暴露」としているのか、が問題になる。第三の暴露としてあげられている「相続と私有財産は不可侵であり神聖」と第一や第二や第五とでは、富・私有財産・その相続あるいは世襲を大前提にしていることは同一でも、論じている領域のレベルは違う問題である。そして第四と第六は資本家と労働者、またそれらに対する国家との関係が問題とされていて、これも他の暴露とは区別される問題である。このことからするならば、富・私有財産がそれ自身大前提とし、そこからもたらされる諸関係、相続や資本家と労働者との関係、さらにはそれとの関係での国家の問題などが、結果的に問題にされて、それが「国民経済学的秘密」として取り上げられているといえる。だが、それらを「国民経済学的秘密の理論的暴露」とされているのだが、それ以上ではない。このかぎりでは、ここで国民経済学的秘密とされているのは、富・私有財産を前提にする国民経済学がよって立つ国民経済という名の資本主義社会、そこから生み出されるであろう秘密ということであり、それは即、「ルドルフ」に語らせているところの、かつ「批判的批判」バウアーが指摘しているところの「秘密」なのである。問題はこの「秘密」なるものの内実がいかなるものなのか、ではなく、その視点からして、批判的批判が追求している「現実」を明らかにすることにあるとされている。だから、それらの理論的検討を抜きにして、「第六の暴露」に直属して〈ところがいまのところ国家はまだこのような理論にたちいたってはいないので、ルドルフみずからが二、三の実際的な例をあげている〉（Ⅰ・２０８）とし、(b)「貧民銀行」、(c)「ブークヴァルの模範農場」の紹介・検討を行っている。この二点の論述は、実に興味ぶかいものであるが、その紹介・検討は、時間的制約上、ここでは省略せざるを得ない。

④「思弁的・ヘーゲル的論理」の批判

バウアーの自己意識の哲学なり純粋批判の立場なりを基礎にした「批判的批判」なるものを根本的に批判し、のりこえていくために、マルクス・エンゲルスは彼らの理論が実のところヘーゲル哲学、ヘーゲル弁証法の思弁的な徹底化にすぎないことをあばきだしている（第五章第二節並びに第六章第三節など）。その批判を深めるためにもヘーゲル哲学の誤りをも同時に明らかにする必要がある、そのような自覚にたって、マルクスはこの『聖家族』のなかで、種々の形をとってヘーゲル哲学の批判を展開している。もちろん、それを可能にしたのは、かの

『経済学＝哲学草稿』の「ヘーゲル弁証法と哲学一般の批判」に示される唯物論的なヘーゲル批判の追求である。このヘーゲル批判の成果を基礎にして、この「批判的批判」の批判を繰り広げている只中で、マルクスはヘーゲル弁証法の批判を新たな形で追求しているのである。

そればかりではない。そこではヘーゲル哲学とヘーゲル以前の哲学との関係をもおいたうえで、マルクスは、みずからの哲学追求の歴史的意義を明確化することも追求している。それらの追求は、もちろん青年ヘーゲル派の枠内において思考していたマルクスが、フォイエルバッハ哲学の批判的摂取をも媒介にして、近い過去における己を自己批判的に反省し、のりこえていくためのものである。以下では、そこで追求されていることを検討しておこう。

〈フォイエルバッハ哲学の役割について〉

すでに見てきたことであるが、第六章第二節（「絶対的批判の第二次征伐」）で、B・バウアーが老ヘーゲル派・教授ヒンリンスを批判し、そこでフォイエルバッハの『将来の哲学』を取り上げている。そこにも示されていたようにマルクスは、フォイエルバッハのはたした思想上の重要な役割についてたびたび確認している。次のような熱のこもった主張にもそれは示されている。

〈しかし、だれがいったい「体系」の秘密を暴露したのか？　フォイエルバッハだ。だれが概念の弁証法を、哲学者だけに知られている神々の戦いを、ほろぼしたのか？　フォイエルバッハだ。古いがらくたの、また「無限の自己意識」のかわりに、「人間の意味」――こういうと、まるで人間には、人間であること以外に別の意味があるかのようだ――などをおかないで、「人間」をおいたのはだれか？　フォイエルバッハだ、そしてフォイエルバッハだけだ。彼はもっと多くのことをしている。「批判」なるものがいまさかんにふりまわしているあのカテゴリー、すなわち「人間関係の現実的富、歴史の膨大な内容、歴史の闘争、精神にたいする大衆の闘争」等々を、彼はずっと前に滅ぼしたのである〉（94〜95）

このようなフォイエルバッハ哲学への評価との対比で、バウアーの批判を〈絶対的批判は、フォイエルバッハの天才的説明ののちに、あえてわれわれに古いがらくたをそっくり、新しいすがたで復原してみせているわけであるが…〉（95）と批判している。このように、マルクスはバウアーとの対比においてフォイエルバッハの哲学的追求の意義を鮮明にしている。

そしてまた、哲学史的に反省している後の第六章第三節「絶対的批判の第三次征伐」の（f）「絶対的批判の思弁的循環と自己意識の哲学」の項では、シュトラウスとバウアーの二人のヘーゲル批判との関係でフォイエルバッハのヘーゲル批判を次のようにとらえ返している。

〈だが、二人ともヘーゲルの思弁の内部にたちどまり、それぞれヘーゲルの体系の一面だけを代表している。フォイエルバッハがあらわれるにおよんで、彼は形而上学的な絶対精神を「自然という基礎のうえにたつ現実的人間」に解消することによって、初めてヘーゲルをヘーゲルの立場にたって完成し、批判した。それと同時に彼はヘーゲル的思弁の、したがっていさいの形而上学の批判のために、巨匠をおもわせる偉大な『根本問題』をスケッチすることによって、宗教の批判を完成した〉（146）と。

このようなフォイエルバッハに対する評価を、それを単に『ドイツ・イデオロギー』以前の、すなわち思想的確立以前のものとして軽視していいわけではない。四四年九月から一一月にかけて書かれたこの『聖家族』から半年足らずあとの四五年春から書かれはじめた『ドイツ・イデオロギー』ならびに「フォイエルバッハについてのテーゼ」といわれているマルクスの〝メモ〟との間には、マルクスの思想的発展（「史的唯物論」・「実践的唯物論」の確立）を基礎にした、フォイエルバッハ哲学に対しての評価に変化があったとことはたしかなことである。だが、フォイエルバッハ哲学がその思想的発展にはたした重要な意義、役割までも軽視するならば、マルクスの思想形成過程の追体験は結局のところ失敗に終わらざるをえない。そして、その結果、マルクス思想の形骸化をおのれの内に引き寄せることにもなる。

マルクス自身、『聖家族』の発表から二一年たった一八六七年にエンゲルスに送った手紙の中で、この『聖家族』を読み直して、次のようにしたためている。

「私は、この労作をわれわれが恥ずかしく思うことがないというのをみいだして、うれしく感じた。もっともフォイエルバッハ崇拝はいまではこっけいではあるが」（『全集』第三一巻、404）と。

この「こっけいであるが」という主張をもって、フォイエルバッハの評価を一八〇度変えたなどと受けとめるならば誤謬に転化する。マルクスは、『聖家族』におけるフォイエルバッハ哲学へのもろもろの論説や判断・評価に誤りがあったとか問題があったと主張しているわけではない。フォイエルバッハの出版があった当時の感激を想いおこしながら、当時の自分の主張に「フォイエルバッハ崇拝」ぶりを「こっけいであるが」といっているのであって、フォイエルバッハの評価を「こっけいである」などと論じているわけではない。もちろん、当時のフォイエルバッハ評価の限界を認識してはいたであろうが、それをも含めてマルクスは「われわれが恥ずかしく思うことがないというのをみいだして、うれしく感じた」のであって、先に引用した文章を見ればわかるように「だれだ、フォイエルバッハだ」ということを連呼したり、「天才的」とか「巨匠をおもわせる」とかという形容詞をつけたりしている部分をその後の進展をおいてとらえかえせば「フォイエルバッハ崇拝」と規定しうる程であったとし、その後のフォイエルバッハ哲学の検討にふまえて「こっけいではあるが」といっているわけなのである。その意味では、エンゲルスが『フォイエルバッハ論』の中で、「世をあげて感激した。われわれはみなたちまちフォイエルバッハ主義者になった。マルクスがこの新しい見解をどんなに熱狂的にむかえたか、またかれが――あらゆる批判的留保にもかかわらず――どんなにそれに影響されていたかは、『聖家族』をよめばわかる」（岩波文庫・26）と振り返っているのと同様の意味で受け止めなければならない（註22）。

〈思弁的構成の秘密の暴露とは〉

〈『パリの秘密』の批判的叙述の秘密は、思弁的・ヘーゲル的構成の秘密である〉(56)。これは、『聖家族』第五章の2節「思弁的構成の秘密」の冒頭の一文である。当時、一大ベストセラーになった小説『パリの秘密』(ウジェーヌ・ショー著)を青年ヘーゲル派の一人〔(名註)セリガ＝ヴィシヌー〕が『批判』誌に評論した。これをマルクスが取りあげてその問題を明らかにしている。その場合マルクスはこの評論を「思弁的構成」の「個別的適用を示す」ものとしてとらえたうえで、その「思弁的構成の秘密」を明らかにしていくという形をとっている。

〈思弁的構成を一般的に特徴づけるには、わずかのことばで十分であろう。セリガ氏による『パリの秘密』の扱い方は〔その〕個別的適用を示すであろう〉(56)と。

この「思弁的構成の秘密」とは、ブルーノ・バウアーら「批判的批判」らの叙述に示される青年ヘーゲル派全体の思考法上の問題である。しかし、マルクスはそこでの展開において、「個別的適用」の個別性を明らかにすることにとどまることなく、むしろヘーゲル的論理・思弁的構成一般の問題として以下のように明確にしていく。マルクスはいう。

〈もし私が現実のリンゴ、ナシ、オランダイチゴ、ハタンキョウから「果実」という普遍的表象をつくるとすれば、さらにすすんで現実の果実からえられた私の抽象的表象「果実なるもの」が、私のそとに存在する本質であり、ナシ、リンゴなどの真の本質であると想像するならば、私は——思弁的に表現すれば——「果実なるもの」を、ナシ、リンゴ、ハタンキョウなどの「実体」であると公言することとなる。だから私は、ナシにとってはナシであることが非本質的であり、リンゴにとってはリンゴであることが非本質的であるということになる。これらのものにおける本質的なものは、その現実の、感性的に直感できる存在ではなく、私がこれらのものから抽象し、これらのものにおしつけた本質、すなわち私の表象の本質たる「果実なるもの」である。私はそこでリンゴ、ナシ、ハタンキョウなどを「果実なるもの」のたんなる顕現のしかた、様態（Modi）であると公言する。感覚にささえられる私の有限な悟性は、たしかに、リンゴをナシから、ナシをハタンキョウから区別するが、私の思弁的理性は、この感性的な差別を、非本質的などうでもよいものと公言する。それ〔思弁的理性〕は、リンゴのうちにナシと同一のもの、ナシのうちにハタンキョウと同一のもの、すなわち「果実なるもの」をみている。特殊の現実の果実は、仮象の果実として通用するにすぎず、その真の本質は「実体なるもの」「果実なるもの」である〉（56）

ここの説明は「批判的批判」＝「ヘーゲル的・思弁的論理」についてマルクスが果実を例にとってわかりやすく論じたものである。現実の個々のナシ・リンゴ・ハタンキョウなどの果実から「果実なるもの」を抽象し、それを本質＝実体とし、そこから「ナシ・リンゴ・ハタンキョウ」などの現実的なものを、この本質である「果実なるもの」の「顕現」「様態」「非本質的な」ものとする思弁的論理をそれはあきらかにしたものである。しかしその解説は、その訳語上の問題を問わないとすれば、ナシ・リンゴ・ハタンキョウなどと言語的に「規定」され、呼称されている「もの」それ自身とそれら個々の「もの」をそれら個々のものがもつ性質上の同一性を基礎にして「果実」というように言語的に規定すること、すなわち「果実なるもの」、その両者の関係を、前者を「現実の果実」（ナシ・リンゴ……）とし、後者をそれの「普遍的表象」（「果実なるもの」）というようにしている。あるいはまた、「感性的に直感できる存在」とそれから「抽象し、おしつけた本質」「表象の本質」の関係、後者「真の本質」＝「実体なるもの」＝「果実なるもの」と、その本質の「顕現」「仮象」が前者「特殊の現実の果実」「仮象の果実」である、とされている。

こうしたことを考えると、このマルクスの展開は、前者と後者の区別あるいは関係の考察が、一定の諸事象を、認識論的に展開することと、それにふまえて存在論的に展開することがアマルガムになっているように思われる。そのことは次の一文において端的に示されている。

〈現実のいろいろの果実から一つの抽象の「果実」――「果実」なるものをつくりだした思弁は、そこで、現実の内容の仮象に到達するために、なんとかして、「果実」なるものから、実体から、ふたたび現実のさまざまの世俗的果実に、ナシ、リンゴ、ハタンキョウなどにかえろうと、試みなければならない。現実に果実から、抽象的表象たる「果実なるもの」をつくりだすのは、いとやさしいとしても、抽象的表象たる「果実なるもの」から、現実の果実をつくりだすのは、たいへんむずかしい。それどころか、私は抽象をすてないかぎり、抽象から、抽象の反対にいくことは、不可能である〉(57)

ここでの、果実から「果実なるもの」をつくりだすのはやさしいが、「果実なるもの」から現実の果実をつくりだすのはたいへんむずかしい、というような説明、この「つくりだす」という表現は、「抽象する」ということと「演繹する」ということの両方の意味、すなわち認識論的〔具体的なものから本質的なものへ〕と存在論的〔本質的なものから具体的なものへ〕との両義的な使われ方をしている。そのことは、「抽象から、抽象の反対にいくことは、不可能」という展開にも示されている。現実の果実としてのリンゴやナシなどからその本質（「果実なるもの」）を導き出すのは「やさしい」が、この本質から現実（の果実としてのリンゴやナシなど）を「つくりだす」のは「むずかしい」「不可能」である、というような展開になるわけである。

〈だから思弁的哲学者は「果実」なるものという抽象を、あらためてすてるが、それを思弁的・神秘的なしかたで、つまりこれをすてないようにみせかけて、すてるのである。だから彼は、実際には、みせかけのうえで抽象をこえるにすぎない。彼はおよそつぎのように論じる。

リンゴ、ナシ、ハタンキョウ、オランダイチゴが、実は「実体なるもの」、「果実なるもの」にほかならないとすれば、どうして「果実なるもの」が、ときにはリンゴとして、ときにはナシとして、ときには、ハタンキョウとしてあらわれるのであるか、一なるもの、「実体なるもの」、「果実なるもの」についての私の思弁的直観と、かくもはっきり矛盾するこの多様性の仮象はどこからくるのであるか、が疑問となる。

思弁的哲学者は答える。それは「果実なるもの」が、死んだ、区別のない、静止したものでなく、生きた、みずからのうちにみずからを区別する、動く本質だ、ということからくる、と。世俗的果実の差異性は、私の感性的悟性にとってだけでなく、「果実なるもの」自体、思弁的理性にとっても、意味がある。それぞれの世俗的果実は、「一なる果実」のそれぞれの生命の発現であり、「果実なるもの」自体がつくる結晶体である。だから、「果実なるもの」は、たとえばリンゴにおいてリンゴ的定在を、ナシにおいてナシ的定在を自己にあたえるのである〉(57)

ここでは、現実の果実から抽象をつうじて得られた「本質」を「実体」とすること、これを「みずからを区別する」「生きた実体」とする、ことを指摘する。しかもそれを、「私の感性的悟性」と「思弁的理性」が対応する形で展開されている。

〈見たまえ、キリスト教は神に一つの托身を認めているだけであるのに、思弁哲学は、ものがあるだけ、それだけの数の托身を所有しているのである。すなわち、このばあいでいうなら、すべての果実のうちに、実体すなわち絶対的果実の托身を一つ一つもっているのである。だから、思弁哲学者たちにとって主要な関心は、現実の世俗的果実の現存在をつくりだし、リンゴ、ナシ、ハタンキョウ、干しブドウがあると、秘密のやり方でいうことにある。だが、われわれが思弁的世界で再会するリンゴ、ナシ、ハタンキョウ、干しブドウは、仮象のリンゴ、仮象のナシ、仮象のハタンキョウ、仮象の干しブドウでしかない。なぜなら、これらのものは、「果実なるもの」の、この抽象的な悟性物の生命の契機であり、したがってやはり抽象的な悟性物だからである。そこで、思弁においてよろこばれるのは、すべての現実の果実に再会することである。ただしそれはより高い神秘的意義をもち、君の脳の霊気から生じ、物質的な地盤から生じたものではない果実、「果実なるもの」の、絶対的主体の托身たる果実である〉(58)

リンゴとかナシと言語的に表現される現実の果実から「抽象」して得られた「本質」（「果実なるもの」）が、「実体」として「実体化」され、それがキリスト教の「神」にあたるものとして「一つの托身」とされる、ということが最後に論じられ、この「果実なるもの」が「絶対的主体の托身」とされ、その神秘的性格が明らかにされている。そしてこのようなヘーゲル哲学・思弁哲学に対置されているのが、「感性的に直感できる存在」なのである。これがこの時点のマルクスのヘーゲル哲学・思弁哲学に対する「現実」と「本質」の関係を中心とした批判の概要である。

以上のようなヘーゲル弁証法の論理の批判を基礎にして、マルクスはセネガに示される批判的批判の論理の問題性を突き出している。すなわち、批判的批判の論理的欠陥を、思弁的・ヘーゲル的なものとして暴きだしているのである。そしてこのような執拗な論理的欠陥の指摘の目指しているものは、ブルーノ・バウアーら『聖家族』の倒錯を明らかにすることを通じて、過去的な己の論理の否定を、すなわちヘーゲル的な論理の枠内にあった己からの決別と唯物論的な弁証法を明確にすること、すなわちマルクス的論理の追究をめざしたものであることそのことを示している。『経済学＝哲学草稿』において確立した感性的労働の論理、唯物論的な弁証法と人間解放のイデーの獲得、それを基礎にしてのブルーノ・バウアーら青年ヘーゲル派らとの根本的決別の宣言であり、マルクスの唯物論的な弁証法の追究をそこに見ることができるのである。

〈ヘーゲル弁証法と自己意識の哲学〉

以上のヘーゲル弁証法における欠陥の指摘は、すでに四三年夏を前後して書かれた『ヘーゲル国法論批判』のなかにおいて指摘されているものであった。次の一文はそのことを雄弁に物語っていたものである。

「……政治的国家は家族という自然的土台と市民社会という人工的土台なしにはありえないということであり、それらは国家にとって一つの欠くべからざるの条件なのであるが、しかし条件が条件づけられたものとして、規定するものが規定されたものとして、産出するものがそれの産物の産物として定立される。現実的理念がその身を貶《おと》しめて家族および市民社会の「有限性」へはいりこむのは、ただこの有限性の揚棄を通じて国家の無限性を享受し産出せんがためにほかならない。…（中略）…出発点となる事実はかかる事実そのものとは解されず、かえって神秘的な結果と解される。現実的なものは現象となるが、しかし理念はこの現象以外どんな内容も持ちはしない。のみならずまた理念は、「対自的に無限な、現実的精神であらん」

とする論理的目的以外のいかなる目的ももちはしない。この節のうちに法哲学、またはヘーゲル哲学一般の全秘密が蔵されている」（M・10～12、全集Ⅰ・237～8）

ここで「ヘーゲル哲学一般の全秘密が蔵されている」と指摘されていることは、「国家」という「現実的理念」と「家族」「市民社会」との関係にかかわる問題である。国家にとっての欠くべからざる「家族」「市民社会」などの「条件」が「条件づけられたもの」として、また「規定するもの」が「規定されたもの」として、国家を「産出するもの」が国家による「産物として」定立されるということ、この転倒性についてである。と同時に、この無限性・普遍性を体現する国家という現実的理念が、「家族」「市民社会」という有限性に「その身を貶しめて」はいり込むのは、この有限性を止揚して再び無限性になる、すなわち「家族」「市民社会」をして「国家」のもとに「揚棄」せんがためである、ことを明らかにしているのである。

明らかにヘーゲルの『国法論批判』の中で批判していた論理を駆使して、マルクスはこの『聖家族』におけるブルーノ・バウアーらの批判的批判との対決をおこなっているのだ、といえる。

しかし、『国法論批判』と『聖家族』の間にはある種の飛躍が存在している、ことを見ておかなければならない。

『聖家族』におけるマルクスの「批判的批判」にたいするヘーゲル的論理との関係での批判の核心は、〈ｆ・絶対的批判の思弁的循環と自己意識の哲学（１４３）〉において次のように展開されている。

〈バウアーにおいても、自己意識は自己意識にまで高められた実体、あるいは実体としての自己意識であり、自己意識は人間の述語から独立の主語にかわっている。それは人間を自然から分離してみた形而上学的＝神学的カリカチュアである。だからこの自己意識の本質は、人間ではなく、理念であり、自己意識は理念の現実的存在なのである。それは人間となった理念であり、だからまた無限である。そこであらゆる人間的性質が、神秘的に、空想的な「無限の自己意識」の性質にかわる〉（145）

ここで端的に、バウアーに自己意識が「人間の述語から独立の主語」に変わり、「主語」になったもの、すなわちそれ自体実体化されたものでしかなく、そのようなものであるがゆえに、この「自己意識の本質」は、「人間ではなく、理念であり」、この理念の「現実的存在」であることを明らかにしている。だから、マルクスは、自己意識といえば、人間が抱くことの自己意識なのであるが、この人間の述語としての自己意識が「独立の主語に変わる」ということは、「人間を自然から分離してみた形而上学的＝神学的カリカチュア」でしかない、と批判しているのである。

このようにバウアーの自己意識の哲学を捉え返した上で、それをめぐる当時の青年ヘーゲル派における論争に踏まえて、マルクスはさらにヘーゲル的思弁との関係を問題にする。バウアー、シュトラウス、そしてフォイエルバッハらの理論を「ヘーゲル的思弁」との関係で実に明解なかたちで捉え返しているのである。

〈実体と自己意識にかんするシュトラウスとバウアーの闘争は、ヘーゲル的思弁の内部での闘争である。ヘーゲルのうちには三つの要素がある。すなわちスピノザの実体と、フィヒテの自己意識と、この両者の必然的な矛盾にみちたヘーゲルの統一すなわち絶対精神である。第一の要素は人間から分離されて形而上学的に改作された自然であり、第二のものは自然から分離されて形而上学的に改作された精神であり、第三のものは、これら両者の形而上学的に改作された統一であり、現実の人間と現実の人類である。

シュトラウスはヘーゲルをスピノザ的立場から、バウアーはヘーゲルをフィヒテ的立場から、それぞれ神学の領域内で首尾一貫して展開している。ヘーゲルにおいて、この二つの要素のうちの一方が他方のものによって偽造されているかぎり、この二人はヘーゲルを批判した。それとともに彼らは二つの要素のおのおのを、それぞれ一面的に、したがって一貫して敷延しながら発展させた。――だから二人とも批判にあたってヘーゲルをのりこえている。だが二人ともヘーゲルの思弁の内部にたちどまり、それぞれヘーゲルの体系の一面だけを代表している。フォイエルバッハがあらわれるにおよんで、彼は形而上学的な絶対精神を「自然という基礎のうえにたつ現実的人間」に解消することによって、はじめてヘーゲルをヘーゲルの立場にたって完成し、批判した。それと同時に彼はヘーゲル的思弁の、したがっていっさいの形而上学の批判のために、巨匠をおもわせる偉大な『根本命題』をスケッチすることによって、宗教の批

判を完成した〉（146）

ここでは、先に見たフォイエルバッハについての評価を基礎として、あくまでもヘーゲル的思弁の枠内で、その一面を批判したバウアーとシュトラウスの「二人」とフォイエルバッハとの違いを鮮明にしている。フォイエルバッハがヘーゲルの「絶対精神」を〈「自然という基礎のうえにたつ現実的人間」に解消することによって、はじめてヘーゲルをヘーゲルの立場にたって完成〔全体構造をとらえという意味―筆者註〕し、批判した〉という展開にそれは端的に語られている。

〈フランス唯物論から社会主義・共産主義〉

〈「正確に、散文的な意味でいえば」、一八世紀のフランス啓蒙思想、とくにフランス唯物論は、現存の政治的制度ならびに現存の宗教と神学にたいする闘争であっただけでなく、おなじく、一七世紀の形而上学とすべての形而上学にたいする、ことにデカルト、マルブランシュ、スピノザ、およびライプニッツの形而上学にたいする公然たる明白な闘争でもあった。フォイエルバッハがはじめて決然としてヘーゲルに反対して登場したとき、酔った思弁にしらふの哲学を対立させたように、人々は哲学を形而上学に対立させた。一八世紀のフランス啓蒙思想、ことにフランス唯物論のためにうちまかされた一七世紀の形而上学は、ドイツ哲学、ことに一九世紀のドイツ思弁哲学として、かちほこった、実質的な復興を体験した。ヘーゲルがそれを、天才的なしかたで、それ以後のあらゆる形而上学およびドイツ観念論と結合して、一つの形而上学的世界王国を建設してからは、ふたたび一八世紀のときのように、神学にたいする攻撃に応じて、思弁的形而上学およびあらゆる形而上学にたいする攻撃がおこった。形而上学は、いまや思弁そのもののはたらきによって完成され、人間主義と一致する唯物論に永久に、屈服するであろう。だが、フォイエルバッハが理論の領域で、人間主義と一致する唯物論を代表したように、フランスとイギリスの社会主義と共産主義は実践の領域でこの唯物論を代表した〉（130〜131）

〈「正確に、散文的な意味でいえば」、フランス唯物論には二つの方向があって、そのうち一つはデカルトにその源を発し、他のものはロックにその源泉を発している。後者はとくにフランス的教養の一要素であり、直接に社会主義にそそいでいる。前者すなわち機械論的唯物論は、本来のフランス自然科学に流れこんでいる。二つの方向は発展の途上で交差している。直接デカルトに由来するフランス唯物論は、くわしく論じるにおよばないが、おなじくまたフランスのニュートン学派、フランスの自然科学一般の発展もくわしく論じるにおよばない〉（131）

〈デカルト派唯物論が本来の自然科学に流れ込んでいるように、フランスの唯物論の他の方向は、直接に社会主義と共産主義とにそそいでいる〉（136）

ここで言われている、「形而上学は、いまや思弁そのもののはたらきによって完成され、人間主義と一致する唯物論に永久に、屈服するであろう。だが、フォイエルバッハが理論の領域で、人間主義と一致する唯物論を代表したように、フランスとイギリスの社会主義と共産主義は実践の領域でこの唯物論を代表した」というように展開されているところの、その内容をいかに理解するか。ドイツ哲学・思弁哲学、観念論、形而上学とそれに対置されたものとしての人間主義と唯物論、この人間主義と唯物論と社会主義・共産主義との関係がここでは問題にされている。これら自身について究明することは思想上のみならず社会的実践的にも大きな課題であり、それについて論じることは膨大な仕事になる。ここではそれらについては省略せざるを得ないのであるが、ここでは、「フォイエルバッハがはじめて決然としてヘーゲルに反対して登場したとき、酔った思弁にしらふの哲学を対立させた」といわれ「**人間主義と一致する唯物論を代表する**」者とされている。このようにいわれているフォイエルバッハの果した思想史的意義をかたるマルクスの展開とその意味について、もちろんその後『ドイツ・イデオロギー』の執筆時にマルクスが書いたところの「フォイエルバッハについてのテーゼ」(註23)との関係でとらえておくことは極めて重要である。

もちろん、フォイエルバッハが「人間主義と一致する唯物論」を代表するということと、このフォイエルバッハの唯物論がテーゼで言われている「客体または直感の形式のもとにのみ」とらえられて、「感性的な人間的活動」「実践」として「主体的にとらえられていない」という欠陥をもつということ、この両者はなんら矛盾するわけではない。前者(「人間主義と一致」)と後者(「実践としてとらえていない」)との関係は、「にもかかわらず」でつながる関係なのであって、フォイエルバッハ唯物論の画期的意義と同時に、そこに孕まれている限界を示しているのである。その全体像をとらえることが必要不可欠なことである。にもかかわらず、そう、にもかかわらず唯物論における客観主義的傾向を批判することが主要な問題関心であることのゆえに、「フォイエルバッハのテーゼ」の前提になっている「前者」の意義についての理解が十分になされないままに、この「テーゼ」発表以後の歴史において、フォイエルバッハの唯物論に対してもっぱら「感性的活動」・「実践」が対置され、「実践的唯物論」の名のもとに「実践」が空語的に強調される傾向が生み出されているといえるのではないか。このことは、思想上実に大きな問題であったと私は思う。

あとがきにかえて

さて、この『聖家族』を学習してきたいま、改めて何をそこから学ぶのかについて項目的・結論的に確認しておきたい。

その第一は、「絶対に批判的な知恵」にする「絶対に大衆的な愚昧」、すなわち「批判的批判」「精神」にたいする「大衆」を基本関係とし、「絶対的批判」「精神」の「托身」として自らをおき、それに対する「敵」として「大衆」を措くにいたったB・バウアーの観念的倒錯を批判したマルクス、この批判の検討を媒介にして、「大衆」に対する感覚、また「大衆」と「精神」・理論についてのマルクスの発想なり感覚なりを改めて考察しなければならない、という思いを強くしたことである。この問題は、単に理論の領域にとどまらず、『独仏年誌』に載せられたマルクスとルーゲの手紙に示されているように、そしてまた本書におけるB・バウアーとマルクスの「大衆」に対する感覚のちがいにも示されているように、人間の奥深いところではたらくヒューマニズム、その問題につながることである。一部政治家や活動家における「大衆」観によく見られる理論馬鹿・理論主義や能力主義的傾向は、その分析の狂いや立場のちがいを措くとしても、根本的にはこの「大衆」を形成し、構成する諸階層、それを構成する「人間」に深く思いを寄せようとする姿勢に、あるいはそこにおける質やある場合には欠損にもとづくものなのである(註24)。

この第一の点は同時にプロレタリアートに対するマルクス・エンゲルスの認識やそれへの感覚につながる問題であり、それが極めて重要な意味を持つものとして改めて考察されなければならない。そのことが第二の問題である。

すでに見てきたその内容については措くとして、シュレージェンの闘いのふりかえりに示されたマルクスの姿勢(註25)、それは後には『フランスの内乱』として記されたパリ・コミューンの教訓にも貫かれたものなのであって、プロレタリアートとその闘いに対する認識のみならずマルクス的価値意識をも問わなければならないことである。

これは言うまでもないことであるが、マルクスは出身階層という点から見れば、いわゆるプロレタリア階層出自ではない。そしてまた、エンゲルスとの付き合い、イエニーとの結婚とその後の波乱万丈の生涯においても、その生活様式が「エンゲルスへの金の無心」に端的なように借金におわれていたのだとはいえ、いわゆる賃金労働者のそれであったわけでも、そのような経験をしたわけでもない。そのようなマルクスの生涯、たとえば家族の事、あるいはマルクスの収入や資産、借金などをふくめての諸事情などについて書かれた書物も多々（たとえば、良知力の『初期マルクス試論』など）あるが、いまそれらを検討することはほとんど意味がない。いま問わなければならない問題は、このような出自や生活諸条件において、にもかかわらず「人間の完全な喪失」であり「人間の完全な回復によってだけ自分自身をかちとることのできる」ところの「プロレタリアート」への絶対的信頼を基礎にして、マルクスは（もちろんエンゲルスも）あらゆる論争に、歴史的振り返りや反省に、また理論的検討や理論創造に、むかっているのである。問題は、それが一体どこからくるのかをはっきりさせ、それをわがものにすることにこそある。その場合、考えなければならないのは、そのときどきに生起する社会的矛盾へのマルクスの立ち向かい方である。例えば、ライン新聞への「モーゼル通信員」の名においてプロイセンの社会的＝政治的制度にたいする批判をおこなった論文を発表したり、先に挙げた、シュレージェンの闘いのふりかえりなどにしめされるマルクスの姿勢は、そこに示される社会的矛盾の現実に深く迫り、それを変革しようとする強い意志の立場であり、それをなしうる変革主体への強い思いである。それが、解放の「心臓はプロレタリアートである」という確信となり、「問題は、プロレタリアートがなんであるか、また彼の存在におうじて歴史的に何をするように余儀なくされているか、ということである」という指摘にしめされている。このプロレタリアートの闘いへの立ち向かい方にしめされるゆるぎないマルクスの実践的立場をつかみ取り、己のものにするのでなければならない、と私は強く思っている。

そして第三には第一・二と密接に関係することではあるが、この大衆の実践、運動と歴史の進歩、さらには運動と理念の関係について、これらの考察を媒介にして、若きマルクスの階級的実践の指針の解明がおこなわれたのであり、そこにマルクス革命論の精神的支柱なるものを見て取ることができるのではないか、という点についてである。端的にはつぎのマルクスの主張にそれは表現されている。〈だから、あらゆる偉大な歴史的行動を代表することのできる革命が失敗であったとすれば、それは、大衆が――（中略）――排他的な、全体を包括しない、制限された大衆だったからである〉〈大衆のうちで、ブルジョアジーと区別された最大の多数の部分が、革命の原理のうちに、彼らの現実の利害をもたず、彼らの固有の革命的原理をもたないでただ「理念」だけを、したがってまた瞬間的な熱中と見かけだけの高揚をもったにすぎないからである〉（82～83）と。この精神は、疎外されきった現代の階級闘争においても生かされ、貫かれなければならないものである。

さらに第四には、マルクス・エンゲルスの貧困・貧窮に対する問題の仕方についてである。

これは本書ではプルードンに対する評価の中において、または国民経済学に対する評価の中において示されるところの若きマルクスのヒューマニズムをかたちづくるものであり、『経済学＝哲学草稿』における追求にもとづくものとしてとらえ返されなければならない。

第五には、マルクスのヘーゲル弁証法との対決、フォイエルバッハ哲学との対決の実践的意義について、である。すでに、「思弁的構成の秘密」を検討したところで明らかにしたことからも、そしてまた、「ヘーゲル哲学の内部にとどまり、ヘーゲル哲学体系の一面をそれぞれ代表している」シュトラウスとバウアーに対して、フォイエルバッハは「形而上学的な絶対精神」を「自然という基礎の上に立つ現実的人間」に解消した、と記しているように、感覚的に知覚しうる世界、すなわちこの私をふくむ物質が唯一の現実の世界であり、意識や思考はその物質の産物に他ならないことをその決定的な意義としていることからしても、この時点におけるマルクス・エンゲルスは「あらゆる批判的留保にもかかわらず」「フォイエルバッハ主義者」(註26)となってヘーゲル哲学やその一面を卑俗化させたＢ・バウアーらの哲学を批判しているのであった。そこに示される「現実的人間主義」が、その人間規定の「抽象性」・「貧弱性」にもかかわらず(註27)、若きマルクスの思想形成にとっていかに重要な意味をもつものであるかをマルクスのヘーゲル哲学との対決という領域においても確認しなければならない。

【第2編・註記】

（註1）これは、一八四三年一〇月末～四四年二月にいたるパリ時代に、マルクスが経済学の体系的研究を開始した。その経済学的＝哲学的追求の成果（四四年の春と夏に書いたといわれている）である。とりわけ、その第一草稿四節で展開された「疎外された労働」論はその学問的追求の輝かしい結実化としてあらわれたものである。

（註2）四五年春から翌四六年夏八月末まで。正式名称は、『ドイツ・イデオロギー。フォイエルバッハ、ブルーノ・バウアーおよびシュティルナーを代表者とする最近のドイツ哲学の、ならびに種々の予言者に現われたドイツ社会主義の批判』である。

（註3）エンゲルスの『フォイエルバッハ論』岩波文庫、24～25頁および26頁参照。ここでエンゲルスは、フォイエルバッハの『キリスト教の本質』（一八四一年）が発表された時のこのことを「この本がどんなに解放的な作用をしたかは、みずから体験したものでなければ、想像することさえできない。世をあげて感激した。われわれはみなたちまちフォイエルバッハ主義者となった。マルクスがこの新しい見解をどんなに熱狂的に迎えたかは、またかれが、――あらゆる批判的留保にもかかわらず――どんなにそれに影響されていたかは、『聖家族』を読めばわかる」と書いている。

（註4）Allgemeine Literaturzeitung、日本語では『一般文学新聞』。ブルーノ・バウアーがシャルロッテンブルグで発行した月刊雑誌。一八四三年一二月から四四年一〇月まで発行。以下、『批判』誌と略して表記する。

（註5）この大衆とは何をさしているのか、が重要な問題であるが、当時の論争を前提にしているが故に説明なしで「大衆」という用語が使われている。本稿でも、その使い方を前提にして使用し、それらの検

討の中でその意味内容について触れることにする。

（註6）これらの展開の一つ一つをとりあげ検討する必要があるが、ここではそれはできない。それらのエンゲルスの主張は、『イギリスにおける労働者階級の状態』として著されたイギリス労働者階級の具体的な分析にもとづくものなのである。

（註7）以上の一文は『ユダヤ人問題にかんする最新刊』という『アルゲマイネ・リテラトゥール−ツァイトゥング』第一冊、一八四三年一二月号からのマルクスの引用である。

（註8）一八四二年三月に大学を追われたバウアーは、おそらく同年八月までに抗議の書『自由の大義と私自身の問題』を書き上げた。バウアーはこの前後に多くの論文・著書をものにしている。

（註9）エンゲルスは、四二年末にイギリスに渡って以来、ヘスの影響もあってイギリスの初期社会主義に接近し、チャーチィストをはじめ労働運動の指導者とも交際し、それらの思想や運動の実態について身をもってとらえていた。

（註10）この期間は、マルクスの妻イエニーが出産のためにクロイツナハの実家に帰っていて留守であったといわれている。

（註11）一八四六年のブリュッセルで、マルクスはこの年の八月末までかかって『ドイツ・イデオロギー』の執筆に従事していた。

（註12）この認識の発展過程を問題にする場合、若き黒田が『ヘーゲル国法論批判』そして『独仏年誌』から『聖家族』にいたるマルクスの思想形成の問題を次のように捉えていることを検討する必要がある。

「人間物化の社会的現実を変革し、政治的国家と市民社会との世俗的分裂を止揚することは『政治的』にではなく『人間的』にしか実現されえないとする若きマルクスのこの確信が、市民社会における人間の自己疎外の否定的体現者であるがゆえに、その変革主体とならなければならないものとしてのプロレタリアートの発見と結合されることによって、現実問題の経済学分析へと下降してゆく必然性が、政治哲学的批判の究極において、かかるアプローチに仕方の限界露呈において、措定されるのである。このことが『ヘーゲル法哲学批判序説』に明白にしめされている。そしてまさにこのような方向への学問的探究を転回させるバネとなったのは、ほかならぬ、マルクスの画期的な二論文とともに『独仏年誌』にかかげられたエンゲルスの論文『経済学批判要綱』であったのだ。

ヘーゲル国家哲学批判や政治哲学的思弁に適用されたマルクス的論理、すなわち批判すべき相手の論拠を逆用してそれを論破するというマルクス独自の方法は、もちろん、セイ、スミス、リッカードなどの古典派経済学の批判的研究にも適用される。この適用をとおしてイギリス経済学者たちが突破できなかった核心的な問題へ肉迫し、こうして「私有財産の秘密」を、かの「疎外された労働」論においてマルクスは明白につきだしてゆくのである」(『マルクス主義の形成の論理』・49~50)と。

(註13)『資料ドイツ初期社会主義、義人同盟とヘーゲル左派』良知力編・平凡社所収、１５５を参照。

この論文の中で、ヴォルフは当時の「救貧制度」を問題にして次のように主張したことが紹介されている。「この部門に支出される金額は年々増えているはずなのに、その効果はほとんど現れていないのだ。貧乏人にとって、『餓死だけはしない』というのが、この制度のせめてもの利点であった。しかし、その責任は救貧制度の方式にあるのではなく、今日の状況全体にある。そもそも『貧民救済』が問題になるその時点で、そしてまたそれが問題になるかぎり、社会全体がその根底から裁かれ、有罪が宣告されているのだ」(同上・１６０)と。この主張は、すでに二〇〇年近く前のものであるが、子供の貧困に象徴される現代の貧困問題はいったいどのように裁かれなければならないであろうか、考えさせられる。

（註14）一八四四年一月から一二月まで毎週二回ずつパリで発行されたドイツ語の新聞。この新聞には、上記のマルクスの論文のほかにエンゲルスの論文も発表されている。四四年夏以降、編集に密接に協力したマルクスの影響をうけて、この新聞は共産主義的な性格をおびはじめた。この新聞はプロイセンにおける反動的情勢を痛烈に批判した。ギゾー内閣は、プロイセン政府の要請により、一八四五年一月にマルクスとその他数名の同誌寄稿者をフランス国外に追放するように指令した。（『全集』Ⅰ・６６４）

（註15）「一プロイセン人」という匿名をつかって書いたもので、「一プロイセン人」という表記はマルクスが匿名で書くときに使っていたものであり、それを知りつつルーゲが「一プロイセン人」として発表した。

（註16）H・ルヘーブル『カール・マルクス、その思想形成史』・１０５を参照されたい。

（註17）一八四五年一月、フランス政府はベルリン当局の要請を入れて『前進』紙への寄稿者と目されたパリの亡命者に国外追放を命じた。その一人であったマルクスはベルギー・ブリュッセルに移った。

（註18）そのパリ時代におけるマルクスの経済学研究として、今日、研究のための『四冊のノート』が残されている。この四冊のノートとは、

Ⅰ、セーの二巻本『経済学概論』からの二一八箇所の抜粋。

Ⅱ、Ⅲ、アダム・スミスの『国富論』からの一四三箇所の抜粋集で評註は短いものがほんの二、三あるだけ。

Ⅳ、Ⅴ、『経済学ノート』は『経済学＝哲学草稿』の第一草稿と第二草稿の中間の時期に執筆されたとみられる。リカードやジェームス・ミルに関連した評註。国民経済学の思想的構えそのものに対する批判が登場する。（廣松渉『青年マルクス論』平凡社ライブラリー・２３２〜２３７）

（註19）〈経済学上の『至聖所』を攻撃するに挑戦的な勇気、ブルジョア的常識を嘲弄する機知にみちた逆説、えぐるような批判、辛辣なる皮肉、ここかしこでうかがわれる、現状の醜悪さにたいする心からの、真の憤激の情、革命的な真剣さ――これらすべてによって、『財産とはなにか？』は読者に電撃的な作用を及ぼし、はじめて刊行されたときには大きな衝撃をあたえたのです。厳密に科学的な経済学史では、この書物はほとんど名まえをあげる値うちもないでしょう〉〈しかし、それらの感動をあたえる著書は、科学においても文学に於けると同じく一つの役割を演じている〉（『全集』第一六巻、「P・J・プルードンについて」一八六五年一月二四日付け「J・B・フォン・シュヴァイツァーへの手紙」より）（24）。

（註20）『近代市民社会の成立―社会思想史的考察―』成瀬治、東京出版会、第一章「身分的自由から市民的自由へ―シェイエス『第三身分とはなにか』における市民社会のモデル」参照。

（註21）その他では、「プルードンが、たとえば賃金、商業、価値、価格、貨幣などのような私有財産のその他の姿態を、たとえば『独仏年誌』でやられたように（F・エンゲルスの『国民経済学批判大綱』をみよ）、まさに私有財産の姿態としてとらえるのではなく、これらの経済学的前提をとりあげて経済学者とあらそっているのは、先に述べられた、歴史的に是認された彼の立場にまったく照応するものである」（29）とか、「プルードンがもたぬことと古い持ち方を揚棄しようとするのは、彼が、その対象的本質にたいする人間の実践的に疎外された関係を揚棄し、彼が人間的自己疎外の経済学的表現を揚棄しようとすることと、まったく同一である。だが彼の経済学批判は、なお経済学の前提にとらわれているために、対象的世界の再獲得そのものがなお占有の経済学的形式のもとにとらえられているのである」（40）などといわれている。

（註22）ところが、このマルクスの一文をもって、フォイエルバッハ哲学についてのマルクスの主張をな

きものにしようとする理解が生み出されている。この典型がテ・イ・オイゼルマンである。そこではエンゲルスにあてた手紙の先の部分を引用して、「『フォイエルバッハ崇拝』がこの著作において主要なもの、決定的なものをなしていないことを指摘しているのである。そこでの主要なものは、マルクス主義哲学および科学的共産主義の最初の基本的諸命題をつくりあげたことである」（『マルクス主義哲学の形成』第二部・13、一九六五年出版、森宏一訳、勁草書房）などと語るのがそれである。マルクスの「こっけいである」とする「フォイエルバッハ崇拝」という言葉を「フォイエルバッハ哲学崇拝」に置き換え、それは「主要ではない、決定的なものではない」としているのである。こうしたことは、また、次のような主張としても現れている。「フォイエルバッハの唯物論の影響は、たとえば《神聖家族》（一八四五年）というような、マルクス主義の創始者たちの著作にあらわれていて、この著作ではマルクスとエンゲルスはすでに、根本的には、弁証的唯物論者および共産主義者として出現している。その影響は、マルクスの《一八四四年の経済学＝哲学手稿》のなかで、さらにいっそうあきらかである。もっとも、ここでもまた、本質的にはすでに弁証法的唯物論と史的唯物論および科学的共産主義の基本的諸命題がだされている。こういう影響は成熟したマルクス主義の最初の諸著作で、はじめて終局的に克服されているのであって、ヴェ・イ・レーニンが指摘しているように、《哲学の貧困》および《共産党宣言》がそれにぞくしている」（『マルクス主義哲学の形成』第一部・12）

フォイエルバッハの「影響」があらわれている、しかし「根本的には」「本質的には」弁証法的唯物論、共産主義だ、だから「成熟したマルクス主義」では「終局的に克服され」たのだ、というような主張が、スターリン主義者の理解の一般的なものである。だが、これらはマルクスその人の思想的形成過程の主体的構造をまったく無視して、『テーゼ』のマルクスから『聖家族』などを結果解釈したものでしかないことは明らかである。そうすることにより、フォイエルバッハ哲学もそれを批判的に摂取したマルクス思想も形骸化させられることになるのであり、実際なったといえる。

（註23）「いままでのすべての唯物論（フォイエルバッハのもふくめて）のおもな欠陥は、対象、現実、感性がただ客体または直観の形式のもとにのみとらえられ、感性的な人間的活動、実践としてとらえられず、主体的にとらえられないことである。したがって活動的な側面は、唯物論とは反対に抽象的に観念論―これはもちろん現実的な、感性的な活動をそのものとしてはしらない―によって展開された。フォイエルバッハは感性的な―思想主体から現実的に区別された客体を欲する。しかしかれは人間的活動そのものを対象的活動としてはとらえない。だからかれはキリスト教の本質のなかで理論的な態度だけを真に人間的なものとみなし、これにたいして実践はただそのきたならしいユダヤ的な現象形態においてのみとらえられ、固定される。したがってかれは『革命的な』『実践的・批判的な』活動の意義をつかまない」（『テーゼ』の（1）、岩波・234～235）

（註24）ここでの問題は決して過去の問題ではない。

たとえば、二〇〇〇年を越した時期の学生運動をめぐる論議において、あたかも「大衆」を「敵」とでもするように主張する指導者があらわれたことにそれは端的に示されている。闘いへの組織化がうまく進まない反省論議を聞いたある指導者は、「学生大衆はバカなのだ」ということをはっきりさせるべきだ、「何も知らない、何も考えない大衆」を批判する構えをもつべきことを強調したのだという。正しい知識をうえつけることをオルグと観念するこうした指導者には、現代の「純粋批判者」というレッテルがはられなければならない。

（註25）このようなことをはっきりさせるためにも、マルクスの「論文『プロイセン国王と社会改革―一

プロイセン人』（『フォルベルツ！』第六〇号）にたいする批判的評論」は必読であるように思われる。また、そのような視点に立って、若きマルクスがおこなった一八四六年三月三〇日のブリュッセルでの発言についても理解すべきように思われる。

その発言とは、共産主義通信委員会の討議でのワトソンを批判した次の発言である。

マルクスはワイトリングに質問した。

「ワイトリング、次のことを答えてほしい。あなたはドイツで共産主義的プロパガンダを騒騒しくおこない、多くの労働者をそこにひきこんで、あげくのはてに彼らの職や生活をうばった。あなたは自分がやった社会革命のアジテーションをどんな理屈で正当化しようと思うのか。これから先についても、どうやってそれを理由づけようというのか」と。〔当時のマルクスとワイトリングとの論争については、Ｅ・Ｈ・カーの『カール・マルクス』（未来社・１９６１年刊）第四章・共産主義の萌芽・61～69で詳しく紹介されている〕

このマルクスの主張は同時に梅本克己の『人間論』における次の主張を想起させる。

「労働者には妻もあり子もある。ストで首になったら明日からでも路頭に迷わなければならない。こうした一人ひとりの運命を自分の血肉のなかに感じ、その上に精確な分析の結果がむすびついてはじめてその指導は人間的なものになるのである。そうでなければ、かれが自分の高い理想によっぱらっていればいるほど、かれの言動は非人間的なものとなってあらわれてくることを避けられない。そして労働者大衆が自分の意のごとく動かないとき、かれが用いる手段は、もはや利用主義以外になくなってしまう。人間に対して利用の態度をもってのぞむということに、いっさいの非人間的な態度の根源がある」（「共産主義的人間の形成」・68）〔このような梅本の主張に、若いころ私は感激していた〕

（註26）エンゲルスの『フォイエルバッハ論』（岩波文庫・26）。そこでは、フォイエルバッハの『キリスト教の本質』（一八四一年）の出版をマルクス・エンゲルスがどのように感激しながら受けとめたのかが回顧されている。なお、このエンゲルスの箇所を、マルクスの回顧（註22）との関係でも読みこむ必要がある。

（註27）エンゲルスの『フォイエルバッハ論』（岩波文庫）の三部「フォイエルバッハの宗教哲学と倫理学」を参照。

[第3編]

『フォイエルバッハ論』（エンゲルス）に学ぶ

◎目次（第3編）

＊なお、「国家意志」と「国家意思」の両方が使われているが、本稿ではすべて「国家意志」「意志」に統一した。

はじめに

資本主義の終焉と共産主義運動の開始を『宣言』（一九四八年）し、その突破口としてロシア革命を実現（一九一七年）したプロレタリアートの闘いが、その後のスターリン主義の登場と国際共産主義運動の変質を決定的な要因として、さらには、それを超克する反スターリン主義・革命的左翼の運動の破綻や低迷によって、決定的な挫折を余儀なくされた。それによって、現代世界の危機的様相は深刻の一途をたどり、戦争と貧困に象徴されるもろもろの社会的矛盾は激しさを増している。しかも、国際的なプロレタリアの闘いは目を覆うばかりの無惨な情況にある。

実際、日本での反スターリン主義を掲げた運動は、すでに七〇年の歴史を歩みながらも、国際的にはいうまでもなく、国内的にもその理論的実践的な影響力は微々たるものでしかない。その一因が、これまでの、そして現在もそうであるが、その理論的実践的追求が、諸々の主客の条件のゆえに日本の、そして世界の労働者・民衆や知識人らからまったく浮き上がったものに堕してしまっていることにある。

しかし、いまは、それらの現実を歴史的に反省し、克服の指針を解明することはここでの課題ではない。ここでは、私は、そのような状況を生み出したその背後に、それらを根っ子のところで規定した理論的な領域の検討に問題を限定するしかない。その場合、これまでマルクス主義の実践と理論の再検討のためにマルクスの思想形成過程の追体験を行ってきたことに踏まえて、ここでは、生涯にわたってマルクスとともに歩み、人間解放の事業に大きな貢献を遺したフリードリヒ・エンゲルスの追求に焦点をあて、その理論の、とくにエンゲルスの『ルートヴィッヒ・フォイエルバッハとドイツ古典哲学の終結』（以下、一般に呼称されているように、『フォイエルバッハ論』と略記する）を主要な素材にして検討しておくことにする。〔以下の論考は、約三〇年ほど前のものを現在用にその構成を含めて大幅に書き直したものです〕

I　魂を抜き取られたエンゲルス論の跋扈

現代世界における人間の疎外を深く憂慮し、その現実を何とかしようとする者にとって、現在のマルクス主義をめぐる問題は決して避けて通ることはできない。そのためには、もう一度初心に帰って、マルクスのマルクス主義に立ち戻る必要がある、というのが私の現時点の確信でもある。その場合、ヘーゲル国法論批判や聖家族批判で見てきたように、マルクス主義の形成・確立は、エンゲルスを抜きにはなしえなかったことを見ておく必要がある。このマルクス主義の確立にとって、またその後の理論的実践的追求にとって欠くことのできないエンゲルスの役割を、その意義をはっきりさせることは、きわめて重要な課題である。

(1) 卑俗なエンゲルス理論の解釈論

すでに、マルクスとの関係というような視点から、エンゲルスの理論や実践について、またもろもろのマルクスとの具体的な関係をめぐって、歴史的にはさまざまな主張がくり広げられてきた。それらについて詳細に検討する余裕は現在の私にはない。ただ、それらの主張の多くは、総じてその生涯をプロレタリア革命に、それを通じての人間解放の事業にマルクスとともにささげてきたエンゲルスの実践的立場を踏みにじるものでしかないことはここで確認しておかなければならない。

たとえば、日本共産党とその影響下にある学者は、ただただマルクス・エンゲルスを修正資本主義論者にまでおとしめるためにエンゲルスの主張(党官僚にとって都合のいいそれ)を披歴することに必死になっている(註１)。

他方、代々木共産党を理論的に批判する部分も、総じてマルクス主義の革命的側面を否定するためにマルクスではないエンゲルスのものにすることにして勤しんでいる。マルクスとエンゲルスの違いについてのエセ文献解釈をもって証明したつもりになったり、『宣言』の思想をマルクスではないエンゲルスのものとして恣意的に描きだしたり、はては、エンゲルスの理論に『資本論』のマルクスを対置したりしているのが、それである（註2）。

そして、これらのエンゲルス論に、共通していえることは、当のエンゲルスの魂を欠落して、己に都合の良いエンゲルス像がつくられている、ということである。以下では、そのことを簡単にみたうえで、『フォイエルバッハ論』に示されるエンゲルス理論に、それも国家論を基軸に、その意義と限界を明らかにしておきたいと思う。

ところで、エンゲルスに焦点をあててマルクス主義理論をめぐる論争をみるならば、今日論争らしい論争は皆無に等しいといえる。エンゲルス没後一〇〇年の一九九五年に一定の学者の「エンゲルス論」の発表によって繰り広げられた〝研究〟やそれをめぐる論争もすでに過去のものになってしまっている。この過去のものとなった論争とは、『フォーラム』や『情況』という雑誌にたむろした論者たち（註3）の主張で、それは様々な分野にわたるものであるが、彼らの主張を大雑把に特徴づけるならば、「マルクス」と「エンゲルス」との間に存在するとされる「思想的異質性」なるものを「重視」する点にあったといえる。もちろんその場合でも、論者によって「同一性」と「異質性」を問題にする際の重点のおき方や、両者の評価を問題にする立場の違いによって、「マルクス・エンゲルスの関係」の描き方はまったく違ったものになる（註4）。

すでに過去のものとなったこれらの論者の主眼からするならば、マルクスと区別されたところの、「思想的異質性」をもつエンゲルスの〝論〟なり〝像〟なりを「研究」し、もって旧来のマルクス主義は実は「エンゲルス理論」あるいは「エンゲルス主義」であったのだと特徴づけるということ、そして、この対比において「エンゲルス」ではない「マルクス」を、すなわち「旧来のマルクス主義」ではない「マルクス像」をつくりあげるということ、――このことを共通の問題意識にしているといえる。このような単純素朴な問題意識のゆえに、当然のことながらスターリン主義の分析・検討は欠落するか、せいぜい刺身のつま程度にしか扱われないか、ということになる。ましてやマルクスやエンゲルスの理論的追求をプロレタリアの階級的実践との関係でとらえるなどということは、問題意識にものぼらないのである。

たとえば、一九九五年に『エンゲルスと現代』の巻頭論文（註５）を書いた中野徹三は、「マルクスの最大の盟友としてのエンゲルスの権威、そしてエンゲルスの哲学体系とレーニンのそれとの親縁性は、スターリン主義体系とマルクスを結ぶ架橋となった」などと称して、次のようにいう。

「私たちは今、マルクスとエンゲルスを等置する（より正確には、『マルクス・レーニン主義』の体系化に好都合のエンゲルスの所説をマルクスに重ねる）立場からも、またもっぱらマルクスを基準にエンゲルスを評価する立場からも、自由に両者の同一性と差異、彼らとレーニンおよびスターリン主義あるいは社会民主主義的諸潮流との連続性と断絶等々を真に批判的に解明、展開すべき地点に立っている」と。

だが、いうまでもなく「マルクスとエンゲルスの関係」を「研究」するという場合に、この研究する主体たる己れの立場を明確にしないならば、「……という立場からも、……という立場からも」「自由」に「研究」するといったとしても、この方法すら確定し得なくなることは必然である。

いや、そもそも一九五六年以後の日本の反スターリン主義の理論と実践に目をつぶっていたのでは、「自由な研究」といっても空語にしかならない。ほかならぬ中野自身が六〇年代に北海道大学の日共党細胞の一員として反スターリン主義運動に反対してきたスターリン主義者であった過去を自己反省し、過去からの決別の過程をくぐり抜けていないのだからして、彼の「研究」における「自由」の強調が過去の己の「隠蔽」にしかならない。

それはともかく、あらゆる立場からも「自由」な研究などという主張の錯誤性は、当の「研究」の素材そのものがすでに歴史的につくりだされてきたものとして種々のイデオロギー性をその内に刻印されているばかりではなく、何を研究素材として選択するかによって「研究」の質も決定づけられること、このこと一つとってみてもはっきりする。

実際、この第一のグループに属する中野をはじめとした多くの論者が下敷きとしている廣松渉の『エンゲルス論』(註6)が、「主観的解釈と価値評価の混入をつとめて排却し」たはずであるにもかかわらず、あちらこちらでエンゲルスの「政治的計算」とか「プロパガンダ」とかを押し出したドキュメント小説まがいの勝手な推論(註7)によって組み立てられたエンゲルス論の披瀝でしかなかったということ、このことが「自由な研究」の内実を雄弁に物語っている。ところで、右の第一のグループの「研究」を「エンゲルス攻撃の新たな強まり」としながらも、もっぱら「科学的社会主義の理論に果した役割」という視点から結果的・現象論的に「エンゲルスの役割論」を披瀝しているのが、日本共産党不破指導部とその取り巻き知識人にほかならない。これが第二のグループをなす。

不破哲三が自賛している「新しいエンゲルス像」(註8)なるものは、エンゲルスについての「『第二ヴァイオリン』という呼称は、決してマルクスの補助的な協力者ということに解消できるものではなく、科学的社会主義の巨匠の一人としてのそれだったのです」(註9)というものである。だが、このような確認を今さらながらに行わなければならないこと自体が、これまでマルクスやエンゲルスの理論を理論創造主体たるマルクスやエンゲルスを抜きにしてご都合主義的に解釈してきたことの表明でしかないのであり、その恥の上塗りでしかない。だからして、「エンゲルス攻撃の新たな強まり」に対する不破の対応は、事実の対置を中心にした政治的批判にならざるをえない。

「もちろん、マルクスもエンゲルスも個性的な性格をもった思想的巨人であること、その理論活動には、それぞれの個性が大いに反映し」「二人が別々の判断をもつこともあれば論争しあったこともある」が「しかしその事をもって、マルクスとエンゲルスが科学的社会主義の理論の共同の創始者であり、共同でつくりあげたこの学説を共通の理論的地盤としていたという明白な歴史的事実から目をそむけることはできないはずです。マルクスの思想・理論とエンゲルスの思想・理論の間に根本的な異質性を〝発見〟すること、この種の論議は結局は、科学的社会主義の理論と思想そのものの否定につながるものだと言わなければなりません」(註10)

「科学的社会主義の理論の共同の創始者」「この学説を共通の理論的地盤にしていた」ということを、しかも「明白な歴史的事実」として対置する、といった無内容で形式的・事実的反論しかできないところに、小ブルジョア化したスターリン主義者・不破の「エンゲルス論」の内実が示されている。と同時に不破が、「科学的社会主義の理論」の創造における、あるいはその「理論」そのものにおけるマルクスとエンゲルスの思想の検討という領域にまったく踏み込めない頑固な石頭の持ち主であることを、自己暴露しているだけなのである(補註①)。

さらに第三のグループをなすのが、一九九八年五月中旬にフランス・パリで開かれた「『共産党宣言』一五〇年を記念する国際会議」に集まった一団である。この一〇年来、己の内なる「社会主義神話」の崩壊から思想的に立ち上がれず、社会民主主義やエコロジズムやフェミニズムなどへの転向をはかってきたかつてのスターリン主義者やトロツキストを糾合したこの一団の『共産党宣言』のうけとめの特徴は、粗雑かつ浅薄なものだということしかないものである(註11)。『共産党宣言』を「天才の名作」とたたえつつも、「(『宣言』は)資本主義経済の危機を介しての発展進化の適応力を過小評価していた」とか「『宣言』の社会主義論は、……市場経済の役割を経済計画とともに併存させるものと解釈できそうである」とかと平然と語る部分

（伊藤誠）。また、トロツキーの著書（一九三八年の「今日の共産党宣言」という文書、『トロツキー著作集』６）から『宣言』発刊九〇周年に際して『宣言』の「補正・加筆」を論じた部分を極めて恣意的に引用し、もって『共産党宣言』を「資本主義の生命力の過小評価」「プロレタリアートの革命的成熟度の過大評価」を理由（！）にして「時代遅れ」であると押し出し、そのあげくのはてにレーニンやトロツキーとスターリンの「相違」を、「改良主義」（的政策を打ち出せた前者）と「最悪の冒険主義」「最悪の日和見主義」との違いとして描きあげて悦に入るほどに反トロツキー的立場に転落したトロツキストの輩（佐々木力）。「ユートピアから理論へと、夢から現実へと踏み出す」ことをマルクスの「伝統」として押し出し、「修正主義者の論議も社会主義思想の発展のために非常に重要だった」などとしたうえで、「修正前のマルクスに戻る」ことを強調しながらも、現実肯定主義を柱とするマルクス主義の「リメイク」を「現代の左翼運動」の「本質的な唯一の任務」であるなどと叫んでいるポリス・カガルリツキー。現代のベルンシュタイン主義に右に倣《なら》えするこれらの一団とその論陣は、端的にマルクス・エンゲルスを殺すためのマルクス擁護論でしかない、といわざるを得ない。

いうまでもなく、マルクス・エンゲルスの理論とその後のマルクス主義の理論的発展の実証的な検討はもちろんのこと、マルクスの思想形成過程ならびに理論的追求とエンゲルスのそれとを、各々がおかれた条件の違いとともに対象化された理論に即して検討し、この両者の思想なり理論なりを「区別における同一性」として、あるいは「同一性における区別」として明確化することや、さらにはそれに踏まえて両者に共同の理論的追求における役割なり分担なりの諸関係を推論したりすることは、まったく意義がないわけではない。そのことは、『ドイツ・イデオロギー』の国家論追求における両者の相互関係をハッキリさせることによって、国家論の深化・発展において多くの成果を導き出すことも可能になったことを見るならば明らかであろう。だが、その場合には前提が、すなわち、そのような追求を何のために、かつ、いかなる立場にたって行うのか、ということが問われているのである。

(2) エンゲルスに依拠した三浦式国家論の倒錯

これまで見てきた現在の粗雑極まりない「エンゲルス論」に比べれば、すでに半世紀以上も前に三浦つとむによって提示された研究の方が、内容如何を問わないかぎり、よほど創造的で実践的なものであったといえる。主要にはエンゲルスの『フォイエルバッハ論』に依拠し、その独自で独特な解釈を基礎にして「レーニン国家論の批判」にのりだした三浦の研究は、たとえそれが多くの錯誤にまとわりつかれたものであったとしても、マルクス主義の発展のために創造的な批判精神を発揮せんとする意志に裏打ちされていたのだからである。

だが、たとえ既存のものへの批判的精神に満ちたものであったとしても、錯誤にまとわりつかれている限り、マルクスやエンゲルスの理論をその精神と共に生かすことができないことも、彼の理論は同時に示している。たとえば、三浦がエンゲルスに依拠しながら「レーニン国家論」を批判しつつ次のように国家を規定していることのなかに、それは示されている。

「国家は単なる暴力機構ではなく、階級的な特殊利害を幻想上の『一般』利害とする国家意志が、国家機関すなわち暴力機構によって押しつけられるのであって、イデオロギー的な権力である。俗流唯物論では、国家意志の疎外とそれを維持するための暴力機構の関係を正しく説明することができず、暴力をイデオロギー的な権力と同一視するのである」（三浦つとむ選集２『レーニン批判の時代』勁草書房刊、１２０）

「階級的な特殊利害が現実に消え失せても、共同利害は依然として存在しているから、国家の死滅ののちにもこの共同利害をあつかう公的機関はやはり残るにちがいない」（同・１２１）

このような国家規定の中に、三浦式国家論の誤謬が集中的に示されている。

第一に、「階級的な特殊利害を幻想上の『一般』利害とする」とされているところの、この「幻想上」とは何をさすのかが問題である。三浦は、この「幻想上の」ということを、マルクスのいう「幻想的共同性」すなわち「一般的な利害」として押しだされ全社会的に妥当させられた「階級的な特殊利害」を示す概念としての「幻想的」とは異質な、せいぜい「観念的」「精神的」「イデオロギー的」と等置されうる意味内容のものとしてしか理解していない。このことは、「階級闘争には、現実的な諸形態ばかりではなく、幻想的な諸形態もある」（同・２９９）というような主張に端的に示されている。

しかも第二に、「……『一般』利害とする国家意志」とされていることからするならば、この意志は誰のものでもない国家の意志として無前提的に存在するものとみなされている。だが国家の本質を規定しようとするために、あらかじめ国家の意志を前提化するのは倒錯以外のなにものでもない。

それゆえに第三に、階級的な特殊利害と共同利害の関係についても、さらには階級社会における「共同利害」と幻想上の「一般」利害との関係についても、三浦は考察の埒外におき、すべてを混同しているのである。

このような重畳した誤謬のうえに成り立っているのが、三浦式国家論にほかならない(註12)。だが、右のことが三浦式国家論の核心的な問題だとしても、ここでの問題ではない。問題は、このような三浦式国家論がうちだされる際にかれが依拠しているところの『フォイエルバッハ論』の三浦式理解、すなわち国家意志論についての三浦式理解そのものの問題性にある。

三浦は、レーニン国家論の検討に際して「彼〔レーニン〕が目にすることのできなかった『ドイツ・イデオロギー』が検討されていないのは当然のことながら、彼がかつて目をとおしたにちがいない『フォイエルバッハ論』が姿を見せていない点は重要な意味を持っている」(同・301〜302)と語りながら、「『フォイエルバッハ論』の中の国家論」は、「国家の問題に関する『決定的な箇所』であ」(同・302)ることを強調する。そして、この「レーニンの大きな手おち」(同)を非難しながら三浦は、『フォイエルバッハ論』における「国家意志」を論じ、国家を「人間を支配するイデオロギー的な力」と規定した部分を引用してつぎのような解説を披瀝している。

「国家は、まず国家意志の成立において問題にされなければならない。国家意志は、支配階級の意志そのものではなく、その反映なのである。反映は反映するものから独立して存在するというのは唯物論である。国家意志は支配階級の要求・意志を反映しながら、これから独立して存在し、支配階級をも逆に拘束する……」（同・303）

エンゲルスの展開そのものに即しては後に具体的に検討する。ここでの三浦の『フォイエルバッハ論』における国家意志論の解釈のまずもっての問題は、その恣意性にある。エンゲルスの「驚くべき内容の深さ」などといってはいるものの、それは三浦式につくりかえられたものでしかなく、エンゲルスの主張とは似て非なるものである。たとえば「ブルジョア社会のあらゆる要求も、――いかなる階級がこの社会を支配していようとそれには関係なく――それが法律のかたちで一般的な効力を得てくるためには、国家意志を通過しなければならない」という部分をとらえて、「国家は、まず国家意志の成立において問題にされなければならない」などとするのは、明らかに論理のすりかえである。「国家意志を通過しなければならない」ということを、「国家の成立」や「起源」の論述や国家の本質論的把握でもあるかのように解釈するというまやかし操作によってのみ成り立つものである。しかも、国家の成立を論じることを抜きして、「国家意志」なるものをアプリオリに導き出し、それとは区別された「階級意志」

なるものを想定し、この「階級意志」から「相対的に独立して存在している国家意志」にはこの「階級意志」が反映されていることをエンゲルスが明らかにしたのだ、とする三浦の解釈は二重におかしいのである。

エンゲルスが「あらゆる要求」は「国家意志を通過しなければならない」という場合には、あくまでも「法律のかたちで」といっているように、「法の制定」すなわち立法と、その「執行」（行政）を念頭においていることは明らかである。だからその直接の展開でわざわざ「これは、この事態を形式的な面から見てのことで、わかりきったことである」と論じているのだ。後に見るようにエンゲルスがここで問題にしようとしたことの核心は、「国家意志を通過する」要求がどこからくるのか、ということであって、まずもって「国家意志の成立」を問題にしているのではなく、また「反映は反映するものから独立して存在する」などという観念的解釈をあきらかにしたものでもない。

にもかかわらず、先の一文を「国家は、まず国家意志の成立において……」などと解説して平然としていられるのは、三浦のエンゲルス理解が、ヘーゲルと同じように「（国家）意志」をアンファングとし、その意志の現われとして国家をとらえるという三浦の「国家＝観念的自己疎外」論を投射したものでしかないからである（註13）。だからまた、『フォイエルバッハ論』の「国家は、全体から見れば、ただその生産を支配している階級の経済的諸要求の、その総合的な反映にすぎない」というエンゲルスの一文をもちだして、エンゲルスが「すぎない」としたのは「ヘーゲルが国家を観念的に神格化したのに対して、唯物論（反映論）を対置したからです」（前出『レーニン批判の時代』・三五五）などというでたらめな反映論（「観念的な自己疎外」を理解しないのが俗流唯物論だ、とする三浦式のそれ）を持ち出して、ヘーゲル国家論との区別だてをしなければならなくなるわけなのである。

このことは、「国家意志は、支配階級の意志そのものではなく、その反映なのである。反映は反映するものから独立して存在するというのが唯物論である」というように国家意志を一切の基準とし、かつこの「意志」なるカテゴリーを直接実在化させ、もってつくりだされている国家を「解釈」（「観念的な自己疎外」としてのそれ）する(註14)、という三浦式『フォイエルバッハ論』解釈の破綻の端的な表明なのである。

Ⅱ　『フォイエルバッハ論』の検討

第Ⅰ章でのマルクス主義の再検討と称した反エンゲルスの観点からするエンゲルス論の跋扈《ばっこ》や、エンゲルス主義者・三浦のエンゲルス国家論の問題性を根本的に克服し、エンゲルスの理論と実践を真に現代的に生かすためには、エンゲルスの理論の、とりわけ『フォイエルバッハ論』の検討が不可避である。

（1）目指したものとその要旨

プロレタリア階級の新たな世界観を、実践的唯物論の核心を端的に表した若きマルクスの『フォイエルバッハにかんするテーゼ』(註15)、この「テーゼ」とともにマルクス没後五年の一八八八年に発表されたのが、エンゲルスの『フォイエルバッハ論』である。あらかじめ言っておくならば、このことは、つぎの点に於いて注意しておく必要がある。すなわち、一般にあたかもマルクスがそのように呼称したかのようにされている『フォイエルバッハにかんするテーゼ』は、マルクスが「テーゼ」として記したものではなく、またそれを公にする目的で書いたものでもない、いわゆる四五年当時の「マルクスのノート」にメモ（エンゲルスは「覚書き」という）として記されたものである。それが書かれてから四〇年以上たった、マルクスの死後の時点に、エンゲルスが『フォイエルバッハ論』の刊行の過程で発見し公にしたものである。発見したエンゲルスが、その重要性を感じ、それに若干の手をくわえ、『フォイエルバッハ論』の発刊とともにその序文で次にように記したものである。

「それは後で仕上げるための覚え書きであり、急いで書きくだされたものであって、印刷のつもりで書かれたものではけっしてないが、しかし新しい世界観の天才的な萌芽が記録されている最初の文書として、はかりしれないほど貴重なものである」（岩波文庫『フォイエルバッハ論』、松村一人訳、11頁。なお、本書からの引用は、以下ページ数のみを記す）

このエンゲルスの一文をつけて公にされたものを、「テーゼ」としたのは、後の「マルクスレーニン研究所」であったのである。そのことは、即内容に関係するわけではないであろうが、あたかもマルクスやエンゲルスが「テーゼ」として押しだしたかのような書き方が気になる私としては、前提的に確認しておきたいのである。

この「序文」において、エンゲルスは自らこの論文で目指したものを述べている。

「われわれがどのようにしてヘーゲル哲学から出発し、どのようにしてそれから離れたかについて、かんたんで、まとまった叙述がますます必要となってきているようにわたしには思われていた。同じようにまたわたしには、われわれの疾風怒濤時代に、ヘーゲル以後の他のどの哲学者にもましてフォイエルバッハがわれわれに与えた影響を十分に承認することは、まだ返却されていない信用借りであるように思われていた。だから……」(10)

明らかにエンゲルスは、『経済学批判』の「序文」で論じられている唯物史観の確立にいたるマルクスの追思惟を己れの積極的に明らかにすべき課題としてうけとめ（「信用借り」）実現したのである。(註16)

ところで、この『フォイエルバッハ論』全体における国家論の位置はどのようなものであろうか。この『フォイエルバッハ論』は、唯物史観の確立の歴史的過程にそった形で四章構成(註17)からなり、全体がヘーゲルからマルクス主義の形成にいたる歴史的展開（もちろん歴史主義的だとは言えないとしても）を明らかにしたものになっている。

《第一章》

第一章の「ヘーゲルからフォイエルバッハへ」では、主要にはその見出しにしめされているように、フランスと比較してのドイツにおける哲学の位置を確認したうえで、ドイツにおける哲学全体を、「全哲学を完結する体系である」ヘーゲル哲学から、そのヘーゲル哲学に呪縛されていた「体系」を爆破し「ヘーゲル学派」を解体したフォイエルバッハに至る思想の過程として論じている。

そこで扱われている主要な点は、ドイツ観念論、とりわけ「国定哲学の位にまでまつりあげられさえしていた」(14)ヘーゲル哲学に「革命がかくれていた」(14)こと、「真の意義と革命的性格」(16)についてである。それを論じていくための切り口として、エンゲルスは、その当時、「政府も自由主義者も見なかったことを、すでに一八三三年に少なくともひとりの人が見ていた」(14)として「ハインリヒ・ハイネ」(『ドイツ古典的哲学の本質』)を紹介することから始めている。

「一例をとろう」として、エンゲルスは、『法の哲学』の序文に書かれたヘーゲルの「現実的なものは全て合理的であり、合理的なものは全て現実的であるという有名な命題」をとりあげ、ヘーゲル論理学における「現実性」と「必然性」の論理的関係をもちだすことを通じて、（その論理の内容はここでは省略するが）「このようにしてヘーゲルの命題は、ヘーゲルの弁証法そのものによってその反対物に転嫁する」〔例えば合理的でない現実は滅びる必然性にある、というような―筆者註〕というような展開がそれである。

ヘーゲル哲学の哲学史上の位置を明確にしたうえで、エンゲルスは、「それが人間の思考および行為のあらゆる産物の究極性に一挙にとどめをさした」（16～17）ところにヘーゲル哲学の「真の意義と革命的性格」がある、としてその検討をおこなっている。そこでは、「哲学が認識すべきものとしての真理」について、さらには「歴史」について、「社会」や「国家」についての認識など、「究極的な絶対的真理やそれに対応する人類の絶対的な状態についてのあらゆる観念をうちこわしてしまう」「この哲学のまえでは、生成と消滅の不断の過程、より低いものからより高いものへの果てしない向上の不断の過程以外、なにものも永続的でない」（17～18）などなどを、エンゲルスは、「弁証法的哲学」の性格として論じている。（そこでの論理内容は検討されなければならないが、いまは省略する）

そのような展開をおこない、かつ、それにふまえてエンゲルスは、「この哲学ももちろん保守的な面をもってはいる」といい、「それは認識および社会の一定の段階がそれぞれの時代と事情にたいしては正当なものであることをみとめる」とするが、「しかしそれ以上ではない」として次のようにいう。「この見方の保守性は相対的であり、その革命的性格は絶対的である」と。（18）

これらを述べた後で、この革命的性格と保守的側面との問題に絡んで、エンゲルスは「以上にのべたことは、ヘーゲルにおいては、これほどはっきりした形で見いだされない」と論じ、その要因を「ヘーゲルが一つの体系をつくることを強いられ」て「かれの体系をどこかで終わらさなければならないので、自分でこの過程に結末をつけざるをえなかった」と。そのうえで、「絶対理念の認識はヘーゲル哲学で到達されたと宣言することにせざるをえなかった」とする。そして、これを「かれの弁証法的方法には矛盾する」「体系」の問題としたうえで、「このようにして革命的な側面は、おいしげる保守的側面のために窒息させられているのである」(19)という有名な言葉がしるされる。

その後は、ヘーゲル哲学のすでに見てきた「弁証法的方法」と「精神現象学、論理学、自然哲学、精神哲学」そしてこの「精神哲学はまた歴史哲学、法の哲学、宗教哲学、美学、等々、その個々の歴史的下位形態においてしあげられている」(20〜21)「体系」が、すなわち「方法」と「体系」の関係にかかわる問題が取り上げられ、検討されているのであるが、それについては省略する。

エンゲルスは、「ヘーゲルの体系が、ドイツの哲学的色彩をおびた雰囲気のなかで、どんなに巨大な影響をおよぼしたか考えてみてもわかることである」(22)として、一八三〇年から四〇年までのあいだの「ヘーゲルぶり」を論じていく。そして、このヘーゲルの学説全体には「種々さまざまな実践上の党派的見解をかくまうに十分な余地」(22〜23)があり、「政治と宗教」

をめぐり、三〇年代の終わりごろからヘーゲル学派内の分裂が著しくなっていくことを論じていく。そこで主要に論じられていることは、ヘーゲルの体系とその後の解体過程における青年ヘーゲル派の存在、そこでの論争の混迷、そして最後にその中でフォイエルバッハの果した役割と意義についてなどである。

一八四一年にフォイエルバッハの『キリスト教の本質』があらわれたことにたいして、エンゲルスは、それが当時の論争において果たした役割を「それは唯物論を文句なしにふたたび王座に据えることによって、この矛盾を一挙に粉砕した」（25）として、次のようにいう。

「自然はあらゆる哲学から独立して存在する。それは、われわれ人間がその上に成長した土台であり、われわれ自身が自然の産物である。自然と人間以外になにものも存在せず、われわれの宗教的空想がつくりだしたより高い存在というようなものは、われわれ自身の本質が空想のうちに反映されたものにすぎない。呪縛は解かれた。『体系』は爆破され、投げすてられた。想像のうちにのみ存在するものとしての矛盾は解決された」（25～26）

そのうえで、当時をふりかえり、「われわれはみなフォイエルバッハ主義者となった。マルクスがこの新しい見解をどんなに熱狂的に迎えたか」（26）と表現しているのである。

《第二章》

「観念論と唯物論」という表題をつけた第二章では、「すべての哲学の、とくに近代の哲学の大きな根本問題は、思想と存在との関係の問題である」（28）という一文からその論を開始している。そこで扱われているのは、「思考と存在の関係の問題」と「思考と存在の同一性の問題」という〝二つの側面〟から、すなわち存在論的に、かつ認識論的に「唯物論と観念論」の違いを論じ、そこでのフォイエルバッハの果たした役割、その意義と限界を論じているのである。

その展開を簡略にまとめるならば、次のようになる。

まず、エンゲルスは、「野蛮時代」からの人類の発展段階における人々の思考や感覚を問題にし、自然の諸力と人間の死などをめぐる思考や感覚などありよう、宗教などの発生、「一神教宗教の唯一神という観念」の成立など論じ、「キリスト的中世のながい冬眠」を経て、「存在にたいする思考の位置という問題」は、「何が根源的か、精神かそれとも自然かという問題は、教会にたいしては、神が世界を創造したのか、それとも世界は永遠の昔から存在していたのかという問題まで先鋭化していた」（28～30）と展開していく。その上で、「この問題にどう答えたかに応じて、哲学者たちは二つの大きな陣営に分裂した」として、「自然に対する精神の本源性を主張し、したがって結局何らかの種類の世界創造を認めた人々は、観念論の陣営をつくり」、他方「自然を本源的なものと見た人々は、唯物論のさまざまな学派にぞくする」（30）とする。

この最後の展開をさして、エンゲルスは「観念論と唯物論という二つの言葉は、もともと右に述べた以外のいみをもっていないし、ここでもまた他の意味につかってはいない」というように説明し、もって観念論と唯物論の概念規定をおえている。

その後は、「思考と存在との関係という問題」の「もう一つの側面」である「哲学上のことばでは、思考と存在の同一性の問題」（31）を展開しているのであるが、この「側面」の展開がこの二章全体における主要なものであり、フォイエルバッハ唯物論の検討なのである。

そこでエンゲルスが思考との同一性の問題」として取上げているのは、まず「ヘーゲルにおいてはその肯定は自明の理である」（31）とされるヘーゲルの場合であり、その次が「認識できるということに、異論をとなえている」（31）ヒュームやカントなどの見解であり、そして、最後が「フォイエルバッハが進んだ道」（37）の検討である。

最初のヘーゲルの「自明の理」なるものについてエンゲルスは、ヘーゲルの絶対的理念を取り上げ、「証明されるべきものがひそかにすでに前提のうちに含まれている」とし、そのうえで「思考と存在の同一性」について論じていく。「ヘーゲルによれば、我々が現実の世界のうちに認識するものは、この世界の思想的内容にほかならないからである。それは世界を絶対的理念の段階的な実現とするものである」（31）ことによる。認識するもの（存在）は、もともと理念なのであるという「同一性」を、すなわち「自明の理」とした上で、「人類」は、その「哲学をすぐに理論から実践へ移し、全世界をヘーゲル的諸原理にしたがって改造することによって証明されなければならない」という。このようにヘーゲルの主張を紹介して、エンゲルスは「これは一つの幻想」（31）であると批判するのである。

次のヒュームやカントなどにたいして、エンゲルスは「このような見解を反駁するための決定的なことは、観念論の立場から可能なかぎりでは、すでにヘーゲルによって語られている」(33)といい、つづけて「フォイエルバッハが付け加えたものは深いというよりむしろ才気に富んだものである」(同)と主張している。ちなみに、この引用した主張には、それぞれ「註」がつけられ、ヘーゲル『大論理学』下巻とフォイエルバッハの『将来の哲学の根本問題』から、そのおのおのの内容展開に該当する個所の引用がなされていて、ここではその内容は省略するが、それがどのような主張かがわかるように編集されている。このような展開を措いて、エンゲルスは、「けっきょくヘーゲルの体系は、方法においても内容においても、観念論的に逆立ちさせられた唯物論にほかならない」(36)としているのである。

さらに、「フォイエルバッハが進んだ道」を、「一人のヘーゲル主義者が――もっとも全く正統派ではないが――唯物論へと進んだ道である」(37)としたうえで、それをエンゲルスは、次のようにまとめている。

「われわれ自身がその一部である物質的な、感覚的に知覚しうる世界が唯一の現実の世界であり、われわれの意識と思考は、それがどんなに超感覚的に見えようとも、物質的で肉体的な器官、脳髄の産物である。物質が精神の産物でなくて、精神それ自身が物質の最高産物にすぎない。これは言うまでもなく純粋の唯物論である」と。それにつづけていう。「しかし、ここまできて、フォイエルバッハが立ちすくむ。かれは因習となっている哲学的偏見、事柄そのも

のにたいしてではなく、唯物論という言葉にたいする偏見を克服することができない」(37)

それ以下でエンゲルスは、このフォイエルバッハの偏見がなにゆえにもたらされるのかについて、当時のドイツの俗流唯物論や機械論的な唯物論との関係、当時の自然科学の水準やそれに関係した反弁証法的な哲学的思考との関係で、また、フォイエルバッハの「人間社会に関する科学」についての認識との関係で、たとえば、「後方では唯物論者に賛成だが、前方では賛成しない」(38)というフォイエルバッハの言葉などや「ちいさい村での田舎くさい陰気な生活」などの諸条件をも取り上げ、そして最後には、シュタルケ（デンマークの哲学者、このシュタルケの本の批評依頼が『フォイエルバッハ論』執筆の契機となった。序文(10)）の「フォイエルバッハは観念論者である。彼は人類の進歩を信じている」(43)という批判の問題性を明らかにする形で、きわめて詳細に検討しているのである。これらの論述についてもここでは省略せざるを得ない。

《第三章》

次の第三章、「フォイエルバッハの宗教哲学と倫理学」でエンゲルスは、フォイエルバッハの宗教批判の内実を取り上げ、その限界を論じ、またその道徳論の貧困性をヘーゲルとの対比で描きだしている。この章の冒頭で、エンゲルスは「フォイエルバッハのほんとうの観念論は、かれの宗教哲学と倫理学までくると、あきらかになる。かれはけっして宗教をなくしようとするのではなく、それを完成しようとするのである。哲学そのものを宗教に解消しようとするるのである」(46)という主張を披歴する。

その上で、エンゲルスは「フォイエルバッハの観念論は、このばあい次の点にある」(48)として問題を明らかにしている。要約すると以下のようなものである。

エンゲルスは、まず、「かれは、恋愛、友情、同情、献身、等々のような、相互の愛情にもとづく人と人との関係」が「宗教の名によってより高い認可があたえられるとき、はじめて十分に価値あるものとなる」として　現にそれらの関係がどのように存在しているのかとは無関係に、「それらが新しい真の宗教として把握されるということである」として問題にする。そこでは「宗教」という言葉の言語意味などを問題〔ラテン語の結ぶ(religre)からきたもの〕にしつつ(「こんな語原学的詭計」などといった強い批判をおこない)、「階級対立や階級支配とに基礎を置く社会」における人間関係などについては無縁に、「純粋に人間的な感情」の「男女間の恋愛と結合が『宗教』にまつりあげられる」とし、「それは、観念論の思出にとって大切な宗教という言葉を言語から消滅させないようにするためである」(48)とまとめあげている。

次に、エンゲルスは、「人類の歴史は宗教上の変化によってのみ区別される」というフォイエルバッハの主張をとりあげ、「決定的に誤りである」と批判する。人類史における「大きな歴史的転換が宗教上の変化をともなっている」のは、「三つの世界的宗教。仏教、キリスト教、マホメット教だけを見る限りのみいえること」であり、種族宗教や民族宗教などは、そのようなものではないばかりか、「一般的意義をもつ革命に宗教的な刻印がうたれたのは、一三世紀から一七世紀までのブルジョアジーの解放闘争の初期の諸段階にかぎられ」（49～50）るなど、もろもろのフォイエルバッハの歴史的把握のおかしさをつきだし、「人間の心情と宗教的要求から」説明するフォイエルバッハの主張にたいして辛辣に批判する。そしていう。「すでにこの点で、われわれがフォイエルバッハからどんなにかけはなれているかがわかる。新しい愛の宗教を賛美するかれの『もっとも美しい個所』も、今日では少しも読む値打ちがない」（50～51）と。

さらに続けてエンゲルスは、「あらゆるページで感性を説き、現実的なものへの没頭を説いているフォイエルバッハが、ひとたびたんなる男女関係以外の関係について語りだすとまったく抽象的になってくる」（51）という批判をもって、フォイエルバッハの道徳論の問題性を突き出していく。

「この関係においてフォイエルバッハはただ一つの側面、道徳しか見ない。ここでもまたわれわれはヘーゲルとくらべてフォイエルバッハのおどろくべき貧弱にあきれるのである」（51）といい、エンゲルスは『法の哲学』の三部の「人倫」の項、その構成が家族、市民社会、国家とされているヘーゲルについて、「ここでは形式は観念論的だが、内容は実在論的である。ここには道徳のほかに、法律、経済、政治の全領域が包括されている」とする。このヘーゲルとの対比、エンゲルスは、「フォイエルバッハではちょうど逆である」として次のように言う。

「かれは形式から言えば実在論で、人間から出発してはいる。しかしかれは、この人間がそのうちに生活している世界については一言も言わず、したがってこの人間は、いつまでも、宗教哲学のうちで口をきいていたのと同じ抽象的な人間のままである。というのは、この人間は母親の胎内から生まれたのではなくて、一神教的な神から脱皮したのであるから、したがってまた、歴史的に発生し歴史的に限定されている現実の世界のなかに生活していないからである。かれはほかの人々と交わりはするが、この人々もすべてかれ自身と同じように抽象的である。宗教哲学にはそれでもまだ男と女がいたが、倫理学ではこの「最後の区別さえ消えうせている」(52)

このようなフォイエルバッハの道徳論への批判は、そのあとでも「善悪の対立の取扱い」(52)や「幸福衝動」(54)や「愛」(57)などの検討としても展開されている。そして最後の展開の所で、エンゲルスは「フォイエルバッハが与えた力づよい刺激が、かれ自身にたいしてはこんなにも実りのない結果なるというようなことが、どうして起こりえたのであろうか」と問い「かれ自身が死ぬほどきらっていた抽象の世界から生きた現実の世界への道をみいだすことがなかったかである」(58)という。

最後にフォイエルバッハの決定的な問題性をエンゲルスは次のようにまとめている。

「かれは自然と人間に力いっぱいしがみついている。しかしかれにおいては自然と人間はたんなる言葉にすぎない。現実の自然についても、現実の人間についても、かれはわれわれになんらはっきりしたことを語ることができない。しかしフォイエルバッハの抽象的人間から現実の生きた人間に達するには、人間を歴史のうちで行動しているものと見さえすればいいのである。しかしフォイエルバッハはこれを拒んだ。したがって一八四八年という年は、かれには理解されず、それはかれにとって現実の世界との最後的な絶縁。孤独な生活への隠遁しか意味しなかった。その責めはまたしても主として、かれをいたましくも零落させたドイツの事情にあるのである」(58)と。

このようなまとめ方自体が、私には実にマルクスをその背後において論じるエンゲルスらしいもので、考えさせられるものである。その後の一文は次のようなものである。

「しかし、このフォイエルバッハがふみだささなかった一歩は、どうしてもふみだされなければならなかった」「このフォイエルバッハを越えてフォイエルバッハの立場をいっそう発展させるという仕事は、一八四五年、マルクスによって『神聖家族』のうちではじめられたのである」(58)と。

《第四章》

「フォイエルバッハがふみださなかった一歩」を「ふみだし」たマルクスが「フォイエルバッハの立場をいっそう発展させるという仕事」にとりかかったことを前章の最後で論じたエンゲルスは、この第四章で、「弁証法的唯物論と史的唯物論」という表題のもとにこの「本質的にマルクスの結びついている」仕事の内容を明らかにしている。

その出発点として、エンゲルスはそれまで明らかにしてきたことをまとめている。「シュトラウス、バウアー、シュティルナー、フォイエルバッハは、かれらが哲学の地盤をはなれないかぎり、ヘーゲル哲学の枝であった」「フォイエルバッハだけが哲学者として重要であった。しかし、かれにとっては哲学が、すなわちあらゆる特殊科学の上空を飛翔し、あらゆる特殊科学を総括すると称する『諸科学の科学』が、超えることのできない境界、手のふれることのできない神聖なものであった。そればかりではなく、かれは哲学者としてもまた中途半端であって、下半身は唯物論者で、上半身は観念論者であった」（以上、59）

シュトラウス、バウアー、シュティルナー、そして、「哲学者として重要であった」フォイエルバッハをも含めて、「ヘーゲル哲学の枝」と呼び、これらをもふくめた「ヘーゲル学派の解体からそのほかにもう一つ方向があらわれた」としてエンゲルスは、弁証法的唯物論と史的唯物論を、「マルクスの名と結びついた」マスクス主義を展開しているのである。その場合に主要に論じられているのは二点ある。一つは、「ヘーゲルからの分離は唯物論の立場へ帰ることによっておこなわれた」（60）のであるが、「ヘーゲルはたんに投げすてられはしなかった」としてその内容を展開していることである。この点は既にそれ以前の章で論じられているのであるが、つぎのような主張に端的である。

「ヘーゲルにおいては、自然と歴史のうちに現われる弁証法的発展、すなわち、あらゆる曲折をもった運動と一時的な後退を通じてつらぬかれている、より低いものからより高いものへの進展の因果的連関は、永遠の昔から、どこでか知らないが、とにかくあらゆる思考する人間の頭脳から独立に進行している概念の自己発展の模写にすぎない。このようなイデオロギー的逆立ちはとりのぞかれなければならなかった。われわれは、現実の事物を絶対的概念のあれこれの段階の模写とみないで、再び唯物論的にわれわれの頭脳のうちにある概念を現実の事物の映像と見た。このことによって弁証法は、外部の世界および人間の思考の運動の一般的な諸法則にかんする科学となった」（61〜62）「ヘーゲルの弁証法は逆立ちさせられた」（62）と。

そしてもう一つは、それに踏まえて、エンゲルスの言う「弁証法的唯物論と史的唯物論」の内容の積極的な展開が、しかしエンゲルス的なそれが、明らかにされていることである。その点についてエンゲルスはこの章の終わりで次のように説明している。

「以上で取扱うことができたのは、マルクス主義の歴史観の一般的な輪郭と、せいぜいいくつかの例証にすぎない。証明は歴史そのものに即して与えられなければならない。そしてこの証明は他の諸著作のうちですでに十分与えられていると言うことができると思う」（83）

その表題（「弁証法的唯物論と史的唯物論」）にしめされているように、そこでエンゲルスが論じていることは、それこそ「フォイエルバッハ論」という次元をこえたものである。そうであるからして、エンゲルスもその最後に「マルクス主義の歴史観の一般的な輪郭と、せいぜいいくつかの例証にすぎない」と書かないわけにはいかなかったのである。

以下で、主要に検討していく国家についての論述についても、「マルクス主義の歴史観の一般的な輪郭」の描写をなすという脈略において、エンゲルスが、史的唯物論的な国家のとらえ返しをめざしたものであること、それがここでの国家論を決定づけたといえる。他面それは、ヘーゲル国家論のエンゲルス的改作を積極的に展開したものとしての性格をもっているといえる。

(2)『フォイエルバッハ論』での国家論の特徴

これまで見てきたように、このエンゲルスの『フォイエルバッハ論』は、単なるフォイエルバッハという思想家・哲学者の理論を対象としたものではない。また、論じられている領域は、極めて多義にわたり、かつその多くは理論戦線で論争になった重要な諸点にかかわるものもある。だが、それらの全体を検討の対象にすることは現在の私にはあらゆる意味で不可能なことである。ただ、この『フォイエルバッハ論』で主張されている諸点について、未だこの本を読んでいない読者にもある程度手助けになることを願って、これまで本書の展開に沿ってその全体的な要約的説明をしてきた。そのような追求を前提的に確認したうえで、以下検討すべき対象を、エンゲルスの国家論という領域に絞ってみておくことにしたい。

国家論という観点からエンゲルスの『フォイエルバッハ論』の展開を見るという場合に、まずゼロ番目として、『フォイエルバッハ論』それ自体の叙述の仕方を見ておく必要がある。

それなりに、歴史的とらえ返しも含めて詳細に展開されたそれを要約するならば、次のようになる。

「意志のさまざまな作用との合成力」として「歴史」を論じ、「歴史を創る」ことの意味を論じたエンゲルスは、そのあと、「歴史の真の究極的動力をなしている原動力の研究」を説き、「個々の人間の動機よりも、むしろ諸民族の全体を、そして各民族においてはその民族の諸階級全体を動かす動機」の重要性を指摘する。そして、この「歴史の起動的要因の研究」なるものとして、「階級はどのようにして発生したのか」を問題として論じ、「地主貴族とブルジョアジーという二大階級のあいだの支配権をめぐる」政治闘争から「ブルジョアジーとプロレタリアートとの闘争」という「二つの階級」の発展（71以降）という歴史的発展とその物質的基礎を問題にし、それを「生産諸力と交換関係の発展」、そして「市民社会と国家」「市民社会の要求と国家」「国家意志の成立」と「国家および法の制定」を展開して、その上で、「国家のうちに、人間を支配する最初のイデオロギー的な力がわれわれにたいして現れる」としている。

この論述そのものにエンゲルスの「史的唯物論」からする「国家論」追求の問題視角や問題意識が示されている、といえる。それ自体を取り上げ、検討することは極めて重要なのであるが、そのような追求の後で、この『フォイエルバッハ論』四章でエンゲルスがマルクス主義における「国家論」を鮮明に示すものとして展開している論述そのものに沿って、以下検討していくことにする。

あらかじめ、ここでのエンゲルスの国家論の追求は、それ以前にエンゲルスが論じてきたところの『反デューリング論』（一八七八年）や『家族・私有財産・国家の起源』（一八八四年）とは違った視点から追求されている点を見ておく必要がある。そこでの核心は、エンゲルスなりにヘーゲル国家論の批判を媒介にして唯物論的な国家論を、すなわち史的唯物論における国家論を明確に展開して見せるということにほかならない。ところでこの場合、『フォイエルバッハ論』の国家論として吟味されるべき論述は、次の三つである。

①「だから少くとも近代の歴史においては、すべての政治的闘争は階級闘争であり、諸階級のあらゆる解放闘争は、必然的に政治的形態をとるにもかかわらず——というのは、あらゆる階級闘争は政治的闘争であるから——けっきょくは経済的解放を中心としている、ということが証明されている。したがって少くともここでは、国家すなわち政治的秩序は従属的な要素であり、市民社会、すなわち経済的諸関係の領域が決定的な要素である。ヘーゲルもそれをとっているような旧来の見方では、国家が決定的な要素で、市民社会は国家によって決定される要素と見られていた（イ）。外見はそれに一致している。個々の人間のばあいにかれの行為のあらゆる起動力がかれの頭脳を通過して、かれの意志の動機に変らなければならないように、市民社会のあらゆる要求もまた——どの階級が支配しているかにかかわりなく——法律の形をとって一般的な効力を得るためには、国家の意志を通過しなければならない。これは事柄の形式的な側面であって、自明のことである。ただ問題は、個人のであろうと、国家のであろうと、

このたんに形式的な意志がどんな内容をもっているか、どこからこの内容がくるのか、なぜまさにこれが意欲されて別のものが意欲されないのか、ということである。このことをしらべてみると、われわれは、近代の歴史においては国家の意志は、全体として見て、市民社会の要求の変化によって、どの階級が優勢であるかによって、そしてけっきょくは生産諸力と交換関係の発展によって、決定される（イ）ことを見いだすのである。」（74～75）

②「国家のうちに、人間を支配する最初のイデオロギー的な力がわれわれにたいして現れる（ロ）。社会は、内外からの攻撃にたいしてその共同の利益をまもるために、自分のために一つの機関をつくりだす。この機関が国家権力である（ハ）。この機関は、発生するとすぐに、社会にたいして独立するようになる。そしてそれが一定の階級の機関となって、この階級の支配を直接に行使するようになればなるほど、ますますそうなってくる。支配階級にたいする被抑圧階級の闘争は必然的に政治闘争、まず第一に支配階級の政治的支配にたいする闘争となる。この政治闘争とその経済的基礎との連関の意識はうすれていき、まったく消えうせてしまうこともある。」（76～77）

③「ところで国家は、ひとたび社会にたいして独立するようになると、ただちにそれ以上のイデオロギーを生みだす（ニ）。というのは、職業的政治家や国法の理論家や私法学者においては、経済的諸事実との関連が著しく見失われるからである。経済的諸事実は、どんな個々のばあいでも、それらが法律の形で認可されるためには、法律的動機という形式をとらなければ

ならないし、またそのさい当然のこととしてすでに施行されている法律体系の全体が顧慮されなければならないから、そこで法律的形式がすべてで経済的内容は無であると考えられるようになる。国法と私法は、独立の領域として取扱われるようになり、それらは独立した歴史的発展をし、またあらゆる内的矛盾を除去することによってそれ自身として体系的に叙述しうるしまたそうしなければならないものとして取扱われるようになる。」(77〜78)

〔引用文のなかに振られているカタカナの(イ)(ロ)(ハ)(ニ)などの符牒は、後の検討のために筆者＝引用者がつけたものです〕

これらの引用文から以下のことがその特徴として浮かび上がってくる。

第一に、①に示されるように、国家と経済的基礎との関係を論じるばあいでも、『反デューリング論』ではまったく触れられなかった法や国家意志の問題に言及していることである。『反デューリング論』においてエンゲルスは経済的要求(あるいは目的)が〝根本〟で政治的暴力・政治・国家はあくまでも〝結果〟であり〝従属的〟であるということを強調し、その論証をもっぱら『経済学批判』の「序文」における唯物史観の公式を当てはめるかたちで行っていた(註18)。それゆえに、不可避に論理展開の主軸は、もっぱら歴史的諸事実を対置するという方法がとられていたのであった。だが、この『フォイエルバッハ論』ではそれにとどまらず、いわゆる上部構造の問題に踏み込んで、国家意志、法を論じているのである。すなわち、「国家および法」「国法と私法」とかの論述とともに「法律的形式と経済的内容」の関係そのものを分析対象にしているのである。このこと自体の中に、『フォイエルバッハ論』のエンゲルスが、たとえそれ自体の具体的検討を行っているわけではないとしても、ヘーゲルの『法の哲学』を意識しながら国家についての唯物論的な論述を行おうとしていることを見てとれるのである。

そして第二に、①とも関係するのであるが、「国家のうちに、人間を支配するイデオロギー的な力（Macht）があらわれる」(註19)というように、ここでイデオロギーとの関係で国家についての新たな規定を与えている、ということである。しかもこの「人間を支配する最初のイデオロギー的な力」という規定に直続する形で、社会の「共同の利益」を守るためにつくりだされた「一つの機関」、「この機関が国家権力である」とされているのである。この「イデオロギー的な力」に直属する形で「国家権力」を規定したところに、『フォイエルバッハ論』における国家論の特徴をみてとれるのである。

ところで特徴の第三は、「イデオロギーの生産」について国家の発生との関係で論じていることである。「国家は、ひとたび社会にたいして独立するようになると、ただちにそれ以上のイデオロギーを生みだす」と論じ、そのあとで政治家やいわゆるイデオローグの存在と彼らによって生産されるイデオロギーの役割を論じているのである。このこと自体が、『反デューリング論』におけるイデオロギー論をこえた、一歩踏み込んだものであると同時に、エンゲルス唯物論の独自性を形づくるものになっているといえる。

（3）エンゲルス国家意志論の限界

では、この①から③にしめされる『フォイエルバッハ論』における国家論の問題性は何であり、いかに検討すべきかについて考えてみたい。

A 「イデオロギー的権力」論の陥穽

《α》まずもって（イ）（′イ）のような国家とその経済的基礎との関係についてのエンゲルスの展開はいかなるものかということである。すでに触れたように、ここでの国家論の展開は、エンゲルス自身が「ヘーゲルもそれをとっているような旧来の見方」と問題にしているように、「市民社会は国家によって決定される」とする国家論（イ）との対決という問題意識のもとにアプローチされている。その意味では「イデオロギー的な逆立ちをとりのぞく」ことをエンゲルスなりに国家論の領域で貫徹することを目指したものといえなくはない。

だが、はたして（イ）のように特徴づけ、それに対して「国家すなわち政治的秩序は従属的な要素であり、市民社会、すなわち経済的諸関係の領域が決定的な要素」（′イ）である、ということを対置することが、「イデオロギー的な逆立ちをとりのぞく」ことになるのであろうか。

①においても「市民社会のあらゆる要求もまた――どの階級が支配しているかにかかわりなく――法律の形をとって一般的な効力を得るためには、国家の意志を通過しなければならない」ということが「事柄の形式的な側面」とされている。だが、この「形式的側面」と「イデオロギー的な逆立ち」との関係は必ずしも明確ではない。

たしかに「問題は、個人のであろうと、国家のであろうと、このたんに形式的な意志がどんな内容をもっているか、どこからこの内容がくるのか、なぜまさにこれが意欲されて別のものが意欲されないのか、ということである」と論じていることからするならば、「政治的秩序」と「市民社会の要求」・「経済的要素」とのたんなる関係づけから一歩進んで、法の支配としてあらわれる「政治的秩序」の構造に、すなわち政治支配の構造に踏み込んだ展開になっているとしても、そのような展開をもってヘーゲル国家論をはじめとする「旧来の見方」の批判やそのひっくり返しであるとはいえないであろう。この点については後で検討する。

《β》ところで第二に問題にされなければならないことは、②の（ロ）の「人間を支配する最初のイデオロギー的な力」という国家の規定についてである。

いうまでもなく、「人間を支配する最初のイデオロギー的な力（権力）」という国家の規定は国家をそのイデオロギーの側から性格づけたものである。そうであるとしても、はたして国家をこのように「イデオロギー的な力（権力）」と規定しうるものであろうか。たしかに、近代ブルジョア国家は、労働力すらもが商品化されることによって「あらゆる社会に共通な経済原則が商品形態を通じて実現される純粋な経済過程として自立化」(註20)する資本制商品経済を物質的基礎にして、「自由・平等・人権」を理念とし、ブルジョア階級の特殊利害に全人類的な普遍性をあたえ(幻想的共同性)、それを物質化すること(物資的裏づけとしての共同性の幻想的形態)によって、ブルジョア階級によって創出されたのである。このブルジョア階級国家の形成を、商品経済という物資的基礎との関係で結果解釈的に規定するならば、このつくりだされた国家は「イデオロギー的な力(権力)」であると規定しえなくはない。

だが、「イデオロギー的な力(権力)」というだけでは、幻想的な共同性という国家の〝イデオロギー性〟すなわち〝イデオロギー的疎外〟の問題は何一つ明らかにしえない。そのような意味では、この「イデオロギー的な力」は国家のイデオロギー的本質を規定したものとしては一面的な観を拭いえないのである。

《γ》さらに同時に、(ロ)の「イデオロギー的な力(権力)」という規定に続けて「共同の利益をまもるために」「一つの機関」がつくられるとし、その「一つの機関が国家権力である」(ハ)というように論じられていることについてである。『反デューリング論』では「国家権力のはじまり」とされていたものが、ここでは「国家権力である」とされているのである。一体、国家論の発展にとって逆行するような〝改変〟をエンゲルスはなぜ行ったのであろうか。ここに『フォイエルバッハ論』における国家論の一つの謎がある。

すでに見たように、この『フォイエルバッハ論』におけるエンゲルス国家論と『反デューリング論』における国家論の間には『家族・私有財産・国家の起源』(以下『起源』と略す)の国家論が存在しているのであり、この『起源』の国家論を媒介にしているがゆえにエンゲルスは『反デューリング論』においては『国家権力のはじまり』としていたものを「国家権力である」と直したであろうことは想像に難くない。

ルイス・H・モルガンの『古代社会』(一八七七年)に対するマルクスの『ノート』(註21)を下敷きにし、「ある程度まで遺言の執行をなす」(『起源』初版の序文)ものとしてこの『起源』はしたためられたのであった。「氏族制度」が崩壊し、国家が生み出されるにいたる「歴史的な分析」として、ギリシャ(アテナイ)、ローマ、ドイツの「氏族制度の廃墟のうえに国家がおこってくる三つの主要形態」(とりわけ「アテナイが、もっとも純粋な、もっとも古典的な形態を示している」とされている)をとりあげ、その分析にもとづいて国家の形成を論じること、それがエンゲルスの課題であった。その場合、社会の階級的分裂を背景にした支配階級による国家の形成を明確にするという視点をはっきりさせなかったがゆえに、エンゲルスは、つくりだされた諸機関の歴史的変遷を描くことにより氏族制度の崩壊の直接的な延長線上に国家の成立を位置づける(註22)という国家形成の歴史主義的な把握に陥ったのである。

その端的な表明が、エンゲルスの有名な国家についての規定である。すなわち「国家はけっして外部から社会におしつけられた権力ではない。同様にそれはヘーゲルが主張するように『人倫的理念の実現』『理性の形態および実現』でもない。むしろそれは、一定の発展段階における社会の産物である」(註23)というものである。ここでは社会の産物という場合の「社会」は、原始共産制社会とその後の階級社会とにまたがったものとして描きだされ、そうすることにより、「氏族制度」を国家と対立したものとして論じているにもかかわらず、「氏族制度」のもとでつくりだされた「一つの機関」を「国家権力である」とするような階級性の曖昧な国家規定が与えられてしまったのだといわざるをえない。

《δ》最後に、イデオロギーの生産についての論述である。この(二)でいわれている「それ以上のイデオロギーを生みだす」という場合の「それ」は、「共同の利害を守る」ための〝国家〟、すなわちそのようなイデオロギー性をもった〝国家〟を指し、「それ以上」とは「国家以上」というように読むのが順当であろう。これにつづいて、「職業的政治家や国法の理論家や私法学者」による法律の策定とその施行にかかわる問題が取り上げられ、「国法と私法は、独立の領域として取り扱われるようになり、それらは独立した歴史的発展」をとげる、というようにイデオロギーの生産や法体系の自律性の問題が論じられている。

このように、「それ以上」ということで「イデオロギーの生産」が論じられていることからするならば、エンゲルスにおいて国家のイデオロギー性(幻想的共同性)の問題と、国家の樹立後の支配権力によるイデオロギーの生産の問題とが、必ずしもはっきりと区別されていなかったのではないか、と思われる。

いうまでもなく、前者のブルジョア階級が近代国家を樹立する際に掲げたところの「共同利害」あるいは「共同性」とは、「市民社会」（ヘーゲルが「欲求の体系」と規定したところの）において失われた「共同性」を「ブルジョア国家という疎外された形においてその対象性を獲得」(註24)したものというように存在論的にはとらえ返しうるものである。そして、「自由・人権・平等」の理念・イデオロギーとして表現される「共同性」、すなわちブルジョア階級が国家を打ち立てる際に掲げたこのイデオロギーは、ブルジョア国家の本質規定にかかわる問題なのである。

このような国家のイデオロギー性にかかわる前者と、「それ以上のイデオロギー」を問題にする後者とは区別されなければならない。ブルジョア国家の樹立後において自らの階級支配をスムーズに貫徹するために支配階級たるブルジョア階級が不断にイデオロギーを生産（これが支配階級の思想を代弁するイデオローグの役割である）し、その物質化（様々な手段を使って国民としての虚偽の意識をうえつけることなど）をはかるということは、国家的支配にかかわることなのである。

だから、この両者はどちらもイデオロギーにかかわる問題だとしても、当然にも明確に区別されなければならない。ここでいう「イデオロギーの生産」とはあくまでも後者のことであり、支配階級の階級支配の貫徹における「イデオロギーの生産」(註25)のことであり、「ひとたび形成されたイデオロギーは、自立性を獲得し、相対的な独立性をもって発展」する（黒田寛一『社会の弁証法』こぶし書房・２４９）のことにかかわる問題なのである。

とりわけ、三権分立という統治形態をとる典型的な近代国家においては、このイデオロギーの生産とその物質化という形をとる支配階級は、「国法の理論家や私法学者」を初めとしたイデオローグをも動員し、「職業的政治家」や「国家官僚」による法の制定とその国家機関での承認にもとづいて自らの階級支配を貫徹するのである。このような階級支配のためのイデオロギーの生産と種々の機構を通じてのその流布による国民の統合（これに時の権力者がいかに力をそそぐものであるかをみよ！）という統治形態にかかわるものとして、後者の「イデオロギーの生産」の問題は追求されなければならないのである。

B　エンゲルス的なヘーゲル国家論の転倒

すでにみたように、この『フォイエルバッハ論』におけるエンゲルスの問題意識からして、そこでの国家論の追求は、ヘーゲルを初めとした旧来の国家論に対してかの『経済学批判』の「序文」で定式化された唯物史観の公式を適用して反論する、という方法がとられている。だがその場合、エンゲルスは必ずしも若きマルクスがおこなったようなヘーゲルの国家論そのものとの対決を基礎にして反論しているとはいいがたい。いや、極めてエンゲルス的なヘーゲルの国家論の否定になっているといったほうが正確であると思われる。以下では、エンゲルス国家論をヘーゲル国家論の批判の問題性という観点から検討しておきたい。

①形式的な転倒

先の引用した展開にそって検討するならば、エンゲルスのヘーゲル国家論批判の問題は、（イ）の「ヘーゲルもそれをとっているような旧来の見方では、国家が決定的な要素で、市民社会は国家によって決定される要素とみられていた」というような特徴づけにある。まずもって、その正否が問題にされなければならない。

本書第1編の〈「ヘーゲル国法論批判」（マルクス）に学ぶ〉で見てきたように、ヘーゲルにおいては、「法の哲学」とは精神のありようとしての「自由な意志」がみずからを「客観化」したもの、とされている。だからヘーゲルは「法の精神」を論じる出発点（「緒論」）で次のようにいう。

「法の地盤は総じて精神的なものであって、それのもっと精確な場所と開始点は意志である。したがって自由が法の実体と規定をなす。そして法の体系は、実現された自由の王国であり、精神自身から生み出された、第二の自然としての、精神の世界である」（中央公論社版『ヘーゲル』の「法の哲学」〔以下『GPR』と略す〕§四・189）と。

だからこそ、マルクスは「ヘーゲルがそれだけを知り承認している労働というものは、抽象的に精神的な労働である」（岩波文庫版『経済学＝哲学草稿』〔以下『草稿』と略す〕「ヘーゲル弁証法と哲学一般との批判」・200）ことをまずもって暴露したのであり、それは、唯物論の立場に立つかぎり当然である。このような意味で、「自然と歴史のうちに現われる弁証法的発展」を「概念の自己発展の模写」とするものである、とヘーゲルを特徴づけることも、もちろん当然である。だが、「イデオロギー的な逆立ち」ということから、「国家が決定的な要素であり、市民社会は国家によって決定される要素と見られていた」とするのはヘーゲル国家論の特徴づけとしては明らかに〝単純化〟だといわなければならない。

そのことは、マルクスがヘーゲルの精神的な労働の問題性を暴きだしながら「法の哲学」を次のように特徴づけたことを見れば明らかである。

「こうしてたとえば、ヘーゲルの法哲学では、止揚された私権は道徳に等しく、止揚された道徳は家族に等しく、止揚された家族は市民社会に等しく、止揚された市民社会は国家に等しく、止揚された国家は世界史に等しいとされる。現実においては、私権、道徳、家族、市民社会、国家等々は、あいかわらず存続している。ただそれらは諸契機になったにすぎない。すなわち、孤立しては通用しない、相互に解消しあったり産出しあったりするような、人間の諸々の現実存在と存在様式になったにすぎない。〔…中略…〕つまり運動の諸契機なのだ」(『草稿』213)

ようするに、ヘーゲルの「運動」の主体は「神であり、絶対精神であり、自己を知りつつ実証する理念であ」(『草稿』218)り、この「運動の諸契機」として「利権・道徳・家族・市民社会・国家等々」は一時的に「存在」させられるにすぎないのである。だからこそ、ヘーゲルは、『法の哲学』を客観的精神のありようとしての人倫的理念の運動として描くことが可能となったのであり、国家を「倫理的理念の現実性」として、すなわちそれ自体普遍性（普遍的利害）と特殊性（特殊的利害）とが分裂状態にある市民社会（「万人にたいする万人の個人的利益の闘争場」）、この「倫理的理念の喪失態」としての市民社会を止揚した倫理的理念の現実化として描くことが可能になったのである。

以上のことからして、国家による市民社会（の矛盾）の止揚というヘーゲルの論理を指して、「国家が決定的な要素で市民社会は国家によって決定される」などと特徴づけヘーゲル国家論の問題にすることは、唯物史観の公式をヘーゲル国家論にあてはめた一面的なものといわざるをえない。

だが、この一面性は、ヘーゲル国家論に対してエンゲルスが批判する際の方法論によって決定づけられたものなのである。それは、つぎのエンゲルスの言葉に端的に表明されている。

「ヘーゲルにおいては、自然と歴史のうちに現われる弁証法的発展、すなわち、あらゆる曲折をもった運動と一時的な後退を通じてつらぬかれている、より低いものからより高いものへの進展の因果的連関は、永遠の昔から、どこでか知らないが、とにかくあらゆる思考する人間の頭脳から独立に進行している概念の自己発展の模写にすぎない。このようなイデオロギー的な逆立ちは取りのぞかなければならなかった」のであり、「概念弁証法」は「現実の世界の弁証法的な運動の意識された反映にすぎない」ものとして「ヘーゲルの弁証法は逆立ちさせられた」（61～62）、と。

ここに示されるエンゲルスの方法は明らかに、裏返しのヘーゲル主義へと転落している。そこでは認識＝実践主体の問題が根本的に欠落し、概念の弁証法と現実世界の弁証法が一対一的に対応させられているのだからである(註26)。

②「政治的国家と市民社会」の把握の問題性

たしかに、エンゲルスが言うように「国家」と「市民社会」の関係をどのように把握するかは国家論追求において決定的な意味をもっている。そのことが、史的唯物論における国家論追求の一つの核心をなすことはいうまでもない。その意味でも、マルクスの国家論追求の核心を形成したヘーゲル国家論との対決の意義が確認されなければならない。すなわち、政治的国家と市民社会の関係を問題にしたヘーゲル国家論の画期性はその理論の反動的な性格（プロイセン国家の哲学的表現）とともに確認されなければならない(註27)し、またそこに旧来の国家理論とは区別されるヘーゲル的独自性の一つもあったといえる。

ヘーゲル自身はそれについて次のように語っている。

「市民社会は家族と国家の間にはいる差別態である」「もし国家がさまざまの人格の一体性、ただ共同性であるにすぎないような一体性と考えられるならば、これによって考えられているのは、市民社会の規定であるにすぎない。近代の国法学者の多くは、これ以外の国家論にこぎつけることはできなかった」（『GPR』§一八二追加〔市民社会の概念〕414）そして、この市民社会は「全面的依存性の体系」としては「さしあたり外的国家——強制国家および悟性国家とみなすことができる」（同、§一八三）と（補註②）。

この点についてマルクスも『ヘーゲル国法論批判』のなかでヘーゲルの優位性として、次のようにとりあげている。

「ヘーゲルにおける比較的深いところは、彼が市民社会と政治的社会の分離を一つの矛盾として感じている点にある。しかし、誤りは彼がこの解体の外見に甘んじて、これを実相そのものと称するところにある。これに反して彼が蔑むところの『もろもろのいわゆる理論なるもの』は市民的諸身分と政治的諸身分の『分離』を要求するのであって、これは当然である」（国民文庫版『ヘーゲル国法論批判』135～36、以下『ＨＫ』と略す）と。

いわゆるヘーゲルが、「蔑むところの理論」すなわち「悟性国家論」における「分離」を一方では「当然」としながら、マルクスはその他方でヘーゲルの「深いところ」を、「政治的国家と市民社会の分離」「市民的諸身分と政治的諸身分の分離」を「前提」にし、それを「一つの矛盾として感じている点にある」と明確にしているのである。そのうえにたって、マルクスは主要に「市民社会と政治的国家」のヘーゲル的理論の批判を「この解体の外見に甘んじて、これを実相そのものと称するところにある」というように、現にあるところの「矛盾」を「国家」のもとで解決したものとするいんちき性を暴きだすかたちで展開していく。ヘーゲルの「市民社会」から「国家」への移行の、それゆえ「国家による市民社会の止揚」のいんちき性の暴露から、「君主権」「統治権」「立法権」についてのヘーゲル的論理にはらまれている矛盾を逐一的に突き出していく。

このようにヘーゲル国家論の意義と限界についてとらえるがゆえに、マルクスはヘーゲル国家論批判を§二六〇以前の部分(「国家は倫理的理念の現実性である」ではじまる§二五七からのそれ)の批判にふまえて、§二六一で展開されている「家族・市民社会の圏と国家の圏」のヘーゲル的論理の検討から始めたのである。同時にマルクスは「政治的国家と市民社会の分離から出発する」ヘーゲル国家論をさして、この「政治的国家」と「市民社会」の関係の把握のなかに「あらゆる矛盾」が存在している、と断じているのである(『HK』129〜131)。

このようなヘーゲルは、旧来の国家論(ホッブス、ロック、ルソーなどのそれ)を「市民社会の規定」にとどまる「悟性国家論」と規定し、市民社会の特殊性を止揚した普遍性を体現するものとして国家を把握すること、すなわち国家を「倫理的理念の現実態」として把握するみずからの国家論(理性国家論)を「法の哲学」として明らかにしたのである。

それまでの国家論にたいするみずからの優位性を説くヘーゲルの展開は、封建的な身分的宗教的な紐帯から解き放たれた個人(ブルジョア・アトミズム的=孤立的個人)を原理として、その直接性を肯定的に理論化した社会契約説的な国家論にたいして、法の主体としての個人意志を原理としながらも、この「個人意志」をも含みこんだ「実体的意志としての倫理的精神」(『GPR』§二五七)の現実態として、それ自体が自律した「有機組織」「有機体」の姿態をとるものとして、近代国家の性格と特徴をとらえたものである(註28)。その限りにおいて「現代社会の一帰結を言いあらわしている」（『ＨＫ』１３６）旧来の「悟性国家論」の限界ののりこえをめざしたものだ、と一応はいいうる。だが、こののりこえは、近代国家の歴史を逆行させる方向においてであった。すなわち「プロイセン国家を合理化したその哲学的体系化である『法の哲学』を樹立」したとされるように、立憲君主制を理想とする当時のプロイセン国家をそのまま肯定するところののりこえでしかなかったのである(註29)。そして、このようにヘーゲル国家論の問題を、この「有機体」として現象する近代国家の「共同性」「一体性」のヘーゲル的論理のまやかしを、ヘーゲル的な国家把握の枠内においてとりあげ、「この一体性の幻想」（『ＨＫ』１６８）を突き出したところに、『ドイツ・イデオロギー』以前における若きマルクスの国家論追求の核心があったのである。

実際、マルクスは『ヘーゲル国法論批判』において市民社会と政治的国家の把握にかかわるヘーゲル的論理のいんちき性の暴露に多くの紙数を費やしたのであった。とりわけ、「政治的国家」（「君主」・「政府」）と「市民社会」との「媒介のはたらき」「媒介機関」（『ＧＰＲ』§三〇二）とみなされた「立法権」をとりあげ、「身分制と代議制」「身分制議会」の分析との関係において、マルクスはその理論的矛盾を鋭くえぐりだしていく。

ヘーゲルは「あらゆるところで市民社会と国家との衝突を描き出す」「ヘーゲルは市民社会を私的身分として政治的国家に対置する」他方で「市民的生活と政治的生活のいかなる分離を

も望まない」（『HK』132）。「ヘーゲルは市民社会の諸身分が政治的諸身分であることを展開しようと望み、そしてこれを証明するために、彼は市民社会の諸身分はすなわち『政治的国家の特殊化』、換言すれば、市民社会はすなわち政治的社会というふうにみなす。『国家のなかの特殊的なもの』という表現はここではただ『国家の特殊化』という意味しかもちえない」（『HK』141）。「〔ヘーゲルにおいては〕市民的身分別が政治的領域において手に入れる意義は市民的身分別から出てくるのではなく、かえって政治的領域から出てくるのであって、市民的身分別はここでまた一つ別な意義をもつことができるであろう」「これは一つの古い世界観を或る新しい世界観の意味に解釈する無批判的な、まやかしのやり方なのであ」り「この無批判、このまやかしは現代の国家制度（なかんずく身分代議制度）の秘密であるとともに、またヘーゲル哲学、ことに法および宗教哲学の秘法でもある」（『HK』149～50）と(註30)。

このような「市民社会の国家への止揚」というヘーゲル的論理に対するマルクスの批判は、ヘーゲル左派の枠内におけるそれ、それゆえ「人倫的理念の現実態」として国家をとらえるヘーゲル的な国家把握を前提にしたものであった。だが、このヘーゲル国家論批判の成果は、「国家」の本質を幻想的共同性として暴きだした『ドイツ・イデオロギー』の国家論の中に、この時点の地平をこえる形で生かされたのである。もちろん、この若きマルクスのヘーゲル批判の際の方法的武器は、「理性的であるものこそ現実的であり、現実的なものこそ理性的である」（『GPR』序文・169）というヘーゲル的な論理をマルクス的にとりこみ、「現実が理性的でないなら理性的なものたらしめなければならない」とする変革的立場にたってそれを「逆適用」することにあった（註31）。

だが、これまでのマルクスの追求に即してみてきたようなヘーゲルの方法論（弁証法―認識論）にはらまれている欠陥を検討するという観点が、エンゲルスには欠けていたといえる。もっぱら、ヘーゲル弁証法に対して、かの唯物史観の公式にのっとって、国家と経済的基礎との関係の正しいとらえかえしを対置し、国家が決定的な要素ではなく、市民社会こそが決定的な要素である、と強調したのがエンゲルスであったといえる。

③若きマルクスの追求

すでに見たように、マルクスはエンゲルスとは違っている。かの『ドイツ・イデオロギー』における唯物史観の形成の二年前、「ライン新聞」の編集長を辞任してパリに移った直後からふたたびヘーゲル哲学（『法の哲学』）と対決し、その成果を『ヘーゲル国法論批判』として著したマルクス（註32）のヘーゲル批判は、エンゲルスとはその方法論からして違っている、といわなければならない。

若きマルクスが『ヘーゲル国法論批判』で追求したことは何か。すでに部分的にみたように、①マルクス的な民主的共和制を基準にしたところのヘーゲル批判ではあったとしても、「主語と述語の転倒」を暴きだすことをつうじて、ヘーゲル国法論が「概念の本性によって規定されているもの」（『ＨＫ』19）にすぎず、その現実性は「歴然たるまやかし」（『ＨＫ』21）にほかならないこと、②国家論の内容的な展開としては①にふまえて、ヘーゲルのいうところの共同利害・普遍性の仮象性を明らかにしているということ、そして③君主権、統治権、立法権などについてのヘーゲル的解釈の逐一的な批判を明らかにしていること、である。

まず、ヘーゲル国家論の内容的な展開との関係で問題にするならば、ヘーゲルが「有機体」としての国家を立憲君主制に見いだしたのに対して、マルクスは「民主制」を対置していることである。マルクスはいう。

「われわれは君主制において体制の国民をもち、民主制において国民の体制をもつ。民主制はあらゆる体制の謎の解かれたものである。ここでは体制はたんに即自的、本質的にのみならず、また現存的、現実的にも、それの現実的根拠である現実的人間、現実的国民のなかへつねに連れ戻されていて、人間自身、国民自身の業《わざ》として定立されている。体制は人間の自由な産物というそれ本来のあり方においてあらわれる」「ヘーゲルは国家から出発して、人間を主体化された国家たらしめ、民主制は人間から出発して、国家を客体化された人間たらしめる。宗教が人間を創るのではなくて、人間が宗教を創るように、体制が国民を創るのではなくて、国民が体制を創る。ある点では民主制と爾余のあらゆる国家形式との間柄は、キリスト教と爾余のあらゆる宗教との間柄のようなものである」「爾余のあらゆる国家形成体はある一定の特殊な国家形成である。民主制においては形相的原理が同時に質料的原理である。それゆえに民主

制にしてはじめて普遍と特殊との真の一体性なのである」（『ＨＫ』52〜53）

マルクスは「普遍と特殊との真の一体性」を「民主制」の中に見いだしている。「あらゆる国家体制の本質」とされ、真の共同性のあり様としての「民主制」を、プロイセンをモデルとした立憲君主制に「国家の一体性」を見るヘーゲルに対置したのである。その場合のマルクスのガイストは、「人間を主体化された国家」たらしめるヘーゲルに対して、人間を出発点にして「国家を客体化された人間」たらしめる、「宗教が人間を創るのではなく、人間が宗教を創る」という現実的ヒューマニズムにほかならない。いいかえれば、この時点のマルクスは、「普遍と特殊の真の一体性」を真に実現しうるものは、共同性すなわち普遍とされた国家と特殊とされた人間の真の「一体性」を可能にする民主制（註33）であり、その民主制こそが「国家の本質」であり、かつ「理想化」された国家制度であるとしたわけなのである。

このようなマルクスのヘーゲル国法論批判の一つの核心は、そこにヘーゲル的論理の批判が適用されていることであり、その武器は、先に触れたようにフォイエルバッハから受け継ぎ発展させた「主語と述語との転倒」にかかわる論理である。

「理念が主語にされ、諸区分がそれらの現実性が理念の展開、理念の成果と解されるのであるが、じつは逆に現実的な諸区分から理念が展開されねばならないのである」（『ＨＫ』16）「彼は理念の主語であるところのものをそれの一つの産物、一つの述語にした。彼は彼の思惟を対象から展開するのではなく、かえって、己れ自身を仕上げ終わっている思惟、しかも論理の抽象圏のなかで己れ自身を仕上げ終わっている思惟にしたがって対象を展開する」(『HK』21)

このようにマルクスは、ヘーゲル国家論にはらまれている「主語と述語の転倒」を鋭くえぐりだし、「思惟の対象」は「抽象圏のなかで己れ自身を仕上げ終わっている思惟」にしたがって描かれるだけであると批判する。そして、ヘーゲル国家論を「いかにも現実的な認識がおこなわれてでもいるかのごとき外見が存するだけ」(『HK』17)だと指弾し、「純然たる仮象」としてその本質を暴きだしたのである。

だからマルクスはヘーゲル国家論の核心を次のように批判する。

「ヘーゲルに咎められるべきなのは、彼が現代国家の在り方をあるがままに描くからではなくて、現にある姿を国家というものの本質的な在り方だと称するからである。理性的なものが現実的であることは、ありとあらゆるところで、その実態はその申し立てるところの逆であり、その申し立てるところはその実態の逆であるような非理性的現実性の矛盾のうちにこそ証しされている」(『HK』114)

このような批判のうえにたってマルクスは「今日の国家制度の真に哲学的な批判」について、つぎのように言明している。

「もろもろの矛盾の存在をただ指摘するだけでなく、それらの矛盾を明らかにし、それらの生成、それらの必然性を把握する。それはもろもろの矛盾をそれらの独自の意義においてつかむ。しかしながらこの把握はヘーゲルの考えるように、論理的概念の諸規定をいたるところに再認するところにあるのではなく、独自の対象の独自の論理をつかむところにあるのである」（『ＨＫ』１６４〜１６５）と。

この「独自の対象の独自の論理」こそが、このヘーゲル国法論の批判において駆使されている「矛盾の生成、必然性を把握する」という唯物論的な論理であると私は強く思う。そしてそれは、その二〜三年後には「フォイエルバッハにかんするテーゼ」として整理された実践的唯物論へつながるものであった。と同時に、このヘーゲル国法論批判にいたる初期マルクスのヘーゲルとの格闘は、若きマルクスとエンゲルスの理論的形成過程における違いを決定づけたものであるとともに、唯物史観確立以後には両者の共同研究の過程における違いをも規定したものとしても存在したのである(註34)。

Ｃ　国家意志論の欠陥

『フォイエルバッハ論』におけるエンゲルスは、卑俗な唯物論を批判しつつ史的唯物論における国家理論の明確化のために、『反デューリング論』や『家族・私有財産および国家の起源』では論じていない国家意志の問題に言及している。すでにエンゲルスのヘーゲル国家理論との対決という問題意識に決定づけられたものであることを、そこにはらまれている限界とともにみてきた。以下では、エンゲルスの「国家意志」の理論化そのものにはらまれている問題についてふれなければならない。

検討した（イ）の展開につづいてエンゲルスは、「ヘーゲルも採用している旧来の見方」と「外見はそれに一致している」としたうえで、だが「これは事柄の形式的な側面」であると断じている。しかし、この「外見はそれに一致している」ということについてのエンゲルスの説明は、「個々の人間のばあいにかれの行為のあらゆる機動力がかれの頭脳を通過して、かれの意志の動機に変わらなければならないように、市民社会のあらゆる要求もまた――どの階級が支配しているかにかかわりなく――法律の形をとって一般的な効力を得るためには、国家の意志を通過しなければならない」というものである。このことからすると、「法律の形をとって」「国家の意志を通過しなければならない」ことを「形式的な側面」としている。と同時に、エンゲルスはそれの内的構造の分析を抜きしにして、「自明のこと」として前提化する。だが、この前提化するところに問題が発生する。

エンゲルスは先の意志論の説明をもって、「国家が決定的要素」であるとし、そのことを「形式的な側面」としている。だから、この「形式的な側面」ということと「外見は一致する」ということとは、結局〝同義〟の意味で使われていることになる。この場合、エンゲルスは「形式的な側面」に対して「実質的な側面」を問題にしたり「外見的な一致」に対して「内面的な一致」を問題にしたりしているのではない。エンゲルスが問題にしているのは、「ただ問題は、個人のであろうと、国家のであろうと、このたんに形式的な意志がどんな内容をもっているか、どこからこの内容がくるのか、なぜまさにこれが意欲されて別のものが意欲されないのか」ということである。「近代の歴史においては国家の意志は」「けっきょくは生産諸力と交換関係の発展によって、決定される」ということ、これである。

この展開での「形式的な意志」と、先にあげたところの「形式的な側面」とか「外見は一致する」とかとは明らかに別のことである。前者は、特定の階級的な意志（市民社会の〝要求〟）が国家意志にたかめられ、法律として制定（ならびにそれの実施）されるまでの過程をさして「形式的」とか「外見上」とかというカテゴリーが使われている。それに対して後者（形式的な意志）は、たとえば「国家意志」なり「要求」なりという特定のカテゴリーを問題にする際のその「内容」と「形式」という謂である。だからこそ、エンゲルスも、この「意志」という「カテゴリー」に対して「どんな内容をもっているのか、どこからこの内容がくるのか」というように問題にしたのである。だが、エンゲルスの場合、この前者と後者が必ずしも明確に区別されていない。このことが大きな問題なのである。

ここでの問題は二点ある。一つは、これまで検討してきた「政治的国家と市民社会の関係」についてのヘーゲル的論理に対するエンゲルス的把握の問題であり、そこでのエンゲルス的論理である。そしてもう一つは、それとも関係することであるが、ここでの問題、すなわちヘーゲルの国家意志についてのエンゲルス的検討の問題である。

「国家は倫理的理念の現実性である。――すなわちはっきりと姿を現して、おのれ自身にとっておのれの真実の姿が見紛うべくもなく明らかとなった実体的意志としての倫理的精神である。そして、この実体的意志は、おのれを思惟し、おのれを知り、その知るところのものを知るかぎりにおいて完全に成就するところのものである」（『法の哲学』§二五七）「自由な意志」の「完全に成就するところのもの」すなわち「実体的意志」としての「倫理的精神」が国家であるとされているように、ヘーゲルの「倫理的理念の現実性」という「国家」規定においては、家族・市民社会はその「理念」の「客体的契機」として「実体的意思」としての倫理的精神に止揚されたものとされている。実際、ヘーゲル自身は「国家こそ総じてむしろ最初のものであり、国家の内部においてはじめて家族が市民社会に発展するのであって、国家の理念そのものがこれらの両契機へおのれを区分するのである」（『GPR』§二五六）（註35）としているのである。だから、マルクスも「理念が主体化」され「思弁のなかであべこべにされる」（『HK』8）と批判し、「現実的理念がその身を貶めて家族および市民社会の『有限性』へはいりこむのは、ただこの有限性の揚棄を通じて国家の無限性を享受し産出せんがためにほかならぬ」（同・10〜11）と暴露し、家族と市民社会との国家に対する関係を論じたヘーゲルの『法の哲学』§二六二を称して、「この節のうちに法哲学、またヘーゲル哲学一般の全秘密が蔵されている」（同・11〜12）と断じたのである。

だが、エンゲルスはすでにみたように、このようなヘーゲルの国家論にはらまれているヘーゲル的論理それ自体に対するたちいった検討をおこなわなかった。いや、その必要性の自覚も弱かったのではないか(註36)。だから、この「形式的な側面」を問題にしてただちに「国家の意志がどこからくるのか」を問題にし、「政治的国家」と「市民社会」の相互の関係（どちらが「決定的」か「従属的」かという）のとらえかたに批判の矛先をもっていったともいいうる。だが、「史的唯物論」における「国家論」を追求せんとする者にとって、「国家意志」にかかわる問題は、この「形式的な側面」をなす「意志」「国家意志」をいかに問題にするか、そのことの中に核心がある。

エンゲルスもいうように、「市民社会のあらゆる要求もまた、法律の形をとって一般的な効力」をえるためには「国家の意志を通過しなければならない」ということは「形式的な側面」である。問題はこの「要求」たる支配階級の意志が国家意志に高められ、立法府（議会）における法律の制定（立法）と制定された諸々の法律の実施（行政府による諸政策の執行）という形式をとって「効力を発揮する」構造を、支配階級の実践として明らかにすること、すなわち階級支配の構造をその物質的基礎たる階級闘争や階級関係との関係で明らかにすることにある。それが「形式的な側面」に対する「実質的な側面」を問題にすることにほかならない。そのことによってはじめて、この「国家意志」の階級的本質も明らかになるのである。すなわち、「国家意志」とは支配階級の階級意志が全社会的に妥当させられたもの（幻想的共同性）にほかならないこと、このことこそが明らかにされなければならないのである。若きマルクスとエンゲルスが、かの『ドイツ・イデオロギー』の執筆過程での論議を通じて与えた国家＝「共同性の幻想的形態」という本質的な規定も、「普遍性と特殊性の一体化」「普遍的利害と特殊的利害の一致」の内実を、すなわちその幻想性を暴きだすことを通じて可能となったのであり、それが国家の階級性を鮮明にした史的唯物論における国家論の画期をなすものであった。だが、そのようなマルクスを主導にした若き時代のヘーゲル国家論との対決の成果を、その核心的な論議の成果を、若き時代の思想形成を振り返り、ヘーゲル国家論との決別を論じているにもかかわらず、『フォイエルバッハ論』におけるエンゲルスは生かすことができなかった、といえるのではないか。なぜか。やはりヘーゲル国家論を根本的に批判していくためには、『フォイエルバッハ・テーゼ』に対象化された実践的唯物論の確立が不可欠であったからである。

そもそも、そのような階級支配の構造を明らかにするためには、つくりだされた国家の特徴づけという地平を突破し、国家形成の場所的・論理的分析を実践論を適用して明らかにすることが不可欠であり、そこにまたエンゲルスの弱さも存在していたのだといわなければならない。

このエンゲルスの国家意志論においても、やはりヘーゲル国家論のエンゲルス式な否定の質が問われざるをえない。エンゲルスの否定は、「市民社会は国家によって決定される要素」とするヘーゲル的な国家論に対して、「生産力と交換関係」こそが決定的要素であることを対置するものであり、唯物史観の公式の土俵にもってきてヘーゲルを否定している側面が強い。もっぱら「国家の意志」がどこからくるのかを問うことにより、ヘーゲルが「国家の意志」をどのように問題にしているのかについて掘り下げることをしなかった。だが、このことを抜きにしてヘーゲルの国家論を論じるならば片手落ちにならざるをえないことを、多分に若きマルクスのヘーゲル国家論との対決という視点からエンゲルスの『フォイエルバッハ論』を見ることによって明らかにしてきた。

以上、簡単に見てきたような『フォイエルバッハ論』にはらまれている問題性の検討を抜きにして、エンゲルスを批判することはまったく一面的だということでもある。いわんや、マルクスとエンゲルスの違いを理論的比較という装いをとって政治的観点からおこなうことは、ただただエンゲルスへの冒瀆以外の何物でもない。

これまで見てきたような限界にも規定されて、同時にその限界を克服する追求の弱さにも決定づけられて、エンゲルスその人の意向と無縁なところで、そしてまたエンゲルスの革命的実践、とりわけマルクスなき後の必死の闘いに唾を吐くような「エンゲルス像」が、マルクス主義の最後的破壊のために、あるいはその修正のために吹聴されている。こうした輩は、おのれの肉体をむしばむ癌細胞とたたかい『資本論』第三部を世に送り出し、かつ第三部への「補足と補遺」を公にしたかのエンゲルスの実存に、エンゲルスの歴史が凝縮されている死を直前にしたエンゲルスの実存に思いを馳せるべきなのである。そうすれば、たとえば『フォイエルバッハ論』と対決する実践的意義も浮かび上がってくるはずである。私はマルクスとともにその生涯を革命にささげたエンゲルスの実存に肉迫しつつ、彼の意志を引き継ぐものとして、これらの徒輩のお喋りに断を下す必要を強く想う。真にエンゲルスを生かすために！

〈参考文献〉

（1）黒田寛一『マルクス主義の形成の論理』（こぶし書房）の「史的唯物論の形成とその原理」ならびに「若きマルクスの研究方法について」

（2）同『ヘーゲルとマルクス』（現代思潮社）の第二章「ヘーゲルにおける労働の論理と史的唯物論」

（3）同『社会の弁証法』（こぶし書房）

【第3編・註記】

（註1）『前衛』一九九七年八月号「日本共産党の革命路線と『共産党宣言』」における田代忠利の主張は醜悪である。「資本主義の枠内での民主的変革」こそが「マルクス・エンゲルスの見地を現代的にうけついだもの」であると強弁することが、「日本共産党付属社会科学研究所事務局長」という役職にある田代なるこの男の一切の〝思想〟であるかのようである。

（註2）これらは、『ドイツ・イデオロギー』におけるマルクス・エンゲルスの執筆上の役割分担論の検討をもって、若きマルクスとエンゲルスの思想形成におけるエンゲルスの役割の重要性（エンゲルス主導説）を論じた廣松渉の論にのっかり、それに依存しているがゆえに、廣松ほどにはその文献的基礎づけに苦労することもなく勝手な解釈を〝研究〟の名のもとに披瀝したものである。その典型が月刊『フォーラム』九五年七月号の特集「エンゲルス没一〇〇年―批判と継承と」に諸論文を寄せている論者、的場昭弘、降旗節雄、内田弘、らの主張にほかならない。

（註3）『エンゲルスと現代』（御茶の水書房）で執筆しているのは、中野徹三、清眞人、田畑稔、降旗節雄、桜井毅、江夏美千穂、鎌倉孝夫、山口勇、福富正美、河西勝、古賀秀男、大藪龍介、山内昶、青木孝平らである。

（註4）月刊『フォーラム』九五年七月号の「マルクスとエンゲルスの知的関係の実像」という論文において、専修大学教官の内田弘は、「マルクス―エンゲルス関係説の五つのタイプ」と称して次の五点をあげている。①マルクスとエンゲルスとの「二身一心説」、②マルクスとエンゲルスとは思想的に一体であるが、マルクスが「第一ヴァイオリン」であるとする説、③マルクスとエンゲルスは思想的に一体であるが、エンゲルスが「第一ヴァイオリン」であるとする説、④マルクスとエンゲルスとは思想的に異なり、マルクスが優れているとする説、⑤マルクスとエンゲルスとは思想的に異なり、エンゲルスが優れているとする説、というのがそれである。そして、内田は①はいまでは問題外としたうえで、③を廣松渉に、④を望月清司に、そして④→②→④をたどったとする説がテレル・カーヴァー（イギリス・ブリストル大学『マルクスとエンゲルスの知的関係』『エンゲルス』八九年、雄松堂）のもの、と紹介している。だが、こうしたタイプ分けそのものが、そこでいわれている思想的なるものの概念規定も曖昧で極めて恣意的な区別だてでしかない、それゆえ極めて卑俗なものでしかない。と同時に、各々の論者の〝研究〟なるものがこうした分類わけに入るような水準でしかないことを逆証明しているといいうるのである。このことは本稿全体を通じて明らかになるであろう。

（註5）「エンゲルスの哲学とマルクスの哲学」

（註6）『エンゲルス論―その思想形成過程』（新装復刻版、九四年九月）情況出版。

（註7）とくに『エンゲルス論』の２２０～２２１頁あたりの『神聖家族』出版をめぐる政治的推論（？）。

その内容は次のようなものである。
マルクスが自ら大幅に補筆した『神聖家族』をエンゲルスとの共著として出版しようとしたことにエンゲルスが反発した。だが、エンゲルスは「政治的計算」にもとづき「マルクスと仲違いしなかった」。その「政治的計算」とは、「理論家としての、またプロパガンダとしての仕事をマルクスに期待した」ことである。……以上のような勝手な推論がそれである。

このような「マルクスとエンゲルス」の関係論は、第一に、両者の関係なるものをその時点における両者の思想的な、学問的な苦闘との関係で問題にすることを欠落しているということ、それゆえ、彼らをとりまく思想的状況から、いわばマルクスやエンゲルスの学問的追求にとっては外側から問題にしているという点において、しかも第二に、もっぱら二人の関係を己れの「エンゲルス主導論」を投射する形において解釈しているという点において、その恣意性はあきらかなのである。

この意味でこの廣松説は、彼の客観主義の賜物といわざるを得ない。一体、これが「固陋なまでに思想史的復元作業の常識に徹し」(同10頁)たものなどとはたしていえるのか。

(註8)『前衛』九七年八月号の不破・吉井対談。「『エンゲルスと「資本論」』の世界」を見よ。

(註9)不破哲三「エンゲルスはどんなヴァイオリンをひいたか」『エンゲルスと「資本論」』〈上〉(新日本出版社)20頁。

(註10)『エンゲルスと「資本論」』〈下〉391頁。

(補註①)不破哲三の『古典理論の紹介』について。この上、中、下の三冊で二〇一〇年に発行された不破の本は、「古典」と称して、マルクスとエンゲルスの主要な著書や論文や評論などを「連続講座」と銘うって「解説」して見せたものである。解説の主要な視点は、現在の不破の路線をとる日本共産党の修正資本主義路線にふさわしい形で、マルクス・エンゲルスの理論解釈を開陳して見せる、という点に置かれている。それに規定されて、その取り上げた本や論文や評論や手紙などの選択の仕方に特徴があり、かつその取り上げ方が、それらをまじめに読み、かつ検討した者には、その恣意性、そのご都合主義性、その問題の仕方の俗物性、そしてそこに貫かれている、こうしたことを言えば、まともにマルクスやエンゲルスの本そのものをまじめに検討する力のない下部党員や労働者をこれで教育できると思い込んでいる労働者蔑視と「理論」にたいする倫理性の欠如、そしてその反面の自己過信があからさまに露出している。最近になって私は、図書館でこの本の存在を知り、読むにしたがって、怒りが沸き上がった。この理論家を装った「政治屋」不破の論述一つ一つを紹介して、その内実を暴き出したい気持ちにかられるのであるが、残念なことにその体力も時間も残されておらず、断念せざるを得ない。

（註11）雑誌『思想』（九八年一二月号）、『共産党宣言』一五〇年特集を見よ。

（註12）黒田寛一『マルクス主義の形成の論理』（こぶし書房）の付録、「啓蒙家三浦つとむのニセ理論」参照。

（註13）三浦の『フォイエルバッハ・テーゼ』解釈のインチキ性については梅本克己の『増補・人間論』（三一書房）の「フォイエルバッハ・テーゼの解釈と国家論」参照。

（註14）このような国家の解釈に先に見た「共同利害」についてのエセ理論が合体させられることによって、「国家の二重性論」が生みだされ、そうすることによって国家の構造改革という右翼的な革命路線の正当化がはかられることになるのである。これについては『スターリン主義の超克』（こぶし書房）第二巻「国家＝革命論」の奥野論文を参照。

（註15）この覚え書が執筆された時期については、一八四五年の春だとする説と秋だとする説がある。そ

のことは措くとしても、問題は、それがエンゲルスによって発見され、エンゲルスの『フォイエルバッハ論』の発行に伴い公にされた経過について、この註の後に本文で述べた点は確認されなければならない。ここで、その点について論じている『マルエン全集』第三巻の「フォイエルバッハに関するテーゼ」の『注解』の(1)の全文を以下紹介しておく。

「フォイエルバッハにかんするテーゼ」はマルクスによって一八四五年の春にブリュッセルで書かれたもので、一八四四年—一八四七年の彼のノートブックのなかに「一、フォイエルバッハについて」という表題のもとにふくまれている。それがはじめて公にされたのは一八八八年にエンゲルスによって、しかもエンゲルスの著作『ルートヴィッヒ・フォイエルバッハとドイツ古典哲学の終結』の改訂された別刷本の付録としてであって、「マルクス—フォイエルバッハについて」(〝Marx über Feuerbach〟)という表題がついていた。そこにはこれらのテーゼの成立の場所と時も述べられている。エンゲルスは一八八八年の刊本において、これらのテーゼに編集者としていくらかの手をくわえた。それは「走り書きされたもので、絶対に印刷の予定ではなかったが、新しい世界観の天才的な萌芽が書きつけられている最初の文書としてはかりしれない価値のある」(エンゲルス)このノートを読者に理解しやすくするためであった。

本巻はまず第一にこれらのテーゼを、マルクスによって一八四五年に書きおろされたかたちでおさめ、他方、一八八八年のエンゲルスによって修正されたかたちのテキストは補録に入れられる。この後のほうの文章は、マルクスの手稿をもとにして、一八八八年の版には欠けている強調のしるし(傍点)および引用符で補われた。「フォイエルバッハにかんするテーゼ」という表題は、エンゲルスの『フォイエルバッハ論』の序言にあわせてマルクス＝レーニン主義研究所がつけたものである。(607頁、注解1)

(註16) にもかかわらず、第Iでみた論者においては、そのような視点からの検討がまったく無視されて

いる。その最悪の解釈が『エンゲルスと現代』における清眞人の「『フォイエルバッハ・テーゼ』とのあいだ」と題する論文である。

（註17）第一章が、「ヘーゲルからフォイエルバッハへ」であり、第二章が「観念論と唯物論」、そして第三章が「フォイエルバッハの宗教哲学と倫理学」、最後の第四章が「弁証法的唯物論と史的唯物論」というものである。

（註18）『反デューリング論』のエンゲルスの展開。「唯物論的歴史観はつぎの命題から出発する。すなわち、生産が、そして生産についではその生産物の交換が、あらゆる社会制度の基礎であり、歴史上に現れてくるどの社会においても、生産物の分配は、またそれとともに諸階級ないし諸身分への社会的編成は、なにが、どのようにして生産されるか、また生産されたものがどのように交換されるかによって定まる、という命題である」（岩波文庫版『反デューリング論』下巻、198頁）という主張を国家論にもあてはめて、「私的所有＝経済的要求（あるいは目的）が、〝原因で根本〟で政治的暴力＝政治＝国家が〝結果・従属的〟という考え」のもとに「支配＝隷属関係の形成の二つの道」論を展開している。

（註19）他ではこの「Macht」は、〝権力〟と訳されている。

（註20）黒田寛一著『資本論以後百年』（こぶし書房）194頁。

（註21）『資本論』第三巻に収められている「地代論」の準備の一環として追求されたもの。

（註22）『起源』の次のような展開はその典型をなす。「氏族制度は終わりに近づいていた。社会は日々ますます成長して、そこからはみだした。……しかし、その間に国家はひそかに発展していた」（岩波文庫版、150～151頁）。

（註23）『起源』の225頁。この引用の続きは次のようになっている。「それは、この社会が、解決でき

ない自己矛盾にまきこまれて、自分では取り除く力のない、融和しがたい対立物に分裂したことの告白である。しかし、これらの対立物が、すなわち抗争しあう経済的利害をもつ諸階級が、無益な闘争のうちに自分自身と社会とを消尽させないためには、外見上社会の上に立ってこの抗争を和らげ、これを『秩序』の枠内に保つべき権力が必要となった。そして、社会からでてきながらも、社会の上にたち、社会からますます疎外してゆくこの権力が国家なのである。」

（註24）景山光夫著『唯物史観と経済学』（こぶし書房）の「唯物史観の『市民』主義的偽造」の190頁前後を参照。

（註25）この場合のイデオロギーの生産にかんしていうならば、「物質的生産においては生産諸条件がつねに自然的な前提とされるのと同じように、イデオロギーの生産においても、それ以前に形成された種々のイデオロギーが前提にされるのであり、『なによりもまず、そこにみいだされる思想材料とむすびつかざるをえない』」（『社会の弁証法』267頁）

（註26）『マルクス主義の形成の論理』92頁前後を参照。

（註27）『ヘーゲルとマルクス』第二章「ヘーゲルにおける労働の論理と史的唯物論」のⅡのA「ヘーゲルの肯定的現実主義と法の哲学体系」参照。

（補註②）『GPR』の第三部（倫理）、その第二章（市民社会）の§一八二の「追加」（従来の邦訳では「補遺」）の先に引用した一文には、「市民社会」概念についての、次のような「訳者の注」＝「訳注」（5）が掲載されている。

《「市民社会」という言葉は、一八世紀末に、主としてA・ファーガソン（一七二三〜一八一六）の『市民社会史論』（一七六六年）を通じて広く流布するに至った言葉。最初に用いられたのは、ホッブスの

『人間本性』（一六五〇年）においてであるといわれている。しかしホッブスもロックも、市民社会と国家とを同一視し、スミスも両者を明別しなかった。カントも両者を同一視し、フィヒテの国家も契約国家であって、内容的には市民社会であった。ヘーゲルの功績は、政治的国家と市民社会を区別したことであり、この区別はマルクスをも含めて（しかしマルクスの場合は、市民社会の方が基礎）今日まで踏襲されている。国家論に対する評価が毀誉褒貶常ならぬのに対して、市民社会論は『法の哲学』の白眉といわれ、変わることのない称賛がささげられてきた。》（４１５頁）

ここでの論述は、すでにヘーゲル国家論のエンゲルス的否定の検討において問題にしてきたことにふまえるならば、それが当時に常識的な理解なのだとしても、極めて単純であり結果的な解説だと断定せざるをえない。たとえば、「市民社会と国家」の関係について、両者を「同一視」するのが、ホッブス、ロック、スミス、フィヒテ、カントなどであり、「区別」するのがヘーゲル、マルクスである、というのがその第一で、さらに「区別」するとしても、「市民社会のほうが基礎」だとするのがマルクスであり、その逆がヘーゲルだ、というのが第二の点である。そもそも、「同一視」と言われているものの、どのような意味でそれが言われているのかも定かにされてはいない。また、「基礎」ということも、当然唯物史観の公式を背後においていわれているのであろうが、ここではいかなるものとしていわれているのかも論じられていない。その意味では、この「訳注」は、訳者自身が、ヘーゲルと対決した若きマルクスの学問的格闘の意義をまったく理解できなかったことのあらわれではないか。

（註28）ここからして「三権分立」論へのヘーゲル的否定が不可避となる。ヘーゲルは「いわゆる諸権力独立の考えは、独立した諸権力がそれにもかかわらず相互に制限しあうことになるという根本的誤謬を含んでいる。しかもこの独立によって、何よりも必要とされねばならない国家の一体性が破棄されるのであ

る」(『GPR』§三〇〇の「追加」)とする。「相互の制約」を持って「根本的誤謬」とするのは一面的だとしても、「国家の一体性が破棄される」ことを対置するところにヘーゲルの独自性がある。

(註29)『ヘーゲルとマルクス』第二章のⅡのC、D参照。

(註30)このマルクスのヘーゲル批判について柴田高好は『ヘーゲル国家理論』(一九八六年、日本評論社)の中で「ヘーゲルにおける身分議会を理解できないマルクスの姿」などと批判している。しかし、ヘーゲルの「身分議会」を、中世のそれを指すのではなく、「超近代的意味を有する」などとするのは、ヘーゲルのヘーゲル主義的解釈をマルクスにぶつけているだけのように私には思える。この点については別個に検討されなければならない。

(註31)『マルクス主義の形成の論理』42頁前後を参照。

(註32)『経済学批判』序文、「私は、紙面の論調をやわらげることによって『ライン新聞』にくだされた死刑の宣言を取り消させうると信じていた同紙の経営者たちの幻想をむしろよろこんで利用して、公けの舞台から書斎に退いたわけである。私を悩ました疑問の解決のために企てた最初の仕事は、ヘーゲルの法哲学の批判的検討であって、その仕事の序説は、一八四四年にパリで発刊された『独仏年誌』に掲載された。私の研究の到達した結果は次のことだった。すなわち、法的諸関係ならびに国家諸形態は、それ自体からも、またいわゆる人間精神の一般的発展からも理解できるものではなく、むしろ物質的な諸生活関係に根ざしているものであって、これらの諸生活関係の総体をヘーゲルは、一八世紀のイギリス人およびフランス人の先例にならって、『市民社会』という名のもとに総括しているのであるが、しかしこの市民社会の解剖学は経済学のうちに求められなければならない、ということであった。」(国民文庫版14~15頁)

(註33)このような「民主制」の把握の中に、マルクスがこの一~二年後に、いわゆる「国家」をこえて

「共産主義論」を確立する必然性を見てとることができる。

（註34）『ドイツ・イデオロギー』におけるマルクスとエンゲルスの違いをみよ。『スターリン主義の超克』第2巻「国家＝革命論」の藤葛論文「『ドイツ・イデオロギー』の国家論」を参照。

（註35）そもそも、「家族」「市民社会」から「国家」への移行は、他面同時に「国家」たる「客観的精神」が「家族」や「市民社会」という「特殊的規定」へとおのれを「区分」したものとされている。（『GPR』§二六三）

（註36）『反デューリング論』の「第一篇　哲学」において「道徳と法」の問題を扱っているにもかかわらず、ヘーゲル「法の哲学」をほとんど問題にしていないことにも、それは示されている。

［補論①］

「ヘーゲル法哲学にたいするマルクスの『批判』について」

（黒田寛一）を読んで思うこと

二〇一七年六月一四日（水）、国会図書館で黒田寛一（以下、KKと略記する）の「ヘーゲル法哲学に対するマルクスの『批判』について」という論文〔以下、本論文からの引用は、ページ数のみを記す〕を手に入れました。そして、翌日、それを読んだのでした。これを読むのは初めてでした。

このような未発表の論文があることは、すでに私はある人から聞いて知っていました。しかし、諸事情があって、それを手に入れて読むことができないでいました。

今回見て、このKKの論文は、私にとって、若きKKの学問的探究の真摯な姿勢や格闘について伝わるものでしたが、マルクスの法哲学批判の内容理解を深める上ではあまり意味あるものではありませんでした。それは以下、具体的に検討していくように、そこには若き日のKKの理論追求がその肉体的なハンディキャップにも関係して、いかに「限界のあるもの」で、かつ「悩みに満ち溢れたもの」であったのかを知ったことが衝撃でした。その意味ではこれを早い段階で検討しないままにしておいたことは失敗で、大きなことだったと思い、愕然としたというのが率直なところでした。

そのことは、私が組織的闘いから離れてからKKのもので手に入れた最初の本は、『黒田寛一初期論稿集』第一巻「哲学と人間の探究」〔この本は古本屋で二年ほど前に一〇〇〇円で買って手元にある〕で、それを読んでいたことにも関係しています。この第一巻は、この論文が書かれた前後のKKの苦闘なり苦悶がにじみでているもので「人間・黒田寛一」が鮮明にてらしだされたものでした。しかも若きマルクスの国家論を追求しようとする問題意識もそこではさまざまな形で語られていました。だから、この論文への期待は大きかったのです。

にもかかわらず、なのです。私にとって、このような「論文」（未定稿の）が書かれていたこと自体に否定的な意味で「意味」あるものだったのです。それはＫＫとマルクス国法論批判をめぐって話したことのある私にとっては、じつに痛苦なことでもあったのです。以下、その内容について記しておきたいと思います。

①まずもって「期待していたもの」とはまったく違っていると感じました。じつに解りづらいマルクスがなかなか理解できずに「格闘」し続けてきた私は、はたしてＫＫが「国法論批判」とどのように格闘し、理解したのだろうか、マルクスの論文に即してどう受け止めていたのだろうか、をそこに見ようと思っていました。そのような視点からみると、ＫＫによって書かれていることはほとんど意味のないものでした。それればかりか、はたしてＫＫはマルクスの「ヘーゲル国法論批判」全体を読んだのだろうか、また、マルクスが批判対象としているヘーゲルの「法の哲学」全体を読んだのだろうか、という疑念も湧き上がってきました。とても、マルクスのそれを自らの頭で整理しつつ検討するという前提的作業を十分な形でおこなったとは思われないものだったのです。

確かに、ＫＫの論文は、マルクスの「ヘーゲル国法論批判」を対象にして検討しているのですが、それはほぼマルクスの「市民社会と国家」の関係の把握の問題に関してのそれであり、それが重要で核心的問題であるとはいえ、ほぼその「一つ」の事柄に限定されたものなのです。しかもその内容も極めて限定され、しかも間違ったであろう部分を含むものになっていはいっさいなされていません。それ以外、「官僚主義」の問題についても若干触れられているのですが、その内容的展開はいっさいなされていません。若きマルクスのヘーゲル「法の哲学」との諸々の格闘（例えば、ヘーゲルの立憲君主制を批判し、マルクス的な民主制を対置していることなど）については触れられてなく、その意義なり教訓などが問題にされないままなのです。しかも、「市民社会と国家」の検討のあと、ただちに「ヘーゲル法哲学批判序説」や「ドイデ」の国家論へと直結させられてしまっているのです。これではいまだ国家論的にはヘーゲル主義の枠内にあった若きマルクスが、そこでのバウアーやルーゲなどとの論争を通じて、自己の思想的拠点をはっきりさせるためにヘーゲル法哲学と逐条的に格闘したこと、その「ヘーゲル国法論批判」に即した意義が浮かび上がらないものとなってしまいます。

だからして、ＫＫの文章では次のような意義づけがなされることになっているのです。

「若きマルクスはフォイエルバッハ唯物論の平面をつきやぶるものを獲得し、あたらしい唯物論的世界観のめばえを一歩一歩築き上げていく。まさにその点にマルクス的な「批判」の意義と重要性が存するのです」と。

これでは、あまりに一般的で結果的な確認・とらえ返しになると思います。左翼ヘーゲル主義から脱却するその過程に即した具体的な追体験は彼岸化されてしまいます。それをもってとても「マルクスに帰れ！」などと言えるものではなく、この地平にとどまるならマルクスに帰ることなどできないのでは、と私には思われます。これらのゆえに、ＫＫがマルクスの本全体を読んでいないまま、中断せざるをえなかったと推論できると思います。

②そのようなことを考える時、この未発表の文章をこのような形で発表することが、はたしてＫＫの意志であったのか、についても私は考えています。私はこのような形で発表は決してＫＫの意志にもとづくものではないと思っています。

それは、私が一九九九年春から夏にかけて執筆した「エンゲルスの国家意思論」という論文の元原稿を検討してもらった時のＫＫとの電話でのやり取りを思い出すからにほかなりません。この私の原稿は、マルクスの『国法論批判』と私なりに格闘したその成果であったといっても過言でないものでした。電話では「国法論批判」が理解できなくて大変であったということや、ヘーゲルの『法の哲学』の理解などの困難性をめぐり話しました。ＫＫも「そうだろう、そうだろう」というような表現でそのことに同意し、その例としてＫＫは「法の哲学」の「補遺」の説明やヘーゲルの「悟性国家」という規定をめぐる理解などについて話しました。そして最後の方で、「あんたの原稿を見てうれしかったよ」とも言ってくれたのですが、会話のなかでは、この「未定稿」論文を多分想起してたであろうが、その存在を含めてなにも言いませんでした。

この時、ＫＫは、私の原稿の内容については、その核心的な部分においては肯定的な評価をされたのでした。しかし、この私の原稿を、とりわけマルクス的な『民主制』などについてのそれは、今回のＫＫの論文との関係で言えば全く矛盾するものを含むものです。そのようなこともあって、現在、私は、この若きＫＫの論文は、いわばＫＫのマルクス主義の形成過程への主体的追体験における「カキン」（瑕瑾）ではないか、それも重要な点でのそれではないかと思います。そしてＫＫもそれを自覚していたのではないかと思います。こうしたことからして、ＫＫが存命していたら何らかの否定的なコメントがないままの発表とはならないのではないか、と思うのです。しかし、この掲載されたものにはそのような観点も論述も全く見受けられません。

しかも、この論文を検討し、再録し、「註」をつけている人ははたしてこの論文をどのように読み、どのように評価しているのか、あるいは感じているのか、それ自体もはなはだ疑問に感じられます。ＫＫが書いたものをそのまま再録することによって、マルクスの当該の本をまったく「読めていない」以前に全体を「読んでいない」ということがはっきりするように私には思えます。これでは、たとえ読むにあたっての視点や立場が極めて素晴らしいものであったのだとしても、ろくに読みもしないで、平然と「勝手なこと」を云っている。若きマルクスの「理論的追求」そのものが「いい加減極まりない」などというあらぬ受け止めもなされてしまうのではないかと心配になります。ハンディキャップを背負いながら悪戦苦闘していた若きＫＫの理論的追求の意義に水をかけるようになるとは、無知な私のまったくのいらぬ心配なのでしょうか。

③以上述べたことをＫＫの論文に沿って具体的にとりあげ検討したいと思います。たとえばそれは、以下のような論述に端的に示されています。

〈これ〔市民社会と国家の分裂〕をあるがままにとらえるヘーゲルを、マルクスは高く評価する。だが、ヘーゲルが、こうした分裂の止揚を国家の中に求め、こうした矛盾を国家において解消しようとするとき、マルクスはヘーゲルからきびしく袂をわかつのである。市民社会の矛盾を政治的国家において統一しようとする、このヘーゲルのやり方はあやまりであり、にせものであることを、マルクスは執拗にばくろしてゆくのである。〉（２３２）

このような文章に直面して私は疑問を抱かないわけにはいかないのです。

まずは、ヘーゲルの「政治的国家と市民社会の分離」に対するマルクスの評価について、〈市民社会と国家の分裂〉あるがままにとらえるヘーゲルを、マルクスは高く評価する〉と論じていることについてです。マルクスの論述では、「市民社会と政治的社会の分離を一つの矛盾と感じている点」をヘーゲルの「比較的深いところ」(註１) というように表現し評価しているのですが、ＫＫによると、それが「あるがままにとらえる」(註２) ことになるのです。「あるがままにとらえる」と「矛盾と感じている」とでは、その意味内容が変わってきます。「あるがままにとらえる」というのでは、ヘーゲルが批判した「市民社会と政治的社会の分離」を肯定的に捉え〔社会契約論的な視点にたって〕、そのさらなる前進をもとめる国家理論（ホッブス・ロック・ルソーなど）とそれらの理論（マルクスがいう「彼〔ヘーゲル〕が蔑むところの理論」）を批判したヘーゲルのそれとが区別がつかないことになってしまいます。マルクスが言う「比較的深いところ」とは、「現代社会の一帰結」を示した「もろもろの理論」たる国家理論〔自然法的なそれ―筆者註〕にたいして、ヘーゲルのそれはこの「分離」を「一つの矛盾」としてとらえ解決しようとしているところにこそ、あるのです。言い換えれば、前近代的な封建的・身分的関係を打破してうちたてられた近代ブルジョア社会の特質のなかにヘーゲルは、解決すべき「矛盾」を明確にしているのです。この分離を矛盾と感じていることに対してマルクスは評価しているのです。しかも、それが市民社会の現実を、国民経済学などに依拠しながら「欲求の体系」として描き理論化したヘーゲルの現実感覚にもとづくものであることをマルクスは見ていたといえるわけなのです。だから、マルクスはたんに資本主義的発展の認識にもとづいて「市民社会と政治的国家の分離」を「とらえた」ことを「比較的深いところ」と言っているわけではないと私は思います。核心はこの「分離」を「ひとつの矛盾と感じている点にある」ということ、すなわち、ヘーゲルが市民社会と政治的国家の分離を「矛盾」と捉え、その解決を国家論の課題とした点にマルクスは一定の評価を下したのでした。

しかし、その「矛盾」の把握ならびにその解決についてマルクスはヘーゲルと決定的に対立するのです。マルクスは〈彼（ヘーゲル）がこの形態の外見に甘んじて、これを実相そのものと称する〉（註1）と批判しています。この「市民社会と政治的国家の分離」・「矛盾」を現にある「プロイセン国家」と「市民社会」の「矛盾」に置き換え、「プロイセン国家」のもとに「市民社会」を止揚しようとする、このヘーゲルの考えを明確に「誤り」と指摘しているのです。「ライン新聞」の編集・発行を通した「経験」を基礎にしてプロイセン国家における社会的・政治的矛盾と対決してきたマルクスにとって、市民社会を立憲君主制の国家〔プロイセン絶対王政〕のもとへと止揚するヘーゲルの論理は当然にも否定されるべきものであり、許されるものではなかったということなのです。

だから、それにつづく〈これに反して彼が蔑むところの「もろもろのいわゆる理論なるもの」は市民的諸身分と政治的諸身分の「分離」を要求するのであって、これは当然である〉（註1）といい、〈なぜならば、それらの理論は現代世界の一帰結をいいあらわしているのだからである。けだし、現代社会においては政治的身分的要素はまさに国家と市民社会の現実的関係の事実的表明、両者の分離にほかならないからである〉（註1）とされているのです。ここでの「蔑むところのもろもろのいわゆる理論」とは、ホッブスにはじまり、ロックやルソーにおいて理論化されたところの自然法的な国家理論をおいていることは明らかなことです。いわば「国家＝市民社会」論を前提にした上で「市民的諸身分」の自立化を、政治的諸身分からの「分離」＝

解放を要求する理論にほかならないないのです。これに対して、この「分離」を前提とし、その矛盾の解決を立憲君主制の政治的国家にもとめたのが「外見に甘んじて、これを実相」としたヘーゲルであったわけなのです。

この「外見」を「実相」とするというマルクスの批判に示されるように、立法権を論じた部分の批判の主要な点が、「市民社会と政治的国家の矛盾」の捉え方のまやかしを明らかにすることにおかれているのです。

次のＫＫの〈だが、ヘーゲルが、こうした分裂の止揚を国家の中に求め、こうした矛盾を国家において解消しようとするとき、マルクスはヘーゲルからきびしく袂をわかつのである〉という主張も疑問を抱かせるものです。このような主張がでてくるのは、マルクスの国法論批判を全体的にとらえ、読んだと思えないのです。もちろん、一八四三年段階におけるマルクスは「政治的国家と市民社会」の矛盾を解決する明確な方策を提示してはいないことも確かです。しかし、マルクスは立憲君主制を理念化するものとして、君主権・統治権・立法権を論じるヘーゲルを逐一的に検討し、批判し、その上で、「真の国家」のあり方を「普遍と特殊の真の一体性」である「民主制」に見いだし、強調して論じているのです。

そこにこそ、マルクスのヘーゲル国法論批判の一つの核心があったことは全体を見ればわかることです。そのためには、この「民主制」のマルクス的な性格を捕まえる必要があると思います。しかし、ＫＫの論文には、マルクスがおこなったヘーゲルの君主権の批判もなければ、立憲君主制にたいする批判もありません。触れられていないということではなく、さきのように「矛盾」を「国家において解消しようとする時」「きびしく袂をわかつ」とさえしているのです。ここでは、いつのどの時点のマルクスを論じているのかが極めてアイマイになっています。このようなとらえ返しをしている辺りで、KKはマルクスに沿って批判することを中断したのかもしれません。だからその後で「ユダヤ人問題によせて」や「ヘーゲル法哲学批判序説」や「ドイツ・イデオロギー」などへと足早やに、かつ直線的につなげて展開してしまうことにもなったのだと思います。

マルクスはフォイエルバッハの宗教批判の論理を適応して、民主制を「人間から出発して、国家を客体化された人間」とし、「社会化された人間」の〝共同体〟を体現するものとしての国家（体制）として「民主制」を確認しています。そして、この民主制こそがあらゆる国家体制の「本質」であると論じています。このようにマルクスが論じていることも、KKの論評をみる限り、この時のKKの視野にはまったく入っていません。

これまで述べてきた諸点は、本稿が初めて論じたもので、誰にも確かめたり、論議したりしたことがありません。それ故私の大きな誤りにもとづく場合もあります。しかし、その他、色々あるのですが、今まで見ただけでもKKのこの論文は今日的に検討されるべきものだと思います。それは長さとか途中のものだから、とかということには還元できないことです。しかもこの論文の問題性について、KKその人はその自覚を持っていたはずということもあるのです。それはすでに述べたとおりなのです。

④しかし、なぜこのＫＫの「論文」は、このようなものになったのでしょうか。このＫＫの文章は五四年一一月に書かれています。『黒田寛一初期論稿集』第一巻「哲学と人間の探究」によれば、この論文の前後に書かれたものとしては次のものがあります。

一〇月一〇日　「哲学者の苦悩」（265頁）
一〇月一五日　「論争の論理」（283頁）
一〇月二六日　梅本への手紙（391頁）
一〇月三〇日　「学問を発展させる力は何か」（281頁）
一二月六日　「マルクス主義者の倫理」（301頁）
一二月　「日本唯物論哲学界の低迷」（一五五四年）（349頁）
一二月一九日の直後　「敗北者の独語」
五五年一月二一日　「思想的頽廃の克服のために―わがマルクス主義理論家に訴う」

このなかの「論争の論理」という論文の最後のところで、神山・志賀論争との関係で国家論の追求の必要性が主張され、それとの関係で〈若きマルクスによる「ヘーゲル国家哲学の批判」（一八四三年）を訳した理由の一つも、そこにある〉（286頁）と書いてあります。この「訳した」とされたのはいったいどの部分であり、それがいかなるものとなったのか、しかもそれが国家論の研究とどのように関係するのか、などなどについてはまったく解りません。そして、「思想的頽廃の克服のために」という一月二一日の論文で、当時のKKの意識が総括的に示されているように私には思われます。その最後のところで、KKは次のように言っています。

〈じっさい、過去三年のあいだ、現代唯物論の俗流化とたたかうということにことよせて、若きマルクスの本格的な研究を開始しえなかったし、また経済学の現代的な課題を解決するために、直接に経済学に没入して、なんらかの仕事をなすべきことを宣言しながらも、じっさいにはやらなかった。この怠慢は、きびしく批判されなければならない。いや、いまごろ自己批判したところで、もはやおそすぎるのだ。こんな眼玉になって、一体なにができるというのだ。……〉と。

一二月一九日の直後に「敗北者の独語」を書き、一月一日に「決意」を記した後に書かれたこの「思想的頽廃の克服のために―わがマルクス主義理論家に訴う」の一文は「自分自身の問題については、ほとんどのべなかった」KKが、「自己反省」を前面に出して書いているもので、他のものとちょっと違った感覚をうけるものです。しかも、その展開をつうじて、KKの学問的「研究」の現状を推測させるものでもあります。「現代唯物論の俗流化とたたかうということにことよせて、若きマルクスの本格的な研究を開始しえなかった」と痛苦な思いで語り、反省していることの中にそのことは端的に示されている。私は、このKKの反省せざるをえなかったところの情況、それを象徴的に示しているものが、この「ヘーゲル法哲学に対するマルクスの『批判』について」という論文ではなかったのか、と思っています。

実際のところ、訳そうとしたといわれているマルクスのこの論文を途中までしか、ＫＫの理解内容からしても、しかもその内容をほとんど理解しないままで終わっていたのではないのか、またヘーゲルの『法の哲学』についても同様だったのではないだろうか、そしてそのような自覚をＫＫその人はもっていたのではないかと私は強く確信しているのです。そしてそこに同時に孤独な哲学者の悲哀を強く感じざるをえません。

【補論①・註記】

（註１）当該箇所を引用しておく。

〈ヘーゲルにおける比較的深いところは、彼が市民社会と政治的国家の分離を一つの矛盾と感じている点にある。しかし誤りは、彼がこの解体の外見に甘んじて、これを実相と称するところにある。これに反して彼が蔑むところの「もろもろのいわゆる理論なるもの」は市民的諸身分と政治的諸身分との「分離」を要求するのであって、これは当然である。なぜならば、それらの理論は現代社会の一帰結を言いあらわしているのだからである。けだし現代社会においては政治的身分的要素はまさに国家と市民社会の現実的関係の事実的表現、両者の分離にほかならないからである。〉（『マルクスエンゲルス全集第一巻』３１４～５頁）、§三〇四、五、六の検討の中での主張。

（註2）当該箇所を引用しておく。

〈ヘーゲルの咎められるべきなのは、彼が現代国家の在り方をありのままに描くからではなくて、現にある姿を国家というものの在り方だと称するからである。理性的なものが現実的であることは、ありとあらゆるところで、その実体はその申し立てるところの逆であり、その申し立てるところはその実体の逆であるような非理性的現実性の矛盾のうちにこそ証されている。〉（『マルクスエンゲルス全集第一巻』301頁）――立法権を論じているところでの主張。

《追加Ⅰ》

以上書いてきたものは、若きKKのヘーゲル国法論批判における「カキン」ではないか、という観点から論じてきた。このことのゆえに、このKKの論文の重要な意義については全く触れないままに論を進めてきたのでした。しかし、この論文には、多くの点で今日的に意義あることが論じられていることを見落としてはならないと思います。

ここでは、これまであまり触れられてこなかったところの若きKKの批判におけるアプローチについて取り上げておきたいと思います。それは次のような展開についてです。

〈「根本的な革命」とは「人間を人間の最高存在と宣言する理論に立脚した解放」であり数年後にプロレタリア革命ないし社会主義革命と規定されるところのものである。こうした考えの中には、「人間にとっての根底は人間である」となす若きマルクスのヒューマニズムが脈うっている。逆にいうならば、ヘーゲルが市民社会の矛盾を国家において思弁的に解決しえたことは、市民社会の特殊的成員としてのブルジョア的人間を、それにもかかわらず人間そのもの（疎外されない人間）としてヘーゲルがつかんだことと不可分にむすびついているのである。これにたいしてマルクスは、政治的国家との矛盾にある市民社会のすべての成員は、種属実在からきりはなされた人間、疎外された人間（「人間の完全な喪失」）であると考える。こうした人間観のちがいが、市民社会における普遍性の原理と特殊性の原理との分裂の止揚のしかたを決定するのは当然であろう。〉（２３６）

以上のような、若きマルクスの思想形成過程の追体験を背後に置いて論じられたヘーゲルとマルクスの国家論のちがいの追求は、展開された理論の比較解釈をもってよしとする理論家に比すならば、極めて重要な意義をもつものと思う。わけても、人間観のちがい、マルクスの「疎外された労働」をその止揚された疎外されざる人間存在（種属存在）との関係でとらえ返しつつ、その根底にあるヒーマニズムの問題にまでほりさげ、指摘している点は、極めて重要なものであり、瞠目に値するものだと思う。『独仏年誌』に載せられたマルクスの二つの論文（「ユダヤ人問題」と「ヘーゲル法哲学批判序説」）が、マルクスの人間観にとって持つ意味を考えれば、その重要性は鮮明になると思う。

《追加Ⅱ》

たまたま立ち寄ったとある図書館で、ＫＫの『読書ノート』の全巻がおかれているのを発見した（二〇一九年）。それらを手に取って、各巻の目次を見ていたら、『読書ノート』の一六巻に〈長洲一二「Ｋ・マルクス『ヘーゲル国法論批判』について―初期マルクス研究（１）〉という小論文があるのを知った。ただちにコピーを取った。

この論文は、一九五三年一一月二七日とある。これまで検討してきた「ヘーゲル法哲学にたいするマルクスの『批判』について」という未定稿の論文が書かれたのが一九五四年一一月だから、その一年前に書かれたものである。ＫＫの長洲への批判については、すでに『マルクス主義形成の論理』に掲載されている「若きマルクスの研究方法について―長洲一二氏の「研究」によせて」という論文で知ってはいた。だが、この『読書ノート』の「論文」を読むのは初めてであった。いま、それを読んだうえで、この論文の検討ではなく、あくまでもこれまで書いてきたことの補足を私なりにしておきたい。

まずもって確認しておかなければならないことは、いま検討しようとしているものがあくまでＫＫの『読書ノート』であり、長洲の論文を読んでのメモ的なもの、コメント的なものだということである。そのようなものであるという性格に決定づけられて、このＫＫの主張を読んでも、最初のところで、論文の意義（Ａ）と弱点（Ｂ）が論じられているのだが、当該の長洲の書いた論文それ自体を紹介した上でのそれではなく、ＫＫのとらえ返しのような、しかも結果的なそれであるがゆえに、そうなんだろうな、ということはわかったとしても、長洲論文自体が実際はどのように展開されたものなのか、ほとんどわからないものとなっている。ＫＫの意識としては、長洲論文は横に置いてあるものとしてのコメントであるからして、そんなことは必要ないことなのかもしれないが、しかし、対象の特徴づけと批判を明確にするという点からして、最小限、必要なことではないかと思われます。

Ｂの弱点を問題にし、マルクスの文献の主体的把握にかかわる問題性が指摘されているのであるが、ではＡの意義との関係はどのようなものになるのかはそこでは全く論じられていない。「初期マルクス研究の第一歩をふみだしたこと」や「これまであまり研究されていなかった『国法論批判』を取り上げたこと」を意義としているのであるが、それは結果的に指摘しているだけで、例えば、長洲はなぜそれを行おうとしたのか、などなど、その中に立ち入って論じ、その内実を検討するということを行ってはいない。それ自体の展開は省略するとして、ＫＫは、Ｂの弱点を論じたうえで、それらをまとめる形で、（Ａ）

から（B）の全体に関して、次のように論じているので、それをここでは検討しておきたい。

「もちろん、マルクスが実際にどのようにヘーゲルを批判しているかを、文献的に着実にたどることは不可欠な条件である。いや研究の出発点である（その意味で論文は価値をもつ）」（一六巻157）

ここでは、「マルクスがどのようにヘーゲルを批判しているか」をつかむ、という領域のことを「出発点」であるという形で、それなくして研究が始まらない、そのような問題にしているように思われる。しかし、KKのここの論じ方は、「文献的に着実にたどる」という表現で、これをとらえて、この「出発点」を「条件」とも言い換えている。しかも、「本筋」ではない、と問題にしているのだ。「どのように批判しているのか」をまずもってはっきりさせることは、まずもっての「出発点」である、ということと、「文献的に着実にたどる」というのでは、その意味内容は変わってくる（更には、「条件」とか「本筋」というのも、別のことになる）。後者（文献的に着実にたどる）のように表現するならば、「出発点」の話ではなく、研究の方法にかかわるもののようにもうけとれるのであるが、いったいどのようなものとして言われているのか、よくわからなくなる。とりわけ、このマルクスの「ヘーゲル国法論批判」の「批判」の基軸は、論理的批判にあるのであり、それをきちっと把握することが、極めて重要なのである。だが、それ自体が困難を伴うものなのである。だからして、ある意味では、「文献的に着実にたどる」ことなどできないものだ、と思われるのであるが、ここではそのようにまとめられているのである。このことについては、それ以上論じられていないので、よくわからないのであるが。

さらに、「しかし、それはあくまでも出発点であり、条件であって、本筋ではない」としたうえで、「ヘーゲルとマルクスにおける弁証法のちがいがどこにあるか、絶対主義国家にかんしてはヘーゲルとマルクスはどのようにちがう見方をしているか、ということだけを、マルクスの論文に即してたどることは、資料的な価値しかもたない。問題はそのような文字面にあらわれたヘーゲルとマルクスのちがいを土台として、マルクスの頭脳活動そのものをよみがえらせることにこそあるのだ」（一六巻１５７）というような長洲論文批判が展開されている。

「ヘーゲルとマルクスにおける弁証法のちがいがどこにあるか、絶対主義国家にかんしてはヘーゲルとマルクスはどのようにちがう見方をしているか」を「たどる」というように言われているのだが、この「たどる」という意味内容がよくわからない。なぜなら、「弁証法のちがいがどこにあるか」はたどれる問題ではないし、絶対主義国家の見方についても、同様である。しかも、それを「資料的価値しか持たない」とか「文字面にあらわれたちがい」と言われているのであるが、長洲論文自体の展開がどのようなものであるのかわからないことを置いたとしても、論点が少しずつずれているように思える。しかも、それらを論じる上で、「マルクスの頭脳活動そのものをよみがえらせることにこそあるのだ」ということが主張されているわけなのだが、確かにそれが核心であるとしても、この全体の展開が、その論理的展開としてはわかりづらいものになっている。これらは、読書ノートという性格によるものからくるのかもしれないが。

そして、その後、たぶんKK自身の今後の課題として次のような諸点が、掲げられている。

（１）主体的研究でなければならぬこと——現在的再生産。——資料の整理は必要条件。
（２）全体的観点（一九四〇—四八）から問題史的にとらえかえす必要性。
（３）歴史的発展の論理構造をあきらかにすること。——資料的追求プラスその連関プラス構造。
（４）国家論の場合では、国家の本質を過程的な視覚からとりあげること。
（５）この根底にある、ヘーゲルとマルクスの論理のちがいを明確にすること。矛盾のとらえ方のちがいを原理的にとりあげること——学問的地平だけでものをいう（五頁）のであってはならない。（一一頁、六頁）のようなアイマイであってはならぬ。批判はつねに認識論的批判からやらなければならない。それでなければ中途半端なものとなる。統一か矛盾か。てな具合に。

（６）社会構造の変化を学問展開の方へ投影すること。

以上。これらの諸点に踏まえて書かれたのが、かの『マルクス主義形成の論理』の中の「若きマルクスの研究方法について」という論文であったと思われるのですが、今手元にないので、ここでは省略せざるを得ません。

【補論②】

「フォイエルバッハの『ヘーゲル哲学の批判』」（黒田寛一）を読んで思うこと

［補論②］「フォイエルバッハの『ヘーゲル哲学の批判』」（黒田寛一）を読んで思うこと

黒田寛一（以下、ＫＫと略す）が自らの『読書ノート』（全15巻）のなかで、岩波文庫のフォイエルバッハの『ヘーゲル哲学の批判』を読んだ感想をしたためている（第14巻、一九五四年七月二一日付）。そのことを最近知って、急いで読んだ。もう少し早く知っていれば、私の『聖家族』についての論文もこの検討に踏まえて書けたであろうに、残念であったなと感じている。

ＫＫが大井正からもらったという本「フォイエルバッハ『ヘーゲル哲学の批判』」には「二つの論文が収められている」と書かれているのだが、それ以上、どのような構成なのかもはっきりしない。図書館で調べた限りで、いまのところわかったのは、昭和八年に刊行された佐野文夫訳の『ヘーゲル哲学の批判』という文庫であり、その中には「ヘーゲル哲学の批判」とともに、「遺されたる箴言」が収められているという。ただ、私の手元にある岩波文庫のフォイエルバッハの『将来の哲学の根本問題』という表題の本には、「ヘーゲル哲学の批判」という論文が所収されており、内容からしてそれが『読書ノート』のものと同一である。

ＫＫはその最初で次のように書いている。

〈二つの論文がおさめられているが、あとのものは、まだよんだことなし。しかし、前のヘーゲル哲学批判も、再読して、実に教えられる点が多かった。まだまだ思索が足りない点を痛感する。一一五年もたったいまなお生きているのだ〉（『読書ノート』１３８頁。以下、本書からの引用は、ページ数のみを記す）と。

この一文からして、二つの論文のうちの「前」のほうが「ヘーゲル哲学批判」であり、「あと」の方は、文章の後半にでてくる「遺されたる箴言」という論文であり、この両者を対象としたKKの論文は、全体三ページと一行の短いものである。いまここでの問題の核心は、「実に教えられる点が多かった」とか「まだまだ〔KK自らの——引用者の補足〕思索が足りない点を痛感する」とか「一一五年もたったいまなお生きている」とかという**最大級の評価**が与えられていることであり、そこに注目しなければならない。しかも、それはKKが「再読」したうえでのことなのであるからして、フォイエルバッハについての当時の認識（『ドイツ・イデオロギー』や『フォイエルバッハについてのテーゼ』などによる）に踏まえたうえでの評価なのである。そのことを知って私は、これはぜひとも検討しなければならないと思った。

ＫＫの要約とは

先の一文のあとKKは、フォイエルバッハのヘーゲル批判をとらえかえし、約一ページで簡潔にまとめている。私の手元にある岩波文庫所収の「ヘーゲル哲学の批判」（本書・本論文からの引用は、HC・○○というように、HCをつけて頁数を表記する）は、昔の小さな文字で123〜178頁にわたる全体五六頁にもおよぶもので、それを約一頁に要約する読力には驚かされる。それが可能となるのは、かの『ヘーゲルとマルクス』という著作に示されるヘーゲル、マルクスの哲学への深い理解を背景にしていることは明らかである。それはともかく、ここでその

「要約」を私なりに勝手に番号をふって「要約」すると次のようになる。

①ヘーゲル哲学の絶対的な哲学としてのアナを、歴史的に暴いてる。

②ヘーゲル始元論にくってかかり、ヘーゲルの概念的円環をつきやぶる「現実」をつきつけている。

③「私と汝の媒介」をとおして、論証とはいかにあるべきかへ掘りさげられていく。

④ヘーゲル体系の芸術性を指摘している。

⑤だが、そこでヘーゲル式叙述のアナの暴露へ転換する。

⑥論理学の前提とする現象学と絶対理念の問題から「有の問題」へ。

⑦思弁の独白ではなく、「思弁と経験の対話」を力説。

⑧感性的存在を強調し、そうすることによって、ヘーゲルにおける思惟と記述との矛盾をあばきだす。

⑨「無用な必要」が「ヘーゲルの方法」だとする。明らかに、ヘーゲル弁証法の止揚ではなく、破壊が、感性的存在による破壊がおこなわれている。

⑩現象学の批判、「現象学的此処」と「実在的此処」との対置（ここにおけるフォイエルバッハの批判をマルクスは直接にうけついでいる）。

⑪現代哲学における自然と精神とのとりあつかい方と、ヘーゲルにおける「自然の発出」問題。

⑫絶対的理念の性格、シェリングにおける自然哲学を媒介としたヘーゲル絶対哲学を「発生的＝批判的哲学」と対置して、その「合理的神秘論」という性格をあきらかにする。

⑬「発生的＝批判的研究の……欠如」の限界のゆえに、〝無〟の問題がヘーゲル哲学において大きな役割をえんずる。無からの創造。

⑭人間の本質、自然。

〔以上の①から⑭の引用には、頁数と強調のための傍点が振られている部分が多々あるのだが、頁数ならびに傍点は全て省略した〕

もともと、当のフォイエルバッハの論文、『ヘーゲル哲学の批判』そのものが、一つも小見出しのないものであって、全体を読み通す力がない限り、その論旨をつかむことも極めてむずかしい。その意味でもこのような要約はフォイエルバッハの主張に迫るために、はじめて全体を読み通す場合の道しるべになるとはいえる。だが、あくまでもそれは参考程度のものでしかなく、結局のところは、自分で読み、考え、いろいろの文献とつき合わせながら、理解をふかめる以外ないのであって、それ自体、困難を強いられる。今回、『ヘーゲル哲学の批判』を読み通してみて、興味をそそられる部分はたくさん存在したのであるが、もろもろの展開を理解するためには、内容だけでなく相当のエネルギーが必要であることを痛感させられている。そうしたこともあって、要約された諸点の内容的な検討は必要であるが、今の私にその能力も時間もない。それゆえ、ここではその内容検討を全て省略し、そのあとで論じられているＫＫの本書の「受けとめ」を検討しておきたい。

「完全にあやまり・反省されなければならない」

要約をした後、それに踏まえてＫＫは以下の一文をもって、自らの受けとめを論じている。「フォイエルバッハのへーゲル批判の詳細な分析をとおして、若きマルクスの学問的格闘の足跡を追求しなかったのは**完全にあやまりであった**ことが、よく反省されなければならない」（１３９）と。

この「完全に」とか「よく」とかの形容詞をつけた表現のなかに、フォイエルバッハを読んだＫＫの**強い思い**がにじみ出ている。では、その内容は如何なるものなのか。

「へーゲル哲学にかんして批判すべき核心的な諸問題を総括しているのにはおどろく。その中心は、感性と物質をへーゲル哲学にぶちあてることにあるとしても、あくまでも内在的に、へーゲルの問題をおのれ自身の問題としてうけとめ批判する態度は、学ばなければならない」「対象化するもの（思惟）と対象化されたもの（叙述）との矛盾をあばきだすことによって、へーゲル始元論のアナをあばきだしていることは、とくに教えられた点だ」「有無成の弁証法にたいする唯物論的立場はいかにあるべきかはなお不明確だ」（以上、１３０～１４０）

これらが、「失敗・反省」の後で展開されているＫＫの論述である。その中心は、一つには、フォイエルバッハのヘーゲル批判の内在的、主体的内実についてであり、もう一つが、ヘーゲル始元論の批判についてである。

前者については、「おどろく」とか「学ばねば」とされているものであるが、それ自身の内容は展開されていない。だが、フォイエルバッハのヘーゲル批判を「批判すべき核心的な諸問題を総括している」とし、その「中心」として「感性と物質をヘーゲル哲学にぶちあてることにある」として、それの内在的な、ヘーゲルの問題をおのれ自身の問題としてうけとめ批判する態度を取り上げているところからして、このKKの主張は、私が①から⑪として要約したフォイエルバッハの『ヘーゲル批判』の要約全体とそこに貫かれているフォイエルバッハの立場やフォイエルバッハの唯物論を指してのことであると思われる。

私はこのKKのフォイエルバッハ認識やその評価についての論述をよんで、ある意味では、若きマルクスのフォイエルバッハ認識・評価、とりわけ『聖家族―批判的批判の批判』での内在的なヘーゲル哲学の批判を知ったときに沸き上がった感覚に通じるものを感じている。

『聖家族』におけるマルクスは、バウワーとその一派のヘーゲル批判と対比して次のように論じている。

〈だれがいったい「体系」の秘密を暴露したのか？　フォイエルバッハだ。だれが概念の弁証法を、哲学者だけに知られている神々の戦いを、ほろぼしたのか？　フォイエルバッハだ。古いがらくたの、また「無限の自己意識」のかわりに、「人間の意味」――こういうと、まるで人間には、人間であること以外に別の意味があるかのようだ——などをおかないで、「人間」をおいたのはだれか？　フォイエルバッハだ。そしてフォイエルバッハだけだ〉（「ＭＥ全集」94～95）

また、シュトラウスとＢ・バウアーの「二人」のヘーゲル批判とフォイエルバッハのヘーゲル批判を比較して、次のように言明している。

〈二人ともヘーゲルの思弁の内部にたちどまり、それぞれヘーゲルの体系の一面だけを代表している。フォイエルバッハがあらわれるにおよんで、彼は形而上学的な絶対精神を「自然という基礎のうえにたつ現実的人間」に解消することによって、はじめてヘーゲルをヘーゲルの立場にたって完成し、批判した〉（「ＭＥ全集」１４６）と。

多分、ＫＫその人は、ここで取り上げた文章から推測する限り、『聖家族』におけるマルクスのフォイエルバッハ認識や評価についての論述を読んでいないと思われる。しかも、マルクス主義理論戦線における論争の過程においても、この若きマルクスの認識・評価は取り上げられることはなかったと思われる。もっぱら、『ドイツ・イデオロギー』のフォイエルバッハ論や『フォイエルバッハにかんするテーゼ』に依拠した論争が行われ、ここで取り上げ引用したマルクスのフォイエルバッハ認識は無視されたり、マルクス主義成立以前のものとして軽視されてきた。だが、ＫＫが「失敗」「反省」と問題にしていることが、はたして、このような若きマルクスのフォイエルバッハ理論との関係で述べられているかどうかは、ここでの限りハッキリしていないが、しかし、その領域の問題に迫っていることは確かである。それゆえに、その提起されている問題は、一人ＫＫの失敗と反省にとどまらない重要な問題を孕んでいると私には思われる（註1）。

次に、後者の問題、すわなちＫＫが「とくに教えられた点だ」としているフォイエルバッハの「ヘーゲル始元論」批判についてここでみておきたい。「教えられた」内容として、ＫＫが、「対象化するもの（思惟）と対象化されたもの（叙述）との矛盾をあばきだすことによって、ヘーゲル始元論のアナをあばきだしている」と主張しているところである。ここでは、学の「始元」をめぐる問題、例えば、マルクス『資本論』の学問的出発点＝始元として何を設定するのか、との関係で、冒頭商品をめぐる論争などが想起されていると思われる。

このように言表されているフォイエルバッハの展開は、その前後の関係する論述をふくめると七〜八頁に及ぶ。そのフォイエルバッハの論述を理解することは極めて重要なので、論述に沿って見ていくことにする。

それまでドイツ思弁哲学におけるヘーゲル哲学の位置やキリスト教の宗教一般における絶対的宗教としての位置などを検討してきたことにふまえて、フォイエルバッハは、ヘーゲル哲学が「……かれの正統な弟子たちによって、絶対的哲学として、すなわちまさに哲学そのものとして規定され、言いあらわされている」（ＨＣ・126）ことへの種々の疑問を明らかにしていく（それが七〜八頁の部分への導入にあたるものなのだが、その内容は省略する）。そして言う。「だからわれわれは理性によって時間の先き回りをして、ヘーゲル哲学がじっさいに一定の特殊な哲学であることの証明を試みよう」（ＨＣ・１２９～１３０）と。そこから、ヘーゲル哲学の「前提」や「始まり」を問題とし、その検討をすすめていく。長くなるが、その展開において重要だと思われる部分を引用しておくことにする。

「してみると、ヘーゲル哲学が論理学でおこなっているような始まりは、一般に必然的な、絶対に必然的な始まりであろうか。むしろそれは、特定の、しかもヘーゲル以前の哲学の立場によって規定された始まりではなかろうか」（ＨＣ・１３１）

このようなヘーゲル哲学の「始まり」について、フォイエルバッハは学問上の成立あるいは形成過程、とりわけフィヒテの方法などとの関係で疑問を提起していく。

「しかし哲学の方法や学問的叙述が哲学の本質とみなされている場合には、すなわち、体系（ここではもっともせまい意味での体系）でないものは哲学でない場合には、円運動、しかも形式上の円運動が、一つの要求あるいは必然的帰結とならないだろうか。なぜなら、体系とは、自分のうちで完結した円であるもの、まっすぐに無限に走りつづけるのでなく、終りにおいてその始めに帰るものにほかならないからである。ヘーゲル哲学は、じっさいまた、これまでに現われたもっとも完全な体系である」（ＨＣ・１３２）

フィヒテの知識学との関係で、ヘーゲルの体系と方法を問題にしたうえで、フォイエルバッハは、「体系」すなわち「終りにおいてその始めに帰る」ところのものであり、ヘーゲル哲学は、「これまでに現われたもっとも完全な体系である」としたうえで、その「円運動」としての、ヘーゲル哲学の体系の内側に入って問題にしていく。

「しかし体系的思考は思考それ自体、本質的思考ではなく、ただ自分を叙述する思考にすぎない。私は自分の思想を叙述することによって、それを時間の中へ移し、私の中で同時的であるもの、継承以上にまたがっている洞察が、今や順次的なものとなる。私は、叙述すべきものを存在しないものと仮定して、それを私の目の前で発生させ、それが叙述以前にあったものを捨象する。したがって、私がなにを始まりとして定立するにせよ、それは最初は純粋に無規定なものにすぎず、私はそれについてまだなにも知らず――叙述する知識がはじめて知識となるのである。だから、厳密に言えば、私はただ始まりという概念からしか始めることができない。なぜなら、私がどんな対象を定立するにせよ、それは始まりにおいては、始まり一般の性質をもつからである。ヘーゲルはこの点で、自我＝自我をもって始めるフィヒテよりははるかに徹底的であり、学問的である。ところが、始まりは無規定なものであるから進行が規定の意味をもっている。叙述が進むにつれてはじめて、それをもって私が始めたものがなんであるのかが規定され、明らかになる。進行はだから逆行である。私が出発したところへふたたび帰ってくる。逆行において、私は思想の継起、時間化をふたたび取り消す。すなわち、私は失った同一性を再建する。しかし、私がそこの帰ってくる最初のものは、今度はもう始まりのときの、無規定な、証明されていない最初のものではなく、媒介されたものである。だからそれはもう

同じものではない。あるいは、同じものであっても、もう同じ形式のうちにあるのではない」（HC・132〜133）

ここでフォイエルバッハは、「体系的思考」・「叙述する思考」と「思考それ自体」・「本質的思考」とを区別して、何らかのものについて認識し思惟するこの己の思考そのものとその思考したものの体系化したり叙述することとの関係で「始まり」と「終わり」を論じているのである。「進行はだから逆行」「失った同一性を再建する」「帰ってくる最初のもの」「始まり」は「無規定な、主命されていない最初のものではなく、媒介されたもの」などなど、フォイエルバッハの思考とその叙述が己れのそれに則してリアルな形でここでは論じられている（ここの展開をさして、KKは「教えられた点」としたのである）。

以上の展開にふまえ、フォイエルバッハは最後に次のように主張する。

「絶対理念は、自分を最初にして最後のもの、一にして全なるものとして示すことによって、じっさいに自分自身の媒介過程を取り消し、この過程を自分のうちに総括し、叙述の実在性を否定する。だからこそ、私もまた、いま論理学を閉じ、この外延的な存在を一つの理念のうちに総括する。だから終わりにおいて論理学は、われわれをわれわれ自身へ、すなわち内的な認識作用へ連れ戻し、媒介し叙述する知識が直接的な知識となる」（HC・134）

こうして、ヘーゲルの哲学、とりわけ彼の論理学の円環構造の内在的検討を媒介としての内的な認識作用を考察して、ヘーゲルの無規定なものとしての「始まり」は「再びそこに帰ってくるもの」と「同一のもの」であっても「媒介されたもの」であるから「同一のものでない」ことを確認（HC・133）することによって、フォイエルバッハは自らの論理学が、「知識」がどのようなものであるのかを鮮明にして見せたのだ、といえる。しかし、その内容そのものの検討は今問題にしていることとは別の問題であり、かつそれを論じる能力も私にはないので、以上見てきたことを確認するにとどめたい。

フォイエルバッハの評価とその意味

これまで、KKの主張の二点について、フォイエルバッハの展開に即してみてきたのであるが、そのうえで、KKが言っているその意味するものを簡単に見ておきたい。その前提として、KKが評価する場合に、そこで「実にマルクス的な、というよりは、マルクスがフォイエルバッハ的」とか「『草稿』のマルクスは、フォイエルバッハ主義者」とかと論じているように、マルクスの『草稿』（『経済学＝哲学草稿』のこと）や『経済学批判』「序説」（3・「経済学の方法」）の展開と多くの共通したり、類似したりしていることを見る必要があるのだが、それについては、今これを読んでいる読者の労に委ね、ここではKKの感想に即して検討しておきたい。とりわけ、「失敗」とか「反省」とかということばが使われ、最後のところで、梅本や船山信一のフォイエルバッハ論についてふれていることの意味などを見ておきたい。

その場合、ＫＫがこのフォイエルバッハを書いた五四年七月という時期をおいて読む必要がある。この時期は、戦後唯物論の客観主義的変質に立ち向かい、マルクスに帰れ、と声を上げ、マルクス主義者としての主体性をかけて闘いながらも、身体的なハンディキャップもあって、闘いの困難性をも感じ、しかも、自らの学問的追求の弱さや欠陥を日々感じながら、孤独な理論的な闘いを追求していた過程である（註２）。

そのような時期に、「フォイエルバッハのヘーゲル批判の詳細な分析をとおして、若きマルクスの学問的格闘の足跡を追求しなかった」ことは「完全にあやまり・反省されなければならない」と記すこと、そのことの持つ意味は大きいと思われる。しかし、ここでそのＫＫの目指してきたものとの関係で考察することは別にして、フォイエルバッハの評価やそれにも関係したマルクスの思想形成過程の追体験にとって持つ意味は極めて大きいものだとＫＫ自身が自覚したのだと思われる。そのことが「失敗」と「反省」とかの表現に顕れているのだが、問題はそれをのりこえていくための闘いがいかなるものであるのか、ということである。

何故、失敗・反省がいかされないのか

しかし、私が残念だと思うのは、このＫＫの論評をみるかぎり、その「失敗」や「反省」の内実をはっきりさせ、のりこえる方向にはなぜか向かっていないことである（そして、その後

のＫＫの学問的追求もその方向に向かうことがなかったと思われる）。それは、ＫＫのこの文章の後半、約一頁を費やして取り上げている「遺されたる箴言」とその評価や問題の仕方に私がすくなからず違和感を感じたことと関係することでもある。

その出発点的なＫＫの展開は、「遺されたる箴言」をあげ、「実にマルクスによく似ている」とし、「だからして問題」は、「果たしてマルクス」が「読んでいるかどうか、というところにあるのだ」としているものである。そのうえで、「もしも読んでいるならば『草稿』のマルクスは、フォイエルバッハ主義者――しかし、それを同時に克服しているところのフォイエルバッハ主義者であることはたしかだ」などと論じ、そのあと梅本や船山のフォイエルバッハ評価を取り上げているのである。

そもそも、「もし読んでいるならば……」というＫＫの問題設定自体が、「ヘーゲル哲学の批判」と同時に収録されたことから、何らかの勘違いか、錯覚かは知らないが、それが書かれた時期からして成立しない話である。どのような意味で言ったのか定かではないが、マルクスの『草稿』が書かれたのは一八四三年一〇月末から四五年二月までのいわゆる「パリ時代」であり、フォイエルバッハの「遺されたる箴言」は、「遺」という字が使われているように、その論文のために特定の時期に書かれたものではなく、フォイエルバッハの生涯にわたって書かれた「箴言」を編纂したもので、出版も一八六九年あたりだとされている（註3）。

こうしたことを見ても、もし、読んでいれば云々という問題設定は、それ自体が誤りだとしなければならない。このような、イロハ的誤りにもとづく問題の設定、そしてそれを現在にいたるまで全く気が付くことなく『読書ノート』にそのまま掲載されていることは不問にふしておく。ここで問題にしなければならないことは、若きKKのいう「もし読んでいれば」という条件をつけた「フォイエルバッハ主義者」という規定である。また同時にそれは、先に問題にしたマルクス主義の形成過程における主体的把握の「失敗」や「反省」と関係することなのであり、KKの「マルクス主義形成の論理」〔この点で、KKがK・レヴィットの「人間学的解釈」とか、フォイエルバッハの「マルクス主義形成における位置」などとして追求していることの検討が必要だと思う〕に関わる事柄だと私は思うのである。

もう一度、KKのその部分を引用しておこう。

KKは「遺されたる箴言」をコンパクトにまとめた後、「……教えられる点が多くある。これは、はじめて読んだのだが、実にマルクスによく似ている」という。そのうえで、つづける。〈だからして問題は、果たしてマスクスがこの「遺されたる箴言」を読んでいるかどうか、というところにあるのだ。もしも読んでいるならば、『草稿』のマルクスは、フォイエルバッハ主義者――しかし、それを同時に克服してもいるところのフォイエルバッハ主義者であることはたしかだ〉（140）

この一文はいろいろな意味で問題になる。まず、「似ている」というその具体的中身は論じられていないが、フォイエルバッハの一文が「（『草稿』での）マルクスと似ている」からといって、なぜフォイエルバッハ主義者なのか、が疑問である。かの論文を、読んだか読まなかったかが、果たして「フォイエルバッハ主義者」で「ある」か「否」かを判断する基準になるのかも、問題であるけれども。いろいろな疑問が湧き上がるのであるが、重要な点は、そこには、その「論文」を「読んだり」、「読まなかったり」するところのマルクスという主体が創造した思想の分析、そこに現れているマルクスという主体の思想的格闘、それらがすえおかれていないことである。KKはすでに「フォイエルバッハ」の「キリスト教の本質」や「ヘーゲル哲学の批判」だけでなく、マルクスやエンゲルスがフォイエルバッハとの対決したもろもろの著書や論文を書き、フォイエルバッハ理論との主体的な対決を行ってきたのを知っており、それらを基礎にして、それまで読んでいなかったフォイエルバッハの論文をも読みかつ判断しているはずである。そのような己の過去を抜きにして、その設定自体の誤りを抜きにしたとしても、ここでのKKの問題設定に私は理解しがたいのである。そもそも、『草稿』におけるフォイエルバッハの論理のマルクス的適用や『草稿』の直前に書かれた、先に見た『聖家族批判』のマルクスによる「フォイエルバッハ」論などとの関係をすえてフォイエルバッハの論文の評価は論じられるべきなのである。それを抜きにして、「読んでいたら」「フォイエルバッハ主義者」とし、しかも、それも「のりこえたフォイエルバッハ主義者」などというこの若きKKの追求は、マルクスという主体の外側に立った、KKが忌み嫌うところの純然たる解釈でしかないのではないか。「フォイエルバッハ主義者」と規定したあとで、「それをのりこえたフォイエルバッハ主義者」などと追加で規定していること自体が、いったい何を示しているのか、わからない。解釈主義の象徴的表現であるように私には思えるのだが、何らかの私の誤認ゆえのものであろうか。

ＫＫの一文が、その後半の三分の一の部分、すなわち、締めくくりの部分がこのような結果解釈と思える一文で終えたことは大きかったのではないか。前半のフォイエルバッハを読んでのＫＫの感想における重要な問題指摘は、結局のところ発展性のない、一過性のものになったのではないかと思われる。実際、この前半部分での感想や論評が、その後、一度も振りかえられないばかりか、ＫＫ自らがここで、失敗を確認し、反省しなければならない、としたことがどこでも論じられなかったし、その後の理論追求に生かされなかったのではないか〔船山信一著作集のこぶし書房からの出版は意味あるか？（筆者註）〕と私には思われる。私は、そのことが実に残念でしかたがないのである。

（２０２２・５・22）

【補論②・註記】

（註１）以上の点に関係して、私の「『聖家族　別名　批判的批判の批判　ブルーノ・バウアーとその伴侶を駁す』をいかに学ぶか」（本書・第２編）を参照されたい。

（註2）その時期の論文やKKの実践を収録したものとしては、『黒田寛一初期論考集、第一巻、「哲学と人間の探求」』がある。この本は、若きKKの実存に迫るためには、重要かつ良い本である。編者が「黒田寛一著作編集委員会」となっている。私は、収録されたKKの諸論文そのものはともかく、この編集の仕方には、編集するものが、KKが論じている内容にほとんど迫っていないと思われる諸点が感じられるのであるが、はたしてどうであろうか。

（註3）この文書は、『フォイエルバッハ全集』船山信一訳、第三巻）の「解題」において、次のように書かれている。〈『遺された諸箴言』は一度に書かれたものではなくて、大部分はブルックベルグ時代（一八三六〜六〇年）の最後の数年およびレッヘンベルグ時代（一八六〇年以後）に書かれたものと推定されている。訳者はボーリン・ヨードル版『フォイエルバッハ全集』第一〇巻に依ったが、これは、初めカール・グリューンが一八七四年に刊行した『彼の往復書簡および遺稿ならびに彼の哲学的な性格発展におけるルードヴィッヒ・フォイエルバッハ』全二巻中の第二巻の中で発表されたものを基礎とし、その後ヴィルヘルム・ボーリンが一八九一年に刊行した『ルードヴィッヒ・フォイエルバッハ―彼の活動および同時代者たち』の中で発表されたものなどを加えて、フリードリヒ・ヨードルが編纂したものである〉。また、K・レビット、W・ホーリンの『フォイエルバッハ』という一九七一年に福村出版から出された本の「著作年表」でも、一八六七〜六九年（六九年はフォイエルバッハが亡くなった年）の欄の最後に、「遺稿箴言集」という名前で紹介されているのである。

ちなみに、この『フォイエルバッハ全集』（船山信一訳、第三巻）に収録された『遺された諸箴言』では、次の五つの見出しのもとに編纂されている。1、認識の諸問題、2、法（権利）と国家、3、哲学史、4、宗教哲学のために、5、自分自身の活動、というのがそれである。そして、この「第三巻　解題」の最後で、日本における翻訳について、〈『遺された諸箴言』は、昭和八年に岩波文庫から刊行された佐野文夫訳『ヘーゲル哲学の批判』のなかに『遺されたル箴言』としておさめられ、篠田一人・中桐大有・田中英三編『フォイエルバッハ選集』（法律文化社）中の『人間学論集』—昭和四十三年—には佐々木敏二訳の『遺稿箴言集』としておさめられている（352頁）という説明がなされている。KKが大井からもらった本がこの佐野文夫訳のものであろうが、今回、図書館でも見つけることができなかった。

【資料】

〈資料①〉〈岩波文庫所収「ヘーゲル哲学の批判」の当該箇所（131～135頁）の引用〉

「してみると、ヘーゲル哲学が論理学でおこなっているような始まりは、一般に必然的な、絶対に必然的な始まりであろうか。むしろそれは、特定の、しかもヘーゲル以前の哲学の立場によって規定された始まりではなかろうか。それはフィヒテの知識学に結びついているのではないか。それは、哲学の第一原理にかんする以前の問題と関連しているのではないか。それは、哲学の関心が根本においてたんに体系的、形式的なもので、実質的なものではなかった立場、すなわち、学問上最初のものはなにかという問題が最初の問題であった立場と関連していないだろうか。このような関連はすでに、ヘーゲルの方法が——内容の差異はまた形式の差異ともなるが、内容の差異はもちろん度外視して——本質的な点で、あるいは少なくとも一般的な点で、フィヒテの方法であることによって、証明されていないだろうか。知識学の運動もまた、最初われわれにとって存在するものが、最後にはまたそれ自身存在するものになり、かくして終わりが始めに帰るということ、したがって知識の運動は循環であるというようになっていないだろうか（『全知識学の基礎』第二版、『知識学特質の綱要』第二版、「知識学の概念について」第二版、シェリング『先験的観念論の体系』参照)。しかし哲学の方法や学問的叙述が哲学の本質と見なされている場合には、すなわち、体系(ここではもっともせまい意味での体系)でないものは哲学でない場合には、円運動、しかも形式上の円運動が、一つの要求あるいは必然的帰結とならないだろうか。なぜなら、体系とは、自分のうちで完結した円であるもの、まっすぐに無限に走りつづけるのでなく、終りにおいてその始めに帰るものにほかならないからである。ヘーゲル哲学は、じっさいまた、これまでに現われたもっとも完全な体系である。ヘーゲルは、フィヒテが果たそうとして果たさなかったことを、じっさいに果たしたが、それはフィヒテがただ当為に終り、始めに等しい終りで終わらなかったからである。しかし体系的思考は思考それ自体、本質的思考ではなく、ただ自分を叙述する思考にすぎない。私は自分の思想を叙述することによって、それを時間の中へ移し、私の中で同時的であるもの、継起以上にまたがっている洞察が、今や順次的なものとなる。私は、叙述すべきものを存在しないものと仮定して、それを私の目の前で発生させ、それが叙述以前にあったものを捨象する。したがって、私がなにを始まりとして定立するにせよ、それは最初は純粋に無規定なものにすぎず、私はそれについてまだなにも知らず――叙述する知識がはじめて知識となるのである。だから、厳密に言えば、私はただ始まりという概念からしか始めることができない。なぜなら、私がどんな対象を定立するにせよ、それは始まりにおいては、始まり一般の性質をもつからである。ヘーゲルはこの点で、自我=自我をもって始めるフィヒテよりはるかに徹底的であり、学問的である。ところが始まりは無規定なものであるから、進行が規定の意味をもっている。叙述が進むにつれてはじめて、それをもって私が始めたものがなんであるかが規定され、明らかになる。進行は、だから逆行である。私が出発したところへふたたび帰ってくる。逆行において、私は思想の継起、時間化をふたたび取り消す。すなわち、私は失った同一性を再建する。しかし、私がそこの帰ってくる最初のものは、今度はもう始まりのときの、無規定な、証明されていない最初のものではなく、媒介されたものである。だからそれはもう同じものではない。あるいは、同じものであっても、もう同じ形式のうちにあるのではない。ところで、このような過程は、むろん根拠のある必然的な過程ではあるが、しかし、それにもかかわらずこの過程は、現象し、叙述される思想と、思想そのものすなわち内的な思想との関係にもとづくにすぎない。この関係を次のように思いうかべてみたまえ。私がヘーゲル論理学を始めから終わりまで読み通すとする。終わりにおいて私は始めに帰ってくる。理念の理念すなわち絶対理念は、そのうちに本質の理念と存在の理念を包括している。そこで私はいまや存在と本質が理念の契機であること、あるいは絶対理念は要約された論理学であることを知る。私は終わりにおいてなるほど始めに帰って行くが、しかし、私は時間的にではなく、つまり、論理学をまた最初から始めるというようにでなく、そうしたい。なぜなら、もしそうでないと、私は二度、三度というように何回となく同じ道を進まねばならず、その結果、私の一生はただ論理学の内部の堂々まわりにすぎなくなるだろうからである。そうではなく、私はいまや論理学になにが書いてあるか知っているから、絶対理念をもって三巻の論理学を閉じる。私は自分の認識において時間的な媒介過程を終える。私は絶対理念を全体として知っている。もし私が改まってその過程をふたたび思い浮かべるなら、むろん時間を必要とするが、しかしこのような継起はこのばあい、全くどうでもよいことである。三巻からなる論理学、言いかえれば、叙述された論理学は、だから目的そのものではない。というのは、もしそうだったら、私は論理学をたえず読み続けるか、または、「主の祈り」のように暗記する以外に人生の目的をもたなくなるだろうからである。絶対理念は、自分を最初にして最後のもの、一にして全なるものとして示すことによって、じっさいに自分で自分の媒介過程を取り消し、この過程を自分のうちに総括し、叙述の実在性を否定する。だからこそ、私もまた、いま論理学を閉じ、この外延的な存在を一つの理念のうちへ総括する。だから終わりにおいて論理学は、われわれをわれわれ自身へ、すなわち内的な認識作用へ連れ戻し、媒介し叙述する知識が直接的な知識となる。ただし、これはヤコービの主観的な意味での直接知ではない。なぜなら、この意味の直接知は存在しないからである。私の言うのは、それとは別の直接性である。（以上、HC・131～135）

（資料②）

ヤコービ（一七四三～一八一九）――「カントは独断論を批判することによってこれを破壊した。かれの純粋理性批判の結論は、神、自由、不死という三つの理念が理論的には証明できないということであった。もちろんカントは、理論的知識の立場からは拒否した諸理念を、実践上の理由から、ふたたび実践理性の要請として取り上げてはいる。しかしそれらは要請すなわち実践上の前提にすぎないから、理論的確実性を与えるものではなく、相変らず疑いにさらされている。カントの哲学的思索の最後の言葉であるようにみえた、このような不確実、知識にたいする絶望を取り除くために、カントの年少の同時代者であるヤコービは、批判主義の立場にその反定立として信仰哲学の立場を対立させたのである。この立場によれば、確かに最高の理念、永遠にして神的なものは、論証の道をもってしては到達されず、論証という手段では証明できないものではある。しかし、このように悟性が証明し到達しえないということこそ、まさに神的なものの本質なのである。悟性を超えた至高者を確知しうる機関は、ただ一つ、感情だけである。――だからヤコービは，感情、直接知、信仰のうちに、カントが推論的思考の地盤に立って空《むな》しく求めていた確実性を見出したと思ったのである。」（岩波文庫『西洋哲学史』〈下〉164～5）

フィヒテ（一七六二～一八一四）――「カントが認識はできないにせよあくまで実在すると考えた物自体を、

フィヒテがまったく棄て去って、カントが物自体に帰した精神の外部からの衝動を精神そのものの行為として定立したのは、一つの不可避的な帰結にすぎなかったのである。自我のみがある、そして外物による自我の制限と考えられているものは、むしろ自我そのものの自己制限である——というのがフィヒテの観念論の根本テーマである。」(同・184)

あとがき

　この本を手にした人は、今時、このようなものを書いて出版したのは、何を目的にしてなのか、いったいどういう人物なのか、と思うのではないでしょうか。私自身、このような題名の本を出すにふさわしいかを問われれば、否定的な答えしか出てきません。またお前にそんな資格があるのかと問われれば、こたえる言葉も失います。にもかかわらず、私は、ひとりでも多くの人にぜひ目を通して頂きたいと思っています。

　それは序文に書いたような主旨であり目的でもあるがゆえでもあります。かつ同時に、私は、この社会の根本的変革の運動への参加を通じて日本で闘う最良の労働者たちに出遭い、人生の大半を真実の革命運動を追求しえたことに応えたいからです。多くの失敗を行いながらも、闘う労働者たちにその生活・活動を支えられ、革命的な闘いを担ってきたのも事実です。そしてその中で私の弱さをも自覚させられ苦悶し、最後には自ら実践的な活動を継続できなくなったのも事実です。そのことは機会があれば別にふり返りたいと思いますが、闘い過程でわずかながらマルクス主義諸理論を主体化するため格闘してきたことがあります。そしてこの私が、この現在においてできることを求めた結果がこの出版であったのです。闘いの場から離脱せざるをえなかった己へ痛苦な思いをもって断を下し、戦争・貧困・災害など、世界の、日本の現代社会のあまりにも惨たらしい現状に絶望感や怒りにさいなまれながら生きながらえているこの私が、その現実に抗議している人々の意志にわずかでも応えることができればという想いが規定的動機なのです。

これは直接的には立つことが出来なくなった自分自身に対しての呼びかけです。媒介的には、闘う組織の担い手をふくめ、真に人間解放を求める働く人々など、すべての人々への呼びかけでもあります。

若きマルクスに戻れ！

貧困と戦争に関心をもっていた私は、高校二年生くらいに「読書会」に参加していた先輩の知人から長谷部訳の『資本論』（五巻本の第一巻）を借り、その最初に掲載されていたレーニンの「マルクス」論を読み、素朴に「マルクスのように生きたい」と思いはじめたのでした。高校三年の「倫理」の授業での宿題として提出するレポートにそれを読んだ感想とその想いを書いて提出しました（それ以降、今日まで心奥でその想いはその内実をかえながら温存されてきました）。その出発点から、マルクスの著書や梅本克己（『現代思想入門』という本が私の「哲学」追求の姿勢になったのでした）の本などを読み始めたのです。当時の私は、自分の生き方とその未来にたいする不安に駆られていた時期で『アウトサイダー』（コリン・ウィルソンの本）にひかれたり、ダダイズムの詩や萩原朔太郎に共感したりして、フウテンのような生活もしたりしていた時でもありました。そのようなことのゆえに、私は、高校（都立志村高校で、文芸部と陸上部に所属）、大学（国学院大学の哲学科中退）の授業にはまったく関心を持てず、『共産党宣言』や『経済学＝哲学草稿』をはじめとしたマルクスの著書をはじめとして、もろもろの書物を誰に教えられるでもなく、自分流に読むことが私の関心事になったのです。大学でも哲学科に籍を置いたものの、自己紹介を行った最初の授業に一回でただけで（その授業で、梅本の影響を受けていた私は「講壇哲学を否定する」というような発言をして、その後は出席しませんでした。後に、担任は、非常に良心的な先生であることを知って恥ずかしく思いました）、それ以降は、マルクス主義の本（マルクスやレーニンなどの）や哲学書（西洋や日本の哲学者のもの）の読書と学生運動、革命運動への道を一直線に突き進んでいったのでした。いま私は、ここで、この出発点以降の私の追求とそこでの体験について語ることを封印しておきます。ここで語りたいことは、この出発点のマルクスへの接近以来、半世紀が過ぎ去って（この過程では黒田寛一の書物や部分的には直接的な教育を受けたことが大きいことは本書を見れば一目瞭然です）今の私があり、出発点において自分の悩みを解決するために、この若きマルクスの著書にむしゃぶりついたころの己を想起し、その後を反省するための「呼びかけ」として「若きマルクスに戻れ！」があるということなのです。

もちろん、序文で書いたように、現在ではあくまでも戦争と貧困に象徴される苦しむ民衆の解放のために、あらゆる疎外からの解放（プロレタリア階級の自己解放を通じての人間の全面的解放）のための一助にという私の希望にもとづいて、題名はつけられています。そして、この目的の実現にとっては、マルクス主義理論もその組織もあくまで手段にほかならないことをはっきりさせたいというのが主要な問題意識です。

　この目的にとっての手段が、目的化されることがあってはなりません。しかも、この目的はけっして未来のことではなく、場所的に追求する日常的な実践のなかに貫かれるべきものでなければなりません。もちろんこの目的が完全に現実のものをして実現されるのは、未来のことであったとしても、この場所においてそれをめざした追求が、孤立した個人のものではなく、多くの人々との共同的なものとして実現する実践がない限り、未来をたぐりよせることも不可能になるのだからです。

　そのことをおいて現在的な追求における実践や理論追求における判断基準の根底に、その目的がどのように追求され、そのうえでそのための手段が追求されているのかを日々考えておくことが必要になります。この目的と手段の関係が明確にされて、それを自分ならびに自分との関係をもつ人々の実践やそこでの主体性の発現の「評価」を考えるならば、けっしてその人の社会的・政治的地位や理論的能力などによって評価したり、ましてや人気・知名度や評判や役職、又は損得など功利的判断などによって、さらには特定の指導者の判断などによって、また多数決によって評価するなど（ふまえることであったとしても）、けっして行ってはならないことは明確になるはずです。端的にいうならば、マルクスが言っているからとか、レーニンが言っているからとか、誰々が言っているからとか、ということを以って何らかの正当性やその逆の否定性の証にするようなことは行ってはならない、ということです。

　こうしたことをあえて〝あとがき〟で書くのは、私の杞憂にすぎないかもしれませんが、ここで書かれていることをあらかじめ正しいこととか、その逆に誤ったものという先入観を持ってみないでほしいからなのです。これまで書いたように、私の「思想」なるものの大部分は、多くの先人によって書かれたものから私なりに学び、受け入れたものであり、また両親や兄弟をはじめ、これまでの社会関係、人間関係を通じて、また諸々の経験を通して学んできたことがその核をなしています。そのことを置けば、私の「思想」・「理論」なるものは、ある意味では「独学」の部類に入るものと言えます。それにも関係して、そうならないよう努力してはいるものの、私の論述が多くの「まちがい」や「独断論」的なものにまとわりつかれていないか不安にかられてもいます。それを判断するのは、もちろん読者であって、それに気がつかれた人の批判や非難、あるいは反論をどのような形であってもかまいませんので表明されることを私は願っています。

　丁度二〇二三年を終え、二四年になったばかりでこの〝あとがき〟を書いている最中に能登半島の大震災が報道され、行く先に暗雲が漂うかのようです。しかし、私にとっての二三年は、最悪の状況からはじまり、そして充実した状況で終え、新しい年を迎えた年であったといえます（最悪の状況については後に具体的に語る機会もあると思います）。この「充実した状況」へと軌道にのせてくれたのが、「終活」の軸に位置づけ、追求してきた出版であったのです。それゆえに、昨年七月に電話し、その直後、直接お会いして私の願いを正面から受けとめ応えていただいた風詠社の大杉社長には心から感謝します。また、多くの欠陥ある私の原稿をこのような本にする労を惜しまなかった編集部をはじめとした風詠社の方々にはお礼を申し上げたいと思います。

二〇二四年一月一日　北島 敏男

北島　敏男（きたじま としお）

1947年、長野県東筑摩郡に生まれる。もの心がついてからは、東京都板橋区小豆沢で過ごす。高校（都立志村）、大学（国学院・哲学科）を経て、学生運動、共産主義運動に参加、機関紙・誌や本などに国家論などの諸「論文」を発表（このあたりの経歴については、本書〝あとがき〟を参照されたい）。現在は、ビル清掃の仕事につき、「終活」（出版の準備を含む）を軸にした生活を送る。

若きマルクスに戻れ！
現代における疎外の超克と人間解放の道を求めて

2024年7月31日　第1刷発行

著　者　北島敏男
発行人　大杉　剛
発行所　株式会社 風詠社
〒553-0001 大阪市福島区海老江5-2-2 大拓ビル5-7階
Tel 06（6136）8657　https://fueisha.com/
発売元　株式会社 星雲社（共同出版社・流通責任出版社）
〒112-0005 東京都文京区水道1-3-30
Tel 03（3868）3275
装　幀　2DAY
印刷・製本　シナノ印刷株式会社

©Toshio Kitajima 2024, Printed in Japan.
ISBN978-4-434-34267-7 C0010
乱丁・落丁本は風詠社宛にお送りください。お取り替えいたします。

映画監督 野村芳太郎私論

西松 優

文中登場する方の敬称は省略させていただきます。

目次

はじめに

日本映画をかなり観てきた人でも、野村芳太郎監督について聞くと意外に名前を知らない人が多い。その中で、六十歳以上の方であれば、映画『砂の器』の監督だと言えば、あの名作をつくった人なのかとやっとわかってもらえるのである。

筆者が初めて観た野村芳太郎監督の映画は、中学時代の『続　拝啓天皇陛下様』で、こんな心のどこかが哀しくなる喜劇映画は初めてだった。陽を浴びながら乳飲み子を背負った主人公がトボトボ歩いていくラストシーンを、今も鮮明に思い出すことができる。その後、彼の作品を何本か観たが、次第に疎遠になっていった。

野村監督の名前をはっきりと思い出したのは、社会人になり一九七四年（昭四九）に『砂の器』を観た時だった。思いもかけない感動がどっと押し寄せて来て、それ以来野村芳太郎監督のファンになり、できるだけ彼の映画を観るように心掛けた。『砂の器』以降多くの優秀な作品をつくった野村芳太郎監督は〝名匠〟と呼ばれた。彼が七十七作目に名作『砂の器』をつくったのは、五十五歳の時だった。当時でいえば老年の域に入った頃なので、〝名匠〟と呼ばれるようになったのは、六十歳を過

ぎていただろう。他の著名な監督は、遅くても中年の脂の乗り切った頃には有名になっているのに、不思議だった。

なぜだろうと思っているうちに忘れてしまったが、二〇二〇年に『映画の匠　野村芳太郎』という野村監督のことがぎっしり詰まった、素晴らしい本が出版された。そこで、かつての疑問が甦り、問題意識を持って注意深く読んでみた。しかし、そこに解答はなかった。そこで、それなら自分で調べてみようと思いついたのである。これが野村芳太郎監督について調べて書こうと思ったキッカケである。

なぜ野村監督は、老年になるまで有名になれなかったのか。

映画界や彼が属していた映画会社の動向を追いながら、会社の中で与えられた役割や位置づけの中で、野村監督が何を考え、どう生きていったかを想像を交えながら描きつつ、その解答を導き出していきたいと思う。

この本は、前述したテーマを追求するにあたって、三つの観点から迫ってみた。

一つ目は、野村芳太郎監督の生涯を描いている。

温厚で目立たない映画監督だが、ある意味では異色の監督である。その異色という意味は、文中で繰り返し述べている。そして、多くの資料で客観的な事実を積み

重ねようと努めているが、筆者なりの想像と解釈を取り入れて思いを込めて描いた人物論となっている。その意味で、私論なのである。映画好きの方には、野村芳太郎監督の映画人としての生き方・哲学を、ご理解いただけるのではないかと思う。

二つ目は、野村芳太郎監督を企業内監督と捉え、会社の社員と読み替えて異なった観点からもスポットを当てている。

筆者は定年退職したサラリーマンＯＢである。映画監督といえば本来芸術家であるが、筆者は、あえて会社の社員と置き替え、異なった視点から見るようにした。野村芳太郎監督は、実際には社員ではなく松竹と専属契約であったが、組織の一員、いわば松竹という会社で働く一人のサラリーマンという立場からも俯瞰しているのである。こうした観点から見てみると、色々なものが見えてくる。現役サラリーマン、定年退職者（サラリーマンＯＢ）の方には、野村芳太郎監督の人生を、自分たちと同じ企業内社員の生き方として読んでいただいても、多くを感じ取っていただける部分があるのではないかと思う。

三つ目は、松竹映画史、日本映画史の一部を描いている。

一九二〇年代初めから八〇年代半ばまでの六十数年の期間を対象として、野村芳太郎監督が所属していた松竹という映画会社の変遷を概括的に示している。それは日本映画界の歴史を象徴していると言っても過言ではなく、日本映画の歴史の一端を知ることができると思うのである。

こうした三つの観点を踏まえて、多面的に読んでいただけると幸いです。

なお、時代に沿って映画評（映画作品の説明）が挿入してあるが、映画の内容に興味のない方は、映画評の部分を飛ばして読んでいただいても支障ありません。

第一章　野村芳太郎の家系と生い立ち

野村芳太郎の生い立ちを紹介する前に、その祖父・二代目野村芳國と父・野村芳亭についてどんな人物だったのかを知っていただきたい。

祖父・二代目野村芳國

祖父の二代目野村芳國は、一八五五年（安政二）錺師（かざりし）の子として大坂で生まれ、名は常松（その後、與七）と言った。芳國とは雅号である。父親が早逝したため、叔父の粂蔵（初代野村芳國）のもとに引き取られ、浮世絵を学んだ。二代目芳國（以下、芳國という）は江戸の歌川国芳の流れをくむ浮世絵師で、一八七二年（明五）に京都祇園で「都をどり」が始まると、その背景画を担当し、これが創業とみられている。彼は一八八五年（明一八）に二十三枚の木版画「京阪名所図会」を描き、現在は国立国会図書館にも所蔵されている。これは光線画（小林清親

が始めた西洋画表現を取り入れた浮世絵）の影響を受けていると言われている。芳國は、京都で芝居の背景や看板、都をどりの舞台背景を製作したが、パノラマ画（回転画）作りも得意だった。パノラマ画とは円のように曲がった壁面全体に絵を描いて、入場者が中央から眺めると、目の前に立体的でワイドな情景が迫り、壮大な景色や物語に感動することを狙った、大掛かりな長い絵である。パノラマと客席の間に、模型や人形を置いたものもある。彼が日露戦争を描いた「旅順口陥落」は、一八九四年（明二七）京都のパノラマ館で公開され爆発的なヒットを飛ばし、東京の上野パノラマ館でも公開された。このパノラマ画を描くには、大壁面に多くの職種の人たち三十数人が協力し合い短期間で完成させなければならないので、絵の技量だけでなく人を束ねていく能力も高かったと思われる。一方で、一八八六年（明一九）の「人体道中膝栗毛」や、一八八七年（明二〇）の「日本昔噺善悪桃太郎」など少し変わった本の挿し絵なども手掛けている。こうして見ると、彼は家業を継続させただけの人間ではなく、好奇心旺盛で色々なものに興味を持ち、絵の才能をいろいろな分野に生かそうと行動した人だった。また余談だが、弟子で後に長女と結婚し義理の息子となった芳光（雅号）は、当時来日していたフランスの風刺画家ジョルジュ・ビゴーと親交があった。ビゴーの伝記の中で、芳光のことを日本で最初の

弟子と書いている。

父・野村芳亭

浮世絵師から興行主へ

野村芳太郎の父・野村芳亭（以下、芳亭という）は、一八八〇年（明一三）に京都で生まれ、本名は粂蔵といった。芳亭とは雅号である。芳亭は、父・芳國の仕事を引き継ぎ、京都の劇場・芝居小屋の背景画や看板の絵を扱った。芳亭は芝居の背景画を描くために芝居を熱心に研究し、客を惹きつける芝居の流れや筋立てを覚えていった。また、好奇心旺盛な性格で、稲畑勝太郎が日本で初めて映写機「シネマトグラフ」を輸入した際には、来日したフランスのリュミエール配下の映写技師に同行して京都での上映を手伝った。「シネマトグラフ」という映写機は、映写だけでなく撮影もできたので、彼らが興味を持った歌舞伎撮影にも協力し、自らも撮影技術を身につけていった。そして、家業は義兄の芳光に任せて、絵とは別の道に入っていった。

彼が背景画を描いた京都の劇場が経営難に陥り、貸金が回収できなくなると、抵

当としてそこの興行権を得て興行を行った。当時人気のあった弁士を引き抜いてきて、「ジュリアスシーザー」の映画を上映し、ラスト近くに映画を止めて、人気弁士たちに芝居をさせ彼らの人気を競わせるという、連鎖劇の斬新なアイデアも出し実行した。（「日本映画盛衰記」※1）連鎖劇とは、舞台劇に屋外で撮った映画の場面を挟み込んだり、この例のように映画の中に芝居を入れたりするものである。芳亭はこの連鎖劇で成功し、ほかの京都の劇場なども借りて連鎖劇を試みたりした。この成功で、京都繁華街の京極興行界では、芳亭を知らぬ者はいないといわれるほど有名になった。

しかし、その後東京に出て劇場経営をしたが、京都とは違い、あまりうまくいかなかったようである。そして東京の劇場本郷座で新派の頭取（マネージャー）をしている頃に、松竹の創始者大谷竹次郎（以下、大谷という）から、一九二〇年（大九）に設立された松竹キネマ合名社という映画会社へ入社しないかと誘いを受けた。（「日本映画史I」※2）「歌舞伎」という料理屋をやっている時に、誘いを受けたという説もある。（「日本映画盛衰記」※1）どちらにしても、大谷は元々京都で劇場経営をしており、芳亭とは旧知の仲でその実力を高く買っていたのである。ちなみに、芳亭は大谷の兄である白井松太郎とも知り合いで、同じ京都の牧野省三とは親友だっ

た。白井松太郎は大谷竹次郎の双子の兄で、一八七七年（明一〇）京都に生まれ、京都の劇場経営・興行を行い大阪に進出後活躍し、上方興行界を席巻した人物で、大谷と共に松竹という会社の創始者である。松竹の名は白井松太郎の松、大谷竹次郎の竹から取っている。牧野省三は一八七八年（明一一）の京都生まれで、京都・千本座の経営者から映画製作に乗り出し三〇〇本以上の時代劇を作った。多くの監督・俳優を育て上げ日本映画の基礎を築いた人物で、後に「日本映画の父」と呼ばれるようになった。

こう見ていくと、芳亭、大谷、白井、牧野とも同時代に京都で生まれ、京都で芝居小屋経営・興行をする中で交流があり親しくなったのだろう。

松竹キネマ合名社発足に伴う蒲田撮影所の人事名簿には、芳亭は理事、そして営業顧問と記されている。劇場経営を行って成果を出した実績があり、当初は興行関係のアドバイスを期待されたのだろうか。

松竹草創期の映画監督へ

大谷はその後芳亭に蒲田撮影所長を依頼したが、その経緯は次のようであった。

歌舞伎の興行会社であった松竹合名会社は、当時日本で最大の映画会社である日

活から八年遅れて松竹キネマ合名社を設立し、映画製作へ進出した。撮影所、俳優、監督、撮影、映画の機材、映画館についてはそれぞれ以下のように対応した。撮影所は東京・蒲田につくり、俳優養成は撮影所内に俳優学校を創設し、当時新劇運動の指導者だった小山内薫を校長に迎えた。映画の機材はアメリカのハリウッドから輸入した。映画撮影・監督の技術は、当時アメリカの大監督セシル・B・デミルの推薦で日本人カメラマンのヘンリー小谷に頼み、途方もない高額な報酬を出して来日してもらった。映画館は松竹の直営館をメインに徐々に他の劇場を買収した。なお、この頃の映画は無声映画で、劇場内で音楽が演奏され、弁士がその語りを担当した。

しかし、俳優学校は俳優養成だけでなく映画製作にも手を出したが、高邁な理想ばかりで空回りした。製作技術がないため、外国文献を翻訳しながら試行錯誤するが、結局は湯水のように金を使うばかりでまともな映画はできなかった。そんな中でも村田実、牛原虚彦、伊藤大輔、島津保次郎（すべてが、後の映画監督）、鈴木傳明（後の俳優）が育ち、その後活躍したので人材育成の役割は十分果たしたといえるだろう。一方、ヘンリー小谷はカメラマンのため、撮影技術は一流で撮影所内にその技術移転は進んだが、監督としてのノウハウはそれほどではなく、期待したほ

どの映画作品は出来上がらなかった。

ただ、日活などの映画会社は、女性役に女形（＝男性の役者が女装）を使っていたが、松竹では女性役に女性を使う方針で進めた。これは日本映画では画期的なことで、その後一般化していった。

このままでは製作費用が膨大にかかる上に、集客が上手くいかないので、早晩経営危機に陥らざるを得なかった。そんな時に白羽の矢が立ったのが、芳亭だった。創始者大谷は、撮影所の混乱収拾と立て直しを依頼したのである。それは芳亭の映画撮影の技術、芝居で得たストーリー構想力、芝居小屋を借り経営した経営力、興行で身についた大衆の求めるものを的確につかむマーケティング力、親分肌で人を動かす組織運営力など、映画をつくるのに必要な総合力を買ったのである。

芳亭は返事を一時留保し、まず映画づくりに着手した。初めてにもかかわらず、夕刊売りの少年を題材にした『夕刊売』という四十分ほどの映画を、一日か二日でつくり上げた。そして、その映画は大ヒットとなり周囲を驚かせた。多額な金や長い日数をかけなくても、企画さえよければ大衆の支持を集めヒットすることを実証したのである。

この映画に続き、第二作の『法の涙』もヒットを飛ばした。この映画では、妻が

亡くなり生活苦にあえぐ三人の子持ちの人力車夫が、子どもたちを道連れに無理心中をはかり、子ども一人を死なせてしまう。そして、主人公の人力車夫は殺人罪に問われるが、同情され法廷で無罪の判決を受ける物語である。

芳亭は芝居小屋経営で成功と失敗の両方の経験をしており、失敗した時の大きな借財返済の難しさや、その後の大変さが身に沁みてわかっていた。そのため、芸術うんぬんよりはまずは儲けること、つまりお客さんの喜ぶ映画を提供し、お客を多く集めて、堅固な財政基盤を作ることが必要だと考えていたのだ。そのためには、今風に言えば、お客が何を欲しているかを中心に据える〝お客様第一主義〟、お客が喜ぶ〝エンターテイメントな映画づくり〟が第一優先だと考えた。そして当時芝居小屋で大衆に大好評だった新派悲劇を映画のテーマの中心に据えた。つまり、芝居小屋での成功体験を映画に利用したのである。

新派とは、明治中期に興った政治宣伝劇に始まり，大衆的な現代風俗劇として発展してきた演劇である。歌舞伎を旧派というのに対して、新派または新派劇という。既成の演劇に対抗し、ヨーロッパ近代劇の影響を受けて新しい時代の演劇の創造をめざした新劇とも異なり、歌舞伎と新劇の中間的な位置を占めた。「不如帰（ほととぎす）」「己（おの）が罪」「金色夜叉（こんじきやしゃ）」などその時代の風俗・人

情・世相を取り入れた家庭小説を劇化したものが新派悲劇と呼ばれて、この時期全盛時代を迎えていた。新派悲劇は、家庭内の義理人情、継子いじめ、嫁いじめ、母子の別離、男女の別れなどをテーマとし、女性の涙を誘うことを狙った。

芳亭の映画は、女性を主人公にして悲劇的な要素を加えた家庭劇につくり上げておいて、当時のアメリカ流のスター主義のように、皆が見たいような豪華なスターを配役に揃えるスタイルだった。例えば、大ヒットした『母』(二三)は、子どもを巡る「生みの母」「育ての母」「義理の母」の話で何度も泣かせの場所があり、あらん限りの涙を女性に流させるが、当時の三大女優である川田芳子、五月信子、栗島すみ子に、その持ち味を生かした三人の母を演じさせた。さらに二枚目俳優の諸口十九、岩田祐吉などを競演させ、オールスターの豪華な俳優陣にして観客を魅了するのである。

後に松竹の社長を務めた城戸四郎は、芳亭の映画について、「野村の偉さというのは、長年の舞台の経験にもとづいて、観客の感情をクライマックスに持って行って、観客の気持ちをギュッとつかむヤマ場をこしらえることが、実にうまかった。ヤマ場によってどんなストーリーでも、一応はひきつけるコツを心得ている。それが一つと、もう一つは、芳亭はどんな作品でも大きく見せようとする、これが特徴だっ

た。」（「日本映画傳」※3）と、述べている。

城戸は、その後芳亭とは異なる理念の〝蒲田調〟といわれる映画を押し進めていき、両者は映画のつくり方で意見を異にするが、芳亭の強みを冷静に把握していた。

一方、当時の映画批評家相川楠彦は芳亭の映画をこう批判的に述べている。

◇

原作の人物の役の精神を理解して俳優を生かす努力も、ひとのこころの真実にふれる演出の苦悩もない。型にはまった俳優の動きと、泣かせ場の配列。しかし、女優も男優も並べたのはみんな人気スターばかりだし、泣かせ場も効くから、女性観客向の蒲田映画では野村芳亭の作品は、興行上成績をあげたのであろう。（中略）野村芳亭がその創造に最も努力したのは、この紋切り型であったのだ。芸術家としての描写の生々しさへの努力を極度に避けて、驚嘆する程に押しの太さと無神経さを以て、この興行映画の英雄は、思う限り女性の涙を絞った。

（「映画藝術研究」※4）

◇

こう見てくると、同じものでも、立ち位置の違いで肯定的になったり否定的になっ

たりするのである。芳亭は大谷から松竹キネマの再建を頼まれ、商売になる、儲かる映画づくりが一義的であり、そもそも芸術など眼中になかった。そのために、大衆に人気のある新派大悲劇を映画のテーマに据え、観客が望む豪華スターを配して、サービス精神旺盛に何度も泣いてもらえるように工夫したのである。

城戸の場合は、経営者・映画製作者の立場から、集客第一の芳亭のやり方に理解を示していたのだろう。その一方で城戸は、芳亭の映画を古臭いと嫌い、新たな理念での映画づくりをめざすのであるが、芳亭がなぜそうするかはよく承知していたのである。映画批評家相川は、映画は芸術的であるべきだ、あるいは先進的なアメリカ的であるべきだという、いわば〝理想主義的〟な立場であった。映画会社が継続的に発展するよう利益を出すといったことにはまるで興味がないので、前述のような批判だけになったのである。

しかし、映画批評家たちに批判されたが、芳亭のつくった映画はヒットを飛ばし、実力で創始者大谷の信頼を勝ち取り、一九二一年（大一〇）十月には監督を兼務しながら蒲田撮影所長に上り詰めた。

なお、芳亭の後、蒲田撮影所長となり松竹キネマの映画づくりを進めていくことになる城戸四郎は、その一年後の一九二二年（大十一）に松竹合名社に入社し、三

月に大谷竹次郎の娘婿となり、同年十月に松竹キネマの平取締役に就任している。

蒲田撮影所長としての活躍

芳亭は所長になると、現代劇では前述したように、通俗的で誰もが理解できる大衆的な映画づくりを大々的に進めた。

「頭は高く、手は低く」というスローガンを掲げ、理想を高く持ち現実をしっかり見つめて、着実に前進しなければいけないとした。芳亭登場前の小山内薫らのグループは、理想は高かったが映画技術が追いつかなかった。さらに、一番問題なのは観客のニーズを無視し、自分たちがつくりたいものを作ればよいといった傲慢さがあった。例えば、小山内薫グループのつくった『路上の霊魂』などは観念的で、当時の大衆が観てもまったくよいと思わなかっただろう。大衆のニーズを無視し、独りよがりを続けると結局大衆の支持を得られないのである。

『松竹百年史』（※5）では「内容は古く通俗的でも、表現はヘンリー小谷や田中欽之の残した明るい、スピーディなアメリカ方式を採用し、若い美人女優をさかんに登用してその人気を煽ったから、芸術派には不満もあったが、営業部のコマーシャリズムからは絶対の支持をうけ、松竹の現代劇映画といえば完全に他社を圧倒する

興行価値を発揮した」と述べているのを見ても、大衆から大きな支持を得ていたことがわかる。

芳亭は、アイデアマンで色々なことを考え実行に移している。

従来からの歌舞伎の型にはまった動きと大仰なせりふ回しの時代劇ものを、現代劇役者を使って普通のせりふ回しで、自然に近い動きと剣さばきにさせた『清水次郎長』（二二）や『女と海賊』（二三）、それに女性を絡ませ悲恋物の甘い雰囲気も加えた『萩寺心中』（二四）などをつくり出した。従来〝旧劇〟と呼ばれていた時代劇ものを〝時代劇〟と呼ぶきっかけを芳亭は作ったのである。

映画の予告編は現在当たり前になっているが、日本で初めて映画上映時に予告編を採用したのも芳亭だと言われている。スナップショットを多く撮って予告編として使用したのだという。また、当時無声映画では伴奏を和楽で行っていたが、洋楽の伴奏を初めて導入し、和楽・洋楽伴奏のそれぞれのよさを出し雰囲気作りをしたのも芳亭だった。

当時、「出張撮影」と呼んで外でのロケーションは行われていたが、多くの船を江戸時代の和船に改造して海で大立ち回りシーンを撮る大ロケーションを、名古屋の熱田付近の海で初めて敢行したのも芳亭だった。

また、新聞記事からヒントを得て初めて監督した「夕刊売」がヒットしたことから、大衆が興味を示す新聞の社会記事に着目して。キワ物を時々手の空いている監督たちに作らせたりもした。

これまで先行者日活に大きく水を空けられていたが、こうした芳亭の努力で松竹キネマは、王者日活を抜き去るほどの力を持つようになった。

この頃の松竹映画の撮影所の状況は、今我々が考えるものとは大きくかけ離れていたようである。芳亭の息子で後に監督となった野村芳太郎は、当時一歳だったが想像し、こう述べている。

◇

撮影所長といったって、今でいう所長とは、ちょっと違っていたんじゃないかな。会社としての体制や組織ができていたわけじゃないから、〝所長〟というより、〝親方〟といった感じだよ。各監督に、それぞれの製作費をあたえて、各作品をつくらせ、監督は〝組〟をなして、その金でしきって撮影していたんだね。その上に立っている、いわば、土建屋の親方が、所長だろうね。

（「人物・松竹映画史」※6）

文中の〝土建屋の親方〟という表現は当時の芳亭を上手く表している。

◇

下賀茂撮影所長へ

一九二四年（大一三）九月関東大震災が発生した。蒲田撮影所でも被害が出て大量の映画をつくるのは難しくなり、映画館への映画フィルム供給が果たせなくなった。そこで、急遽芳亭以下撮影所の大部分のスタッフが、京都下賀茂の急造の撮影所に移動して撮影を続けた。

震災後の蒲田撮影所の復旧・増設が終わり全面再開できるようになると、芳亭ら多くのスタッフが蒲田に戻ってきた。しかし、ここで芳亭の身に女優柳さく子との恋愛事件が発覚した。人気男優三人が代表と称して、会社に芳亭の所長解任を訴えてきたのである。芳亭は恋愛関係を強く否定した。しかし、人気の出ない時代劇をつくっている京都・下賀茂撮影所のテコ入れをするという目的で、芳亭を下賀茂撮影所長兼監督として派遣することになった。芳亭にとっては、松竹キネマの中心である蒲田撮影所の所長から異動させられる実質的な左遷である。

芳亭は、京都・下賀茂撮影所で時代劇再生に力を注いだが、新派悲劇の女性映画

主体の映画づくりばかりだったため、激しいアクションの時代劇についてはノウハウが乏しかった。古い型通りに動く歌舞伎のような旧劇と呼ばれた時代劇ものは、芳亭が普通の自然な動きや悲恋物のストーリーを取り入れて凌駕したが、人気の出てきたスリル、スピード、サスペンスに富んだ激しい動きの時代劇映画には歯が立たず、成果をあげることは出来なかった。

一監督として再出発

結局芳亭は、一九二六年（大一五）六月に蒲田撮影所に戻り、一監督として出直すことになった。蒲田撮影所では、撮影所長が創始者大谷竹次郎の娘婿である城戸四郎に変わって、指揮を執っていた。なお、城戸四郎については第二章で詳説する。

城戸の改革で、同年九月には撮影組織を監督を中心とした一種のプロダクション制に変え、現代劇を四つの班、時代劇を二つの班、無所属一班に分けた。それぞれの班には二人の監督がついたが、芳亭は筆頭の現代劇第一班である上に、監督は芳亭一人だけである。これは、集客力の高い興行実績と前撮影所長であったことが考慮されたためだろう。映画の内容は相変わらず新派悲劇だったが、お客の心をしっかり掴み興行成績はすこぶるよく、芳亭は精力的に大衆の求める映画をつくり続け

た。一九二八年（昭三）には、年間十一本もつくっている。

そんな芳亭でも、松竹キネマをやめようと思った時があったらしい。一九二九年（昭四）十一月芳亭のつくった『母』（六年前につくった同名映画とは内容が異なる）の撮影所内試写を、関係者を集めて行った。この時の異変の様子を『人物・松竹映画史』（※6）では、「映画上映が終わった後に、蒲田撮影所長となっていた常務の城戸四郎は、芳亭の方に振り向いて『野村さん、面白くありませんね』と言い放った。いきなりそう言われ、野村もむっとして顔色を変えた。何か言おうとするのをかわすようにして、城戸は、ケッ、ケッと笑いを残して出て行ってしまった。憤然となった野村は、この日、松竹を辞める決意をしたと伝えられる。」と述べている。

年上の前撮影所長に対して、遠慮してこんな侮辱的な態度はとらないのが普通だろう。これが事実とすれば、常日頃から二人の間に、水面下に潜むわだかまりや確執が存在することが想像される。

「この青二才め。お前なんか大谷さんの娘婿だから撮影所長になっただけじゃないか。会社を立て直して、日活を追い越すほどの会社にしたのはこの俺だ。お客さんをどっちが集められるか勝負してやろうじゃないか。負けたらいつでも松竹キネマをやめてやる」と、芳亭は心の中で思ったのではないか。

この『母』という映画は、夫に先立たれた朝子（川田芳子）が、厳しい世間の荒波の中で二人の子を必死で育てるが、病気となり亡くなる物語である。

無一文の朝子は富豪の家に子供と住まわせてもらい家の仕事をする。しかし、富豪の妻や古くからの使用人が朝子に辛く当たったり、富豪の子供が朝子の子供たちをいじめたり陥れたりし、いたたまれず家を出る。

夫の友人・山路が、朝子が商売をできるよう家を借りてくれるが、見返りに愛人にしようとする。それを見た知人の浜子は、朝子を助け、お金の肩代わりをしてくれた。一方、もう一人の夫の親友・木下は薄給の大学の助教授だが、何かと朝子や子供たちに気を配り親切にしてくれる。そんな木下は朝子を好きになりプロポーズする。朝子は木下を愛していたが、子供のためだけに生きたいとそれを断る。木下は、傷心で外国に旅立とうと船に乗り込むが、朝子の危篤の電報が船に届く。木下は朝子の所に急ぐが、危篤に陥った朝子は木下が着いた頃には事切れていた。

『母』はこんなあらすじだが、いざ映画公開してみると空前の大ヒットとなり、東京では二館で交互に上映し、前後四十五日間、あわせて九十日間という当時のロン

グラン記録を作った。さらに、批評家から主演女優・川田芳子がはまり役と誉められた。これで芳亭の大衆の心を掴む力が優れていることが証明され、芳亭から松竹キネマをやめると言い出すことはなかった。

その後も、芳亭は大衆の心を掴み、快進撃は続いた。芳亭のつくった林長二郎（後の長谷川一夫）主演の『金色夜叉』（三二）は、すし詰め大入りを続ける大ヒットとなった。また同じ原作の他社との競合映画『晴曇』（三三）は他社と同一日に封切ったが、相手を興行的に完全にノックアウトした。同一企画を他社と競合した『東京音頭』（三三）も、興行的に他社を寄せつけなかった。

ここで少し話題を変えるが、前述した『母』という映画で、後に大女優となる高峰秀子がデビューしている。この映画の子役オーディションで、高峰を選んだのが芳亭だったのである。養父が高峰を連れて蒲田撮影所見学に行くと、その日はたまたま所内の空き地に、同じ年恰好の約六十人の少女が着飾ってオーディションのために並んでいた。それを見た高峰の養父は、不意に列の最後尾に高峰を置いて、後ろに下がった。少し経つとでっぷりした芳亭を先頭にスタッフたちが歩いてきて、並んだ少女たちのアゴに手をかけ顔の品定めをしたり、適性かどうか少女たちと話をしてみたりした。そして、芳亭は高峰の前で立ち止まると、スタッフとごそごそ

話をして、並んでいる少女の列を解散させた。(「わたしの渡世日記」※7)これが高峰のデビューの決まった瞬間だった。こうして、高峰はこの『母』という映画の中で子役を初めて演じたのである。そして、その後の松竹映画の子役として多くの映画に出演していった。芳亭がオーディションで高峰秀子を選んでいなければ、その後に大女優となる高峰秀子の姿を、我々はスクリーンで見られなかったのかもしれない。

そして、名女優となる田中絹代の映画デビュー作も、芳亭が一九二四年(大一三)に下賀茂撮影所で監督した『元禄女』である。このように、芳亭はその後に日本の大女優になる二人の映画デビューに関わっており、その後のスターへの道を切り開いていくキッカケを作ったと言ってもよいだろう。また、芳亭の下からは、伊藤大輔(当時脚本家)、五所平之助、重宗務などの監督を輩出したことも挙げなければいけない。

芳亭は一九三四年(昭九)九月に急死している。

芳亭の業績

芳亭の業績をあげるとすると、一つ目が、「商業映画」としての礎を築いたことで

ある。松竹草創期には、膨大な費用を使いながら映画の質が低く、観客をなかなか集客できなかった。そのような中で、芳亭は芝居小屋での興行経験を生かし、大衆が何を求めているかを敏感にキャッチし、新派悲劇をメインに据えた。そして、大衆を吸引する映画づくりでヒットを連発したのである。この時代、新派悲劇が大変〝人気がある〟ために選んだのであり、〝マーケティング〟を重視し、ユーザーオリエンテッドな〝お客様第一〟を実践したのである。採算が取れるということは大変大事なことである。もし採算が取れず、それが長期化すれば倒産せざるを得なくなり、それは即ち映画をつくれないことを意味するのである。芳亭は、映画が商売として成り立つことを示すと共に、松竹の先行き不透明な映画経営に自信を持たせたのである。

二つ目が、その後長く続く松竹の「女性映画」路線を確立したことである。松竹という会社は、その後「女優の松竹」「メロドラマの松竹」といわれるようになるが、その礎を築いたのである。彼は新派悲劇の中で女性を主人公にして、スターたちに悲劇のヒロインを演じさせ、多くの女性たちの心を掴んだ。簡潔に言えば、芳亭は新派悲劇という当時の人気テーマを題材に、豪華な女優陣を配して、商売として成り立つ〝映画ビジネスモデル〟を構築したわけである。

芳亭は、芸術とは無縁で、お客様第一で大衆が喜ぶ映画づくりを指向した。観客迎合と言われるかもしれないが、究極的には〝エンターテイメント映画つくりのパイオニア〟だったと言ってもよいのではないだろうか。このように、野村芳太郎の父・芳亭は、松竹という会社の大功労者と言って差し支えない。

野村芳太郎の生い立ち

祖父と父・芳亭という家系を見てくると、野村芳太郎が映画の道に歩み始めるのは必然のことと予想できる。このような家系の中で育っていった野村の生い立ちを見てみよう。

野村芳太郎（以下、野村という）は、一九一九年（大八）に東京で生まれた。父が撮影所長だったこともあり、野村が住んでいたのは撮影所内の社宅だったので、映画の世界に囲まれて育った。小さい頃は撮影所を自分の庭のように遊びまわり、映画というものに自然に愛着を持つようになっていった。その後撮影所のすぐ近くに移り住んだが、子煩悩な芳亭は、よく野村を撮影所に連れて行った。芳亭が野村を連れて行かない日に、撮影中の芳亭の機嫌が悪くなると、スタッフが家まで来て

野村を撮影現場に連れて行った。そして、芳亭は野村の顔を見ると機嫌を直したのだという。また、野村は中学生になると、撮影所で目が悪くなった芳亭のそばに付いて、仕事を見学しながらいつも熱心に手伝っていた。お客さんの喜ぶ映画をつくる父が誇らしく、いつか父・芳亭のような有名な監督になれたらと漠然と思っていた。

その父が急死したのである。一九三四年（昭九）八月、父・芳亭は芳太郎が同席していた自作の『街の暴風』完成試写会の舞台あいさつ中に脳溢血で倒れ、意識不明のまま数日後帰らぬ人となった。野村は何とかして治ってほしいと、夜も看護を引き受け、父の枕元に座り、氷水でタオルを絞り一晩中頭を冷やした。そして、数日間看病し続けたが、その甲斐なく亡くなった。芳亭は意識不明の混濁の中で、撮影所で声をかけるように「ヨーイ、はいッ」とかすかな声で臨終の言葉をつぶやいたという。（「人物　日本映画史Ⅰ」※8）最後まで映画人たろうとした芳亭は行年五十五歳だった。芳太郎は亡くなった父の無念さを思い、芳亭の霊前で父の後を継いで立派な映画監督になってみせると誓った。松竹は、仕事中に倒れた芳亭の多大な功績に対し、撮影所葬を出して報いた。

一九三六年（昭一一）一月に松竹は大規模な大船撮影所を完成させ、蒲田から映

画製作の拠点を現在の鎌倉市大船の地に移したが、会社は芳亭を顕彰するため、著名な彫刻家朝倉文夫に依頼して、大船撮影所内に芳亭の胸像を建立した。同年八月には、妻・かねと子・芳太郎を招き胸像の除幕式を盛大に行った。大谷竹次郎社長、城戸四郎常務などの経営陣、栗島すみ子、川崎弘子、藤野秀夫、上山草人などの有名な俳優陣、池田義信監督ほか多くの人たちに囲まれ、野村は父の偉大さをこれほど感じたことはなかっただろう。

松竹入社・出征・復職

一人っ子の野村は、その後、母と婆やの三人で暮らし、一九三六年（昭一一）に慶応義塾大学文学部芸術学科に入学する。大学では映画研究部に所属し、松竹シナリオ研究所にも通い、父に誓った映画監督になるという目標を実現するために努力していった。しかし、芳亭二世と思われたくないという意地で、当時大船撮影所には顔を出すことはなかった。そして、戦時中の一九四一年（昭一六）一二月に大学を繰り上げ卒業し、五〇〇〇人ほどの松竹助監督応募者の中から選ばれ、待望の松竹大船撮影所助監督部に入った。

「さあこれからだ。父を目指して頑張ろう」と思った矢先だった。一九四二年（昭一七）二月に軍隊に召集され、六か月ほど予備士官学校で教育を受けた後、一九四三年（昭一八）四月にビルマ戦線（現ミャンマー）に出征することとなった。

出征の夜、多くの近所の人たちに見送られ駅に向かった。この頃、母・かねは乳がんで余命いくばくもない身体だった。送り出されて歩いていくと後ろの方から甲高い声で「万歳」という声が聞こえ、母の声だとわかった。振り向いたが街灯もなく暗くて何も見えなかった。（「映画の匠　野村芳太郎」※9）母も野村もこれでもう会うことができないとわかっていた。戦時下、出征とは国のために命を捧げる光栄なことで、おめでたいこととして祝うのが建前だった。人前で悲しがったり反対したりしたら、非国民として差別されたり罵声を浴びる時代だった。母・かねは、どんなことがあっても生きて帰って来てほしいと願っただろう。一方、野村も早く帰って来て、母を看病したかった。

しかし、野村が戦地に行っている間に母は亡くなり、生きて会うことは叶わなかった。野村の心にはいつまでも悲しい母との別れの思い出が残った。

野村は、一九四四年（昭一九）ビルマ（現ミャンマー）戦線に配属され、自動車大隊の小隊長としてビルマ戦線の弾薬輸送を担当し、悲惨なインパール作戦にも参

加した。インパール作戦は、イギリスが支配するインド東北部のインパールを日本軍が攻略しようとした冷静さを欠いた無謀な戦いで、敵を過小評価し、物資・食料補給を無視したため、膨大な戦死傷者、マラリア・赤痢の戦病者を出した。退却時には容赦ないイギリス軍の攻撃に晒され、多くの戦死者や病気での衰弱死者、餓死者などの腐乱死体がそこかしこと退却路に横たわっていた。その道は「白骨街道」と呼ばれた。野村は、こうした死と隣り合わせの過酷な戦場で奇跡的に生き残り、敗戦後の一九四六年（昭二一）に松竹撮影所助監督部に復職した。

野村の映画人生は、次の点に大きく影響されていると思われる。

（1）父・芳亭への敬慕と松竹への愛着

野村は、有名な映画監督で松竹・蒲田撮影所長だった父・芳亭を大変尊敬していた。そんな父が急逝する際に発した映画を撮り始めようとする「ヨーイ、はいッ」という臨終の言葉を聞き、野村は父の映画への強い思い入れを知った。野村は、父の映画への情熱に感動し、遺志を継いで父に負けない映画監督になろうと考えた。そして、撮影所が身近なものだったことからの愛着、芳亭が松竹の撮影所長として活躍したこと、松竹が芳亭の業績を称え胸像を建立してくれたことなどから〝松竹〟

という会社で後世に名を残せる映画監督になろうと誓った。それが、松竹という会社への強い愛社精神に繋がっていったのである。

また父・芳亭は、芝居小屋の興行をした経験から、芸術うんぬんよりもお客さんに映画館に足を運んでもらい喜んでもらえる映画、それは裏返せば映画企業が継続できる採算の取れる商業映画をめざした。その後、野村は映画監督になるわけだが、お客さんが喜んでくれる映画づくり、即ちエンターテイメントな映画づくりという芳亭の映画哲学を、どんな映画をつくる際にも片時も忘れなかった。

(2) 戦争体験

戦場体験について、野村はこう述べている。

◇

嫌というほど人間の死を見てきて一か月も二か月も死骸の中にいた。そんな極限にあって人間の本当の姿というか、人間というものの不可思議さ、不可解さというものが見えてきました。(中略) 人間は簡単に良い悪いで割り切れるもんじゃない。そんなに悪い奴はいないし、良いと思った奴がある瞬間にはとんでもないひどいことを平気でしたりする。そういう人間の本質とい

うか弱点というものをね、嫌というほど見てきましたからね。人間は本当に弱いものですよね。そういうことを教えてくれた戦争での体験が、僕が映像作家になる上で、一番勉強になったという気がします。

（「至知」※10）

◇

こうした戦場体験が、野村作品の中でのリアルな人物造形や奥深い心理描写の中に表われている。また、与えられた条件（場所・装備・人）下で、合理的な方法・工夫で最大限の力を出すことを身につけさせた。それが、自分の部隊の生死を分ける分岐点であったからだ。戦場体験は、野村の人生観、死生観、そして映像作家としての哲学・仕事の仕方に大きな影響を与えたのである。

【第一章　引用文献・出典】

※1「日本映画盛衰記」（玉木潤一郎・万里閣・一九三八）
※2「日本映画史Ｉ」（佐藤　忠男・岩波書店・一九九五）
※3「日本映画傳」（城戸四郎・文芸春秋新社・一九五六）

※4「映画藝術研究」（藝術社・一九三四）
※5「松竹百年史」（松竹・一九九六）
※6「人物・松竹映画史　蒲田の時代」（升本喜年・平凡社・一九八七）
※7「わたしの渡世日記」（高峰秀子・文春文庫・一九九八）
※8「人物　日本映画史Ⅰ」（岸松雄・ダヴィッド社・一九七〇）
※9「映画の匠　野村芳太郎」（野村芳太郎（著）・野村芳樹（監修）・小林淳（編集）・ワイズ出版・二〇二〇）
※10「致知」一九九〇・五（致知出版社）

第二章　城戸四郎という人物

ここでもう一人、野村の人生に大きく関わったと思われる人物を取り上げなければならない。城戸四郎（以下、城戸という）である。

城戸は、松竹映画の創成期から蒲田調、その後大船調を掲げて、三十歳から八十二歳で亡くなるまで、一部の期間を除く数十年もの長い間、経営者・一大プロデューサーとして松竹の映画製作に実質的に君臨してきた人物である。

野村は、城戸の影響力のある映画製作部門で働いており、その時代の映画界の状況、それに対応した城戸の判断・動向、野村の動きを相互に関連付けて見ていかないと、野村の行動が理解しにくくなる。また、城戸が提唱した〝蒲田調〟〝大船調〟という映画哲学は、松竹翼下の監督がつくる映画の共通理念というべきものであり、これについても理解していく必要がある。更に、野村の父・芳亭と城戸の関係を知るためにも、松竹映画の創成期まで遡り松竹映画の歴史を紐解いておく必要がある。こうした理由から、城戸四郎という人物については少し時間をかけて見ていきたい。

城戸四郎の生い立ち

城戸四郎は一八九四年（明二七）北村宇平の四男として東京築地で生まれた。祖父は、明治の元勲岩倉具視から勧められ、西洋料理の築地精養軒を始めた北村重威だった。つまり、城戸は元々は北村姓である。

城戸は小さな頃から勉強も運動もよく出来た。一九一三年（大二）、城戸は日本で最も有名な高等学校である第一高等学校（通称、一高）に入った。当時は全寮制で、同室に一年上級の水原豊（後の、俳人・水原秋桜子）がいて、運動もするが成績もよい尊敬できる先輩だった。城戸はそれまで成績には自信があったが、一高に入ると頭の良い生徒ばかりなので到底一番にはなれないと感じた。水原が多くの本を持ち読書していたので、城戸も借りて多くの本を読んだ。この時の読書が、映画の仕事に入ってても大変役立ったという。また、水原は野球部で活躍しており、城戸も中学時代からやっていたので、それに影響されて野球部に入った。城戸が野球部でレギュラーになり、二年生でキャプテンになったところを見ると、運動もでき統率力もあったことがわかる。

その頃の学生たちの趣味は、読書・芝居・寄席・映画（弁士の解説付き無声映画）だった。当時インテリといわれる人たちは日本映画をレベルが低いと軽蔑し、外国映画しか観ない時代だった。城戸も同じように外国映画をよく観た。そして、東京帝国大学英法学科に入り、一九一九年（大八）に卒業する。一高・東大卒業といえば超エリートで官界や大企業に難なく入れたが、城戸は新聞記者を志望した。新聞記者になるためには事前に経済・金融の実情・仕組みを知らねばと、あえて親戚の経営している染物品の貿易会社に入り、その後国際信託会社（その後合併を重ね現在は三井住友信託銀行）の金融課に勤めた。

そんな時に実家に近く、付き合いの深かった松竹の創始者大谷竹次郎から、松竹合名会社への入社を勧められた。しかし、当時の興行界は、世間からはかなり低く見られていたので抵抗感があり、入るのを躊躇した。しかし、上司の役員が「見込まれたのなら行って働いてみたらどうだ」（「日本映画傳」※3）、と後押ししてくれたので、思い直して入社を決めた。今は興行界の地位は低いかもしれないが、自分がきっと立派な会社にして、世間からも羨ましがられる会社・業界にして見せると思ったのだ。そして一九二二年（大一一）に松竹合名会社に入社して経理を担当し、三月に大谷竹次郎と第二夫人との間に生まれた令嬢と結婚し、北村から城戸姓に変

えた。その年十月には、大谷の指示で、新興映画会社の松竹キネマ株式会社（合名社から変更）の平取締役に二十八歳でなった。ここに映画人としての城戸四郎が誕生したのである。

城戸四郎の松竹映画改革

松竹キネマの黎明期の状況は、野村芳亭（＝野村芳太郎の父）の紹介の中で説明した。船出した新会社が試行錯誤する中で、野村芳亭が現れ、新派大悲劇を映画のテーマにし、観客のターゲットを女性に絞り人気を得て、商業映画の成り立つ映画会社の基礎を作ったのである。しかし、芳亭の映画は弱点も持っていた。一つは、当時の道徳の犠牲になった弱い女性の主人公が嘆くだけ、つまり涙だけで笑いや明るさがなかったこと。そして観客の集客優先のために、芸術性に欠けていたことである。

城戸は、三十歳で芳亭に代わり松竹蒲田撮影所長となった（芳亭が代わった理由は前述した）。松竹キネマは同族経営であり、当然義父の創始者・大谷竹次郎の後ろ盾があってのことである。

城戸はビジョン型で組織づくりに長け、会社を改革していくバイタリティに溢れる有能な人物だった。性格的には負けず嫌いで、信念を曲げない肝の太い性格だったのだろうと筆者は感ずる。芳亭より十四歳年下で、芳亭とは世代が異なり、映画への理想も大きく違っていた。芳亭がメインに据えた新派悲劇の映画は、道徳に縛られ道徳に支配される古めかしい型どおりの人間の描き方で、涙しか流さないのは早晩時代遅れとなると城戸は強く感じた。

そして、城戸は「ハンカチ持参で、映画館に悲劇を見に行くのもよいが、すべての映画を、そういう泣きたい客のために作るのは、面白くない。娯楽とは、明るい健康なものでなければならず、社会の皮肉や矛盾を探せば、おもしろおかしく笑いながら、人生勉強ができる」(「松竹百年史」※5)と説いた。

城戸が中心になって進めた映画は〝蒲田調〟と呼ばれるが、城戸は蒲田調映画についてこう述べている。

◇

われわれの身近なところから題材を探してきてリアルにやろうじゃないかということが第一の方針だった。庶民の立場に立ち、人間社会に起きるできごとを通じて、人生の真実を直視しよう。(中略)暗い気持ちではなく、人生

をあたたかく、希望を持ったあかるさで見ようとしたのだ。

（「講座日本映画2」※11）

松竹としては人生をあたたかく希望を持った明るさで見ようとする。結論を言うと、映画の基本は救いでなければならない。見た人間に失望を与えるようなことをしてはいけない。これが蒲田調の基本だ。それが、言葉が変わって、明るく、ほがらかにということになったり、青春は若い、というようなことを云ってみたり、言葉では砕いているけれども、基本はこれである。

（「日本映画傳」※3）

◇

新派悲劇の従来映画と比べると、日常的なリアリズム、明るいヒューマニティ、モダニティ（現代性）を持っていたといえるだろう。また、継続的に映画製作できるよう採算の成り立つ商業映画を指向すると共に、芳亭と違い将来アメリカ映画に伍する、芸術映画をつくることも構想していた。

こうして方向づけした蒲田調映画だが、その中で女性をターゲットとした女性映

画が多くつくられた。これは、芳亭が〝女性対象〟に新派悲劇の映画をつくり、成功したモデルを真似たように見える。

城戸は女性映画をつくる理由を三つ述べている。（「日本映画傳」※3）一つ目が、当時の女性は男性に比べて、道徳に縛られ家庭内に閉じ込められているので、女性をテーマにすると劇的な展開が期待でき、バラエティに富んだストーリーの映画をつくることができるからだという。二つ目が、女性は男性より感傷的なので、感情の起伏を映す媒体である映画は女性に支持されやすい。つまり男性より映画ファンになって、観てもらいやすいということだ。三つ目は、女性は必ず友だち、姉妹など複数の人と観に来るので興行的に助かる上に、人に話してくれるので宣伝効果があり、それがさらなる集客効果を呼ぶという。蒲田調の女性映画では、栗島すみ子、五月信子、川田芳子、田中絹代などのスター女優たちが多く主役を演じた。

城戸は当初は波風を立てないように急激な改革は行わず、新派悲劇の映画と併存する形をとり、徐々に撮影所内で城戸の思想を実現するよう進めていった。城戸は「一歩前進、二歩前進せず」というスローガンを掲げているが、まさしくその通りの進め方だった。

まず人事面では、組織内の融和を図った。エリート臭を出して孤立しないよう、用意周到に撮影所の裏方・現場の人たちの中に積極的に飛び込んでいった。たわいもない話をしたり、酒を酌み交わしたりして溶け込んで次第に味方を増やして、人間同士の繋がりを作っていったのである。そして所内の出来事を報じる『蒲田週報』を発行し、所員が情報共有することによって、部門間の意思疎通をよくし、家族意識を醸成するように図っていった。

次は人材育成である。旧来の古い思考をするベテランたちに頼らなくてよいように、アメリカ映画が好きな若者たちを次々と採用し、監督・脚本家に育てていった。自分の弟分のような二十代の若い監督・脚本家志望者たちの中に入り込んで自分の理想を訴え、アイデア、上映された映画の批評、企画などを気軽に出し合って、同じ目線でカンカンガクガク議論した。

そして、若手助監督には、積極的にチャンスを与え監督に登用した。彼の方針に合った監督は牛原虚彦、島津保次郎などで、二十代の若手では清水宏、五所平之助、斎藤寅次郎、小津安二郎、成瀬己喜男などが続き、蒲田調というコンセプトをベースにして、それぞれの個性を出しながら多彩な作品で競いあった。

映画をつくる上では、城戸は、脚本を作る脚本家も監督同様に最重要視した。脚

本家とは、映画のストーリーを考え、登場人物のセリフや動きをシナリオとして書き上げる人である。脚本家については、自分の思想を体現できる脚本家を育成するため、一九二八年（昭三）に脚本家養成所を設け、その中の優秀な者を脚本家に登用していった。城戸は脚本部屋に席を設け頻繁に出入りして、活発に脚本家を目指す若者たちと議論しあった。城戸は才人で、赤穂春雄その他の匿名で「月は無情」「亭主改造」「チンドン屋」などの脚本を書き、それを監督に提供し映画化も行った。（「松竹百年史」※5）

城戸は、映画に涙と笑いがあること、フレッシュであること、無理のないこと、明朗であることを脚本の基本方針とし、一九二九年（昭四）に欧米視察から帰ってくると、そこでの見聞を生かし、スピーディでなければいけないこと、オリジナルを奨励すること、イデオロギーを排撃することが付け加わったという。このイデオロギーとは、共産主義思想のことである。それらをまとめて、シナリオ（脚本）の城戸三原則としてテンポ、ムード、ペーソスを謳った。テンポは快適なテンポ、ムードは大衆をリードするフレッシュな感覚、ペーソスは明るさと笑いの中にしみじみと訴える哀感である。（「人物・松竹映画史」※6）

監督・脚本家の充実を図る一方、俳優についても自前で育成するため、所内に一

九二五年（大一四）に俳優養成所を設けた。これは失敗に終わったが、笠智衆がここから輩出している。

そして、映画興行の差別化を図るため、一九三〇年（昭五）に撮影所内にニュース映画撮影班を組織し、「ニュース映画」製作を開始し、日本映画界で初めて定期的に上映したのも城戸だった。「ニュース映画」とは、映画館で長編映画と一緒に上映される報道を目的とした短編のニュースで、戦後は新聞社が担うようになり一九九〇年代にはなくなった。また、企画部を新設し企画力強化を目指したり、現像室を設け品質向上や合理化も図った。

蒲田調映画から大船調映画へ

他社がスター主義でスター中心の映画づくりをしている中で、城戸は大きな決断をする。映画は監督や脚本の方がスターより大事だと考え、〝スター中心主義〟から〝監督中心主義〟に大転換させていくのである。その根本的理由は、スターは自分の出演場面しかわからないが、監督は脚本をすべて理解した上で、撮る映画の最初から最後までついて全体を俯瞰し理解しているので、監督の指揮下で映画をつくった

方がよい作品が出来ると考えたのである。

一方、こんな理由も大きかった。当時主演俳優たちの横暴が目に余るようになった。人気俳優が、自分の顔がきれいに映るようにと監督を無視し撮り方まで指図をしたり、人気を盾に、主演だけでなく監督までさせろと訴えるケースも出てきた。放置したら映画づくりに支障が出る。また、他映画会社から主演クラス俳優の高額な引き抜きが頻繁に起こっていた。スターの人気だけで映画づくりをするのは限界に来ており、スター人気はある程度必要にしても、映画の質で勝負することが、次第に必要になってきたのである。映画内容・質で勝負できれば、横暴な人気俳優を排除できるし、新人俳優を育てて人気が出れば、従来の人気俳優たちに今までほどはこだわる必要がない。

こうして、城戸の下で〝監督中心主義〟が進められ、監督の権威が高まっていった。そして、同時に脚本も重要との考えから、松竹で監督になるには、脚本が書けることが求められるようになった。監督の指揮下で映画づくりが行われる仕組みの中では、主役だけでなく、演技力があり味のある脇役俳優にも光が当たるようになり人気が出た。飯田蝶子、河村黎吉、三井弘次、坂本武、斎藤達雄などである。

日本で最初の本格的トーキー映画（現在のように音声と映像が同期化した映画）

を実現させたのも城戸だった。当時初の本格的トーキー映画の監督は誰かと話題になり、監督の格、過去の実績、興行の実力から野村芳亭との下馬評が高かったが、城戸は若手の五所平之助を抜擢した。

こうして五所平之助監督が初の本格的トーキー映画『マダムと女房』をつくり、一九三一年（昭六）に公開された。

「静かな郊外に転居した劇作家は、隣のジャズ演奏の音で台本が書けず隣家に怒鳴り込みに行くが、魅力的でハイカラなマダムの虜になり一緒に楽しんでしまう。妻はそれに嫉妬し戻った夫の仕事を妨害するが、夫はなんとか台本を書き終える。数日後、ささやかな夫婦の幸せが戻り、隣から聞こえるジャズの曲を二人は口ずさんでいた」といった庶民の小さな幸福のひとときを描いたものである。

この映画は、トーキー映画としての物珍しさだけではなく、〝蒲田調〟を如実に示した優れた作品として、その年のキネマ旬報ベストテン一位となり、外部からその実力が認められた。

蒲田撮影所での城戸四郎の動向を見てきたが、城戸を芳亭と比較してみると、城戸は、将来を見据え松竹という映画会社の理念・組織を近代化した〝ビジョン型で

蒲田調映画システムを構築した改革者〟であるのに対し、芳亭は現状の問題点をしっかりと把握・分析しアイデアを出して、松竹を映画会社として生きていける体質に改善した〝その時代の改善マン〟ではなかっただろうか。建設会社に例えれば、出来たばかりで建設する技術も十分持たず潰れるかもしれない土建会社に、流行の和風家屋の建築技術を教え、ユーザーからの大量の受注を得て会社を立て直したのが芳亭である。その土建会社を近代的な建設会社にするために組織・技術の近代化、人材育成を図ると共に、これから流行する洋風なセンスを取り入れた現代的な和風家屋を開発し、軌道に乗せたのが城戸四郎と言えるだろう。

二人の映画への理想は異なり目指すものが違うので、二人の間に確執やわだかまりができても不思議はない。しかし前述したように、城戸は創始者大谷竹次郎の娘婿で大谷一族である。大谷・白井一族が会社の経営権を掌握しており、城戸は常務で、蒲田撮影所長であるので、当然ながら自分の理想を全社的に強力に押し進めることができたのである。一方、芳亭は、会社創成期には大谷から頼まれ蒲田撮影所長の間は自分の理想を実現しようとしたが、撮影所長を外れてからは、自分の映画の中でしかそれを行うことができなかった。

蒲田撮影所では、付近の工場騒音などで撮影に恒常的に支障が出たため、大船に

アジア一の大規模な大船撮影所を作り、一九三六年（昭一一）に全面的に移転し、映画づくりを開始した。そして〝蒲田調〟といわれた城戸の映画コンセプトが継承され、〝大船調〟と呼ばれる映画がつくられ続けた。

しかし、その後太平洋戦争が始まると軍部の言論統制が強まり、軍部から戦争協力映画をつくるよう強制されることになった。城戸は自由主義者で、偏った政治イデオロギーを嫌う人間であり、自由を力でねじ伏せる軍国主義や共産主義は嫌いだった。新生の東宝は、積極的に軍部に協力し、戦争映画を多くつくり、のし上がっていったが、城戸は軍部ににらまれない程度の最低限の協力に留め、検閲下で許容される範囲で大船調映画をつくった。戦争を鼓舞する映画ではなく、銃後の健全娯楽映画という体裁をとって、大船調映画をつくり続けたのである。銃後とは、直接戦地で戦闘する兵隊ではないが、後方で間接的に何らかの形で戦争に協力・支援している一般国民のことをいう。しかし、戦争体制下においては国民は新聞やラジオに煽られて国威発揚の戦争映画に人気が集まり、松竹の映画はあまり人気が出なかった。松竹社内では、他社に乗り遅れた城戸への不満の声が噴出し、城戸は、自ら一九四三年（昭一八）に蒲田撮影所長を辞任した。退任後は依頼を受け、戦時下の日本映画全体を束ねる大日本映画協会の常務理事、その後専務理事になった。一九四

五年（昭二〇）には、国内映画すべての製作・配給・興行を統合して管理していく映画公社の社長に大谷竹次郎（当時松竹社長）が決まると、大谷から依頼され、城戸は彼を支援するために映画公社の専務になった。

その年、戦争が終わると数年間はアメリカ占領軍の占領下・検閲下となった。映画公社が解散すると、城戸は一九四六年（昭二一）に副社長として松竹に復帰した。しかし、城戸は戦前の責任を問われ、一九四七年（昭二二）に公職追放となり、解職されてしまう。軍国主義を嫌いだった城戸が罰せられるとは、アメリカ占領軍の処置は不条理と言うほかはない。城戸の公職追放はその後三年間続いた。

一九五〇年（昭二五）に城戸は、公職追放解除となり松竹に復帰した。映画製作に復帰すると大船調映画をつくり続け、映画の内容が当時の観客の心情にマッチし、五〇年代前半には松竹は全盛期を迎えた。〝大船調〟とは、ヒューマニズムをど真中に据え、ヒューマニズムを中心テーマに、大衆・庶民に感動を与え、幸福感や希望を持ってもらう映画である。ヒューマニズムの範囲は人類愛、家族愛、兄弟愛、恋愛、友情と幅広い。ヒューマニズムを中心に据え「映画は明るく楽しいもの、人生に希望を与えるもの」とのコンセプトの下、①映画は脚本が最も大切なもの、②

登場人物のキャラクターをきわだたせる、③狙う観客層は平凡な庶民や若者たち、④愛情物語を欠かさない、⑤人生に希望を持たせる物語、といった具体的内容が盛り込まれた。観てもらう対象は平凡な庶民、大衆であり、その中でも感受性が強く映画に感動しやすい女性や若者をメインターゲットとした。こうして女性をターゲットとした都会調のメロドラマ・女性映画や、ホームドラマ、青春ラブコメディ、ホームコメディ、時代劇などがつくられた。

【第二章　引用文献・出典】

※3「日本映画傳」（城戸四郎・文芸春秋新社・一九五六）
※5「松竹百年史」（松竹・一九九六）
※6「人物・松竹映画史　蒲田の時代」（升本喜年・平凡社・一九八七）
※11「講座日本映画2」（岩波書店・一九八六）

第三章　野村の助監督時代

野村は、一九四一年（昭一六）に松竹へ入社したが、五年間の兵役を経て、四六年（昭二一）に松竹の大船撮影所助監督部へ復職した。五年間の兵役は、彼の映画人生にとって大きなハンディとなった。ほぼ同年の家城巳代治や三年先輩の川島雄三は、兵役に行かず映画製作に従事したので、すでに監督に昇進し、かなりの映画を撮っていた。

だが、野村はそんなことより、助監督であっても、やっと志した映画の仕事につけると思うだけで心が躍った。そして、若手監督が誰でも抱くように、いつか自分の撮った芸術映画が、名作として残るような芸術派の監督になりたいという夢を密かに抱いた。

しかし、松竹には監督・助監督に系列があるといわれるが、野村の場合は元蒲田撮影所長の息子のため、各監督は敬遠して受け入れをしり込みしていたようである。当時先輩助監督だった西河克己（後の日活監督）は、「野村芳太郎っていう人はね、

当時特殊な人だったんですよ。所内にお父さんの銅像が立ってましたからね。僕等朝くるとその銅像の前の下を敬礼しないまでも、お辞儀していかなきゃいけないような特殊な立場の人だったんですよ。だからみんな敬遠するんですよ。例えば中村さん（注：中村登監督）までも敬遠するわけです。野村芳太郎は古い人に敬遠されて、どこにもつく所がない人だったんです。」（「人は大切なことも忘れてしまうから」※12）、と述べている。そのためなのか、小津・木下・渋谷といった当時主流の有名監督につくことができなかった。それに比べると、同期の小林正樹（後の松竹監督）は、三巨匠の一人である木下恵介監督の助監督になっており対照的である。

大きな功績を残した会社の恩人の子弟であれば、まずは比較的陽の当たる職場に配属し、そこで訓練を施し、能力や適性を見定めてから次の職場を考えるのではないか。しかし、松竹では会社の恩人の子弟に対しては意外に冷たいようである。陽の当たらない職場に配属し、実力があれば這い上がって来いというスタイルなのだろうか。

「同期の小林正樹は有名な木下恵介監督につけたのに、俺はどうしてダメなのだ。どんな監督に付けるかわからないが、与えられた境遇で地道に実績をあげるしかないのか」と、野村は思ったのではないか。

野村は助監督を七年間経験した。最初に助監督としてついた映画は、佐々木啓祐監督の『シミキンの拳闘王』だった。小林正樹と違い一人の監督の下でじっくり指導してもらえないので、佐々木啓祐、家城巳代治、原研吉、瑞穂春海などいろいろな監督について次第に映画づくりを学んでいった。

黒澤明監督の助監督に

そんな時に黒澤明監督が松竹で映画をつくることになった。

黒澤明監督といえば、世界でも頭抜けて有名で、世界の一流監督たちに大きな影響を与え、『羅生門』（五〇）、『七人の侍』（五四）、『赤ひげ』（六五）、『デルス・ウザーラ』（七五）、『影武者』（八〇）などで世界的な映画賞を数多く受賞し、その作品は〝世界映画遺産〟とも呼ぶべきもので、日本の誇る映画監督である。

その黒澤明監督が、東宝争議の余波で一時東宝を離れ、大映、新東宝で映画を撮り、請われて松竹でも『醜聞』（五〇）、『白痴』（五一）の二本の作品を撮った。この頃すでに黒澤明は有名な存在だった。

松竹内では傍流の監督の下にしかつけない野村に、黒澤明監督の助監督になると

いう大きなチャンスが巡ってきたのである。チーフ助監督ではなかったが、計算が得意なので、チーフのやる予算編成やスケジュールの仕事も、担当させてもらえることになった。野村はこの機を最大限に生かして、黒澤監督から積極的に多くのことを学ぼうとした。そのためには、まず誠心誠意尽くし、信頼してもらうことが大事だと考えた。

当時のことを、野村は「毎日、黒澤さんのそばにいて、黒澤さんの考え方をいろんな人に伝える代弁者になろうと、そういう仕事をしようと、思ったわけです。（中略）ぼくら先読みして、黒澤さんならこう言うだろう、こう注文するだろうと、先に先へと考えて、準備が整わないときには今日はやめにしようと、こちらから言いましてね。」（「キネマ旬報」※13）と、述べている。

この当時の映画会社内は、よそ者には排他的で冷たかったといわれる。他社の監督が撮れば自分たちの機会が奪われる、という意識も働き非協力的な人たちも存在した。こんな環境下で、松竹の撮影所に単身で乗り込んだ黒澤にとって、代弁者となって関係スタッフに伝えてくれたり、自分の考えていることを先取りして行動してくれる存在は、大変ありがたかったにちがいない。『白痴』のロケの時、旅館で野村は黒澤の隣部屋になった。黒澤は、気に入った野村の部屋を夜頻繁に訪れ、酒を

飲みながら仕事の話ばかりをしていたという。下戸の野村は酒が飲めずサイダーばかり飲んで対応したので、サイダーに強い男という噂がたった。このように黒澤は野村に強い信頼感を持った。

一方の野村は将来芸術派の監督になるのが夢であり、こんなチャンスはめったになかった。黒澤監督の下で働けるだけで夢のようであったが、黒澤の一挙手一投足まで見逃さないように観察しようと仕事に取り組んだ。仕事はきつかったが、色々なことが吸収できた。黒澤は、ロケ地選定にも時間をかけ、足で稼いで最適な所を見つけるまであきらめなかった。また、雪の降り方で映画の雰囲気が変わるため、気象台に頻繁に問い合わせ、何日でも撮影シーンに合った降り方をするまで待った。そしてワンカット・ワンカットに全神経を集中し、完璧な映画づくりを目指した。野村は、時間や予算を気にかけず、〝完璧な映画をつくる〟ために、粘り強く取り組む黒澤の姿勢を学んだ。

この頃、野村に脚本家の橋本忍を紹介してくれたのも黒澤だった。

橋本は、黒澤明監督の『生きる』『七人の侍』、今井正監督の『真昼の暗黒』、小林正樹監督の『切腹』『上意討ち　拝領妻始末』、山本薩夫監督の『白い巨塔』、岡本喜

八監督の『日本のいちばん長い日』、森谷司郎監督の『八甲田山』など数多くの日本映画の骨太な名作、映画遺産といわれる作品の脚本をその後作り、日本で超一流の脚本家と呼ばれるようになる人物である。そしてその後、野村の評価の高いといわれる作品の多くの脚本を書いていくことになる。

橋本が脚本の仕事で黒澤の自宅で打ち合わせをしていると、黒澤が「僕はね、松竹の大船に行って、『醜聞』『白痴』と、二本撮ったよ。しかし、いいことは何もなかった。ただ、松竹の大船には、野村芳太郎という、日本一の助監督がいたよ。（中略）そう、あんなのは、東宝にも、大映にもいない。日本一だよ」（「複眼の映像」※14）と、ほめたという。

その日、映画『白痴』の件で、プロデューサーと助監督の野村が訪問してきたが、黒澤はプロデューサーには目もくれず、野村だけにニコニコと相好を崩して、橋本を引き合わせた。

黒澤は、野村と橋本に生まれ年を聞き、二人の年齢が近いことを知ると、「同年輩だな、二人とも……これからは君たちの時代が必ず来る。二人とも仲良く、一緒に仕事しろよな」（「複眼の映像」※14）と、二人を励ました。

黒澤明との出会いの中で、野村は黒澤から強い信頼を得ると共に、妥協せず自分

のベストな映画をつくるための作家精神・撮影手法を教わった。更にその後の強力なパートナーとなる脚本家・橋本忍と知り合うことができた。さすが超一流の監督・黒澤明は、この時に野村の才能を見抜いていたのである。しかし、松竹内部には、この時代に野村の能力を見抜いた者はまだいなかった。

川島雄三監督の助監督に

助監督時代の大きな財産は黒澤明の下で学べたことだが、もう一つの財産となったのは、川島雄三監督との出会いだった。川島は、松竹でナンセンス喜劇や青春ものを中心にプログラムピクチュアばかり二十三本を撮っている。プログラムピクチュアとは、当時映画会社は専属契約映画館を持ち、新作を絶やさず供給する義務があり、入れ替える映画館番組の中で主作品と併映したり、番組を埋めるために量産した、メイン作品ほどには期待されない、添え物的な低予算の娯楽映画である。

野村と一緒に仕事をしたことがある西河克己（後の日活監督）が、助監督を探していた川島雄三に野村を紹介して、二人は一緒に仕事をすることになった。当初、野村が元蒲田撮影所長の息子ということで、川島はしり込みした。しかし、西河が

説得していざ一緒にやってみると、川島と野村は非常に馬が合った。ズボラでいいかげんな川島に対し、野村は仕事を真面目に堅実にこなしカバーするという対照的な性格ゆえにか、二人は相性がすこぶるよかったようである。(「西河克己映画修行」※15)

野村は川島が日活に移るまでの二年半の間に、助監督として川島がつくる大船調のすべての娯楽映画(九本)に従事した。

監督昇格後の野村と川島との対談で、「辛いといえば、僕達はいつも準備時間が短いので苦労するな。脚本もろくに練っているひまもないからな。だから、どうしても撮影中に書き直しながらやることになっちゃって……」(「スポーツニッポン」※16)と、娯楽映画だけをつくる監督の恵まれない条件や環境を互いに語っている。

野村は、川島から低予算・短期間・与えられた俳優陣という制約された条件の中で、常に柔軟に、時には枝葉の部分は大胆に捨て去り重要なものだけを残すといった、観客が喜ぶ映画づくりの方法を教えられた。つまり、映画はどんな条件でも面白くつくることが大事だと学んだのである。

川島雄三関連でもう少し話しておきたい。川島は松竹では花開かなかったが一九

五四年に日活に移籍し、その後東宝系の東京映画に移る。日活で撮った『洲崎パラダイス赤信号』(五六)、『幕末太陽傳』(五七)や、東京映画時代に大映で撮った『女は二度生まれる』(六一)、『しとやかな獣』(六二)など多くの傑作を世に送り、彼の作品は弟子の今村昌平とともに〝重喜劇〟と呼ばれた。

川島が日活に移ったのには理由があった。日活は、戦時中映画製作を中止して映画を映画館に配給するだけの会社になったが、戦後新たに撮影所を作り、映画製作を再開しようとした。そのため、監督などの製作スタッフ、俳優を既存の映画会社などから引き抜きにかかった。特に監督・助監督については、城戸四郎が〝監督主義〟を掲げる松竹には質の高い人材が多いと目を付け、松竹に重点を置いて引き抜きを図った。その際移籍したのが、監督・助監督では、川島雄三、西河克己、堀池清、野口博志、小林桂三郎、中平康、今村昌平、鈴木清太郎(鈴木清順)、齊藤武市、蔵原惟繕、神代辰巳、松尾昭典などである。この顔ぶれを見ると、その後の日活の繁栄を支えた監督ばかりである。その分、松竹ではこの世代の監督層が手薄になった。俳優では、月丘夢路、三橋達也、北原三枝、大坂志郎などが日活に移籍した。

余談になるが、一九五四年(昭二九)二月に松竹の入社試験を受けた山田洋次(後に監督)は、前述の日活への監督・助監督大量移籍に伴い、それを補充するため補

欠合格となった。山田は日活の入社試験は合格となっていたが、補欠合格の松竹を選んだ。一方、浦山桐郎（後に日活の監督）は、日活の入社試験が不合格となったが、合格している山田が松竹を選び欠員が生じたため、浦山は日活に補欠合格で入社することができた。もし松竹から日活への大量の監督・助監督の移籍がなければ、山田は日活に入社しており、その後「男はつらいよシリーズ」や、大船調を忍ばせる山田の多くの名作は存在していない。また、浦山桐郎は日活に入社していないので、『キューポラのある街』『非行少女』『私が棄てた女』などの名作は存在していないのだ。この松竹から日活への大量の移籍は、思わぬところに大きな影響を与えたのである。

話を戻すが、助監督時代の野村について、助監督先輩の西河克己は「能吏」（「西河克己映画修行」※15）と、一言で言い表している。陰日向なく真面目に取り組み、そつなく着実に成果を出す様子を言っているのだろう。逆に言えば、豪胆でも、いい加減でもなく、あまり面白みのないマジメ人間だったということなのだろうか。また、撮影所前の松尾食堂の女主人山本若葉は「いつも黒い鞄を持ち、ネクタイをキチンとしめていると言った感じの、ラフな助監督姿でない、一見税務署員風にみ

えました」（「松竹大船撮影所前松尾食堂」※17）と語っており、共通したイメージがうかがえる。

助監督は監督の無理難題や、スタッフの取りまとめなどで、ストレスが溜まるものだ。酒の飲めない野村は、ストレス解消に、後輩の池田博（後に監督）を毎晩のように誘い、東京・銀座まで出て、パチンコ店に通った。ここは銀座で初めて開店した機械一台ごとにカーテンの掛かっている高級パチンコ店だった。人に見られず、一人気兼ねなく、パチンコの玉を打ちたかったのだろう。（「思ひ出55話　松竹大船撮影所」※18）

一九七八年（昭五三）公開の『八つ墓村』に出演した俳優・萩原健一によると、野村はパチンコをやっていて、本番前（＝リハーサル）までカメラマン・川又昂に任せて、撮影本番になると出てきたと書いている。（「ショーケン」※19）そうだとすると助監督時代のパチンコの趣味は、生涯ずっと続いたのかもしれない。

【第三章　引用文献・出典】

※12「人は大切なことも忘れてしまうから―松竹大船撮影所物語」（山田太一編・マガジンハウ

ス・一九九五）

※13「キネマ旬報」一九七四・五上旬　NO1445（キネマ旬報社）

※14「複眼の映像　私と黒澤明」（橋本忍・文春文庫・二〇一〇）

※15「西河克己映画修行」（西河克己・権藤晋・ワイズ出版・一九九三）

※16「スポーツニッポン」一九五三・一一・一八

※17「松竹大船撮影所前松尾食堂」（山本若菜・中公文庫・二〇〇〇）

※18「思ひ出55話　松竹大船撮影所」（森田郷平・大嶺俊順編・集英社新書・二〇〇四）

※19「ショーケン」（萩原健一・講談社・二〇〇八）

第四章　監督昇進と娯楽映画づくり

監督昇進と社内での位置づけ

松竹という会社の戦後の最盛期は、一九五一年（昭二六）から五四年（昭二九）である。テレビ普及前の最大の娯楽は映画であり、城戸四郎の標榜した〝大船調〟と呼ばれる映画は観客の心を掴み、松竹は業界内でシェア一位を保持した。

松竹は一九五二年（昭二七）に、監督への登竜門として助監督をテストするためと、映画館からの二本立上映の要請に応えることを目的として、シスター映画と称する四〇～五〇分位の映画をつくり始めた。野村はこのチャンスに、五二年『鳩』をつくり高く評価され、翌年の五三年に監督に昇進した。野村の与えられた使命は、プログラムピクチュア（以下、文中では娯楽映画とも呼ぶ）を、低予算・短期間で、〝大船調〟の味付けをして、観客に楽しめるよう仕上げることであった。野村は、こうしたプログラムピクチュア（娯楽映画）をつくる娯楽派監督という、目立たない

縁の下の力持ちのようなポジションに就いたのである。

日本映画の黄金時代と言われる一九五〇年代、松竹では、小津安二郎、木下恵介、渋谷実の〝三巨匠〟がおり、小津・木下は芸術性の高い映画を数多くつくり競い合った。この時期小津は『麦秋』（五一）、『東京物語』（五三）、『彼岸花』（五八）などが代表作だが、独特の構図を用いながら家族を題材にして親子の関係や家族の解体などを描いた。木下は『カルメン故郷に帰る』（五一）、『日本の悲劇』（五三）、『二十四の瞳』（五四）、『野菊の如き君なりき』（五五）、『喜びも悲しみも幾年月』（五七）などが代表作で、テーマは喜劇、社会派ドラマ、抒情派ドラマ、ヒューマンドラマと幅広いが、根底にはヒューマニズムが息づいていた。『カルメン故郷に帰る』は、城戸が木下につくらせた日本で最初の長編カラー映画である。また渋谷は、『てんやわんや』（五〇）、『本日休診』（五二）、『現代人』（五二）、『気違い部落』（五七）など庶民生活の中に諷刺や皮肉を効かせ笑いを誘う作品が得意だった。

そして三巨匠のひとつ下のランクでは、女性向けのメロドラマ・ホームドラマが得意な、野村より十歳上の大庭秀雄がいた。一九五〇年代には、『長崎の鐘』（五〇）、『帰郷』（五〇）、『命美わし』（五一）など人類愛・家族愛・恋愛をテーマに、少しジメッとした感傷的な雰囲気の中に哀愁漂う正統派大船調映画をつくった。特

に、メロドラマの金字塔『君の名は　三部作』（五三・五四）は爆発的なヒットを飛ばした。映画の中では、次々と問題が起こり主人公の若き男女が上手く会えないので、戦前に大ヒットした松竹映画『愛染かつら』（三八）同様、〝すれちがい映画〟と呼ばれた。また、中村登は、一九六〇年代に入ると『古都』（六〇）、『紀の川』（六六）、『智恵子抄』（六七）など女性・文芸映画の佳作をつくるが、一九五〇年代は『我が家は楽し』（五一）や『波』（五二）などで実力を垣間見せつつ娯楽映画も多くつくっていた。

同期の小林正樹は、主流の木下恵介監督の下でみっちり助監督をやり、木下門下の優等生と呼ばれ、一九五三年（昭二八）に野村と一緒に監督に昇進した。小林の監督第一作の「まごころ」（五三）は、木下恵介自身が脚本を書いてくれている。小林は一九五〇年代にはメロドラマもつくっているが、野村に比べるとチャンスを与えられ先行した。木下の作風とは違う社会派でがっしりとした『壁あつき部屋』（五六）、新人野球選手のスカウト合戦を描いた『あなた買います』（五六）、戦後の都会の退廃した状況を描いた『黒い河』（五七）、戦争における人間の生き方や人間性を問う『人間の条件　第1〜4部』（五九）などをつくっている。

こうした中で、新人監督野村は、他には目もくれず、会社から言われた仕事は、

選ばないで積極的に引き受けて黙々と仕事をした。父・芳亭がかつて掲げた「目標は高く、手は低く」を、自分の信条として胸に刻み込んでいた。目標の芸術派監督になるのは、緒に就いたばかりで夢のまた夢だ。まずは多くのジャンルの映画を経験し、ノウハウを蓄積することが大事だと考えたのだ。生来何でもやってみたいという芳亭ゆずりの〝好奇心旺盛な性格〟のため、苦労することは多かったが苦にならなかった。当時、青春ラブコメディ、ホームコメディ、メロドラマ、文芸映画、時代劇、ミュージカルなどの色々なジャンルをなんでもやった。そして、プログラムピクチュアであっても、父・芳亭がお客さんに喜んでもらえる〝エンターテイメント〟な映画づくりを目指したことを思い出し、お客さんに喜ばれる映画づくりを意識した。監督昇進の一九五三年から五八年を見てみると計二十九本、年平均五本をつくっており大変な量である。

この頃うれしいことがあった。野村のつくった娯楽映画四本（五三年公開）が評価され、一九五四年（昭二九）にブルーリボン賞新人賞を受賞したのである。こうして野村が新人監督として評価され、初めて世に出たのである。父・芳亭が生きておれば、真っ先に喜んでくれただろう。

この後、野村は川端康成の小説を題材に、美空ひばり主演で『伊豆の踊子』をつ

くった。この映画は一九三三年（昭八）の五所平之助監督版に続く二回目の映画化である。

『伊豆の踊子』（一九五四年）

（あらすじ）

一高生の水原（石濱朗）が伊豆に旅に出て、踊子・薫（美空ひばり）、その兄栄吉（片山明彦）など五人の旅芸人一行と出会う。一緒に下田まで旅するうちに薫と互いに淡い恋心を抱くようになるが、下田の港で哀しい別れが待っていた。

『伊豆の踊子』は現時点（二〇二三年）で過去六回映画化されているが、野村の作品を除いて多くが典型的なアイドル映画で、昭和の初期という古い時代を背景に、踊り子の綺麗な衣装を着飾った青春スター・アイドル歌手をいかに可憐に撮るかに腐心している。西河克己監督版などはその好例で、主演吉永小百合をフル・ショット、バスト・ショット、クローズ・アップと多彩なカメラワークで美しく撮るが、とくにバスト・ショットを正面から、横顔からと、色々な角度からその表情をたっぷり小百合ファンに見せる。

しかし野村の『伊豆の踊子』は、こうしたアイドル映画と異質だ。この映画は当初小林正樹監督が撮る予定だったが、美空ひばり主演と知り断った。野村は一九四九年(昭二四)ひばり主演の『悲しき口笛』(家城巳代治監督)で助監督をやっており、ひばりの撮り方に自信があり引き受けたのだという。ひばりは当時人気絶頂のアイドル歌手だが、勝気でマセたイメージを強く持っており、ヒロイン・薫の純真で初々しさとは程遠く真逆なので、ひばりの魅力を出そうとすればするほどこの映画のヒロイン・薫のイメージが崩れてしまう。それで、小林監督は辞退したのだろう。

それでは、野村はどのようにこの映画をつくったのだろうか。

〝ひばり映画にして、非ひばり映画〟〝ひばりのアイドル映画にしてアイドル映画でない〟という異色のアイドル映画にしたのである。ひばりらしさ、本来のひばりのキャラクターの匂いを消し去ったのだ。そのため、出来るだけひばりが話をするシーンを少なくして、ヒロイン・薫の雰囲気をつくろうとしたのである。

そのために、色々な工夫をしている。

一つ目は、一高生の水原を繊細な心を持つひ弱なインテリとし、自分から積極的に話せず遠くから見守ることしかできない人物にしたことである。他の映画では、水原がスポーツマンタイプだったり男らしいタイプなのに対して正反対である。そ

れに合わせ、薫役のひばりも寡黙な純情な少女という設定だ。そのため、他の映画と比べると、内気な二人が話す場面や話の弾む場面が少ない。

　二つ目は、他の映画は前述したように、ヒロインをバスト・ショットやクローズ・アップを多用して「近写」して、アイドルの魅力を引き出そうとしているのに対し、野村の映画ではロング・ショット、「遠写」が目立つことである。これこそ、この映画の特徴なのだろう。互いに相手へのほのかな想いを持ちながら告白できない切ない心の動きを、遠くから望遠レンズで覗き込むように表情を映し出すのである。これは一つ目の二人の性格設定が上手く効いているので、「伏せる」ことによって、話すよりもほのかな恋心を更に観客に強く伝えることができるのである。五所平之助監督版では、薫役・田中絹代と水原役・大日方傳が明るく互いに好きだと告白するのとは好対照である。

　三つ目は、薫と水原の淡い恋物語だけに、物語を集中させていないことである。原作にない薫と兄・栄吉がなぜ落ちぶれて旅芸人になったかの家庭の事情や、現在の家族の置かれた状況を、メインストーリーの中に組み込んでいる。そして薫に好意を持ち、手を差し伸べようとする旅館の二代目の好青年の姿を描き、世間の冷たさと共にその温かさも描き出す。その時代や住んでいる環境を描くことで、薫・水

原の存在を鳥瞰して客観視できると共に、過重になりがちな物語内での二人の比重が薄められる。

四つ目は、温泉町の風情を丁寧に描き、旅する水原・旅芸人たちの風景、つづら折りの道や豊かな自然などのロング・ショット、港の風景等情緒たっぷりに、詩情豊かに撮っていることである。また、それは実景のため、奥行きのある立体感と懐かしさを感じさせる。

当時のキネマ旬報の映画評（上野一郎）（※20）では、「テンポがスムースで遅滞なく、ともすればこういう題材の落とし穴となる過度のセンチメンタリズムもなく、まともにさっぱりしていて当世向きであるが、もっともこの映画にほしいリリシズムがない」「主役の石浜も美空も若さと柄だけで、演技力が伴わないことも響いている。内面的な感情の動きがこの二人のどちらからも十分に現われてこなかった」と、前半でほめているが後は比較的厳しい指摘である。この作品では、しっかりと情緒・風情を出していながら、乗合自動車・馬車業者の新旧対立、栄吉・薫兄妹の没落事情などのリアルさを挿入したために、それらに相殺されて十分なリリシズムが浮き出てこなかったのだ。若手二人の演技力の下手さの指摘はその通りだが、互いの会話が少なく心の中を覗き見せる演技は、経験の少ない若手にはなかなか難しいもの

だ。しかし、筆者にはその下手さ加減が、逆に若さゆえのぎこちなさや素朴さを、うまく表現しているように思えるのである。

この映画は、〝ひばり映画であってひばり映画でない〟という最大の狙いは上手く達成でき、ひばりのイメージと真逆なヒロイン・薫の純情さ・初々しさをしっかり表現できたと思う。

監督になって二年目だが、筆者は合格点のつく映画づくりをしていると感ずる。この映画を観たひばりサイドが、次回作にわざわざ野村を指名してきたのをみても、この映画の成功がわかる。野村にとっては、ひばりのアイドル映画風ではあるが文芸映画のつくり方のイロハを学んだ貴重な映画となった。また、野村の作品群の中で自然の美しさをさりげなくとり入れることがあるが、その原点がこの映画あたりにあると筆者は感じるのである。

色々な工夫

この頃、野村は脚本についても色々工夫した。娯楽映画の脚本は、短期間で作る

ので十分練れていなかったり、直前や撮影中によく書き直しをすることが多かった。

そこで、工夫をして一九五五年（昭三〇）から自分が監督する娯楽映画は、野村ができるだけ共同で脚本を書き、脚本・演出一体で効率化を図っている。シナリオ（脚本）は、シーン順に状景、登場人物のセリフや行動、カット割りなどが書かれ、全体としてストーリーを構成している。一方、演出とは、シナリオ（脚本）に沿って俳優への演技指導を行うほか、照明・美術や音響などの指示・決定をし、自分の意図した映画になるよう統率していく役割を担う映画監督の重要な仕事である。

そのため一人で脚本・演出を担うと、自分で作ったシナリオ全体が頭に入っているため、映画監督としては演技指導や照明・美術等をスムーズに指導でき、合理的で時間も効率的に仕上げることができる。

野村の監督昇進後のまもなくの頃のことである。準備のできていないスタッフを野村が強くしかりつけた時、無声映画時代からのベテラン女優に、「俳優は常に監督の顔色を見ながら演技している。面前で叱ったり怒ったりすると委縮して演技ができなくなってしまうのでやめてほしい」と忠告を受けた。それ以来、野村は撮影中怒ったことがないといわれている。

また、野村は、スタッフ、俳優の自主性を尊重したが次のように述べている。

監督という存在はいるんだかいないんだかわからぬようなものでいいので、スタッフや俳優の集団の力をいかに統括するかがポイントだと思う。そして完成した作品には、はっきりと演出家がでていなくてはならない。よくいわれる例だが、オーケストラのコンダクターのように。

（「キネマ旬報」※21）

◇

普通の監督は、スタッフ・俳優に細かく指示を出し自分の言った通りにするよう命ずることが多い。それに対して野村の場合は、俳優・スタッフはその道のプロなので、彼らのプロの能力と使命感を信じてできるだけ自由に仕事をさせた。それは、俳優自身に、しっかりシナリオを読み込んでもらい、自分で役のイメージを膨らませて演技をすることで、本物らしさを出してもらいたかったのだ。そして、途中で問題が出てくると、スタッフや俳優とできるだけ議論をしあった。メンバーの和を大事にし、各パートの〝プロの能力〟を自律的に発揮させ、チームワークを最大限にもっていくことに努めた。

一九五六年（昭三一）に製作したミュージカル映画『踊る摩天楼』がいい例だろう。脚本家の脚本が大幅に遅れ二進も三進も行かなくなり、野村自身も参加し徹夜で脚本を書いた。そして、その頃の平均撮影日数は四十五日程度といわれたが、徹夜続きの突貫工事で、十日ほどでつくり上げた。その後、その撮影日数の短さが語り草になったが、短期間でできるよう皆で知恵を絞り、全員が心を一つにして取り組んだ成果だろう。

当時、会社の言いなりに娯楽映画を量産する野村について、映画雑誌では「御用監督」「松竹の忠臣」といった人を見下すような表現が見られたが、野村は気にせず、自分の撮りたい芸術映画の実現を目指して実力を蓄えていった。

【第四章　引用文献・出典】

※20「キネマ旬報」一九五四・五上旬　NO905

※21「キネマ旬報」一九六一・四上旬　NO1097

第五章　意欲作への挑戦

一九五〇年代後半になると、経営環境が大きく変わった。一九五〇年（昭二五）には三〇％と日本一だった松竹の映画各社間でのシェアが、五九年（昭三四）には一五％へと半減してしまう。一九五五年（昭和三〇）から高度経済成長が始まり、人の嗜好や求めるものが大きく変わったのである。その結果、松竹の〝大船調〟映画は飽きられ、東映の時代劇や日活の石原裕次郎などのアクション映画に観客の人気が移っていった。またテレビの普及で、映画館入場者数は一九五八年（昭和三三）にピークに達し、次第に全体のパイも小さくなっていった。

野村・橋本忍コンビ始動

こうした中で、〝大船調〟一辺倒だった会社の企画が多少緩められたからだろうか。脚本家橋本忍から勧められた火野葦平原作「糞尿譚」の映画化を、会社に頼ん

でいたところ許可された。橋本・野村コンビの第一作として『伴淳・森繁の糞尿譚』が実現したのである。

『伴淳・森繁の糞尿譚』（一九五七年）

（あらすじ）

昭和十一年頃北九州のある都市では、二人の顔役友田（小沢栄太郎）と赤瀬（柳永二郎）が、対立しながら支配している。糞尿回収会社を営む実直な小森彦太郎（伴淳三郎）は、市営施設の汲み取り料が安く、民家の汲み取り料は過当競争で、赤字は増すばかりだ。赤瀬の妻から借金し、田畑を切り売りしながら、家族から見捨てられ一人で生活している。組合を作って料金引き上げをもくろむが、友田の子分に邪魔され失敗する。赤瀬の娘婿・阿部（森繁久彌）の知恵で、嘆願書を出して、世論を動かし、市の汲み取り料値上げと市営化で小森の持つ会社の買収が決まる。喜ぶ小森だったが、世話をした阿部と赤瀬は、買収額の大半を自分たちが受け取る契約書を、小森に承知させてしまう。傷心の小森の糞尿回収トラックに、友田の子分たちが妨害と暴行を始めると、ついに小森は怒りを爆発させた。トラックに積んだ糞尿を、友田の子分たち、友田、赤瀬、阿部の頭に次々に浴びせかけていった。

題名に「伴淳・森繁の」と付いており、出演が伴淳三郎（以下、伴淳）、森繁久彌、渋谷天外・曾我廼家明蝶・森川信とくれば、ついつい喜劇と思ってしまうが、喜劇的な場面はわずかしかない。主人公・小森がいいように利用され、最後は会社も取り上げられてしまうという、社会批判・風刺の物語である。

この映画の中では、庶民を善良な弱者としてではなく、えげつない口の悪い連中として描いている。主人公・小森が各戸を回り糞尿を汲み取りに行くと、わずかな汲み取り料を払ってくれなかったり、家族数が減り糞尿の量が減ったと言って値引きさせられる。

一方、主人公の小森も、気の弱い正直者といった単なる弱者としては描いていない。汲み取り料が値上げされ一時的に金回りがよくなると、金持ちの真似をするかのように高級な温泉場に行って酒を飲み、侍らせている美女を無理やり押し倒そうとする。そして、その女が顔役の愛人だとわかると土下座して平謝りし、口止め料まで渡そうとする。根は成金志向の酒好き、女好きな男なのだ。その意味では、弱者は善、支配者は悪といった左翼映画のようなステレオタイプな人物の描き方ではなく、リアリティのある人間くさい、人間らしさを持った人物造形になっている。

見せ場は、今まで不条理に耐えてきた主人公・小森が一気に鬱積した感情を爆発させ、糞尿をまき散らすラスト近くの場面だ。友田、友田の子分たち、赤瀬、阿部など今まで自分を苦しめ騙してきた相手を、それぞれ追いかけ、トラックの上からひしゃくで大量の糞尿を相手の頭や体に撒き散らす。

阿部（森繁）などは、鼻歌を歌いながら上機嫌に料亭から出てきたところを不意に頭から糞尿をかけられ、あまりの臭さに驚く一方、何が起こったかわからずキョトンとしている。観客には悪い奴をやっつけた爽快感と共に、糞尿の臭さがスクリーン一杯に溢れ伝わってくる。森繁の演技は一見の価値がある。

この映画では、森繁と伴淳の演技対決が見どころである。森繁は、酒・女好きで、頭を使い、手練手管で人を騙して金を自分のものにしてしまう役だ。糞尿回収会社の市への売却契約書で、社長小森（伴淳）の取り分はわずかに、大半を阿部（森繁）・赤瀬のものにしてしまう屁理屈をとうとうと述べ、小森に異論を差し挟ませない森繁の巧みな弁舌は見事だ。一方、反論を試みようとするが、上手く抗弁できずに沈黙し、もじもじしてしまう伴淳の演技は、森繁の演技に遥かに及ばない。後の『飢餓海峡』の伴淳の熱演にはほど遠いのだ。全体を見ても同じだ。劇中、伴淳は小森を演じその時々の気持ちをジワジワと伝えたかったはずだが、心に響くものが伝わっ

てこない。主人公・小森の人物造形や描き方は悪くないが、喜劇役者伴淳がシリアスな役柄をうまく咀嚼できず、主人公の心理や悲哀を十分に表現できていないのだろう。

森繁は、比較的出番が少ないが、大きな存在感と強い印象を与える。山茶花究も好演し、小森に雇われている貧しい朝鮮人役をしみじみと演じている。

この映画で光っているのは導入部だろう。空から俯瞰して、北九州の工場群、港に浮かぶ多くの船、海岸道路と、カメラがゆっくりと移動していき、そして対立する顔役二人が温泉に入って話している様子を映しだす。そのため、市内の様子と二人の関係が、知らぬ間に理解できてゆく。この映し方は、その後の野村作品『東京湾』『張込み』『事件』でも使われていった。この野村の作品は、出色の出来栄えとはいい難いが、全体としてみればまとまった内容になっている。

キネマ旬報の映画評（十返肇）（※22）は、「全体にいって、最近の松竹作品ではAクラスに属するであろう。率直にいって名匠小津安二郎の「東京暮色」より私には面白かった。また伴淳三郎アジャパア時代にくらべて長足の進歩をみせており、さすがに自分から積極的にこの映画を希望しただけあって、賢明の力演ぶりは頷ける。（中略）俳優では森繁久彌が例によって巧いほかに三井弘次の新聞記者と山茶花究の

朝鮮人が渋い演技でよかった」と、この映画を高く評価している。

伴淳の演技を、筆者は森繁久彌と比較し、キネマ旬報の十返肇は伴淳の今まで出演した松竹喜劇での演技と比較しており、比較対象の差が評価の差になったのだろうか。また、十返肇は松竹作品ではAクラスとしているが、マンネリ化し時代に合わなくなった大船調映画に比べるとテーマが斬新だということだろう。

ここまで青春ラブコメディ、ホームドラマ、アイドル映画、メロドラマといった大船調の映画を会社の指示通り明るいタッチで撮ってきた野村が、シリアスな作品もうまく撮れると証明した初めての作品である。そのため、外部批評家からは、野村はこうしたジャンルの作品も撮れる監督と評価された。


この映画は一九五七年（昭和三二）に上映され、興行成績は上々で、娯楽映画づくりの器用な職人としてしか見ていなかった映画批評家たちも、野村への見方を少し変えた。この映画の野村にとっての意義は、橋本忍とのコンビが上手くいき、次にもコンビを組みたいと思ったこと、娯楽映画ばかり作ってきたが芸術映画にも取り組んでみたいとの思いがあふれ出したことだろう。

こうして、野村は娯楽映画だけでなく、巨匠のような時間と予算をかけ芸術性の

高い映画をつくりたいと願い出るようになった。
そんな時に野村の所に回って来たのが、松本清張原作の『張込み』だった。松竹がこの小説の原作権を買い、プロデューサーが若手有望株の野村の力を借りようと依頼してきたのである。野村は、脚本を橋本忍に書いてもらうよう会社側に求め、原作：松本清張、脚本：橋本忍、監督：野村芳太郎という初のゴールデンコンビが実現したのである。

『張込み』（一九五八年）
（あらすじ）
若手刑事の柚木（大木実）は、恋人弓子（高千穂ひづる）の家の事情で結婚できずズルズルした関係を続けていた。そんな折、柚木とベテラン下岡刑事（宮口精二）は、殺人犯石井（田村高広）を追って、佐賀に住む元恋人さだ子（高峰秀子）の家の前の旅館の二階を借りて張込む。さだ子は子持ちの口うるさい中年銀行員の後妻となり、生気のない生活を送っていた。柚木はある日彼女を尾行中見失うが、やっと一緒にいるさだ子と石井を見つけ出す。さだ子はもう一度石井との愛に賭けよう

とするが、石井は柚木たちに逮捕されてしまう。柚木は二人を見て、弓子との将来に向かって決断するのだった。

この映画は、犯人が最初からわかっており、犯人が出てくるのを張込んでジッと待ち続けるという異色のサスペンス映画である。下手をすると観客の集中力を削ぎ退屈させかねないが、緊張感を絶やさないよう工夫をし、観客をグイグイ引き込んでいく。

この映画の見所は大きく三つある。

一つ目は、〝静と動〟〝日常と非日常〟〝屋内と屋外〟を巧みに使い分け、斬新なカットを駆使しながら、犯人逮捕に至るまでを緊張感を絶やさず描いていることである。外部批評家はこのあたりを高く評価している。

筆者が感心した場面を挙げてみる。さだ子が買物に行く恰好で外出する。柚木は、いつも通り尾行するが祭りの大群衆で見失ってしまう。さだ子は元恋人・石井と一緒に温泉場に向かったのだ。やっと柚木は二人がバスに乗ったことを突き止め、タクシーで追いかける。このカメラワークが出色だ。上空からロング・ショットで広大な田んぼの中の道を疾走する小石のように見えるタクシー、山道を突っ走るタク

シーに近くの線路を力強い煙を吐きながら並走してくる蒸気機関車、つづら折りの山道を砂埃を立てながら猛追するタクシー、これらのカットを繋ぎながら畳みかけるように緊迫感を盛り上げる。同時に不安を煽る音楽や効果音を挟み、さらに緊張感を高めていく。こうして〝静・日常・屋内〟から〝動・非日常・屋外〟に一気に転換するのである。

二つ目が、女の一瞬の心の激しい燃焼と哀れさを描いていることである。

子持ちの中年男の家に後妻に入り、ワンマンな夫にかしずき希望のない生活を送っていた無気力で従順なさだ子が、犯人の元恋人・石井と会うと突然情熱的な女に変身し、今の生活を捨て、男と逃亡しやり直そうと強引に誘う。しかし、元恋人・石井は逮捕され、それは一瞬のはかない夢に終わってしまう。無気力に見えた女の溜めこんだマグマのような熱情の爆発と、それが失敗し希望のない生活がこれからも続くであろうさだ子の哀れさが、高峰秀子の優れた演技力で観客に伝わる。松本清張の短編の原作は、この部分に焦点を当てている。

三つ目は、一流のサスペンス映画に大船調の〝将来への希望〟が、ベストミックスされていることだろう。原作通りでは元恋人・石井は逮捕され獄中に、さだ子は不幸な日常生活に戻る結末はジメジメしたものになる。そこで、主役が石井・さだ

子からラストに柚木にバトンタッチすることによって、この映画は更に光り輝くものになった。

筆者はこの三つ目に一番シンパシーを感ずる。過去に破局した元カップル（石井・さだ子）の〝現在〟と、失敗しようとしているカップル（柚木・弓子）の〝現在〟がぶつかり合うと、柚木の心に化学反応が起こり、柚木・弓子の〝未来〟が変化していく。若き日に石井と一緒に郷里を出奔しなかったさだ子の悔悟、都会で上手くいかず重い結核を患い殺人まで犯した石井の絶望感、さだ子・石井への同情と二人の轍を踏みたくないと揺れ動く柚木の気持ち。そこから柚木の新たな決意が生まれるのである。三人の心の中を覗き込むかのように描写し、それがラストにうまく繫がっていき、〝暗〟から〝明〟にラストで空気が一変する。柚木が恋人弓子に、「どんなことがあっても結婚しよう」と強い決意を駅で電報を打ち終えた後、カメラの長回しが始まり、石井を同行して階段を昇ると東京行きの蒸気機関車が向かいのホームにスーッと入って来てくる。止まった後白煙を吐き続ける列車をずっと映しながらエンドロールが始まる。その後カメラは力強く煙を吐きながら出発する列車の姿を撮り、柚木の高揚した強い決心を列車のパワフルな動きに託すのである。

最後は〝大船調〟で明日への希望を持たせて締めくくる。ここを大仰ではなく、

過度な甘さを排してさりげなく繋げているのが好感を持てる。キネマ旬報の評（田中穣）（※23）では「本年度の優秀作品に数えられる作品が、早くもうみだされたことはうれしいことであります」と、ベタ褒めしているが、自然な形で大船調がドッキングし最高級のサスペンス映画になったと思う。

この映画の撮影秘話を少し述べる。野村は黒澤明に教わったように、妥協せず徹底的に粘って、完璧な映画づくりを目指した。そのため、ロケーション・ハンティング二か月、撮影四か月と長くなってしまい、映画公開時期を二回も延ばすことになった。会社側がロケ地に足を運んで早く撮るよう催促しても、野村は意に介さず撮影に集中した。ついに城戸社長から撮影中止命令が出たが、野村の真剣な態度への共感からか、その命令は社内のどこかで止まり、野村に届くことはなかったという。そして、大幅に遅れ完成した。

この映画は、一九五八年（昭三三）の一月中旬に公開された。ヒットまでには至らなかったが、推理・サスペンス映画の傑作として批評家から高く評価され、野村は一躍芸術派の資質を持つ監督として脚光を浴びた。キネマ旬報ベストテン八位、毎日映画コンクール脚本賞、ブルーリボン賞脚本賞に輝き、野村の代表作の一つと

なった。

野村は娯楽映画を量産する若手監督かと思われていたが、緊迫感のあるサスペンス映画の中に、揺れ動く人間の心理描写を巧みに織り込む優れた芸術映画をつくり上げる監督として認められた。野村にとって、初の自作芸術映画への高い評価は、サスペンス映画というジャンルの映画づくりへの自信と共に、目標の芸術派監督に向かって少し近づけた気がした。

他社からの誘い

これで将来は順風満帆かと思われた。しかし、その直後つくった映画がもとで会社から謹慎させられ、そして事件が起こった。原因は一九五八年（昭三三）公開の青春ラブコメディ『モダン道中、その恋待ったなし』である。映画を面白くするためにナレーションを省略した話し方にしたり、シャレを入れたりと会社の反対を押し切り色々な実験をしたが、観客を小馬鹿にしていると会社側から怒りを買って、謹慎扱いにされ、映画が撮れなくなってしまったのである。（「映画の匠　野村芳太郎」※9）

「大船調の映画が時代に合わなくなったので、何とかしなければと、大船調の枠内で少し目先を変えた映画をつくり観客の反応を見たかったのに。俺が謹慎扱いだなんて。このままでは、ますますお客が離れていく。お偉い様は何を考えているんだ」と、野村は怒りと同時にため息をついたことだろう。

今この映画を観直してみると、当時人気のあった北海道・東北を巡るライトな青春ラブコメディ・観光映画として楽しめるのだが、上層部の中には頭の固い人がいたものだ。

しかし「捨てる神あれば拾う神あり」である。その謹慎中に、松竹系列プロダクションの知人が、撮れない状況を心配し、企画の相談をしてくれた。その企画をフランキー堺主演でやりたいと、本人と会った。そのフランキー堺と会ったことが問題になり、それから貸す貸さないという話に発展し、さらに野村が東宝へ好条件で移籍しないかという話にまで進展した。結局は、東宝と同じ条件で、野村が企画した映画を松竹で何本か撮るということで、大船撮影所長側と折り合った。そして急には撮らず、並行させて企画を進めるということで話し合った。

野村にしてみれば、『張込み』で対外的に高い評価を得たのに、社内では思ったほどには評価されず、不本意だったことだろう。松竹への愛着の強い野村は、他社に

移る気などなかっただろうが、東宝が自分の実力をどう評価してくれるかには興味があり、高い評価をしてくれうれしかったにちがいない。松竹の撮影所長との話し合いは、自分が撮りたい芸術映画を増やすための、条件闘争のようなものだったのだろう。

しかし、この話が、新聞に野村の勝利という形ですっぱ抜かれると、城戸四郎社長の怒りを買ったようである。所長が交代すると約束は反故にされた。新所長は、野村を城戸社長の所に連れて行き、野村は改心しているといったようなことを言って、詫びを入れさせた。野村は約束を破られた上に、社長の前で屈服させられ、新所長の仕打ちに無性に腹が立った。新所長のふるまいに失望したことを、野村は記録に残している。

こうして、コンスタントに芸術映画をつくって、芸術派映画監督に少しでも近づこうという夢は崩れ去り、娯楽映画だけをつくるという社内でのポジションは、結局変わらなかった。

助監督山田洋次の育成

一九五〇年代後半に、助監督山田洋次（以下、山田という）の才能を見つけたのも、野村だった。山田とは、今や巨匠と呼ばれ、国民的映画「男はつらいよシリーズ」をつくった監督である。山田は一九五四年（昭二九）に東京大学を卒業し、松竹大船撮影所の演出助手として入社し、メロドラマ大作『亡命記』（五五）で初めて野村の助監督に付いた。この時、チーフ助監督が山田は助監督としての働きが悪いのでやめさせてほしいと野村に訴えたが、野村は山田の非凡な才能を感じとりその訴えを聞かなかった。そして、『張込み』では、山田は新米の助監督だったにもかかわらず、警察へのシナリオ・ハンティングに同行させたり、演出を身近で見せるためカメラテストを担当させた。山田は野村に応え、熱心に取り組んだ。

山田は一九五五年（昭三〇）に結婚したが、助監督の薄給では妻子を養うのが苦しいので、助監督をやめようかと野村に相談した。その時野村は、「君は助監督の才能はないかもしれないが、シナリオの才能があるように思える。シナリオを書いた

ら金にもなるよ」(「清張にかけた男たち」※24)とアドバイスをしたという。

野村は山田を脚本家としても育てようと、共同脚本者として一緒に脚本を書くようにした。野村が誘って共同で脚本を書き、映画化され初めてクレジットに山田の名が載ったのは『月給一三、〇〇〇円』(五八)だった。監督の才能がないと悩んでいた山田にとって、これは大きな自信となった。

それ以降、共同で多くの野村映画の脚本を書いていった。これは山田の脚本力を磨いてやろうとする一方で、共同脚本で支払われる脚本料が、経済支援になるという親心のように見える。そして、山田は会社にも認められ野村以外の脚本を任されるようになった。

また、野村の偉さは、山田を武者修行に出していることである。『ゼロの焦点』『砂の器』の脚本がそれである。一九六〇年代前半に、脚本家橋本忍の所で、野村映画のシナリオを山田が橋本と共同で書く実地指導という形で、一流脚本家の作法をみっちりと覚えさせている。山田は六〇年代前半から長編映画をつくるが脚本・監督を一体で行っており、その後の活躍から見るとこの時の一流脚本家についての脚本修業は、大変貴重なものだっただろう。

山田が監督第一作の『二階の他人』(六一)をつくる時には、野村は共同執筆者と

して脚本作りに協力した。この時、山田は初めて監督をする際に、何をやったらいいかわからなくなって混乱状態になり、野村の家に飛び込んだ。野村は自分一人だけでやろうと考えず、一人一人のスタッフを信頼すればよいと教えてくれた。こうしてスタッフを信頼し、スタッフに助けられてつくった『二階の他人』は、後に観直してみても自分の匂いや雰囲気が画面一杯に漂っていたという。後年に、山田は野村と橋本忍には大変な恩があると述懐している。

【第五章　引用文献・出典】

※9「映画の匠　野村芳太郎」（野村芳太郎（著）、野村芳樹（監修）、小林淳（編集）・ワイズ出版・二〇二〇）

※22「キネマ旬報」一九五七・七下旬　NO996

※23「キネマ旬報」一九五八・一下旬　NO1010

※24「清張にかけた男たち」（西村雄一郎・新潮社・二〇一五）

第六章　城戸社長辞任と異色作のチャンス

映画館入場者が一九五八年（昭三三）にピークをつけ、六〇年（昭三五）にはピーク時の一〇％減となる一方で、最盛期三〇％以上あった松竹の業界内シェアは一三％まで低下し、収入は減少した。日本映画会社内の配給収入は弱小の新東宝を除くと第五位の最下位で、興行ベストテンには松竹の映画は一本も入っていない。それだけ人気がないということだ。一方、支出は二本立上映の恒常化、カラー化などによる大幅コスト増で、一九六〇年二月期決算は株主配当金ゼロとなり、その責任をとり城戸社長は四月に辞任した。

大谷博新社長（大谷竹次郎の娘婿）は、大胆な社内改革を行った。外部との提携映画、社内映画製作では脱大船調テーマも認めた。この時期、脱大船調映画も認められたことから、一九六〇年に若手の大島渚監督の『青春残酷物語』が公開され、ヒットした。犯罪、暴力、不倫、セックス、破滅など、若者の無軌道ぶりをテーマにしたものである。そのヒットを見て、会社側は〝松竹ヌーヴェルヴァーグ〟とP

Rし、多くの若手監督たちに同様の映画をつくらせた。しかし、結局は収入アップには結び付かず一年で姿を消した。大島渚監督は同じ年につくった『日本の夜と霧』が短期間で上映打ち切りにされたのに抗議して、退社し、独立プロをつくり独自の映画製作を続けた。

異色作のチャンス到来

一方、野村は、あいかわらず大船調の娯楽映画ばかりをつくっていたが、それ以外のジャンルの娯楽映画がつくりやすい環境となり、以前から要望していた映画が回ってきた。橋本忍オリジナル脚本の『最後の切り札』（六〇）というハードボイルド映画で、橋本・野村コンビ三作目である。この作品は批評家・社内の評判がよく、興行成績もまずまずだった。

次には、松本清張原作のミステリー小説『ゼロの焦点』の映画化許可が出て、橋本忍を口説き落として山田洋次（当時は助監督）と共同で脚本を書かせた。『張込み』に続く話題性のある松本・橋本・野村トリオの映画化だった。

新婚早々の禎子（久我美子）の夫が、前勤務地の金沢に引継ぎに行き失踪したた

め、禎子が金沢で夫を探す物語である。その結果、現地で他の女性と家庭を持っていたり、地元の有力者の妻・佐和子（高千穂ひづる）の戦後混乱期の秘密を知っていたため、佐和子に殺されたことが明らかになる。

高千穂ひづるはカギを握る難しい役どころだったため、野村に毎晩何時間も稽古をつけられた。そして、自分の知らなかった色々な部分を演技で引き出してもらった。それまで〝お姫様女優〟と呼ばれていたが、野村のお陰で多彩な演技のできる女優に成長した。高千穂ひづるはこの時のことを大変感謝している。

この映画は一九六一年（昭三六）に公開され、それなりの興行成績で、社内で作品が高い評価を受けた。続いて医療サスペンスの『背徳のメス』（六一）を撮った。

さらにドキュメンタリータッチのサスペンス『東京湾』（六二）をつくった。この時期城戸四郎が社長から外れたので、野村の推理・サスペンス映画が誕生したのだろう。

この作品は俳優の佐田啓二が企画した、異色の犯罪サスペンス映画である。当時佐田は松竹の誇る二枚目スターで、鶴田浩二・高橋貞二と共に「松竹戦後の三羽烏」といわれており、岸恵子との『君の名は』（五三・五四）で、名実ともに大スターとなり、小林正樹監督の『あなた買います』（五六）、木下恵介監督の『喜びも悲しみ

も幾歳月』（五七）などが代表作である。この頃は、俳優以外にプロデューサーとして製作に携わろうとしていた。

『**東京湾**』（一九六二年）

（あらすじ）

麻薬捜査官が射殺され、凄腕の左利きスナイパーによる麻薬売買に関わる殺人であることがわかり、ベテラン刑事澄川（西村晃）が後輩秋根らと捜査に動きだす。澄川は捜査するうちに、戦場での命の恩人井上（玉川伊佐男）と十年ぶりに偶然再会した。澄川は井上が戦場で左利き狙撃兵だったのを思い出し、怪しいと睨む。井上は見破った澄川を殺そうとするが、戦友への情から殺せず、一日待てば自首すると澄川に誓う。井上は知的障がい者の妻と金を故郷の母に託そうと、麻薬組織と警察の手をかいくぐって故郷に向かう夜行列車に乗りこむ。しかし、張込んでいた澄川と列車内で激しい揉み合いになり、二人は列車から落下する……

この映画は、低予算のプログラムピクチュアを逆手にとって成功した作品である。この犯罪映画を重厚なものにしているのは、二つの大きな工夫である。

一つ目が、少人数スタッフで、機動的に小型カメラを屋外ロケで縦横無尽に廻しドキュメンタリータッチを出したことである。

出だしに上空から東京の繁華街を、次に新興住宅街を映し出し、そしてカメラは東京湾に転じ、その中のいかがわしい小舟にカメラが近づいていき麻薬の取引現場を映し出すが、次に何か起きるのではないかという好奇心をそそる。

また、多くが屋外ロケで、ロング・ショットで盗み撮りするような撮り方が特徴で、素人にしゃべらせたりしてドキュメンタリーな雰囲気も上手く漂わせている。その後野村と長くコンビを組む川又昻がカメラを担当しているが、こうした斬新なカメラワークは見応えがある。

二つ目が、映画の中に戦争の傷跡を巧みに織り込み、犯罪映画を見応えのあるものにしていることである。

井上（＝犯人）が戦地から戻ってくると元恋人は他家に嫁ぎ、裏切られた怒りで誤ってその夫に傷を負わせてしまう。法廷で元恋人は井上との昔の恋人関係を完全否定し、自分の今の境遇を必死で守ろうとする。その女にとって井上の存在は疫病神でしかなく、元恋人には井上の刑を軽くしたいという気持ちなど微塵もない。弁護側の厳しい質問にも、敗戦直後に家族のない若い女が生きるには、結婚か、売春

婦しかなかった、なぜ結婚して悪いのかと強い語調で平然と答える。

この描写は、井上の回想の中で手短に語られるが、女性不信となり自暴自棄となった井上の気持ちを上手く伝えようとする野村の上手い演出だ。刑務所を出た元犯罪者で虚無的で屈折した心の井上には、射撃力を生かし犯罪組織の殺し屋として世の中に背を向けて生きるしかなかった。そして、井上が知的障がい者の芳子と結婚したのも、自分を裏切らない〝ピュアな優しさ〟を持っていたからだ。戦争さえなければ、井上は恋人と幸せな生活を築いていたはずだった。戦場体験で人間の心の闇をいやというほど見てきたからこそ、この脚本を野村が書けたのかもしれない。


こうした良さを持った映画であるが、一方欠点も持っている。

まず澄川（＝刑事）の人物像を十分描き切れていないのが惜しい。学歴がなく出世せず平刑事を続けてきた男が、戦場での命の恩人井上（＝犯人）の逮捕を一日も待ってやれない動機や気持ちが伝わってこないのだ。この男が、情より仕事（＝犯人逮捕）を優先させる理由を、もう少し伏線を張りその人物・心理描写を上手く描いて欲しかった。そうすれば、戦後異なる道を歩いてきた二人が、生活や職務の前では友情は昔の夢でしかないことがはっきりと映し出せ、ラスト近くの澄川と井上

の格闘ももっと説得力を持っただろう。

そして、ミスマッチな女性たちの存在も問題である。

澄川の妹にしても井上の妻にしても、その役割はセンチメンタルな意味合いでしかない。特に、ラストの捨て犬を抱いた知的障がい者の井上の妻が、バラックの家の前で井上の帰りをじっと待つ哀れな姿は典型的な大船調で、この映画全体を覆う犯罪映画の雰囲気を壊してしまう。


しかし、映画全体で見れば脱松竹映画を狙ったこの作品は、体（＝カメラワーク）は脱大船調、心（＝内容）に一部大船調の残った作品となった。

キネマ旬報映画評（白井佳夫）（※25）は、「キャメラとドラマの間にある異和感が作りあげるこのアンバランスの上にのって、野村監督がこの映画で表現しおおすことができたのは、少々キザないいかたをすれば、ヒューマニズムのたそがれ―古きものの没落のうた、であったように思う。（中略）没落のうたをうたう芸術は、それ自体がやはり古いものだと僕は思う。だがそれを抒情でなめらかに流してしまわずに、アンバランスな作品構造の異和感の上にだしたところ、僕はこの映画の異色さをみたいと思うのである。」と、少し難解だが的確に述べている。大船調映画を破壊

し新たな映画を創造するにはまだ完全とはいえないが、野村の大船調を打破しようという試みについては非常に好意的である。

このように、野村の新たなチャレンジは成功したと言えるだろう。野村の大船調の殻を破ろうとする試みは、結果は不十分さがあったとしても有意義であった。この映画は、この年のＮＨＫラジオ映画ベストテン一〇位に入っている。

本格的な喜劇映画づくり

一九六二年（昭三七）に大谷博社長が辞任した。創始者大谷竹次郎が後任社長に、城戸が副社長に就いたが、大谷は高齢のため短期間で辞任し、六三年（昭三八）城戸四郎が再度社長に就任して映画部門を直轄することになった。『砂の器』映画化のため橋本・山田が脚本を書き、野村が先行し親子の放浪シーンを一部撮り始めていたが、難病ものは松竹カラーに合わない上、集客も期待できないと城戸の反対で撮影中止になった。

そしてその後、プロデューサー市川喜一から『拝啓天皇陛下様』の企画の話があり、兵隊小説をもとに野村が共同で脚本を書き、喜劇映画をつくることになった。

一九五〇年代はライトな青春・ホームコメディを多くつくっていたが本格的な喜劇はこれが初めてだった。

『拝啓天皇陛下様』（一九六三年）

（あらすじ）

山田正助（渥美清）、通称山正は、幼い頃に親を亡くし、世間から差別されながら極貧の生活を送ってきた。そんな彼が入隊した軍隊は、三食・給料つきの天国だった。そこで知り合った作家棟田（長門裕之）と親友となり、古年兵たちからいじめを受けながらも、楽しく軍隊生活を過ごす。大演習で天皇を見て親しみを感じ、それ以来敬意を持つ。敗戦直後の混乱期、山正は棟田宅を訪れ隣の未亡人を好きになるが、フラれ姿を消す。その後結婚相手を見つけ幸せになろうとしていた矢先、棟田は、ある朝、山正の名前が載った新聞記事を見つけ驚く。

この映画は、軍隊にしか居場所のない山正の人生を〝笑いの中に一筋の哀しみを込めて語る〟喜劇映画の傑作である。原作を山正と棟田の友情物語に大きく変え、山正の行動を戦友棟田側からじっと眺め、時には冷静に、時には共感や同情を込め

て見つめていく。野村の天皇・軍隊への視点はイデオロギーにとらわれないフラットな姿勢で、自身が軍隊で体験した肌感覚のままである。自分が接した軍隊内の〝生の人間たち〟のキャラクターを少し際立たせ、〝リアリティのある人間臭い〟登場人物像にしている。軍隊は人間社会そのものなので悪い奴もよい奴もいるということだ。こうした人物造形がしっかりできているので、演ずる俳優たちは役柄を熟知して、最高のパフォーマンスをみせる。渥美清は、風貌・雰囲気がピッタリで渥美＝山正と思わせる演技を見事に披露し、西村晃・加藤嘉・藤山寛美ら演技派俳優は、自由に演技し持ち味を十二分に発揮する。西村晃は狡猾で憎々しく、加藤嘉は不器用だが実直に、藤山寛美は誠実でやさしく演じ切る。そのため、軍隊では気楽だが、無学で人がよく力仕事しかできないため世の中では生きづらい山正の姿が鮮明に映し出される。

キネマ旬報の映画評（江藤文夫）（※26）では「かつての軍隊生活の名残りを、やや情緒的な描写のなかにとどめている。これは弱い」「作者たちは、山正の日常生活の悲惨さの上に、軍隊＝天国説を捉え様としているのだ。（中略）リアリティをもたない軍隊機構が、そのリアリティを、日常との関係においてのみ成立させるのでは、やはり弱い」とこの作品をあまり評価していない。この評者は、軍隊＝悪を諷刺し

て軍隊＝天国と表現するならよいが、この映画のように孤児時代からの〝世間の冷たい仕打ち〟と対比させて軍隊＝天国というのはけしからんと、自分のイデオロギーを尺度にして見ているようである。映画内容の良し悪しで評価せず、自分のイデオロギーを押しつけて評価することは好ましいと思わない。

この作品の意義は四つある。

一つ目が、野村が作家性を織り込んだ娯楽映画をつくったということである。野村は今まで低予算・短期間のプログラムピクチュア（娯楽映画）をつくる時は、お客を満足させる〝エンターテイメント重視〟で、自分の作家性をあまり入れずにつくることが多かった。しかし、この作品では野村が戦場で出会った人間たちや戦争で感じた思いを色濃く反映させている。それが魅力的な人物造形に繋がり物語の面白さを増したといえる。

二つ目が、野村にとって本格的な喜劇、特に笑いの中に哀しみを込めた心に残る繊細な人情喜劇を、初めてつくることができたということだろう。一九五〇年代は、大船調のライトなラブコメディ・ホームコメディを多くつくってきた。『伴淳・森繁の糞尿譚』（五七）は喜劇陣が織りなす映画だが、喜劇というよりは社会批判・社会

である。

風刺の色彩が強かった。つまり、本格的な喜劇をつくる実力が野村についてきたの

三つ目が、一九六〇年代後半に松竹の主柱となる喜劇映画の先駆けとなったことだ。この映画の出来がよかったので、山田洋次監督の喜劇映画が加わり、一九六八年以降には〝喜劇映画〟が主柱となり、その後喜劇映画全盛となる。この作品はその先駆けとなったと言える。

四つ目は渥美清が、名実ともに演技派の喜劇の映画俳優として認められたことだろう。渥美は当時テレビでは有名だったが、映画ではこれまで主演をしても影が薄かった。この映画で、主人公山正＝渥美清と、役に乗り移ったような演技をし、主人公の持つ粗暴さ、無知、人の良さ、哀しさを上手く体現した。野村の演出が、渥美の持っている喜劇俳優としての潜在能力を映画の中で引き出して見せたのだ。山正が高根の花に惚れ、献身的に尽くしてフラれ一人泣く姿は、後に登場する『男はつらいよ』の寅さんの原型のように見える。渥美はこの映画が出世作となり、喜劇の映画俳優として高く評価され、その後多くの映画に主演し、山田洋次監督の〝寅さん〟役にたどり着いていく。

この作品は、一九六三年（昭三八）のNHKラジオの映画ベストテンで第一〇位にランク・インした。笑いの中に涙が滲むペーソスな部分も持ち、従来の大船調とは一味違った新しい喜劇映画をつくり上げた。野村は新たな境地を切り開いたのである。

また当時渥美清は映画俳優としてはさほど有名でなかったため、封切り当初集客はいまひとつだったが、内容の良さから尻上がりに人気が出てヒットした。当時は一週間程度の上映が普通だったが、東京・浅草の映画館では六週間続映したところも出たという。批評家より観客の方がこの映画のよさをよく知っていたということだろう。

物語は主人公の死で完結していたが、このヒットによって新たな人物を主人公に設定し直し、渥美清主演で『続　拝啓天皇陛下様』をつくることになった。『続　拝啓天皇陛下様』製作前に、野村が病に倒れると、渥美は他の監督ではなく野村の映画に出たいと申し入れ、野村の回復を待って出演しており、野村を大変信頼していたことがわかる。

『拝啓天皇陛下様』は、野村に上質な喜劇映画をつくることができると自信を持たせた。一方、松竹という会社も、野村の喜劇映画をつくる力を評価したのだろう。

一九六〇年代半ば・後半には渥美清主演で『拝啓総理大臣様』（六四）、『白昼堂々』（六八）、『でっかいでっかい野郎』（六九）をつくらせ、一九七〇年前後になるとコント55号やハナ肇が主演する喜劇映画をつくらせていった。

岩下志麻を一流女優へ

社内では娯楽映画担当の野村だったが、城戸社長から岩下志麻を大スターに脱皮させよとの指示を受け、翌一九六四年（昭三九）に『五辨の椿』という一本立大作映画を撮った。

『五辨の椿』（一九六四年）

（あらすじ）

天保五年正月、大火事でむさし屋喜兵衛の寮（別荘）が焼け、三人の焼死体が発見され、喜兵衛（加藤嘉）、妻のおその（左幸子）、娘のおしの（岩下志麻）と断定された。その後、三味線弾きの岸沢蝶太夫（田村高広）、悪徳医者の海野得石（伊藤雄之助）、豪商の放蕩息子清一（小沢昭一）、中村屋の佐吉（西村晃）が次々と殺さ

れた。

犯人はおしのだった。おしのの母・おそのは、家業に精出す入婿・喜兵衛を顧みず、男遊びをやめなかった。喜兵衛が病死した日も、若い役者と遊びほうけていて悪びれなかった。さらに、おしのは喜兵衛の子ではないとうそぶくに至り、父・喜兵衛の無念と母・おそのへの憎悪から、その夜に放火し、母を殺したのだ。自分は母の不倫相手の焼死体と入れ替わり、こうして母と病死していた喜兵衛を加えた三人の焼死体が残ったのだった。そしてその後、母と関係を持った男を次々と殺していった。

引き続く殺人に与力青木千之助（加藤剛）が乗り出すが、本懐を果たしたおしのは、青木の所に自首する。青木は温かい目で見守ってやり、おしのは牢内で穏やかに処刑を待つ日々を過ごした。しかし、母の不倫相手・源次郎の妻が自殺したと聞き、心に変調をきたす……

この映画は山本周五郎原作の文芸大作で、当時社長の城戸四郎自らが製作を行っており、会社として全力を入れていたことがわかる。

この映画の本論に入る前に二つの特徴を述べたい。

一つ目が、野外ロケをせず、撮影所のセットで〝江戸の佇まい〟を見事に再現していることである。芝居小屋、出合茶屋、商家、寮（別荘）、賭場などを外形から部屋の中の細かな備品に至るまで〝本物志向〟で見事なまでに再現している。また、外の風景、たとえば江戸の街並み、木場、堀、橋、雪道に至るまで江戸の風情を色濃く出しており、秋から冬への季節の変化もさりげなく表している。

二つ目は、肌が一番綺麗な二十代前半の岩下志麻に、場面ごとに異なる華麗な衣装を身に着けさせ、岩下志麻の美しさを前面に押し出していることである。柄や雰囲気の異なる着物を着て凛とした岩下志麻の姿は実にあでやかだ。

さて、本論に入るが、岩下を演技派女優にするためにこの映画では大きな仕掛けを作っている。かつて、大川橋蔵主演で『新吾十番勝負』『新吾二十番勝負』という映画があったが、まさに『岩下志麻九番勝負』なのである。演技派俳優や名優たちの胸を借りて岩下が演技をさせてもらう、言いかえれば一対一の〝二人芝居〟をやって、演技をつけてもらうのである。

母・おそのと不倫をしたり、その仲介をして、おしの（岩下志麻）に殺される根っからの悪党役の田村高広・伊藤雄之助・小沢昭一・西村晃、妻子ある大店の主人で不倫をしておその（左幸子）を妊娠させ（＝その子がおしの）責任をとらなかった

源次郎役の岡田英次、源次郎に女中の時に手込めにされ二人の子を産んで打ち捨てられ途方に暮れるおつる役の市原悦子、奉行所の同心でおしのに同情を寄せる青木千之助役の加藤剛、大店の婿養子で家業に精出し実子でないおしのを可愛がった父・喜兵衛役の加藤嘉、その入婿・喜兵衛を顧みず浮気を続ける母・おその役の左幸子、の計九人の俳優たちと一対一で岩下志麻が演技合戦を行うのである。

ストーリーは、現実とおしのの父親との思い出が交差し進んでいくが、比較的早く犯人（＝おしの）や動機が明らかになり、犯人探しや捕り物としての興味は薄れていく。

やはり興味は前出の演技派、実力派の俳優の演技とそれを受けて立つ岩下志麻の演技である。伊藤雄之助はずる賢く不気味なオーラを放つ悪徳医者を怪演し、小沢昭一は女をもてあそぶ上から目線の豪商の放蕩息子をいかにも本物らしく演じ、西村晃は一見親切そうだが根っからの小悪党を小ずるく演じ、それぞれ癖のある演技で強い印象を残すが、岩下志麻も彼らに食らいついて演技している。

幼い子供二人を抱え生活に窮するおつる役の市原悦子が身の上話をし、おしの役の岩下志麻が聞き手に回る二人芝居がある。こちらも、名優市原の達者な話しぶりを、岩下がしっかり受けに回って、二人の息が合って江戸の人情噺の雰囲気を上手

く醸し出している。

　そんな中でも、母・おその役の左幸子と娘・おしの役の岩下志麻の二人芝居は出色だ。おしのは重病の喜兵衛を寮（別荘）に運ぶが、途中で亡くなり、寮の部屋に遺体を安置する。まもなくおそのが、若い役者と酔いつぶれて旅から帰ってくる。二人になると、喜兵衛が身を粉にして家のために働いてきたこと、おそのが遊び歩き浮気ばかりしてきたこと、喜兵衛が重病になっても一度も見舞いに来なかったことを、おしのは厳しく責め立てる。すると、おそのは、喜兵衛と所帯を持ったこと自体が間違いだったと言い、女の気持ちを全くわかってくれなかったと、喜兵衛を批判する。それを聞いたおしのは、それでは喜兵衛は可哀そうだ、と泣きながら訴える。

　すると、おそのはおしのに、父・喜兵衛にそれほど肩入れする必要はないとおしのの出生の秘密を話す。おしのは喜兵衛の実子ではなく、妻子のあった大店の主人（岡田英次）の子だから、喜兵衛と血縁はないというのだ。世間体の悪さから番頭の喜兵衛をおそのの入婿にし、おしのを喜兵衛の子にしたのだった。

　おその役の左幸子は、すっぽりと人間の道理が抜け落ちた女を、なりきったように演ずる。岩下志麻は、母親に反省がなく、夫・喜兵衛への侮辱を聞くたびに、徐々に、徐々に感情を高ぶらせていく様子を上手く演じている。間の取り方、声の調子、

速さ、表情を工夫していることがわかる。そして、その感情は沸点に達し、火を放ち酔ったおそのを焼き殺す。大火を見ながら逡巡していた心が吹っ切れて、父・喜兵衛の仇を討とうと誓うクールな表情は岩下の演技の上達を象徴する。

この『岩下志麻九番勝負』は、岩下志麻が若年のため、時には顔の緊張や演技の粗さも伝わってくるが、全体としてみれば九人のベテラン、演技派俳優たちと相対し善戦したと言えるだろう。『五辨の椿』が文芸映画として見事に成立していることをみても岩下志麻の演技の健闘ぶりが見て取れる。

しかし、文芸映画としてではなく、殺人事件の捜査もの、サスペンス映画としてみると、前述したように早々と殺人者と動機が明らかにされるため、物語としての面白みがない点が弱点だ。

キネマ旬報の映画評（小倉真美）（※27）では、「不振を続ける松竹でも、知能を結集して、ていねいな仕事をすれば、見ごたえのある娯楽作品ができることを実証した。（中略）実父への復讐法が前の踏襲では、アイデアの貧困というより、娯楽作品の壁を抜け出しえない欠点となっている。非力の彼女の体格からいって、銀のかんざしで男の心臓を突き刺す連続殺人は無理で、リアリティが希薄である。（中略）野村芳太郎の演出は、多彩な作品群の経験を生かした全力投球で押し、一本調子になっ

た個所もあるが、彼の代表作として記録されるだろう」と、述べている。

ここでいう欠点とは、原作全般にわたるものであり、必ずしも野村の演出方法の批判ではなさそうである。総じて高い評価と言ってよいだろう。

岩下志麻は、父への愛情・同情、母への複雑な感情と恨みなど、内面にため込んだ感情をどう表現するかが問われたが、野村の好演出で、岩下は見事に演じ演技派女優への道を切り開いた。

岩下志麻はインタビューでこう語っている。

◇

『五辨の椿』では、リハーサルで台詞のいろいろな表現の仕方とか、それから芝居の作り方、そういうものを（注：野村監督に）教えていただいて。役を作る楽しさ、それを初めて学びましたね。だから本当に、『五辨の椿』は私が女優として地に足がついた作品です。特にブルーリボン主演女優賞をいただいたことは嬉しかったです。（中略）だから、もう、本当にうれしかったです。やっぱり達成感っていうのかな。この作品で、やっと女優としてやっていこうと思えました。

（「映画の匠　野村芳太郎」※9）

◇

岩下はこれを契機に、一皮むけて一流女優の仲間入りを果たした。

また、この作品は地方新聞映画記者会主催のホワイトブロンズでベスト5入り、NHKラジオ映画ベストテンにランク・インし、芸術映画としても評価された。こうして、野村自身も外部の高評価を通じ、本格的な文芸映画・女性映画づくりにも自信を持つことになった。

一方、会社側も『五辨の椿』の高い興行力と作品の質の確かさを認めたのだろう。一九六〇年代後半、野村に喜劇映画以外に「女性映画」「メロドラマ」をどんどんつくらせていく。『暖流』（六六）、『おはなはん』（六六）、『おはなはん　第二部』（六六）、『命果てる日まで』（六六）、『あゝ君が愛』（六七）、『女たちの庭』（六七）、『女の一生』（六七）といったこの種の映画は、松竹内では中村登監督や大庭秀雄監督の領域だと思われるが、一九六六年に四本、六七年に三本と野村のつくった本数は、彼らの製作本数を大きく凌いでいる。

従来「メロドラマ」といえば、封建的な家族制度や戦争など外的条件の中に、主人公の女性の意志が封じられもがき苦しむ映画が多かった。女性の側にすでに主体

性が生まれていたこの頃には、野村は主体性を持った女性を主人公に新しいメロドラマを描く実験をした。それが、『命果てる日まで』『あゝ君が愛』であった。映画評論家（平井輝章）は、キネマ旬報（※28）で新しいメロドラマへの挑戦とその成果を高く評価している。

しかし、野村の喜劇映画『拝啓天皇陛下様』や女性・文芸映画『五辧の椿』で質の高さを会社は認識したはずなのに、芸術映画を作る機会は与えられず、喜劇映画や女性映画、歌謡映画をつくらせるだけで、相変わらずプログラムピクチュア（娯楽映画）担当のままだった。

◇

野村のそばでいつもカメラマンとして見つめている川又昻は、二〇〇〇年代に当時を回想し、野村についてこう述べている。

城戸四郎さん（当時社長）とも喧嘩して、干された回数が一番多いのも野村さんじゃないかと。野村さんは「明るく美しい松竹映画」だけではないだろうということで、松竹ヌーヴェルバーグの若い連中を応援していたんです。ただ、自分が撮るものは必ずしもそうじゃないところが、あの人のわり切っ

たところで、プログラムピクチュアを続けて点数を上げて、2年か3年に1本大きなものをやりたいと。それが「五辨の椿」であり「砂の器」であるわけですが、その間にコント55号の映画（注：六八年以降の娯楽映画）とか撮ったり、正月映画4本のうち2本をやったりもしていましたから（笑）。（注：1971年の『コント55号水前寺清子の大勝負』と『やるぞみておれ為五郎』）つまり映画会社に勤めている以上、それはやむをえないと。

（「キネマ旬報」※29）

◇

城戸が社是のように推し進めてきた大船調映画が、一九五〇年代後半には時代に合わなくなり、国内シェアが大幅に低下した。危機感を持った若手監督たちが松竹ヌーベルヴァーグのような新しい映画づくりを模索しようとしたが、この引用文の中で野村が若手の活動を強く応援していたことがわかる。

城戸と喧嘩をし、野村が干された回数が一番多いとあるが、野村は「明るく楽しい松竹映画」である大船調映画だけでなく、若手監督たちのように多彩な描き方の映画、多様な映画を認めるよう城戸に強く主張した結果なのだろう。

野村は、テレビの影響による日本全体の映画観客数の激減、観客の嗜好に合わな

い大船調映画による松竹の国内シェアの大幅低下という、松竹が抱える二重の大きな問題に強い危機感を持っていた。

しかし、映画監督といっても企業に働くサラリーマンと同じ立場だ。どんな映画をつくるかの方針を決め命令を下すのは、経営者であり、その下の幹部たちだ。自分がどう意見を上申しようが、経営者や幹部が考えを変えなければ、企業で働く以上それに従うしか仕方がない。どうしようもないむなしい気持ちが残ったであろう。それは一般サラリーマンの悲哀と同種のものだ。

意見が通らなければ、野村でできることは自分の与えられた〝プログラムピクチュア（娯楽映画）をつくるポジション〟の中でどう努力するかしかない。自分の作家性を織り込んだ芸術映画をつくり観客に喜んでもらい作品を認めてもらいたい。しかし、プログラムピクチュア（娯楽映画）をつくる役割の野村にとっては、観客の喜ぶ作品をたくさんつくり実績を上げて、何年に一回ご褒美として芸術映画をつくる機会を与えてもらうしかないのだ。カメラマンの川又は〝わり切った〟と表現しているが、企業内で働くということはこういうことなのである。

一九六〇年（昭三五）から六四年（昭三九）の五年間につくった野村の映画は十七本、年間三本以上である。自社製作本数が減少する中で、その多さが目につく。

ジャンル内訳は、社会派・サスペンス4、青春ラブコメディ4、メロドラマ4、喜劇4、女性映画1と幅広いジャンルを担当した。依頼されても断らなかった結果だが、多くがプログラムピクチュア（娯楽映画）だった。芸術派監督の夢はまだまだ遠かったが、どんなジャンルの娯楽映画でも予算内・短期間で一定以上の水準につくり上げ観客を楽しませる力は社内でも次第に定評となっていった。

【第六章　引用文献・出典】

※9「映画の匠　野村芳太郎」（野村芳太郎（著）、野村芳樹（監修）、小林淳（編集）・ワイズ出版・二〇二〇）
※25「キネマ旬報」一九六二・六下旬　NO1129
※26「キネマ旬報」一九六三・六下旬　NO1157
※27「キネマ旬報」一九六五・一上旬　NO1197
※28「キネマ旬報」一九六七・一二下旬　NO1271
※29「キネマ旬報」二〇〇五・七下旬　NO2247

第七章　城戸社長再登板と大リストラ

城戸社長の世評

一九六〇年代半ばになると、日本映画全体の入場者数はピーク時の三〇％にまで急減すると共に、時代に合わない大船調映画の松竹は業界シェアでも最下位の一一％台となり、興行収入は減少した。松竹は赤字が一九六〇年から続き、土地などの保有不動産を売却して赤字などの穴埋めを続けた。

城戸は一九二四年（大一三）に蒲田撮影所長となり、松竹映画製作の権限を握って以来、その後も大きな影響力を保持し、一九六四年（昭三九）には七十歳になっていた。公職追放や無配当転落の責任を取って辞任した期間などを除いても、三十数年の間実際に松竹の映画づくりに深く関与してきたが、一九六四年当時に城戸が世間からどう見られていたかを見てみたい。

経済評論家の三鬼陽之助は、一九六四年（昭三九）に出版した『悲劇の経営者』の

中で、当時の日本映画五社の社長を比較しながら城戸四郎についてこう述べている。

◇

前三社の社長（注：松竹　城戸四郎、大映　永田雅一、日活　掘久作）がいずれも映画界のはえ抜きの玄人なのに対し、あと二社の社長は、清水（注：東宝社長）は百貨店から、大川（注：東映社長）は電鉄会社から転身した素人である。そして、玄人の三社長が経営に失敗、現に赤字、無配に転落しているのに対し、素人社長は、斜陽化と闘いながら、（中略）配当をそれぞれ行い、万丈の気を吐いていることである。（中略）転落三社長に共通するものは、ワンマンとドグマ（注：独断）である。（中略）城戸、永田（注：大映社長）とも、アナクロニズム（注：時代錯誤）に陥っていることに気がついていないところに悲劇がある。東宝社長の清水雅は、製作、配給、演劇、すべて素人でありながら、森岩雄、馬淵威雄の両副社長を片腕に、映画は藤本真澄、演劇に菊田一夫の両専務をおくといった、つまり、各パートにオーソリティを当てて、経営手腕を発揮させている。それにひきかえ、城戸、永田の悲劇は、プロデューサーへの過信が、経営へのオール過信となって、錯覚に陥っている所にある。

（中略）城戸は社長に復帰（注：一九六三年）するや映画製作に全精力を傾注している。（中略）戦前の大船調の復活をねらっている。それだけに、新感覚の監督を排除しようとする。古くは吉村公三郎、新藤兼人を追い、最近では大島渚をはじめ、二、三の監督をやめさせた。「城戸感覚」で、松竹の再建に当たる覚悟だが、このアナクロ社長と運命をともにする株主、従業員はつらいことである。

（中略）大谷（注：松竹創始者）─城戸のアナクロラインが、映画さえよくなればと信じているところに、これまでの敗因があった。それなのに、その観念をすてず、いっぽう、なにをやるにも、同族的な考えから一歩も脱却しない。ここに、すなわち大谷竹次郎、城戸四郎の悲劇がある。

（「悲劇の経営者」※30）

◇

一九六〇年代半ばの社長城戸四郎の世評を見てきたが、芳しくない評判が窺われる。同じ年に出た雑誌『法律公論』でも「アナクロニズム松竹の内幕」とのタイトルで同様のことが書かれている。一九六〇年半ばまでで三十数年間という城戸が関

わった経営・映画製作の期間は、他の経営者に比べるとあまりにも長すぎたのではないか。

大リストラと監督たちの離脱

こうした中で、松竹では城戸社長が一九六五年（昭四〇）に大リストラを行った。映画部門の規模縮小のため、大幅な人員削減（希望退職・配置転換）、京都の撮影所閉鎖などを行ったのである。それに合わせ製作本数削減、一作あたりの製作コスト削減、外部製作作品の配給などが強力に行われ、金と時間のかかる大作はあまりつくられなくなった。

そのため、この大リストラの中で多くの社員たちが松竹をやめていった。

社内での製作本数が大幅に減って、映画をつくるチャンスが減った。採算重視で製作条件（予算・日数）が悪くなっても工夫次第で何とかなるが、自分の創造性を抑制し古めかしい大船調映画をつくり続けることに我慢ができない監督も出る。自分の企画したものの映画化が望めない。配置転換で仕事が嫌になった。色々な理由はあるだろうが、将来に希望を見いだせず多くの監督・スタッフが去ったのである。

その中には、小林正樹、篠田正浩、吉田喜重などの有力監督もいた。そして、篠田正浩、吉田喜重は退社後、自らの独立プロを作った。
三巨匠は、小津安二郎が一九六三年（昭三八）に病気で亡くなり、木下恵介は自分のプロダクションでテレビドラマをつくり始め、渋谷実は一九六五年（昭四〇）の正月映画を最後に松竹で映画を撮ることはなかった。「去るも地獄、残るも地獄」であった。

◇

一九六六年（昭四一）一月号『シナリオ』誌上で、野村は、松竹を去る篠田正浩監督に向けてこう述べている。

松竹の企業合理化で、大船撮影所の監督陣は半数になった。（中略）今、君は企業を飛び出して進み、僕は企業の中に残って、この大揺れの中でもみくちゃにされている。しかし、この混乱は、映画界が将来性のある方向に進むための試練なのだし、またそうすることが映画界にいる僕たちの使命なのだと思って頑張るつもりでいる。（中略）僕達に必要なことは自分の映画をつくることだ。（中略）企業の中では自分の映画が絶対作れないと思えない。又独

立プロなら自分の映画が作れるという保証はどこにも無いのだから、お互いにやってみることだ。（中略）僕たちは、結局同じ所に行きつく日が必ず来るのではないだろうか。又そうならない様では、日本映画は駄目になるんだと思う。

（「シナリオ」※31）

◇

【第七章　引用文献・出典】

※30「悲劇の経営者」（三鬼陽之介・光文社・カッパブックス・一九六四）

※31「シナリオ」一九六六・一（シナリオ作家協会）

第八章　夜明けに向かって

野村の選んだ道

このような状況下で、野村は、松竹に踏みとどまる道を選んだ。

四〇歳代半ばといえばベテランの域に達する円熟期で、生涯で一番よい作品を連発する時期であるが、運悪くリストラの大渦に巻き込まれた。

ではなぜ、野村は松竹という会社に残ったかを推測してみよう。

一つ目は、松竹への強い愛社精神である。

ここまで松竹で就いたポジションを見てみると、父・芳亭の威光で優遇された形跡もないし、少ないチャンスで評価の高い芸術映画をつくり出しても、縁の下の力持ちの役割は変わっていない。しかし、父・芳亭が松竹蒲田撮影所長を務め、映画監督としても多くの作品を残した、そして自らも幼い頃撮影所を遊び場として親し

んだ〝松竹〟という会社への愛着心が強かった。

一方で、冷静に生活のことも考えたのではないか。松竹を飛び出した場合、職を得て生活が成り立つかどうか、松竹に残っても松竹が倒産した場合のリスクにどう対応していくのか等である。しかし、戦場で死と向き合った野村にとって、どんなことが起こってもたいしたことではないと腹を括れたのではないだろうか。そのため、亡き芳亭に代わって、映画監督の立場で松竹の危機に協力しようとしたのであろう。

二つ目は、映画をつくり続けたいという映画人魂である。

自分はどうしても映画をつくり続けたい。社内に残っても、当面撮影環境も悪く、低予算の娯楽映画しかつくれないとしても、地道に実力を蓄えていくことはできると考えただろう。

また、映画のつくり方の工夫や時代の趨勢によっては映画の復活もあるだろうと時期を待って未来に賭けたともいえる。

三つ目は、映画づくりへの自信である。

コツコツと実力をため込んできた野村は〝娯楽派〟〝芸術派〟の二刀流ができる。社内での役割は、フレキシブルに、あらゆるジャンルの娯楽映画を低予算で観客が

喜ぶようにつくることだが、〝娯楽派の能力〟は極めて高かった。それは、芳亭譲りのお客さんを喜ばせる〝エンターテイメント〟の重要性をいつも心に刻み作品をつくってきたからである。そして川島雄三監督から臨機応変につくるツボも教わった。一方、たまにしか回ってこない芸術映画では、エンターテイメントを基礎部分にして、その上に自分の映画作家精神を注入し、芸術性の高い深みのある映画にする〝芸術派の能力〟も併せ持っていたのである。

両方の能力を持ち、更に脚本も書ける。映画は〝エンターテイメント〟だという本質さえわかっていれば、どんな条件で依頼されても、臨機応変にツボを外さず対応できると考えていただろう。

野村の活躍

一九六五年（昭四〇）の京都撮影所閉鎖、大幅な人員整理等の大リストラ開始から株主配当復活の一九七三年（昭四八）までの、苦しい時期の野村の動きを見てみたい。

一九七〇年代に近づくと女性映画・メロドラマ・ホームドラマは振るわず、集客

できなくなり、松竹では試行錯誤を重ねた結果、人気の出てきた喜劇映画とファンを集客できる歌謡映画の二つに大きくシフトした。特に、喜劇映画には著しく傾斜した。この当時の辣腕映画製作本部長三嶋与四治が、大船調映画を標榜する城戸の顔を立てながら、観客の入りが見込まれる喜劇・歌謡映画を低予算でつくり採算向上を考えたのである。喜劇・歌謡映画であればテレビの人気タレント・歌手を主演させても、大船調映画の大きな枠内に入っており、城戸は許すと思ったのだ。(「映画プロデューサー風雲録」※32)

この時期松竹に残っていたベテラン・中堅監督は、野村を始め大庭秀雄、中村登、川頭義郎、山田洋次、市村泰一、桜井秀雄、前田陽一、長谷和夫などである。しかし、この中で七〇年代半ばまで継続してコンスタントに松竹で映画を撮り続けたのは、野村を始め中村登、山田洋次、市村泰一、前田陽一に過ぎない。それは、日本の映画人口が激減し製作本数が減った上に、観客の映画内容の嗜好が大きく変わったからである。

ちなみに、松竹生え抜きの中では、野村、山田洋次、前田陽一は喜劇を、野村、市村泰一は歌謡映画を担当している。松竹は大船調の映画をつくってきた上に、リ

ストラによる大量人員削減と有力監督たちの退社などで、こうした分野の人材が手薄だった。そのため、ジャンル強化として外部監督と契約し、喜劇映画では瀬川昌治・渡邊祐介（別ジャンルも担当）、歌謡・ポップス映画では斎藤耕一（後に、別ジャンルも担当）、アクション映画では舛田利雄、多ジャンルでは井上梅次などに協力を仰いだ。そのため、一九五〇年代には女性映画・メロドラマでヒットを飛ばした大庭秀雄は、六〇年末から映画を撮る機会がなく、中村登は、七〇年代に入ると女性映画を細々と撮らざるを得なくなった。

野村は、今が踏ん張りどころと、ひたすら会社側に協力して娯楽映画ばかりつくり続けた。一九六五年から七三年の九年間をみると、尊敬する加藤泰監督のためにプロデューサー・脚本家に専念した七二年を除けば、一人で年平均約四本と、当時社内で突出した映画本数をつくり、松竹生え抜き監督としてこの期間大黒柱となって支えている。

一九六五年から六七年につくった映画のジャンルを見てみると、女性4、メロドラマ3、喜劇1、歌謡1、ヤクザ1と幅広い。その中でも、『五辨の椿』（六四）の高い評価を受け、会社が女性向けの女性・メロドラマを多くつくらせていることが

わかる。さらに、松竹が喜劇・歌謡映画にシフトし、極端に喜劇映画路線に舵を切った一九六八年から七三年までを見てみると、喜劇13、歌謡3、サスペンス1、女性1と、会社の喜劇映画路線への大幅シフトに協力し、その主柱となって喜劇映画づくりをしている。

『松竹百年史』（※5）は、野村の当時の様子をこう伝えている。一九七〇年（昭四五）では、「本年すでに五本と多作の野村監督は、しかし喜劇のツボを心得た演出で衰えを知らず、これ（注：『なにがなんでも為五郎』）もみごとにヒットさせた」と記し、七一年（昭四六）では、「野村監督『やるぞみておれ為五郎』はハナ肇主演のシリーズ第三作で、ともにヒットしたが、前年来の野村監督の活躍は、本数的にも実績として際立っている」と記しており、その活躍ぶりがわかる。

この当時松竹は、累積赤字を解消し株主配当復活を図るためリストラ真っ只中で、採算中心の評価尺度のはずである。外部監督だろうと松竹生え抜きだろうと利益の出ない監督は淘汰され映画が撮れなくなり、利益の出る映画をつくる監督には多くの映画をつくらせただろうと推測される。この時期、少ない製作費で、大衆にアピールし集客でき、利益の出る映画が松竹の中では渇望されていたのである。

この当時の野村の作品

この時期、野村が一番多くつくったのは喜劇映画だが、渥美清の主演映画群以外に、コント55号（萩本欽一・坂上二郎）のドタバタ喜劇群やハナ肇の為五郎映画群などがある。こうした映画は、役者カラーに合わせ、その魅力を際立たせるように器用につくり分けている。つまり、客層に合わせファンやお客が喜ぶようにエンターテイメントな映画づくりに徹している。

その典型的なものが、一九六八年（昭四三）につくった『コント55号と水前寺清子の神様の恋人』である。

『コント55号と水前寺清子の神様の恋人』（一九六八年）

（あらすじ）

幼なじみの欽一郎（萩本欽一）と次郎太（坂上二郎）は、十年ぶりに再会する。欽一郎は地元の顔役大熊（内田良平）の気風にほれ込み子分になる。大熊は欽一郎と次郎太を騙して、商店街の土地買占めを図ろうとする。欽一郎はおだてられ、ラー

メン屋台の次郎太は大熊への義理から、積極的に買収活動を進める。二人の恩師の岩野（益田喜頓）が大熊の悪事を暴き、それを知った欽一郎は怒って大熊一家に殴り込む……

この作品は徹底的に〝エンターテイメント〟、言い換えれば〝お客様第一〟という姿勢で、集客第一をねらったエンターテイメントに徹した映画である。コント55号（以下、55号という）と水前寺清子（以下、水前寺という）のファンに、二者のアピールポイントをしっかり見せて、最大限楽しんで映画館から帰ってもらおうというサービス精神に溢れている。劇中ナレーションの役割を、水前寺が浪曲師役で担い、つやのある声で狂言回しをすると共に、彼女の多くの持ち歌が挿入され一緒に満喫できる。そして、劇中では、55号の二人が高校時代に片思いだったマドンナ役、現在は萩本欽一（55号）の片思いの役と、二つのヒロイン役を演ずる。一方55号は、スピード感あふれる激しい動きと瞬発力のある笑いが得意で、その持ち味を各所で楽しめる。さらに、55号がベテラン喜劇人に混じりあって醸し出す、大船調の下町人情の湿っぽい笑いも同時に楽しめるのである。

ファンでない人間が観ればそれほど面白くないのだが、ファンサービスを目的に

つくっているため、ファンにとっては堪えられない面白さなのである。

この映画製作には苦労話がある。

コント55号、水前寺清子共に当時人気絶頂で超多忙のため、映画を一緒に撮る時間がなかったのだ。コント55号は連日日劇の舞台に出ており、終日使える日はほとんどなく一日に数時間使える日を寄せ集めて合計で六十時間、水前寺清子は終日使える日が三日間だけしか空いてなかったという。プロデューサーは、両者の日程が過密で映画製作を半分諦めかけて野村芳太郎監督に話を持っていったところ、野村はスケジュール表をざっと見て、充分だと自信をもって答えたという。そして、野村はスタッフと一緒に、ジグソーパズルを埋めるように精緻に日程計画を作っていった。

コント55号の場合は、一日当たりの撮影時間が短いため、往復時間の少ない日劇の近くにロケ現場を探し撮影した。そして、休憩時間にいつ来ても撮影できるように待機をした。一方、水前寺清子の場合は、丸三日使えるため大船撮影所にセットを組み昼夜撮影し、屋外ロケは撮影所の近くの場所で行った。（「映画プロデューサー風雲録」※32）

この映画を、再度目を凝らして観てみると、たしかにコント55号と水前寺清子が一緒に演技している場面は極めて少ない。しかし、映画としては不自然ではなく、

前述したようにファンには堪えられない面白さで仕上がっているのだ。野村はかつて映画『踊る摩天楼』を二週間という驚異的な短期間で作り上げたことがある。観客を楽しませるというツボを外さず、そこだけに集中し、多少のことは大胆に捨てさり、工夫とチームワークでこの映画をつくりあげたのである。

キネマ旬報の映画評（平井輝章）（※33）では、「人物が登場していろんなエピソードをくり拡げるが、それらを横道にそらさないで、親分の悪企みという本題にチャンとからませているのは、当然あるべき処理だが、多くの映画は大体こういうところで失点をマークして落伍していくのである。もう一つ、これらの人物が、一応きちんと描かれており、当方も安心して見ていられるのは、野村芳太郎演出の力である」と、茶の間の人気者主演の喜劇でも手を抜かない野村の力を高く評価している。

この映画は、この年の全松竹映画、映画各社の正月映画興行収入の中で一位となった。同じ55号主演映画でも東宝の作品は評判が悪かったことからも、野村の映画づくりの上手さがわかる。その後も野村のつくった55号映画は、引き続き好成績を収めた。

一方、この時期は会社再建期間中だが、大活躍のご褒美だろうか。一本だけ芸術映画をつくっている。松本清張原作のサスペンス映画『影の車』（七〇）である。原

作発表から八年間ずっと野村の頭にあり、脚本家橋本忍と意気投合し、会社に話したところ、了解され映画化された。松本・橋本・野村トリオの三作目の作品である。既婚者のサラリーマンが、幼なじみで子供のいる未亡人と再会し、深い関係になっていく。なつかない子供が自分に殺意を持っている妄想と、自分の幼児体験が混濁し、事件を引き起こすという物語である。

この映画はキネマ旬報ベストテン七位など、批評家からは高い評価を受けた。また洋画専門館のロードショーで成功し、一般上映でも好成績を収めた。久しぶりにつくった芸術映画は、多くの集客と外部の高い評価を得たが、同時に日本の推理・サスペンス映画の得意なつくり手として野村の名前を世間に強く印象づけた。こうして、野村の芸術映画づくりへの自信は深まっていった。

【第八章　引用文献・出典】

※5「松竹百年史」（松竹・一九九六）
※32「映画プロデューサー風雲録」（升本喜年・草思社・二〇一二）
※33「キネマ旬報」一九六九・二下旬　NO1303

第九章　野村の映画哲学と特徴

野村の映画哲学

野村の映画は、二階建ての家に例えるとよいのではないかと思う。

一階部分は映画に絶対必要なものでできている。それは〝エンターテイメント〟だ。彼は〝エンターテイメント〟が、映画では最重要であり、言い換えれば、映画ファンや観客がわかりやすく楽しめる映画をつくりあげることが一番重要だと考えているのである。

脚本家・橋本忍がある時、親しい野村に「黒澤明監督にとっての橋本忍（＝自分）の存在価値」について聞いたことがあった。橋本は『羅生門』『生きる』『七人の侍』『生きものの記録』など著名な黒澤映画の多くの脚本を書いている。これに対して、野村は、「黒澤が脚本家・橋本忍と出会わなければ、黒澤は映画に〝思想、哲学、社会性〟を持ち込むことはなかった」と言い切った。さらに、黒澤の演出力と実力か

らすると、橋本と出会わずに映画の〝面白さ〟だけを追求していれば、ビリー・ワイルダーにウィリアム・ワイラーを足して二で割ったような、世界のファンを心の底から楽しませる映画をつくり、世界の映画の王様になっただろうと述べた。（「複眼の映像」※14）これは、野村が、こんな多大な実績がある橋本忍に対しても、相手が誰であろうと遠慮せず、自分の思った意見をズバリという一種の強い信条を示している。しかも、その中に野村の映画哲学がしっかり表れていると思うのである。明らかに、〝思想、哲学、社会性〟よりも、〝面白さ〟に映画の価値を見出しているのだ。

◇

野村は雑誌のインタビューの中でもこう述べている。

僕の映画作りの信条の一つに、観客がどういうものを見たがるのかな、楽しむのかな、という原則がありまして、キャスティングにもその点を重要視して、こんな俳優を見たがるんじゃないか、という考え方がとてもつよいんですよ。

（「キネマ旬報」※34）

映画をつくるのは監督自身であり、自分が面白く、なおかつ人に受け入れられるなら、映画として成功しているのであり、その意味で監督の仕事は本質的にも誰も変わらないと思う。自分がどんなに面白いと思っても、それが観客に受け入れられなければ、この仕事を続けていくことはできない。何もかもが結果がすべてなのだ。

（「近代中小企業18」※35）

◇

野村は、当時の映画界の状況を冷静に把握している。映画全盛の、レジャーが映画だけだった時代には、どんな映画でも集客できた。しかし、時代は変わり映画はレジャーの一つでしかなく、各家庭にはタダで見られるテレビという最大の競争相手がいる。普通の監督は、観客より自分のつくりたい作品、あるいは芸術映画にこだわりがちだが、野村は、映画の存立基盤まで考えた経営者的視点で見ることもできたのである。こうした視点からも、野村は「〝観客＝お客様〟に喜んで、楽しんでもらえること」が、映画の基本ベースだと考えることができた。これは、父・芳亭の考え方そのものだ。

次に、二階部分だがそれが作家性である。彼の優れた作品である推理・サスペンス映画をよく観てみると、〝人間〟についての洞察が特に優れていることがわかる。人間の心の奥深くまで立ち入り、隠された裏面を描き出す能力が高いのである。この種の映画の陥りやすい謎解きや事件を追うことだけに終始することを避け、人間の隠れた感情や心の深層・葛藤を凝視することによって、人間の持つ弱さ・哀しさ・非情さなどを浮き立たせるのである。それは彼の軍隊生活の中で、平和な日常では見られない人間の持つ心の闇や、死に直面した時の思いがけない人間の本性を見せつけられ、人間の本質というものを深く理解したからだろう。

しかし、その作家性さえも、映画の〝真の面白さ〟を実現するために観客をラストまでグイグイ引っ張っていくための方法、観客をワクワクさせ、心の底から楽しませる手段なのかもしれない。

若い頃の野村は、多くの若手監督が夢見るように、黒澤明監督のような芸術映画をつくり芸術派監督になることに憧れていた。しかし、年を経るにしたがって、目指すものは単なる芸術派監督ではなく、ビリー・ワイルダーやウィリアム・ワイラーのような映画監督になりたいと思ったのではないだろうか。かっちりした人物造形

や優れた心理描写を綿密に組み込みながら、幅広いジャンルの映画を、常にお客が満足する面白さで提供する。彼の目指す芸術映画というのは完成度の高い面白い映画、娯楽映画ではなかったのだろうか。

野村の映画哲学を二階建ての家と述べたが、一階建ての家がプログラムピクチュア（娯楽映画）、二階建ての家が芸術映画と言うと更にわかりやすいかもしれない。

もう一つの哲学は、〝観客の反応を重視すること〟である。

野村は映画を撮ると、自作を観るために三回は映画館に足を運び、観客の反応を観察することを習慣にしていたという。どんな場面でファンが喜び、笑い、泣き、つまらなそうな顔をしたのか、帰る時には満足そうか、不満そうかを冷静に観察するのである。また、野村はすべての自作にコメントを残し、作品の経過説明・社内外評価と共に、作品の反省を記している。〝お客という原点に戻ることがよい結果を生む〟と冷静に考え、その反省を次作以降のためにフィードバックして、よりよいエンターテイメント映画をつくろうとしていた。観客の反応を生かすことが上手な〝謙虚な〟映画監督だったといえるだろう。そして、不意に問われてもいつでも五〜六本はやりたい企画を提案できたと言われており、今は実現できなくてもいつでも

自分の夢が実現できるよう、多くの映画を観、本を読み、コツコツと力を蓄積した人だった。

野村の映画づくりの特徴

野村の映画の特徴は〝モダニズム〟だという人もいるが、たしかに一九五〇年代の青春ラブコメディ・ホームコメディ映画にはそういった部分があるかもしれない。しかし、それはその時代とジャンルの持つ特徴ではないかと思うのである。個々の映画を比較しても、一見共通したカラー・個性のようなものは比較的少ないように見える。

しかし、よく考えてみると彼の映画づくりの特徴と思われるものがしっかり見えてくる。

一つ目が、エンターテイメントな映画づくりをしようとしていることである。

お客さんに喜んでもらえる映画でないと、映画館には足を運んでもらえない。監督によっては、自分の作家性を出そうとするあまり、お客さんの観たい映画ではなく自分のみせたい映画をつくってしまうことがある。野村はそうしたことはしない。

プログラムピクチュア（娯楽映画）をつくる場合は、客層を頭に入れ、どうしたらファンやお客が喜ぶかを冷静に考え、映画づくりをしていくのである。こうしたことは簡単そうだが、実力がないと水準以上の映画をコンスタントにつくり続けることは難しい。野村はその実力も兼ね備えていたのである。

前述した「野村の映画哲学」では、一階建て、二階建ての家に例えたが、どんな領域の映画であっても観客・ファンが喜ぶ〝エンターテイメントな映画〟に仕上げようとする。そのため、その都度臨機応変に対応しており、特徴が出にくかったのである。野村はこう述べている。

◇

僕の演出タイプを一口でいえば、タイプがないというか、作品ごとに演出タイプが変わるということである。というのは、同じ自分が演出するのであっても、作品の主題の把握の仕方によって異なるからだ。

（「キネマ旬報」※21）

◇

そのため、一見だけでは特徴がないと誤解してしまうのだ。

二つ目が、幅広くどんなジャンルの映画でも撮ることができることだ。監督によっては、得意な分野を持ちその分野を中心に撮るタイプもあるが、野村の場合は好奇心旺盛で何でもやってみたいタイプだった。

それが、彼にとっては結果として幸いした。時代の流れ（所得水準・余暇時間・意識の変化等）に従って、観客が求める映画の内容やテーマは変化する。例えば大庭秀雄・中村登などの女性映画やメロドラマは、一九五〇年代が全盛だったが、テレビの普及で女性たちが同種のドラマをテレビで観られるようになると観客は激減した。こうした特定ジャンルしか得意でない映画監督は、風向きが変われば時流に合った他ジャンルの映画を上手くつくり上げることは急には難しい。野村の場合は、一九五三年に監督になって以来多くのジャンルのプログラムピクチュア（娯楽映画）をつくってきた。会社から無理な依頼や意に沿わない依頼が来ても、将来のための試練と受け止め何でも引き受けた。それが結果として血となり肉となった。そのため、時代が変わりどんなジャンルの映画が流行しても、それに合わせたジャンルの映画をつくることができたのである。

三つ目が、目的合理性に基づく映画づくりである。

野村はこう述べる。

ぼくは、今度どういうことをしてやろう、どういう映画をつくってやろう——そういう発想で腹をきめる。そのきめ方で、もうその仕事が、きまってしまうんです。今度は、粘って、自分のこういう感じは出してやろう、それが出るまで粘ろう——というふうに腹を決める場合（注：芸術映画）と、こういう条件の中ででも、これぐらいのことをやってみせよう、という場合（注：娯楽映画）。そういう決め方によって、20日間の映画、半年がかりの映画が、でてくる。本質的には同じことだと思うんです。（中略）半年でも一年かけてでも何をつくろうと決心したときにはそういう仕事ぶりをするし、60日ならできますよ、といったときには60日間の範囲でつくる。

（「キネマ旬報」※36）

◇

つまり、娯楽映画には娯楽映画なりの、芸術映画には芸術映画なりのつくり方があるといっているのだ。言い直せば、目的（娯楽映画か芸術映画）に沿って、与えられた条件（予算・期間・俳優等）の中で、期待される映画を合理的に最適につく

り出すということである。娯楽映画であれば低予算・短期間の中で、そのジャンルやテーマから客層やファン層を考えて、彼らに喜び楽しんでもらえるエンターテイメントな映画をつくる。野村の哲学で述べた、一階建ての家である。一方、芸術映画は娯楽映画同様に観客に喜んでもらえるエンターテイメントな映画づくりを基礎部分にして、比較的豊富な予算・撮影日数の中で、監督の作家性を発揮し芸術性の高い映画を実現していくのである。あるいは、芸術性にこだわらずに、観客を最後までグイグイ引っ張っていく完成度の高い〝面白い〟映画を、つくり上げていくのである。観客と映画監督の満足度が共に最大になる映画が、彼にとって最高の芸術映画なのである。観客は観に来なくても、監督だけが満足する芸術性の高い映画をいうのではない。

こうした合理的な考え方は、野村が計数に長けていたこともあるが、合理的に行動できるか否かで生死を分ける、戦場での実体験からの影響ではないかと筆者は考える。戦場での限られた資源（兵力・武器・食糧・装備）の中で、その場での目的が何かを考え、その目的達成の確率を高くするためには、何を捨てて何に集中的に投入するか、どんな順序でやっていくかということが重要なことだからである。

松竹の大苦境期には、「客が入る（＝売上が多い）映画を、低予算（＝少ないコスト）でつくること」が至上命題だっただろう。

これを満たすには、①エンターテイメントな映画を作ることができる、②時代に合ったジャンルの映画づくりができる、③目的合理性を持って低予算・短期間で水準以上の娯楽映画をつくることができる、という三条件が必要だった。この条件を満たすのは、社内では野村が秀でており、野村が期待されたのは必然だった。こうした理由から、野村は前述したようにこの時期に多くの本数を任され映画をつくったのである。

【第九章　引用文献・出典】
※14「複眼の映像　私と黒澤明」（橋本忍・文春文庫・二〇一〇）
※21「キネマ旬報」一九六一・四上旬　NO1097
※34「キネマ旬報」一九七九・二下旬　NO1568
※35「近代中小企業18」一九八三・二（中小企業経営研究会）
※36「キネマ旬報」一九七〇・五下旬　NO1337

第十章　乾坤一擲、勝負

『砂の器』の映画化実現

松竹は一九六〇年（昭三五）に無配（株主配当ゼロ）に転落したが、その後の大規模なリストラと企業努力により、一九七四年二月期（昭四九）に株主配当を復活した。映画製作部門の赤字大幅縮小と、歌舞伎・興行など他部門の黒字拡大の努力が実った結果である。一方で、改革できなかった大映は一九七一年（昭四六）に倒産し、同年日活は一般映画から撤退した。

野村は長きにわたり松竹の再建に協力し、会社黒字化もなった。自分の夢をずっと抑えてきたが、次は自分の目指す芸術映画を撮る番だ。十数年前からずっと温め要望してきて、城戸社長の反対にあった『砂の器』の映画化実現を目指そうとした。脚本家・橋本忍も野村と同じく映画化への意志が固く、松竹単独での製作は難しかろうと「橋本プロダクション」を設立し、野村もこれに加わり、松竹との提携製作

を探ろうとしたのである。しかし、ハンセン病という難病（昔はそう思われていた）が大きなキーとなるこの映画に、実権を持つ城戸会長は相変わらず強く反対した。製作本部長が野村の強い意志を汲んで、城戸と野村を引き合わせて話し合いを持とうしたが、城戸は応じなかった。温厚な野村も、自分の長年の企画がこれだけ努力しても実現できないのであれば、松竹を辞めて他社の東宝で撮ろうと遂に腹を固めた。野村が松竹から離脱すれば、社内の著しい戦力・士気低下が避けられない状況となった。たたき上げの川辺副社長が心を痛め、城戸会長に再考を促したが、激怒させただけで終わった。

『映画プロデューサー風雲録』（※32）に、当時の様子が臨場感あふれて書かれているので、一部引用をしてみたい。城戸会長から却下されてすぐに、川辺副社長は関係する製作、興行、営業、宣伝部門などの幹部を集め、『砂の器』の製作要否について意見を聞き、総意をまとめようとした。順番に聞いていくと、皆サラリーマンの習性からか、最初は言葉を濁す人たちが多かった。城戸会長の逆鱗に触れたくない一方、野村の松竹からの離脱も困るので、自分が責任を問われないようにあいまいに答えて、場の雰囲気・趨勢を探ろうとする。筆者も元サラリーマンなのでその気持ちはよくわかる。その中で、宮本宣伝部長が「野村監督はお父さんの時代から二

代にわたって松竹の功労者です。その人を東宝に追いやれば軍旗を奪われるようなものです。『砂の器』は興行力もあると思いますので、私は製作した方がいいと思います」と、はっきりと自分の意見を主張した。そして、製作本部の升本次長が「副社長、やらせてください。ぼくたちは死に物狂いでつくりますから踏み切ってください。宮本部長のおっしゃる通り、軍旗を奪われて、松竹人間の誇りを失いたくありません」と懇願した。副社長が最後に三嶋与四治製作本部長に問うと、三嶋は「作らせていただきます」と、強い覚悟で答えた。

それを聞いた川辺副社長は、「三嶋君、君のそのひと言をここにいるみんな待っていたんだ。一致団結して『砂の器』の製作を進める、それがみんなの総意なんだよ。それでいいね。俺は出かける」と、興奮気味に言った。そして、その足で城戸会長の所に説得に向かい、『砂の器』の映画化が城戸会長に承認された。

こうして、松本清張の小説を原作とした『砂の器』は、橋本プロダクションと松竹の提携で映画製作が進められた。

野村は『張込み』の時と同じく、よい映画をつくるためには妥協しないという信念で、全力投球で取り組んだ。ラストの父子の四季をめぐる巡礼の旅は、この映画の要の部分である。通常の大編成のスタッフで一年以上をかけ四季を撮ると膨大な

費用がかかるため、少人数で少数精鋭の編成で対応したが、それでもかなりの費用がかかった。それは撮影で、本物志向を徹底的に追求したからである。ちょっと雲が出ただけでも撮影せず、快晴になるのをじっと待ったり、花の咲く前に現地に出かけ、何日も蕾を開くのをじっと待ち、花が咲くのを逃さず撮った。黒澤明に教わったように、妥協せず粘りに粘って、撮影を進めたのである。

そのため工夫をしたとはいえ、予算を大幅にオーバーしたので、担当プロデューサーは頭を抱えた。当初見込みの倍の四億円近くの製作費がかかったのである。こうして、渾身の力を振り絞って野村が完成させた『砂の器』は、一九七四年（昭和四九）十月に全国九地区の松竹系の洋画ロードショー館で封切られ、その後日本映画の劇場で全国公開された。

松本清張原作のこの作品は今も燦然と輝く野村の不朽の名作である。

『砂の器』（一九七四年）

（あらすじ）

蒲田操車場内で殺人事件が発生し、被害者・三木（緒形拳）が話した言葉〝カメダ〟を手掛かりに、ベテラン今西（丹波哲郎）・若手吉村（森田健作）ら刑事たちが

地道な犯人捜しの捜査を続ける。そして、ハンセン病の父、本浦千代吉（加藤嘉）との関係を断ち、世間からの差別・偏見から逃れるため、和賀英良という別人になりすまして新たな人生を生き、新進気鋭の音楽家になっていた本浦秀男（加藤剛）にたどり着く。今西は捜査会議で、殺人動機、幼い頃の父子の放浪の旅と悲しい別れ、現在までの足跡などを説明する。今西と吉村が逮捕に向かった頃、秀男は、自作の新曲を演奏会でオーケストラをバックに演奏しつつ、かつての父子の苦難の旅を追想しながら高揚感に包まれていた。

主人公秀男は、音楽家としての名声を高め、元大臣の娘と結婚して上流階級に駆け上がるため、愛人に堕胎を迫り、自分の過去を知る恩人を殺害した、言ってみれば上昇志向の身勝手なエゴイストである。

小説では〝エゴイストの悪人〟として描いているが、映画ではそれを〝感動的な父子の愛の物語〟に見事に転換させている。そしてそれはラストの四十数分に集中しており、その中に多くの仕掛けが潜んでいる。

その一つ目が、過去と現在の頻繁な場面転換（カットバック）が見事なことである。秀男がのし上がって得た地位を守るためには、療養所で今も生きるハンセン病の

父と会うことは絶対にできない。そのため、秀男は、幼少の頃父子二人で経験した苦難の巡礼と父との思い出を、新曲のメインテーマとして秘かに組み込む。そして、秀男は音楽会で自作の曲を自らピアノ演奏することにより、父の面影や辛苦の巡礼のことを脳裏によみがえらせることができたのだった。

それを劇中、日本の四季の変化の中を、故郷を追われ、巡礼中迫害され、ひととき の安息の時間を過ごす二人の様子（過去）と、現在の音楽会での秀男のピアノ演奏（現在）を頻繁に転換させる〝映像〟によって体現させたのだ。そして幼少の秀男と現在の和賀英良を名乗る秀男が同一人物だと自然に印象づける。

それに加え、この長いシーンには、二人のセリフ（言葉）はほとんどなく、〝音楽〟によって、時に悲しく、時に寂しく、時にやさしく父子の気持ちが表現される。この音楽、組曲「宿命」は、叙事詩のように間断なく流れ、二人に寄り添うように包み込み、言葉以上に観客の心を激しく揺さぶる。

さらに、〝語り〟は、捜査会議の場が受け持ち、殺人に至った謎解きをし、核心の千代吉・秀男父子の苦難の巡礼の旅に目を向けさせていく。この〝映像〟〝音楽〟〝語り〟の巧みなアンサンブルが、ハンセン病という世間の偏見の中で健気に生きようとする父子の姿にスポットライトを当て、観客の心に感動を与えたのである。

二つ目が、子役の表情の演技、さらに言えば目の演技である。

父子の巡礼の過酷な状況と父子の絆に焦点を当てるが、秀男の子役（春田和秀）の「目」を通して、観客は無意識のうちに秀男の気持ちに同化してゆくのである。子役・春田和秀は一切しゃべらず、「強い目力」を持つ目だけで秀男を演ずる。

父子で雪深い農家に巡礼に行くと、農婦がコメをあげようと持ってくるが、ハンセン病の父を見て戸をピシャッと閉ざすと、秀男の目は「落胆と口惜しさ」を表わす。一方、雨をしのいで父子でおかゆを作って食べたり、神社の床下で抱き合って寝る時は「安らぎと幸せ」の目。村の悪ガキたちに罵声を浴びせられ蔑まされた時は、「屈辱一杯」の目。そして、押し倒され集団で殴られた時は「口惜しさ一杯」の目。一方、小学校の校庭で子供たちが体育の授業をやっているのを遠くから眺めている時は、「うらやましい」目。自分も小学校に行きたいのだ。村の警官に、父をかばい誤って道から突き落とされ、顔に大けがを負った時には、「警官への無言の抵抗と口惜しさ一杯」の目なのだ。このように子役の「目力」が、差別される貧しい父子をズームアップする役割を果たしている。

三つ目が、父子の別れのシーンのカメラワークのうまさである。

千代吉は三木巡査に諭され、子・秀男のためにも、遠地の隔離されたハンセン病の療養所に入る決心をする。横たわる千代吉の馬車が秀男のいる駐在所の前を通ろうとすると、三木巡査は父子のために馬車を止めてやる。父子はお互いを見つめ合うが、秀男は悲しさを一生懸命こらえた目で見入る。そして、馬車が視界から消えるまで涙をこらえてじっと見つめる。千代吉が列車で行ってしまうともう会えない。秀男は堪えきれず田んぼ道を、そして線路内を走り続け、ついに駅のホームにたどり着き、二人は泣きながら抱き合う。

このシーンに至るカメラワークが実にうまい。線路を秀男が走って来るシーンでは、遠くから近づいてくる秀男をロング・ショットで捉えてズームで近づけ、全身の入るフル・ショットでつなぎ、半身の見えるバスト・ショットにして、最後はホームに登ってくる秀男をフル・ショットで全身や背景を撮り、泣きながら父子の抱き合うシーンとなる。そこに、父が乗るであろう蒸気機関車が大きな汽笛を鳴らしながら駅に近づいてくるところをズームインし、車体正面をスクリーン一杯に映して終わる。迫りくる悲しい父子の別れを暗示し、余韻を残している。

こうした工夫が、大きな感動を呼ぶ起爆剤として映像の中に隠されている。この

ように複数の仕掛けが相乗効果を発揮し、この映画は〝父子の愛の物語〟に変身して、観客の心の中に激しい感動の嵐を呼びこんだのである。

キネマ旬報で評者の球磨光男は、この映画を前半で欠点を挙げながら、後半では高い総合評価を与えている。

◇

丹波哲郎の刑事がミスキャストだし、いかつい大根役者加藤剛もこの作品の犯人像になじまない。

（中略）世界的に嘱望されている若い音楽家が、自分の過去を隠しつづけるために恩義のあった老人を〝殺す〟という一線を越えなければならなかった。その動機が、ハンセン氏病で今なお生き続けている父親の存在を世間に知らせないためだったということである。（中略）この父子は深い絆で結ばれていた、だから自分の栄光と未来を掌中にしておくためだったら、もっと手段があったように思われるのが何より惜しい。

だが、容易にあげつらうことのできる弱点をもち、原作を大幅に変えながらもこの映画は、清張の味わいを映しとり魅力あるものになった。

（中略）さりげなくたたみ込んでラスト、犯人の新曲発表会での異様な熱気をはらんだ演奏シーンに、彼の暗い幼年時代の父親との陰うつな山陰地方のあてなき彷徨をおりこんでいく結びの部分は迫力と情感をもちえている。

（「キネマ旬報」※37）

キネマ旬報の映画評は、以上のようなものである。

◇

一方、筆者は、じっくり考えてみても秀男が音楽家としての名声、有力政治家の娘との結婚を守るためには、殺人しかなかったと考える。映画の中で、その理由がはっきり描かれているからだ。この映画の中には、それ以外に不自然な個所もあるが、激しく押し寄せる感動の前には、完全に吹き飛んでしまうほど素晴らしい作品になっていると思う。

原作の主題を父子の愛の物語に変えた脚本の橋本忍・山田洋次、美しい日本の四季の変化の中で父子の姿とその心の深層を撮ったカメラの川又昂、父子の心情を組曲「宿命」の中で見事に表わした音楽の菅野光亮、〝語り〟〝映像〟〝音楽〟のハーモニーを巧みに操った演出の野村監督、力量のある人たちの揃ったこのチームワークが不朽の名作を生みだしたのだ。

映画成功後の失望

野村が全力を尽くしてつくった作品は、公開すると総配給収入七億円を超える大ヒットを飛ばした。（「松竹百年史」※5）一方では、芸術性が高く多くの賞を獲得した。毎日映画コンクール映画大賞・監督賞・脚本賞、キネマ旬報脚本賞・読者選出NO1など多くの賞を独占した。また、キネマ旬報ベストテン二位にランクされた。その後、この『砂の器』は日本映画史に残る不朽の名作と謳われ、野村の筆頭の代表作となった。

しかし、映画が大ヒットし、社外からは多くの賞を獲得して高く評価されても、社内での野村のポジションは変わらなかった。

野村はこう述べている。

◇

この映画がヒットすれば少しは映画界の情勢が変わるとか、少なくとも私の松竹でのポジションがよくなるぐらいに思っていたのは全く自分勝手な考

えで、ヒットはしたが、少しの変化も現れなかったというのが実情である。ただ、自分の中で非常な変化を起こした。一度捨て身になってみて、捨て身の強さを意識した、とでも言おうか、そういう点は大変勉強になった。ただ、今のような時代の中で、私のような作家は決してスターという存在になれないし、また、なることもない。ということは実感として感じ取った。

（「映画の匠　野村芳太郎」※9）

◇

元松竹社員で作家・小林久三の『日本映画を創った男』（※38）によれば、『砂の器』の収入を巡って、以下のようなトラブルがあったという。出資している松竹と橋本プロの間で取り分を決める際に、映画配給収入一億円なら、三億円なら、五億円なら、といったように決めていった。松竹は城戸が元々映画化を反対していたため、赤字の場合の損を少なくしようと五億円以下の時に有利に、一方の橋本プロはヒットすると考え五億円以上の時に有利なように収入の配分方法を設定した。実際には大ヒットして総配給収入が七億円を超えたため、橋本プロが多額の収入を獲得した。城戸はそれが面白くなく、橋本プロに参加していた野村に冷たい仕打ちをしたのだろうか。監督の演出料は、前年の興行実績で決定されるのが通例だが、『砂の

器』で大ヒットを飛ばしたにもかかわらず、城戸は部下に命じて野村の演出料を上げないよう直接指示したという。

『砂の器』は、何度映画化を切望しても松竹単独では実現できないので、橋本・野村等が映画化しやすくしようと橋本プロを設立したのである。また、配給収入の決め方については、映画化反対の城戸を意識して、赤字の出た場合の負担を極力少なくしようと部下たちが配慮したと考えられるので、本来その責任は野村たちにはないのではないか。

長く説明したが、前述した野村の言葉の絶望感の中には、こんな事情も含まれていただろう。

【第十章　引用文献・出典】
※5「松竹百年史」（松竹・一九九六）
※9「映画の匠　野村芳太郎」（野村芳太郎）（著）、野村芳樹（監修）、小林淳（編集）・ワイズ出版・二〇二〇）
※32「映画プロデューサー風雲録」（升本喜年・草思社・二〇一二）

※37「キネマ旬報」一九七四・一二上旬　NO1460
※38「日本映画を創った男　城戸四郎伝」（小林久三・新人物往来社・一九九九）

第十一章　野村と城戸四郎

なぜ野村は不遇な期間が長かったのか

城戸は、長期間映画製作部門に強い力を保持し、自らの映画理論を持ち、一大プロデューサーとして情熱を持って映画づくりに邁進してきた。経営者・城戸四郎の力は松竹内では極めて大きかった。彼は、蒲田撮影所では若手の清水宏、五所平之助、斎藤寅次郎、小津安二郎監督などを、大船撮影所では渋谷実、木下恵介監督らを見出し、育てあげ、〝蒲田調〟その後〝大船調〟を掲げて観客に訴え一九五〇年代半ばまで人気を誇った。山田洋次監督の場合も、初期の頃は作品が興行的には不振で、社内では撮らせないという意見が大勢の中で、城戸が山田の才能を見抜き積極的に映画を撮らせ育てていったといわれる。その先見の明あって、その後山田洋次監督はドル箱となった「男はつらいよシリーズ」を始め、大船調の香りも残す名作を、続々と世に送り出し松竹を支えており、名監督の卵を見つけて育てる眼力に間

違いはなかった。

しかし、野村の場合はここまで見ても、城戸の野村への特別な扱いは見られない上に、むしろ彼への冷たささえ感じてしまうのである。

野村は、若手監督の時代には批評家から〝松竹の忠臣〟と蔑まれても会社に黙々と協力した。会社の大苦境期に有力監督たちが次々と去る中で、大黒柱となって獅子奮迅の活躍をした。そして、意に沿わない娯楽映画を数多く引き受けても、工夫しヒットに導き会社経営に多大な貢献をした。

野村は、娯楽映画を多くつくるご褒美に、二〜三年に一度自分が希望する映画を撮らせてもらうという辛い立場だった。（「キネマ旬報」※29）プログラムピクチュア（娯楽映画）では、自らの戦争体験を反映した作家性の強い正・続『拝啓天皇陛下様』をつくり高い評価を得た。そして、たまに回ってくる芸術映画では、チャンスを活かして評価の高い映画をつくり『張込み』『影の車』などがキネマ旬報ベストテンにランク・インしたし、『五辨の椿』では好演出で岩下志麻を演技派女優に開眼させた。また、職を賭して捨て身でつくった『砂の器』は、興行面での大ヒットと批評家たちの高い評価を得た。野村の担当した娯楽映画は、会社の期待に応える実績を残し、少ないチャンスの芸術映画は外部評価・興行共に大きな成果をだした。

それでも、社内での彼のプログラムピクチュア（娯楽映画）をつくるというポジションは、言い換えれば城戸の評価は、変わらなかった。「できるだけのことはやって成果も出した。これ以上、俺はどうすればいいんだ」という野村の悲鳴が聞こえてくるようだ。かつて企業で働いていた筆者の経験から言えば、これだけの成果を出せば、昇進・昇格させるのは当たり前で、芸術派監督の位置付けを念頭に置きながら、会社の期待する芸術映画を多く撮らせていくのが順当なところだろう。

野村が会社のためにこれだけ尽力し、成果を上げても、城戸がそれほど報いようとしなかったのはなぜだろう。城戸が野村に対しどう見ていたかを書き残していないので、推測するしかない。筆者はここまで野村と城戸を調べた結果、以下のような理由を考えた。

一つ目は、城戸が野村の映画作品を、あまり評価していなかったのではないかということだ。

野村が一九七〇年代半ばまでにつくらせてもらえた芸術映画は少ないが、主に松本清張原作の推理・サスペンス映画の『張込み』『ゼロの焦点』『影の車』『砂の器』

である。

野村は推理小説大好き人間で、休憩時間に人と話す時も世間話よりも、推理小説の話をよくしていたという。また、自宅の本棚には推理小説の本がギッシリと置かれており、かなりの読書量だったようだ。このように推理小説をよく読み、その本質をよく理解していたので、社会派推理・サスペンスを映画に取り込めば、魅力的な映画のジャンルになると野村は考えた。その理由は、観客をドラマの中に引き込んで、一緒にドラマの展開を考えさせることで映画を成立させることができるからだ。また、ドラマを通した観客との駆け引きができるのが面白い所で、上手く作るのは難しいが監督にとってやりがいのある仕事だからであると野村は語っている。

(「キネマ旬報」※29)

一方、城戸は自ら書いた『わが映画論』(山田洋次編)(※39)の中で、スリラー(=推理・サスペンス映画)は、好きではないとはっきりと言い切っている。また言い換えて、スリラーを好きではないことが自分の趣味だとさえ言っているのだ。作家・松本清張については、サスペンスをつけた描写力は天才的だが、人間感情の盛り上げは比較的弱いとあまり評価していない。そしてサスペンスものは、芸術の中に入るのかと懐疑的で、推理・サスペンス映画を認めようとしていない。

作家の小林久三は、城戸の推理小説、特に松本清張の作品についての考え方をこう解説している。

◇

松本清張が出現し、社会派推理が圧倒的な読者を獲得したという背景や変化の意味も、城戸はついに理解できなかった。

ましてや清張作品には、社会や人間を下からすくい上げたような怨念にみちた視線でながめているようなところがある。下積みや差別された人間の怒りと憎悪が、清張作品には通奏低音のように鳴り響いている。

そのへんのところは、城戸は敏感に感じ取っていたはずで、城戸のいう人間の善悪にもとづくヒューマニティ路線とは微妙に食い違う。清張とは生まれながらに、たどってきた人生コースが根本的に異なる城戸にとって、清張作品には、本能的に嫌悪感を感じていたに相違ない。

（「日本映画を創った男」※38）

◇

ということは、松本清張原作の野村の推理・サスペンス映画群を、城戸は野村の優れた実績として評価していないと解釈できる。つまり野村には芸術映画をつくる

力がないと評価しているのだろう。

あらゆるジャンルのプログラムピクチュア（娯楽映画）を予算・期間内で大船調の味付けをして観客が喜ぶようにつくる〝器用さ〟は買うが、その下積みのポジションが適職で、芸術映画は任せられないと考えていたのだろうか。


二つ目は、映画づくりに対する考え方が大きく異なるため、野村に任せられないというものだ。

両者の目指すものは、極端に言えば、城戸の〝ヒューマニズム〟に対し、野村は〝エンターテイメント主義（＝観客第一主義）〟である。

城戸は古くからヒューマニティ（「わが映画論」※39）、即ち人類愛、家族愛、兄弟愛、恋愛、友情と言った人間の情愛をテーマに、「明るく楽しく感動を与えるもの」を〝大船調の映画〟という形にして、観客に楽しんでもらおうとした。またそれが観客に楽しんでもらえるものだと考えた。城戸は自著で〝ヒューマニティ〟の重要性を熱く語っており、それは、城戸の映画づくりで譲ることのできない〝信念〟ともいえるものだ。

それに対し、野村は父・芳亭譲りでお客様に喜んでもらえるエンターテイメント

な映画をつくることが大事だと考えている。そして、映画の〝面白さ〟を楽しんでもらおうとした。また、業界の置かれた厳しい状況をリアルに冷静に考え、お客さんが来てくれるためにも、お客さんが満足する映画を提供しなければならないと考えたのである。そして、お客さんの〝面白い〟という満足感と監督の作家性が、両立した映画がベストと考えるのである。

山登りの山頂をお客さんの〝満足〟とすれば、〝大船調〟だけが山頂に到達する道ではなく、登る道はいろいろあっていいと考えた。こんなことが考えられたのは、映画業界の現状とその原因を冷静に見られる目を持ち、自作を映画館という〝現場〟で必ず三回は観て、生の観客の反応を確認していたからではなかろうか。このように、二人の考え方はかなり異なるものだった。

少し極端な表現かもしれないが、城戸は信念を持った〝大船調映画の伝道師〟といえる。城戸はかつて映画の三原則の中に〝指導〟という言葉を入れていたが、それはまさしく啓蒙的、家父長的、エリート的で〝映画を見せる〟といった立場だ。一方野村の場合は、お客さん〝満足〟第一主義の〝映画を観ていただく〟という立場である。そのため、城戸から見ると、野村は観客迎合的でコアな主張がなく、背骨のない軟体動物のように映ってしまうかもしれない。

また、両者は人間に対する見方も異なる。城戸の大船調映画は〝ヒューマニティ〟を映画に描き込むが、これは人間への愛情、人間への信頼や期待の表れであり、人間の見方は〝性善説〟だと言える。一方、野村の評価の高い推理・サスペンス映画群を観てみると、戦場での体験が大きく影響し、人間を冷静に眺め人間の持つ多面性の中から、思いもかけない時に表出する人間の性を炙り出している。描くのは、性善説でも性悪説でもなく、人間の持つ〝本性〟なのだろう。城戸にとって、〝ヒューマニティ〟をメインに据えない野村の映画は、あまり評価できなかっただろう。

そして、城戸が育てた三巨匠や山田洋次監督を見てみると〝ヒューマニティ〟を織り込んだ映画の中に、映画作家としての独特の個性やカラーを持っており、それを城戸は愛しているように見える。しかし、野村の映画は、推理・サスペンス映画については心の奥深くを洞察し、そこから人間の思いがけない性を発出させるのだが、彼の監督した数多くの映画を全体としてみてみると癖や特徴と呼べるものは少ない。野村の場合、映画のテーマや内容ごとに考え、それに合わせて最適な演出をするため、共通した個性と呼べるものが見えにくく、〝器用なこと〟だけが目立つのである。芸術派と言われる監督の多くは、映画の中に強い個性とカラーを持ってい

る。そのため、城戸は野村を器用貧乏でオリジナリティがなく芸術派監督に向かないと判断したかもしれない。

約六十本の映画で野村とコンビを組んだカメラマンの川又昂は、以下のように述べている。

◇

城戸四郎さん（当時社長）とも喧嘩して、干された回数が一番多いのも野村さんじゃないかと思います。野村さんは「明るく美しい松竹映画」だけではないだろうということで、松竹ヌーヴェルバーグの若い連中を応援していたんです。

ただ、自分が撮るものは必ずしもそうじゃないところが、あの人のわり切ったところで、プログラムピクチュアを続けて点数を上げて、2年か3年に1本大きなものをやりたいと。

（「キネマ旬報」※29）

◇

野村と城戸は喧嘩したと書かれている。野村の松竹ヌーベルバーグ支持の理由は、

大船調にこだわらない〝多様な種類の映画〟を、認めてほしいということだったのだろう。

川又は干されたと言っているが、五八年（昭三三）以外は干されていないと思われ、毎年多くの映画を監督した。推定だが、川又の〝干されたという意味〟は、芸術映画はあまりつくらせてもらえず、プログラムピクチュアばかりをつくらされているという意味ではないだろうか。

それはさておき、〝野村と城戸の映画への考え方が大きく異なる〟ことが、〝喧嘩〟という表現からはっきりしたのではないか。

三つ目は、城戸が野村に対し感情的に嫌っていたためだというものだ。

野村の子息・芳樹は「芳亭さん（注：野村芳太郎の父）は城戸さんのことを、門外漢の東大出の頭でっかちが入ってきやがったというのでけっこうイジメていた、と。それの恨みがあるから俺は嫌われているんだっていうのがオヤジさん（注：野村芳太郎）の言い分ですね。別に面と向かってイジメられていたというのではないみたいですけど、煙たがられている、というのが（注：野村）芳太郎さんの城戸さんに対する感覚ですね」（「映画の匠　野村芳太郎」※9）と述べている。

感情の問題というのは、他人には計り知れないものであるが、意外に信ぴょう性があるのかもしれない。芳亭が蒲田撮影所長の頃に城戸が入社してきたのは事実であり、エリート臭が強く、鼻っ柱が強い若者との印象から、いじめたことがあったのかもしれない。また、前述したように蒲田撮影所時代に、父・芳亭と城戸との間に映画思想と路線上で、大きな意見の相違があった。そして、芳亭が蒲田撮影所長から京都・下賀茂撮影所長に下ると、城戸が代わって蒲田撮影所長となり所内の実権を握り、蒲田調映画の推進と改革を押し進めた。その後芳亭が蒲田撮影所に一監督として戻って来ても、芳亭の映画は興行力があったので、治外法権のような存在だっただろう。こうした関係にあった芳亭の息子である。あまり関わりたくないと思うのは自然な感情である。また、自分と対立した人間の息子を、昇進させようと思わないのがごく普通の感覚ではないか。そう考えれば、目立たないプログラムピクチュアの担当のままにしたり、芸術映画が高い外部評価を受けても抜擢しないのもうなずけるのである。

一方、城戸が野村を将来松竹の役員にしようとした話も述べておかないと公平ではない。橋本忍（「複眼の映像」※14）と野村の子息・芳樹（「映画の匠　野村芳太郎」※9）の話を総合すると、『砂の器』ヒット後、映画をつくる中枢の製作本部長

に野村を据え、将来役員にしたいニュアンスの話を城戸は野村にしたようだが、野村はそれを断ったという。小林久三の『日本映画を創った男』（※38）を読むと、この時期に松竹映画再建の最大の功労者の製作本部長が更迭され、次に指名された者は入院し就任を固辞したといわれる。そのため、色々な思惑が絡んでいるかもしれないので、深入りせず事実を記すだけにとどめておく。ただ、これで野村の経営者的に映画界を俯瞰できる目や時代を読む能力、映画に賭ける情熱を城戸が評価していたことだけはわかる。

以上、三つの根拠を挙げたが、筆者は三つすべてが、城戸が野村を引き立てようとしなかった、その能力を認めなかった理由だと考える。

その中でも、筆者は二番目の映画に対する哲学・考え方の相違が、野村への低評価を生んだ主因だと考える。そして、一番目の推理・サスペンス映画への偏見が、城戸の目を曇らせ野村への低評価を増幅していったのではないだろうか。

しかし、人間は理性的である反面感情的でもある。そのため、三番目の感情的に嫌っていたという理由も捨てきれないのではないかと思うのである。

【第十一章　引用文献・出典】

※9「映画の匠　野村芳太郎」（野村芳太郎（著）、野村芳樹（監修）、小林淳（編集）・ワイズ出版・二〇二〇）
※14「複眼の映像　私と黒澤明」（橋本忍・文春文庫・二〇一〇）
※29「キネマ旬報」二〇〇五・七下旬　NO1842
※38「日本映画を創った男　城戸四郎伝」（小林久三・新人物往来社・一九九九）
※39「わが映画論」（城戸四郎著・山田洋次編・松竹・一九七八）

第十二章　名匠への道

野村の時代到来

一九七七年（昭五二）四月、城戸四郎会長が八十二歳で亡くなった。生涯を日本映画、松竹に尽くした日本の映画の父、松竹の一大プロデューサーであり、その功績は計り知れない。

城戸の亡くなった年の秋、野村が共同プロデューサーも兼ね監督した横溝正史原作の『八つ墓村』が、一本立で公開された。興行収入は二十億円という松竹史上最大（当時）のヒットを記録した。

野村は、一九七〇年代後半以降になると、一躍表舞台に躍り出て活躍した。『砂の器』のヒットに加え、『八つ墓村』の大ヒットという高い興行成績はその後彼が活躍するための大きな実績、土台となった。それ以外に、二つの大きな要因が彼を檜舞台に立たせたのである。

まず一つ目の大きな要因は、一九七〇年代の日本映画界の大きな潮流である。
一九六〇年代に激減した日本映画入場者数は七〇年代に入っても下げ止まらず、一九七一年には映画最盛期の二〇％を割り、更に減少していった。こんな状況の中で、日本映画各社は一本立大作を競い挽回を図っていった。また、異業種から参入した角川映画も出版・広告・大量のテレビCMなどマルチメディア戦略を駆使して一本立大作映画に進出してきた。当時の大作をざっとみても、松竹以外の大手映画会社の『日本沈没』（七三）、『華麗なる一族』（七四）、『新幹線大爆破』（七五）、『八甲田山』（七七）、角川では『犬神家の一族』（七六）、『人間の証明』（七七）、『野性の証明』（七八）など錚々たるものである。こうした映画界の環境の変化によって、エンターテイメントな大作をつくれる監督のニーズが増した。

次に二つ目の要因は、野村の持つエンターテイメントな芸術映画をつくる実力である。

この時期大作をヒットさせるためには単に芸術映画だけではだめで、エンターテイメントな、いわば観客にとって面白く魅力的な映画でないと集客できなかった。

質の高い芸術映画をつくる力と、お客様第一のエンターテイメントな映画をつくる両方の能力を、松竹という会社で兼ね備えていたのが野村である。エンターテイメントと芸術映画の連結、即ち〝エンターテイメントな芸術映画〟をつくれるのは野村をおいていなかった。当時、松竹には山田洋次監督がいたが、「男はつらいよシリーズ」がドル箱化し忙しかった上に、エンターテイメントな映画づくりは野村の方が得意だった。ジャンルは、過去に野村自らが芸術映画として切り開き高い評価を得てきた上に、当時人気のあった推理・サスペンス映画が必然だっただろう。観客の興味を惹き緊張感を保ちながら、人間の深層心理に触れ芸術的な味も楽しんでもらうのだ。

野村は大作をつくる際の心構えを、こう述べている。

◇

大きなスケールの、力が入りすぎた大作がならぶという今の映画の中で、〝映画を楽しむ〟ってことが忘れられてるんじゃないかって気がするんですよ。もっと楽しい映画ってないものかな、というのが出発点であり、狙いなんです。

（「キネマ旬報」※40）

◇

当時を思い出してみると、角川の大作映画はマルチメディア戦略に長け、上手く人の興味を惹き集客力はあったが、見かけに比べ映画の質は必ずしも高くなかったと筆者は記憶する。角川映画の大作は、CMは魅力的で包装は極めて立派なのに比べ味は並みでがっかりすることが多かったが、野村のつくった大作は包装通りおいしい味がしたというのが筆者の実感である。

こうして、松竹が命運をかける一九七〇年代後半以降の一本立大作を、野村は数多く担うことになったのである。〝時代〟が野村を必要としたと言えるだろう。さらに、城戸四郎が亡くなったことも影響したのかもしれない。

一九七八年（昭五三）には、プロデューサー兼監督を担当した二本の大作が公開された。日本推理作家協会賞を受賞した大岡昇平の法廷小説が原作の『事件』と松本清張原作の『鬼畜』である。

ここでは『事件』を紹介しよう。

『事件』（一九七八年）

（あらすじ）

厚木市の山林でスナックのママ・ハツ子（松坂慶子）の死体が発見された。犯人はハツ子の妹で妊娠中のヨシ子（大竹しのぶ）と恋仲の十九歳の宏（永島敏行）だった。裁判が開かれ、殺人に至る意外な真実が次第に明らかにされていった。話がもつれて、ハツ子に対して威嚇のためにナイフを出した宏の様子を、ハツ子のヒモ・宮内（渡瀬恒彦）が見ていたのだった。その真実は……

原作は、未成年者の殺人事件を通して、裁判ルール、裁判関係者の役割や彼らの日常生活を丁寧に説明しながら、現裁判制度の中で公正な判決がどこまで可能なのか、裁判での真実とは何かに重きを置く。一方、映画は小説の弱点を鋭く突いて、新たな視点で〝人間〟を描き出そうとする。小説の人間描写が平板なのを逆手に取って、その部分を膨らませ、かっちりした人物造形を土台にして、事件の背景にある愛憎の人間関係を中心に据えながら殺人に至る心の深層に迫ろうとするのである。

その結果、映画は小説とはまったく別物となった。小説を超えたと言えるかもしれない。その意味では映画『砂の器』が、小説にわずかに書かれていた部分を大きく膨らませて感動の物語にした手法と似ているともいえる。

映画では、裁判関係者の役割や法廷の進め方をシンプルに整理し、裁判の中から

〝人間〟のドロドロした部分を巧みに引き出そうとする脚本・新藤兼人の力量が光っている。

法廷は、佐分利信を裁判官に、芦田伸介を検事に、丹波哲郎を弁護士にと、存在感があり演技力のあるベテランたちを配したことにより、法廷での戦いが実にスリリングでリアルになった。そして、ピンと張った緊張感を途切れさせない効果を持つ。

しかし、裁判＝法廷は宏ら主要登場人物の人物像をくっきりと浮かび上がらせるためのあくまでも舞台装置だ。法廷の攻防の中で、証言や回想を巧みに積み重ねて徐々に人物像が肉付されていく。ハツ子・ヨシ子・宏・宮内四人の関係を現実と回想を絶妙に織り交ぜながら、人間の身勝手さ、図太さ、哀しさ、弱さ、いい加減さなど人間の持つ多面的な顔を野村の演出はあぶり出す。ハツ子は肉体で誘い、ヨシ子は意図的に宏の子を宿し、一人の青年・宏を奪い合う姉妹の心理、優柔不断な宏のぐらつく心、金ズルのハツ子を失いたくないヒモ・宮内の心理など、それぞれの心の深層に入り込み観客の前に露出させていく。

こうして、自分大事の身勝手な人間の本性が暴かれる一方、人間らしい悔恨や優しさも垣間見せる。

この中で出色なのが、松坂慶子の素晴らしい演技だろう。高校時代に義父にレイプされかけ家出後転落し、都会で辛酸を舐めて生き抜いてきての心身の倦怠、ヒモ・宮内との腐れ縁への焦燥、ヨシ子に宏を奪われた哀しみと怒り、それが混然一体となった〝絶望感〟〝諦念〟を表情や体全体で見事に演じ切る。野村の演出は『五辨の椿』で岩下志麻を演技派女優に開眼させたが、ここでも松坂の演技力を開花させた。

この映画では、裁判の中に絶対的〝真実〟はあるのかと強く問いかけている。それは人間が人間を正しく裁くことができるのかという命題でもある。地元民の証言が誘導やわずかな印象でコロコロ変わる如何にいい加減なものかが明らかにされ、ポロっと彼らの本音やグチも出る。それを演ずるのは森繁久彌・西村晃・北林谷栄ら芸達者たちで、それぞれの人物を人間臭く上手く体現する。また、その熟練した演技は、堅苦しく緊張過多の法廷の雰囲気を和らげるクッションのような役割も果たす。

ラストのヒモ・宮内とヨシ子のすれ違いでの会話は、ひ弱に見えたヨシ子が母としての逞しく成長したことを如実に示す。そして本来なら暗くなりがちなラストを、未来への明るい希望を託して終わらせている。失われてしまった大船調映画の残香を感じさせるかのようだ。この映画は観終わると、ずっしりとした一級の人間ドラ

マを実感できる。

キネマ旬報の映画評（大黒東洋士）（※41）では、「現実と回想場面が錯綜するが、混乱はない。巧者に練られた新藤脚本と練達の野村演出は、さすがである。（中略）よく出来た裁判劇であり、同時に少年をめぐる姉、妹の不安定な愛と性の葛藤を日常性の中で描いた好青春ドラマでもある。（中略）「事件」への不満も長さの問題だが、にもかかわらずこれは、今年上半期の日本映画の中では、一番面白い出来栄えである」と、べた褒めで、高い評価をしている。

この年、野村の二作品『事件』『鬼畜』は各賞を総なめにしたが、特に『事件』の評価は高かった。日本アカデミー賞では、野村は監督賞、『事件』は作品賞、主演男優賞ノミネート、主演女優賞、助演男優賞、脚本賞と多くの賞を受賞。一方、『鬼畜』も主演男優賞、助演女優賞ノミネートを受賞した。野村監督の作品が大半の賞を独占したのである。一方キネマ旬報ベストテンでも、第四位『事件』、第六位『鬼畜』と野村の二作品がランク・インし、『事件』は脚本賞、助演男優賞、助演女優賞、『鬼畜』は主演男優賞と多くの賞を獲得した。また、毎日映画コンクール、ブルーリボン賞でも多くの賞を受賞した。こうして、日本映画界でも実力のある有名な監督として数えられるようになった。

やっと自由に映画をつくれる環境を得て、野村はその実力を十二分に発揮しだしたのである。

野村の弟子たち

野村の弟子として、山田洋次（監督）のことを前段で述べたが、そのほかの門下生について見てみたい。一九五〇年代から六〇年代半ばにかけてチーフ助監督を務めたのは、杉岡次郎と岩城其美夫が圧倒的に多かった。そして、六〇年代後半は吉田剛、仲倉重郎、七〇年代前半は山根成之、仲倉重郎、七〇年代半ば以降は大嶺俊順、松原信吾、鈴木敏夫などである。それ以外に、助監督として付いたのは、大島渚、森崎東、桜井秀雄、貞永方久、宮崎晃、熊谷勲、三村晴彦、花輪金一などがいる。後に日活に移籍し活躍した今村昌平は弟子ではないが、『伊豆の踊子』（五四）でサード助監督をやったことがあるという。

野村映画の脚本を野村と一緒に書いたのは、山田洋次が圧倒的に多いが、その次に多いのが吉田剛、そして三村晴彦、山根成之、高橋正國などである。大島渚も一作書いている。この顔ぶれの中で、森崎東、大嶺俊順、宮崎晃、熊谷勲、高橋正國、

鈴木敏夫、花輪金一などは、山田洋次監督系列ともいえる。

　山田洋次監督とその系列以外で、印象に残る監督と言えば、大島渚、三村晴彦、山根成之、貞永方久だろう。大島渚は言わずと知れた松竹ヌーヴェルヴァーグの旗手で、自作『日本の夜と霧』（六〇）の上映打切りに抗議して退社し、自らプロダクションを立ち上げ、『絞首刑』（六八）、『儀式』（七一）など話題を呼ぶ多くの政治的・社会的な作品をつくった。その後海外進出し『愛のコリーダ』（七六）、『愛の亡霊』（七八）、『戦場のメリークリスマス』（八三）などをつくり、世界で高い評価を受けると共に、世界の多くの有名監督に影響を与えた。大島自身が映画作家としての個性が強烈であり、野村の作風の影響は受けていない。三村晴彦は、『天城越え』（八三）、『彩り河』（八四）で評価が高いが、野村の作風は受け継いでおらず、加藤泰監督と師弟関係で影響を受けている。山根成之は『同棲時代』（七三）、『さらば夏の光よ』（七六）、『パーマネントブルー／真夏の恋』（七六）の評価が高い。作風では、山根も野村ではなく日活の鈴木清順の影響を受けているという。貞永方久は、野村が切り開いてきた松竹のサスペンス映画と同じ『黒の斜面』（七一）、『影の爪』（七二）などをつくる一方、時代劇の京都撮影所出身でテレビドラマ「必殺シリーズ」やその映画版等をつくった。

前述したように、野村の場合は映画の中に特徴的なスタイルや個性を前面に強く出さないので彼の色や匂いがあまり残らない。映画ごとの主題を考えながら、一作ごとに合理的に演出をしていく〝器用な〟監督であり、映画作品の中に映画作家としての最大公約数的な個性的なカラーを見つけることは難しい。エンターテイメント重視で、観客に喜んでもらえることを優先するため、個性的なカラーを残すことに大きな価値を置かなかった。野村の〝器用さ〟や〝エンターテイメント重視〟について、映像作家としての映画監督を目指す弟子たちは関心を持たなかったのだろう。こうしたことから、弟子たちに「野村イズム」という形では継承されなかったと思われる。

愛弟子の山田洋次監督は、師の野村について〝クールな人〟と呼び、弟子たちへの指導方法についてこう述べている。

◇

クールな人だから弟子をベタベタ可愛がるようなことはしない。突き放したところで観察していて時おり的確な助言をしてくれる。—野村さんの教え方はそうだった。昔風の監督によくあるように義理人情に厚く、いつも身近において身の回りの世話まで弟子にさせる、ということは絶対にしなかった。

（「映画の匠　野村芳太郎」※9）

◇

親分・子分の関係を作る監督ではなく、小まめに面倒を見てくれる人情家の監督でもなく、自分から努力して成長しようとする者に対して、おだてず冷静に要点をアドバイスしてくれるタイプだったのだろうか。自ら掴み取る意識で行けということなのだろう。山田は、野村の戦場体験が大きく影響しているのではないかと見ている。

しかし、クールと言われる野村だが、一方で新人監督には優しいまなざしを向けている。映画不況以降新人監督の一作目映画の興行成績が悪いと、責任すべてが新人監督に転化され二度と映画をつくれなくなる風潮を憂いこう述べている。

◇

新人というのは下手をすると殺される率が多い。（中略）作品の興行成績が悪かったりで一本だけで終わる人が多い。監督はオールマイティではないから全体のおぜんだてが大切なんだが、会社というのは案外、それをやってくれない。で、一本撮っただけでダメというレッテルがはられる。これをとりはずすのは大変ですよ。新人の演出家（注：監督）は一生懸命やればいい。

それをみんなで応援して、俳優さんもそろえてやれば、それなりになりますよ。（中略）私のプロデューサーとしての仕事は、監督が安心して仕事ができるように周りをととのえてやって、本人が自信がついて、一本目はまあまあでも二本、三本と続いてゆくようにしてやるということです。

（「キネマ旬報」※42）

◇

こう考えた野村は、一九八〇年代に入り自分が会社に一定の発言力を得るようになると、弟子たちがデビューする際には、自らプロデューサーを買って出て新人監督たちの撮りやすい環境づくりに尽力した。さらに自分が温めてきた企画を惜し気もなく弟子の新人監督に提供している。

巨匠の仲間入り

一九七八年以降の監督作品は、監督以外に自作のプロデューサーも兼ね、野村の快進撃は続いた。一九七九年（昭五四）公開の『配達されない三通の手紙』は、日本アカデミー賞の主演女優賞、脚本賞にノミネートされ高く評価された。八〇年（昭

五五）には『わるいやつら』『震える舌』が公開され、こちらも日本アカデミー賞の監督賞、主演男優賞、主演女優賞、助演女優賞の各優秀賞（＝従来のノミネート）を受賞、ブルーリボン賞主演女優賞を受賞し、野村の底力を見せつけた。

一九八二年（昭五七）に入ると野村は、桃井かおり・岩下志麻ダブル主演で、『疑惑』をつくった。三億円保険金殺人事件をヒントに、松本清張が書いた小説の映画化で、脚本の構成には松本清張が参加し、脚本は古田求（＝井出雅人の弟子）に野村が加わっている。

『疑惑』（一九八二年）

（あらすじ）

岸壁から車が転落し、富山県の資産家白川福太郎（仲谷昇）は水死し、妻の球磨子（桃井かおり）だけが助かった。球磨子は元ホステスで前科四犯の素行の悪い女の上に、福太郎には三億円の保険がかけられていた。それを知った地元新聞社の記者秋谷（柄本明）は、保険金殺人キャンペーンを張り、球磨子を鬼畜のような女に仕立て上げた。弁護人のなりてがない中、佐原律子（岩下志麻）が国選弁護人を引

き受ける。状況証拠、目撃者の証言などから、球磨子は裁判で圧倒的に不利な状況に陥る。そんな中、新たな証人の証言から思いもかけない真実が明らかになっていった。

原作では、弁護人佐原は男である。新聞記者秋谷は正義感から予断を持って、球磨子を保険金殺人犯で、極悪非道な女だとキャンペーンを張って追い詰めていく。しかし、冷静な弁護人佐原は徐々に状況証拠や不利な証言を突き崩し、逆に秋谷は追い詰められ破滅する。この中では、マスコミの予断報道の恐ろしさと暴走した記者の蹉跌を描いている。

映画は、原作とは似て非なるもので、被告・弁護人二人を女性にし、生まれ育ち・性格が真逆で、互いに敵愾心を持った者同士が、無実を求めて共闘する姿を描く。真実はどこにあるのかの謎解きをしながら、タイプの異なる二人の女優が白熱した演技で競い合い、対決するのがこの映画の見どころである。

そのため二人の人物造形が巧みだ。被告球磨子は、学歴もなく、カッとなるとみさかいなく暴力をふるい、身勝手で、男をたらし込むのが得意な、前科四犯の多弁な性悪女だ。一方、弁護士律子は、一流大学出のエリートで常に冷静で、物事を論

理的に考える寡黙だが有能な弁護士だ。一方、鼻っ柱が強く冷たい性格のためか、家庭には恵まれず離婚歴があり、幼い娘の親権は元夫が持っている。

二人は裁判だけの呉越同舟の関係で、互いを強く嫌悪する様子が常に映し出される。生意気で退廃的なオーラを出す桃井、近寄りがたい冷たさを発する岩下といった二人の個性が、演ずる人物像に上手く生かされている。

判決後の美酒が最悪の別れとなるシーンは、二人の演技の見せ場だ。球磨子は今まで溜め込んできた敵意を吐き出すかのように、ボトルのワインを恩人の律子の服にぶちまける、桃井の性悪ぶりの演技がすごい。一方、律子は顔色一つ変えずグラスのワインを球磨子の顔にぶっかけ、捨て台詞を残して去っていく。互いの本性が一瞬の中に垣間見えるうまい演出だ。二人の間（ま）といい、表情といい申し分ない。

律子が法廷で鋭く攻めると、証人の老獪な銀座のママ（山田五十鈴）から男性経験が少ないので男の本質を知らないと嘲笑され、元夫の妻からは、自分の子は産まずに律子の子を愛情深く育てるので、もう娘に会わないでほしいと懇願される。裁判では〝勝者〟となった律子だが、女として、母親として〝敗者〟となった瞬間だ。律子の苦い敗北感を一瞬垣間見せる岩下の演技が光る。野村の演出は、律子が真の主人公だったかのように錯覚させ心憎い。

しかし、女優二人だけにスポットライトを当て際立たせたため、逆に失ったものもある。法廷の場面が中心となっているため空間的な広がりがなく、それを補う回想シーンも、野村の法廷映画『事件』ほどは上手くいっていない。さらに二人以外の関係者の人物造形が浅い上に、ベテランの脇役を配していながら山田五十鈴、仲谷昇、鹿賀丈史を除いて持ち味を上手く使い切っていない。そのため主人公二人以外の印象が薄く、『事件』のように厚みを加えることができなかった。

総合的に見れば、最後まで謎解きの結末がわからず、興味を途切れさせない一級のサスペンス映画である。更に、極悪非道な女を桃井が熱演し、岩下がそれをしっかり受け止め、二人が演技の火花を散らす見応えある映画になっている。

この『疑惑』は八二年の日本アカデミー賞作品賞、監督賞、主演女優賞、助演男優賞、脚本賞のそれぞれ最高の最優秀賞を受賞し、この映画の質の高さを示した。キネマ旬報ベストテンでは四位にランク・インし、毎日映画コンクールでも日本映画優秀賞、脚本賞、ブルーリボン賞主演女優賞など多くの賞を受賞した。映画作品として高い評価を受けたが、桃井かおりの性悪女の演技も高く評価された。野村はこの年六十三歳で、この時代では、すでに老境に入っている。

最後の作品となった『危険な女たち』は一九八五年（昭六〇）、野村が六十六歳の時に公開された。

野村映画の脚本

野村は生涯八十八本の作品をつくっている。それを眺めてみると、野村は常々できるだけ脚本は自分で書くのではなく、人の書いた脚本でやりたいと言っていたが、その意味がわかったのである。

調べてみると、野村の芸術映画といわれる作品すべての脚本を、一流脚本家が書いているのだ。橋本忍、新藤兼人、井手雅人、古田求である。こうして出来上がった映画の大半は高い評価を受けている。つまり、一流脚本家のシナリオを基にして、自分が全身全霊を注ぎ込み、じっくりと演出だけに専念することによって、完成度の高い一流の芸術映画をつくろうとしたかったのである。なお、演出とは、シナリオ（脚本）に沿って俳優への演技指導を行うほか、照明・美術や音響などの指示・決定をし、自分の意図した映画になるよう統率していく役割で、これが映画監督である。

このようなケースは、プログラムピクチュアと比べ、多くの予算と時間が必要だったが、それは彼が芸術映画をつくる時にしか許されなかった。

彼のつくった映画の多くは、プログラムピクチュア（娯楽映画）である。低予算、短期間でつくるプログラムピクチュアの脚本は、一九五五年（昭三〇）以降、その多くを自分で書いている。前にも述べたが、プログラムピクチュアの脚本は、社内の脚本家が短期間で書くため、不十分な出来だったり、遅れたり、撮影時に多く修正することもあった。そのため、脚本の書ける野村は、テーマ・予算・日数を頭に入れ、自分で書いた方が合理的・効率的と考え、自分で書いたのだろう。そうすれば、脚本・演出が一体となって自分の頭の中にすべて入っており、映画づくりもスピーディだし、修正も臨機応変にできるのである。そして、自分で書く場合はひとりよがりにならないように工夫をし、客観的な意見や新鮮な知恵を出してもらえるように、二人、または三人で、共同で書いている。相手は、能力アップや指導も兼ねて弟子たちだったり、内外の脚本家だった。

余談だが、俳優、歌手を経て、脚本家に転身しようとしていたジェームス三木の脚本指導をしたのも野村だった。新人コンクールで準入選した脚本の映画化が不発に終わり、ガッカリしているところに、野村が声をかけた。野村はジェームス三木

の中に埋もれている脚本家としての才能を見出したのである。ジェームス三木はナイトクラブで歌手をしながら、野村の所に通い学んだ。脚本のつくり方は、木下恵介のような〝感情〟ではなく、黒澤明のように〝理屈〟で組み立てる方法で、指導してくれたのだという。野村は助監督時代黒澤明についたことがあり、その影響が大きかったのだろう。ジェームス三木は腕をあげると、松竹や東宝の映画の脚本を書きだしている。野村の映画の脚本も書いており、共同脚本は七本にのぼり、映画化されている。その後、ジェームス三木はテレビに進出し、多くのヒットドラマの脚本を書き有名になった。

功績への褒章

一九七〇年代半ば以降の優れた出来栄えの作品群と幾度の映画賞受賞により、映画監督としての高い評価が定まり、野村は年老いて〝名匠〟と呼ばれるようになった。野村が監督になった若き日からの夢だった芸術派監督になったのである。そのためには、あまりに長い歳月を要した。〝遅れてきた名匠〟である。

こうして見てくると、もっと前から芸術映画をつくるチャンスを野村に与え、一

流脚本家の脚本を提供し、演出にじっくり専念させていれば、更に多くの優れた作品を残せていただろうと筆者は思うのである。そしてもっと前に〝名匠〟と呼ばれていただろう。

二〇〇〇年代に出版された『思ひ出55話　松竹大船撮影所』（※18）の中で、野村はこう述べ、名匠の素顔が明かされている。

◇

監督としてはシナリオが出来てから撮影に入るまで、いろいろ計算をする。演出プランをたてる。でも間違っていないか、もっと何か良い方法はないか、シナリオはあれでいいのか……　で、だんだん寝られなくなる。失敗した夢とか見て。

一番嫌なのが撮影の始まる日、朝早くから目が覚めてね、ほとんど寝ていない。大船の駅から撮影所まで十分程歩く、その間でも監督が寝不足で情けない顔をしているわけにはいかない。ニコニコして張り切り顔で……。セットに入って最初の「用意、ハイ」をかける、ワンカット撮るとそれで初めて落ち着く、「よし、やろう」って気にね。スタッフは敏感だからね。こちらが何を言わなくても、監督が何を考えているのか、何をやろうとしているかを

見ている、考えている。黙ってどんどん準備してくれる。

そんな時、切羽詰まった監督では駄目なんだ。余裕とちょっとした無駄が必要なんだね。「活動屋的な」とでもいうのかな。

（「思ひ出55話　松竹大船撮影所」※18）

◇

野村の撮影開始前の不安、スタッフたちを指揮する監督としての気構えが飾り気なく伝わってくる。野村は生涯八十八作の映画をつくったが、いつも撮影時にはこうしたことが繰り返されてきたのだろう。

映画への功績により、野村は一九八五年（昭六〇）に紫綬褒章受章、一九九五年（平七）には勲四等旭日小綬章を受章した。

【第十二章　引用文献・出典】

※9「映画の匠　野村芳太郎」（野村芳太郎（著）、野村芳樹（監修）、小林淳（編集）・ワイズ出版・二〇二〇）

※18「思ひ出55話　松竹大船撮影所」
※40「キネマ旬報」一九八〇・七上旬　NO1603
※41「キネマ旬報」一九七八・七下旬　NO1553
※42「キネマ旬報」一九八二・九下旬　NO1658

第十三章　野村のライフワーク

死んだ戦友たちへの使命感

一九四六年（昭二一）日本敗戦で兵役から帰って来て以来、野村にはずっとやりたかったライフワークがあったが、仕事が忙しくてできなかった。ビルマ（現ミャンマー）戦線では十九万人の戦友が亡くなり、その中でも野村が参加したインパール作戦では、戦死者が六万五千人にものぼっていた。

野村はその思いを、このように述べている。

◇

数倍する敵に立ち向かったあの地獄の戦場、戦友の屍を踏み越えて歩いた「白骨街道」を私は決して忘れるわけにはいかない。戦友よ、君はそこで死に、私は運よく生き残った。映像作家として、一度は戦場を描かねばならないと思いつつ43年が過ぎてしまった。もうこれ以上延ばしてはいられない。

（「現代」※43）

◇

七〇歳に近づくと残された時間を意識するようになり、ビルマ戦線で亡くなった戦友たちの鎮魂と、戦争体験・戦死者の存在を記録して、戦争というものを次の世代に伝えようと行動した。

一九八六年（昭六一）から、ビルマで戦った各地の戦友会を廻り、戦争体験者の話を聞き取り始めた。八八年（昭六三）には遺骨収集団に加わり、三十数年ぶりにビルマの地を踏み、現地で鎮魂し、遺骨を日本に持ち帰ってきた。その結果、自分の使命がはっきりと見えてきた。一〇〇を超える全国の戦友会を精力的に廻り、三〇〇人近い元兵士たちから証言を得て、『体験者が語るビルマの戦場』というドキュメンタリービデオ集を完成させた。さらに、ビルマからの脱出行を『遠く熱い道』というタイトルで映画化しようと野村は必死に奔走したが、残念ながら映画化には至らなかった。海外長期撮影での多大な費用、敗戦後四十年を超え過去の戦争は忘れ去られ、一九八〇年代後半のバブル景気真っ盛りで人々が浮かれている世相の中では、採算は難しいと映画会社は考えたのだろう。しかし、時間をかけ一生懸命取りくんだ甲斐があり、悲願の元兵士たちの証言を野村は後世に伝える使命を果たすこ

とができたのである。

野村の後世の評価

野村はその後脳溢血で倒れ長い療養生活を続けたが、二〇〇五年（平一七）四月十一日に八十五歳で亡くなった。葬儀は、四月十二日に東京の護国寺・桂昌殿でしめやかに行われた。参列した愛弟子の山田洋次監督は、心の中で深く感謝した。「監督が一人一人のスタッフに信頼を寄せれば、おのずと映画の中に監督の考えや思想が映し出される。スタッフを信頼できるかどうかが、監督の才能なのだ」と、野村は常々山田に話しており、その言葉はずっと山田が映画をつくる際の拠り所になっている。

野村は、松竹という映画会社に入社し、生涯松竹という映画会社だけで映画づくりをした。日本映画隆盛期、長い衰退期を生きた映画監督の中で、ずっと一社だけで映画づくりができた監督は、稀有な存在である。野村は本望だっただろう。きっと、天国で父・芳亭に向かい、芳亭に代わって、松竹のために一生を捧げたと報告したにちがいない。父・芳亭は、松竹草創期の混乱した苦しい時期に松竹という会

社を救った。そして息子・芳太郎は、業績不振の中で有力監督が大量離脱した一九六〇年代半ばから、中心となって活躍し会社の黒字化、会社再建に尽くした。言ってみれば、野村親子は、松竹という会社のために尽くした恩人である。

『オールタイム・ベスト映画遺産200 日本映画篇』（キネマ旬報社）（※44）の中に、「読者が選んだ心に残る日本映画オールタイム・ベスト200」という項目があり、野村の映画は三本がランク・インしている。「読者が選んだ心に残る日本映画オールタイム・ベスト200」とは、日本映画がつくられてから一〇〇年以上が経つが、その全映画作品の中から映画マニアが、自分の心に残るものを選んだ二〇〇本のことである。その中でも、『砂の器』は、黒澤明・小津安二郎監督の『七人の侍』『東京物語』『生きる』に次ぐ第四位に選出され、公開後の長い年月を経ても、不朽の名作として映画ファンから愛され続けている。そしてこれからも長く愛され続けるだろう。

野村の生涯から見えてくるもの

野村は下積みの時代が長く、表舞台に出るまでに本当に多くの歳月を要した。調

べて行くうちに、その原因は城戸四郎という松竹に長く君臨した経営者・一大プロデューサーの存在だと、筆者は結論づけるに至った。残念ながら決定的な証拠がないので、状況証拠からの判断になってしまったが、筆者なりの意見である。

野村は言ってみれば〝遅咲きの名匠〟である。野村の映画人生は我々に色々なことを教えてくれる。

一つ目が、人生は運を待つだけでは、ダメだということである。

便利屋的にいろいろなことをやらされても、その地点で求められる目標や目的をしっかり把握し、上級レベルを目指しながら知識、技術、ノウハウをしっかり身につけること、一方で本来の自分自身の目標に向かい、日々研鑽し実力を蓄え続けること、時には勝負に打って出ること、が必要だということだろう。そしてチャンスが到来した時には、今までに蓄積してきた知識・経験・身につけた能力を、フルに発揮し立ち向かうのである。

至極当たり前のことだが、長い人生の中で、ずっと行い続けることは容易なことではない。特に、不遇の時に高いモチベーションを持ち続け、見えない未来に向かい充電していくことは難しいことだ。人生は幕が下りるまでは、何が起きるかわか

らない。

二つ目が、人生後半には、やり残しがないよう悔いなく生きることが大事だと、我々に教えてくれる。

人生の後半とは、サラリーマンに当てはめれば定年退職後に該当するだろう。野村の場合は、やり残したこととは、死んだ戦友たちとの心の約束を果たすことだった。青年時代にインパールという激戦地で、多くの戦友を亡くした。戦死者たちの鎮魂と戦場の生き証人たちの記録を作り、後世に戦争というものと彼らの存在を伝えていくことが、彼のライフワークだったのである。野村は、一九八〇年代後半に映画の仕事を休止させ、自らの金と時間を投じてこうしたことに集中し、やり遂げた。戦死した戦友たちへの想いや誓いを数十年間ずっと持ち続けるだけでも大変なことだが、数十年後にその思いを実現させた姿を見ると、野村芳太郎という人間の、彼らに対する強い使命感と誠実さがヒシヒシと伝わってくる。

人生にはお金や名誉より、大事なかけがえのないものがあると我々に教えてくれているのではないだろうか。

【第十三章　引用文献・出典】

※43「現代」一九八八・九（講談社）
※44「オールタイム・ベスト映画遺産２００　日本映画篇」（キネマ旬報社・二〇〇九）

おわりに

「はじめに」でも述べたが、この本を書こうとした動機は、野村芳太郎監督はなぜ年老いるまで有名になれなかったのか、という素朴な疑問の回答を見つけだすことだった。当初野村芳太郎監督の生涯を追ってその結論を出そうとしたが、感情をベースにした結論となり客観性に欠けた。

そんな行き詰っている折に、ある人から、松竹という会社の草創期からの歴史の中に何かヒントが潜んでいるのではないかとのアイデアをいただいた。そして、それを調べていくと、草創期の救世主の野村芳亭監督と、草創期以来バイタリティと情熱を持って牽引し松竹という会社を近代化した経営者・一大プロデューサー城戸四郎元会長の存在に突き当たった。野村芳太郎監督と父・野村芳亭監督、野村芳太郎監督と城戸四郎元会長、野村芳亭監督と城戸四郎元会長の関係を調べるうちに、三人の映画哲学を知り、やっと筆者なりに論理的にその結論を導き出すことができたと考えている。この結論の妥当性は読者に委ねるしかない。

この本を書くために、多くの野村作品を何度も観てみた。その中でも、『砂の器』を観て、〝映画〟とは本当に〝総合芸術〟なのだと実感した。〝脚本〟〝映像〟〝音楽〟〝演技〟が一体となって表現されているのだ。野村監督は、「映画監督は指揮者のようなものだ」と言ったが、〝演出者〟として各パートの良いところを引き出し、最高の美しいハーモニーを奏でている。この本では、野村芳太郎監督の主要な映画作品を紹介している。これを機会に、まだ観たことのない野村芳太郎監督の映画作品をご覧になって、楽しみ、味わっていただけると、筆者は大変うれしく思います。

この本では、野村芳太郎監督の生涯を追っている。彼が監督になってからの映画人生は、多くの期間が映画界、そして松竹という会社の急激な下降期と一致している。この本を読んでいただき、彼が会社内でどんな立場に置かれ、会社の危機の中で会社に残り、どのように考え、どう立ち向かっていったのかを理解いただければ幸いである。筆者の感じたことは「野村の生涯から見えてくるもの」の中に書いた。

野村監督を企業内で長く働いた勤労者という視点で見てみると、サラリーマンの〝悲哀〟〝プライドと不屈の精神〟〝希望〟が見えてこないだろうか。サラリーマンOBにとっては、会社で体験してきたことが思い出され、思い入れをもって読んでい

ただけたのではないかと思うのである。そして、現役サラリーマンの方々には、生きる上での応援歌になったとしたら本望に思います。

この本の中で、松竹の草創期である一九二〇年代から、上昇期を経て下降期半ばの一九八〇年代までを振り返っている。草創期の仕組みのない雑然とした中で映画づくりにかかわる人たちの熱気やその息遣いが、調べる中で筆者に伝わってきた。多くの苦難にめげず、新しいことに果敢に挑戦し、工夫を重ねる人々の姿である。映画『キネマの天地』（山田洋次監督）では、バイタリティに溢れる草創期の映画に賭けた人たちの姿が描かれているが、この本でもその一部を感じていただけたのではないかと思う。一方、一九六〇年代以降の映画界の苦境期を見ていくと、厳しい合理化の中で悩みながらも、明日への希望をもって切り開こうとする、野村芳太郎監督ら映画人の姿を見ることができる。通読すれば、日本映画の歴史、松竹映画の歴史を概観できたのではないかと思うのである。

どんな産業も栄枯盛衰のサイクルから逃れられない。映画産業もその一つであり、松竹という会社もその映画産業を担う企業である。松竹という会社は、創立後百年を経て、今も健在である。産業構造の変化のうねりの中で国内映画観客数は、今は最盛期の一割程度になってしまったが、時代に対応して企業自らが適応することに

よって生き残ってきた。それは松竹で働いた先人たちと現役の人たちの努力の結果であろう。

この本を世に出せたのは、映画評論家吉村英夫さんのお陰である。先が見えず悩んでいる時に激励いただくと共に、やさしく、時に厳しくご指導いただき出口を見つけ出すことができた。心よりお礼を申し上げたい。『シネマ游人』発行人の林久登さんには、ご協力・励ましをいただき、大変感謝申し上げます。

前回に続き、高田之彦さんには、時間をかけ親身にアドバイスをいただいた。大変感謝申し上げたい。

最後に、二回目の出版に際しても、積極的に賛成し、温かく見守り、献身的にアドバイスやサポートをしてくれた我が妻に感謝したい。

二〇二三年十二月

西松　優

（引用文献・出典）キネマ旬報のNOは通巻NO

※1「日本映画盛衰記」（玉木潤一郎・万里閣・一九三八）
※2「日本映画史Ⅰ」（佐藤　忠男・岩波書店・一九九五）
※3「日本映画傳」（城戸四郎・文芸春秋新社・一九五六）
※4「映画藝術研究」（藝術社・一九三四）
※5「松竹百年史」（松竹・一九九六）
※6「人物・松竹映画史　蒲田の時代」（升本喜年・平凡社・一九八七）
※7「わたしの渡世日記」（高峰秀子・文春文庫・一九九八）
※8「人物　日本映画史Ⅰ」（岸松雄・ダヴィッド社・一九七〇）
※9「映画の匠　野村芳太郎」（野村芳太郎（著）・野村芳樹（監修）・小林淳（編集）・ワイズ出版・二〇二〇）
※10「致知」一九九〇・五（致知出版社）
※11「講座日本映画2」（岩波書店・一九八六）
※12「人は大切なことも忘れてしまうから―松竹大船撮影所物語」（山田太一編・マガジンハウ

ス・一九九五）
※13「キネマ旬報」一九七四・五上旬　NO1445（キネマ旬報社）
※14「複眼の映像　私と黒澤明」（橋本忍・文春文庫・二〇一〇）
※15「西河克己映画修行」（西河克己・権藤晋・ワイズ出版・一九九三）
※16「スポーツニッポン」一九五三・一一・一八
※17「松竹大船撮影所前松尾食堂」（山本若菜・中公文庫・二〇〇〇）
※18「思ひ出55話　松竹大船撮影所」（森田郷平・大嶺俊順編・集英社新書・二〇〇四）
※19「ショーケン」（萩原健一・講談社・二〇〇八）
※20「キネマ旬報」一九五四・五上旬　NO905
※21「キネマ旬報」一九六一・四上旬　NO1097
※22「キネマ旬報」一九五七・七下旬　NO996
※23「キネマ旬報」一九五八・一下旬　NO1010
※24「清張映画にかけた男たち」（西村雄一郎・新潮社・二〇一五）
※25「キネマ旬報」一九六二・六下旬　NO1129
※26「キネマ旬報」一九六三・六下旬　NO1157
※27「キネマ旬報」一九六五・一上旬　NO1197

※28「キネマ旬報」一九六七・一二下旬　NO1271
※29「キネマ旬報」二〇〇五・七下旬　NO2247
※30「悲劇の経営者」（三鬼陽之介・光文社・カッパブックス・一九六四）
※31「シナリオ」一九六六・一（シナリオ作家協会）
※32「映画プロデューサー風雲録」（升本喜年・草思社・二〇一二）
※33「キネマ旬報」一九六九・二下旬　NO1303
※34「キネマ旬報」一九七九・二下旬　NO1568
※35「近代中小企業18」一九八三・二（中小企業経営研究会）
※36「キネマ旬報」一九七〇・五下旬　NO1337
※37「キネマ旬報」一九七四・一二上旬　NO1460
※38「日本映画を創った男　城戸四郎伝」（小林久三・新人物往来社・一九九九）
※39「わが映画論」（城戸四郎著・山田洋次編・松竹・一九七八）
※40「キネマ旬報」一九八〇・七上旬　NO1603
※41「キネマ旬報」一九七八・七下旬　NO1553
※42「キネマ旬報」一九八二・九下旬　NO1658
※43「現代」一九八八・九（講談社）

※44「オールタイム・ベスト映画遺産２００日本映画篇」（キネマ旬報社・二〇〇九）

（参考文献）順不同

「日本映画盛衰記」（玉木潤一郎・万里閣・一九三八）
「映画藝術研究」（藝術社・一九三四）
「大谷竹次郎（一業一人伝）」（田中純一郎・時事通信社・一九六一）
「日本映画作家論」（岩崎昶・中央公論社・一九五八）
「人物・日本映画史Ⅰ」（岸松雄・ダヴィッド社・一九七〇）
「わたしの渡世日記」（高峰秀子・文春文庫・一九九八）
「松竹の内幕」（横溝竜彦・兼言社・一九五七）
「わが映画論」（城戸四郎著・山田洋次編・松竹・一九七八）
「日本映画傳」（城戸四郎・文藝春秋新社・一九五六）
「日本映画を創った男　城戸四郎伝」（小林久三・新人物往来社・一九九九）
「悲劇の経営者」（三鬼陽之介・光文社・カッパブックス・一九六四）
「社長たちの映画史」（中川右介・日本実業出版社・二〇二三）
「人物・松竹映画史　蒲田の時代」（升本喜年・平凡社・一九八七）

（参考文献）

「松竹映画の栄光と崩壊」（升本喜年・平凡社・一九八八）
「小津も絹代も寅さんも」（升本喜年・新潮社・二〇一三）
「映画プロデューサー風雲録」（升本喜年・草思社・二〇一二）
「映画の匠　野村芳太郎（野村芳太郎）（著）、野村芳樹（監修）、小林淳（編集）・ワイズ出版・二〇二〇）
「複眼の映像　私と黒澤明」（橋本忍・文春文庫・二〇一〇）
「清張映画にかけた男たち」（西村雄一郎・新潮社・二〇一五）
「輝け！　キネマ」（西村雄一郎・ちくま文庫・二〇二一）
「巨匠たちの映画術」（西村雄一郎・キネマ旬報社・一九九九）
「ATG編集後記」（多賀祥介・平凡社・一九九五）
「西河克己映画修行」（西河克己・権藤晋・ワイズ出版・一九九三）
「人は大切なことも忘れてしまうから─松竹大船撮影所物語」（山田太一編・マガジンハウス・一九九五）
「思ひ出55話　松竹大船撮影所」（森田郷平・大峰俊順編・集英社新書・二〇〇四）
「松竹大船撮影所前松尾食堂」（山本若菜・中公文庫・二〇〇〇）
「わが青春」（五所平之助・永田書房・一九七八）

「生きている限り　私の履歴書」（新藤兼人・日本経済新聞出版社・二〇〇八）
「絢爛たる影絵　小津安二郎」（高橋治・文春文庫・一九八五）
「美しく、狂おしく　岩下志麻の女優道」（春日太一・文藝春秋・二〇一八）
「日本映画人名事典・監督篇」（キネマ旬報社・一九九七）
「松竹七十年史」（松竹・一九六四）
「松竹百年史」（松竹・一九九六）
「日本映画史Ⅰ～Ⅳ」（佐藤　忠男・岩波書店・一九九五）
「講座・日本映画1～7（岩波書店・一九九五）
「オールタイム・ベスト映画遺産200 日本映画篇」（キネマ旬報社・二〇〇九）
「キネマ旬報」通巻NO905・996・1010・1097・1129・1157・1196・1197・1205・1271・1303・1337・1443・1445・1460・1553・1568・1603・1658・1754・2247（キネマ旬報社）
「映画芸術」NO381（編集プロダクション映芸）
「映画情報」一九七三・一（国際情報社）
「シナリオ」211・310・318・522号（シナリオ作家協会）
「映画年鑑」（時事映画通信社・各年）

（参考文献）

「映画製作者連盟ＨＰ」
「法律公論」一九六四・九（法律公論社）
「経済往来」一九八二・一二（経済往来社）
「文藝春秋」一九八七・七、一九八九・一（文藝春秋）
「現代」一九八八・九（講談社）
「小説　宝石」一九八九・一（光文社）
「潮」一九九〇・一二（潮出版社）
「ユリイカ」一九八九・三（青土社）
「週刊文春」一九八〇・九・二、一九八二・九・九（文藝春秋）
「日本経済新聞」一九九〇・九・一三、一九九六・一〇・一七、一九九六・一〇・三一、二〇〇五・六・一八
「朝日新聞」一九九九・七・一、二〇一二・三・三〇、二〇一四・六・一一、二〇一四・六・一二
「中日新聞」一九九八・八・五

著者プロフィール

西松 優（にしまつ まさる）

一九五〇年（昭和二十五年）愛知県生まれ。

一九七三年滋賀大学経済学部卒、日本電装（現・デンソー）入社。

根っからの日本映画好きで、在職中は多くの日本映画を観、会社生活卒業後は日本映画研究に力を注いでいる。

現在、『シネマ游人』誌 編集責任者、彼岸花映画祭（三重県津市）実行委員。

著書に『ハナ肇を追いかけて』（文芸社）がある。

映画監督 野村芳太郎私論

二〇二四年一月二十日 初版第一刷発行

著　者　西松 優

発行者　谷村勇輔

発行所　ブイツーソリューション
〒四六六 - 〇八四八
名古屋市昭和区長戸町四 - 四〇
電　話 〇五二 - 七九九 - 七三九一
FAX 〇五二 - 七九九 - 七九八四

発売元　星雲社（共同出版社・流通責任出版社）
〒一一二 - 〇〇〇五
東京都文京区水道一 - 三 - 三〇
電　話 〇三 - 三八六八 - 三二七五
FAX 〇三 - 三八六八 - 六五八八

印刷所　藤原印刷

万一、落丁乱丁のある場合は送料当社負担でお取替えいたします。ブイツーソリューション宛にお送りください。
本書の無断複写（コピー、スキャン、デジタル化など）は、著作権法上の例外を除き、著作権の侵害となります。
©Masaru Nishimatsu 2024 Printed in Japan

ISBN978-4-434-32932-6